民法典

婚姻家庭编释论

条文缕析、法条关联与案例评议

蔡颖雯　秦　英◎著

中国法制出版社
CHINA LEGAL PUBLISHING HOUSE

前　　言

家庭是社会的基本细胞，婚姻是家庭最主要的构建及衍生方式。民法典婚姻家庭编在体例上把原来独立的婚姻法与收养法统一纳入婚姻家庭编，实现了民法典各编及婚姻家庭法律内部体系的完整统一。在民法体系中，婚姻家庭法律制度在保护妇女权益、促进男女平等、维护家庭和谐等方面发挥重要作用。

本编以现行婚姻法和收养法为基础，在坚持婚姻自由、男女平等、一夫一妻等基本原则的前提下，结合社会需要，就婚姻家庭法的部分制度进行了修订完善。民法典婚姻家庭编的制度有许多亮点和创新，体现了与时俱进的精神，以推动民法典婚姻家庭编的完善与发展：第一，将“婚姻家庭受国家保护”确立为婚姻家庭编的基本原则，明确“保护婚姻家庭权利、维护婚姻家庭制度”的国家责任。第二，在婚姻家庭编的一般规定中增加了“家庭应当树立优良家风，弘扬家庭美德，重视家庭文明建设”的倡导性规定，强化了社会主义核心价值观在婚姻家庭中的导向作用。第三，增加了亲属、近亲属、家庭成员的界定性规定，统一规范了亲属关系的范围与种类。第四，为更好地尊重和保护当事人的婚姻自主权和知情同意权，婚姻家庭编修改了禁止结婚的条件。第五，增加日常家事代理以明确夫妻双方对共同财产具有平等的处理权。第六，在登记离婚程序中增加离婚冷静期制度，从制度上减少冲动型的草率离婚。第七，不再以夫妻约定财产制作为离婚家务劳动经济补偿请求权行使的前提条件。第八，增加了离婚损害赔偿的兜底性条款，扩大离婚损害赔偿请求的事由，以提升离婚损害赔偿制度的适用效果。第九，增加了收养应当遵循最有利于被收养人的原则，放宽了收养的实质要件，修改了单身收养的限制条件，提高对收养人的要求及增加了民政部门进行收养评估的规定等。

本书的结构包括条文来源、立法演变、条文释义、法条关联以及案例评议。

为了使读者更好地了解现行法的适用，作者之一秦英律师在中国裁判文书网、alpha法律智能系统、北大法宝上浏览了大量案例，从中遴选出典型案例要旨，相关内容体现在“案例评议”中。本书除阐述婚姻家庭制度的一般内容外，还坚持问题导向，对一些新的理论问题进行了研究。这些前沿问题能够引导学生进行理论研究上的创新。因此，本书对于本科生和研究生都有较强的指导性，对于法官、检察官和律师而言，也是比较合适的办案工具书。

感谢导师杨立新教授，感谢同门师兄妹，感谢领导、同事、朋友们的指导和帮助；感谢我的研究生张倩、钟倩倩、李春玲、马瑛、李柏村及邓晓玲律师对该书写作的支持；感谢中国法制出版社专业、敬业的舒丹、袁笋冰、刘晓霞。该著作的完成还借鉴了很多学者的研究成果，在此一并表示感谢！

最后，热烈祝贺中国进入民法典时代！热烈祝贺几代民法人的努力梦想成真！

婚姻家庭编涉及草案说明：

1.《一审稿》

本书中的《一审稿》，是指2018年8月27日第十三届全国人大常委会第五次会议首次审议的《民法典各分编（草案）》（全国人大常委会委员长会议审议稿），其中，《民法典各分编（草案）》中的“婚姻家庭编”即本书中的《一审稿》。

2.《二审稿》

本书中的《二审稿》，是指2018年12月23日第十三届全国人大常委会第七次会议审议的《民法典侵权责任编（草案）》（二次审议稿）。在民法典草案的第二次审议中，没有像第一次审议那样对民法典草案全文同时进行审议，而是分编进行的二次审议。其中，《民法典婚姻家庭编（草案）》于2019年6月25日由第十三届全国人大常委会第十一次会议进行了审议。

3.《征求意见稿》

2019年12月23日，第十三届全国人大常委会第十五次会议审议了“合体”而成的完整版民法典草案，并于2019年12月28日向全社会发布了《中华人民共和国民法典（草案）》以征求意见，此为本书中的民法典婚姻家庭编的《征求意见稿》。

目 录*

* 带★号条文为实质修改条文或新增条文。

第一章　一般规定

本章概要

婚姻家庭编是民法典的重要组成部分，担负着调整亲属法律关系的职责，在我国法律体系中具有重要地位和作用。

本章仿照第一编的“总—分”体例，并尊重立法传统，规定了婚姻家庭编的一般规定。我国自1950年婚姻法起，就使用一般规定章的立法模式，章名为“原则”；1980年婚姻法将章名从“原则”改为“总则”，并增加了调整对象的规定；2001年婚姻法仅对相关原则进行了修订完善，仍使用“总则”作为章名。无论是2002年《中华人民共和国民法（草案）》，还是王利明教授、梁慧星教授、徐国栋教授主编的民法典学者建议稿均设置了一般规定章。本章规定了婚姻家庭编的调整对象、基本原则及亲属、近亲属及家庭成员的范围。

第一千零四十条　【婚姻家庭编的调整范围】

本编调整因婚姻家庭产生的民事关系。

本条来源

《婚姻法》第一条规定：“本法是婚姻家庭关系的基本准则。”

立法演变

一审稿第八百一十八条规定：“因婚姻家庭产生的民事关系，适用本编。”

二审稿第八百一十八条规定：“本编调整因婚姻家庭产生的民事关系。”语序进行了调整。

征求意见稿同二审稿，无修改。

条文释义

本条规定了婚姻家庭编的调整对象。

一、婚姻、家庭的定义

为了更清晰地界定婚姻家庭编的调整对象，有必要对“婚姻”和“家庭”的基本概念进行界定，以此统筹民法典中的婚姻和家庭关系。本编所指婚姻，是指男女双方依法缔结的配偶关系。此项立法建议的理由在于，按照当代中国社会主流的婚姻观，婚姻关系应当在男女两性之间依法缔结。本编所称家庭，是指配偶、父母、子女和其他共同生活的近亲属成立的亲属关系。

二、婚姻家庭编在民法典中的地位

新中国成立后，我国颁布的第一部法律是婚姻法。婚姻法采取了专门立法模式，经历了由1950年婚姻法向1980年婚姻法、2001年婚姻法修正案的发展历程。在新的历史时期，婚姻法依然要担负建设平等、和睦、文明的婚姻家庭关系的神圣使命，并将逐步完成向民法典婚姻家庭编回归的历史转型。

婚姻家庭编作为民法典的重要组成部分，需要注重婚姻家庭编体系内和体系外的充分协调与有机统一。体系内的协调是指婚姻家庭编各章之间在制度、理念、原则、规范层面的高度衔接与有机统一。中国法学会《民法典·婚姻家庭编》（专家建议稿）初步将婚姻家庭编设计为七章：通则、结婚、夫妻关系、离婚、父母子女及其他近亲属关系、收养、监护，共计155条。全国人大法工委《民法典（草案）》婚姻家庭编的拟定，婚姻家庭编初步设计为五章：一般规定、结婚、家庭关系、离婚、收养，共计79条，在婚姻法基本框架的基础上，将收养法的相关规定适当纳入。而民法典婚姻家庭编体系外的协调，则应关注民法典总则、物权、债权、人格、继承、侵权责任各编的制度设计、理念更新与目的追求，并在兼顾婚姻家庭编自身特质的立法基点上，科学解决通则（一般规定）、结婚、夫妻关系、离婚、父母子女及其他近亲属关系、收养、监护各章的制度安排与理念贯通，实现婚姻家庭制度与其他民事法律制度以及其他社会制度之间的有机统一。①

---

① 王歌雅：《〈民法典·婚姻家庭编〉的编纂策略与制度走向》，载《法律科学》2019年第6期。

婚姻家庭编，是调整婚姻家庭产生的社会关系的法律，是民法典的重要组成部分。形式上的婚姻家庭法，是指民法典的婚姻家庭编；实质上的婚姻家庭法，是指凡是一切规定亲属身份关系的发生、变更和消灭，规定配偶、父母子女以及其他一定范围内的亲属之间的身份地位、权利义务的法律规范的总和。婚姻家庭法在民法中的地位有下列几种模式：第一，法国模式。将婚姻家庭法与民事主体制度一起规定在人法中。第二，德国模式。婚姻家庭法为民法典的单独一编。第三，苏联模式。婚姻家庭法脱离民法，单独作为一个部门法进行规定。在民法典编纂完成之前，我国的婚姻家庭法通常认为是单独的部门法，之后婚姻法有回归民法典的意向，民法典将其作为单独一编入典，回归民法典体系之中。

三、婚姻家庭编的调整对象

婚姻家庭编的调整对象，是婚姻家庭产生的民事关系，包括婚姻关系和家庭关系。婚姻关系因结婚而成立，又因一方死亡或离婚而终止，因此结婚的条件和程序、夫妻间的权利和义务，关于离婚的处理原则、程序、条件以及离婚后有关子女抚养、财产分割和生活困难等问题，都属于婚姻关系的范畴。家庭关系是基于结婚、出生、法律拟制等原因而发生，又因离婚、家庭成员死亡、拟制血亲关系解除等原因而消灭。因此，关于确认家庭成员之间的亲属身份，规定家庭成员之间的权利义务及其产生、变更和终止等方面的事项，诸如夫妻关系、父母子女关系和其他近亲属关系等都属于家庭关系的范畴。尽管拟制血亲在形成和终止的原因、效力所及的范围上与自然血亲存在差别，但不可否认，因收养而产生的拟制血亲是家庭关系的重要构成，因此收养是婚姻家庭编的组成部分。

案例评议①

奉桑某与彭伟某申请确认仲裁协议效力纠纷案②

◆ **裁判规则**

法院认为，该协议属于婚姻法律关系调整范畴，所引发的是婚姻家庭纠纷，不属于仲裁法规定的仲裁适用范围。故该协议的仲裁约定条款因违反法律禁止

① “案例评议”中的完整案例详情，请按照封面前勒口处的操作步骤，登录数据库逐一查阅，全书同。

② 审理法院为湖南省衡阳市中级人民法院，案号：(2017) 湘04民特7号。

性规定，应属无效条款。

◆ **评议**

根据《民法典》婚姻家庭编第一千零四十条的规定，民法典第五编调整因婚姻家庭而产生的法律关系。婚姻家庭关系，是婚姻关系和家庭关系的合成，主要包括夫妻之间的人身和财产关系以及围绕家庭所产生的人身和财产关系，在司法实践中不能将二者割裂开来。《仲裁法》第三条明确将因婚姻引起的纠纷排除在仲裁之外，根据《民事案件案由规定》第二部分的规定，离婚纠纷、夫妻财产约定纠纷等15类案由均作为第三级案由归属于婚姻家庭纠纷项下。因而，法院认定申请人奉桑某主张夫妻双方夫妻共有经营性资产确认及分配协议中约定的仲裁条款无效的主张成立。

第一千零四十一条 【我国的婚姻制度及保护的权益】

婚姻家庭受国家保护。

实行婚姻自由、一夫一妻、男女平等的婚姻制度。

保护妇女、未成年人、老年人、残疾人的合法权益。

本条来源

《婚姻法》第二条规定：“实行婚姻自由、一夫一妻、男女平等的婚姻制度。

保护妇女、儿童和老人的合法权益。

实行计划生育。”

立法演变

一审稿第八百一十九条规定：“实行婚姻自由、一夫一妻、男女平等的婚姻制度。保护妇女、儿童和老人的合法权益。”

二审稿第八百一十九条将“儿童”修改为“未成年人”，“老人”修改为“老年人”。

征求意见稿同二审稿，无修改。

条文释义

婚姻家庭编是民法典的重要组成部分，民法基本原则是婚姻家庭编立法的指导方针，决定了婚姻家庭制度规范的基本价值取向。婚姻家庭编的基本原则是指婚姻家庭编具体规范中蕴含的共通的、概括性的准则，不仅反映了我国婚姻家庭编所追求的基本价值和基本理念，也是司法机关适用法律以及婚姻家庭关系主体遵守法律的依据。

民法总则明确规定平等、自愿等原则，婚姻家庭编将上述原则予以细化为男女平等、婚姻自由等原则，着重发挥其对民众的引导作用，体现法治和德治的结合。①

（一）婚姻自由原则

婚姻自由既是自然人的一项基本权利，也是婚姻家庭编的一项基本原则。婚姻自由是指根据自然人的意愿建立或解除婚姻关系，依照法律规定结婚或者离婚不受非法干预的权利。婚姻自由包括结婚自由和离婚自由两个方面。② 婚姻家庭编不仅在一般规定章明确规定实行婚姻自由的制度，禁止包办婚姻、买卖婚姻和其他干涉婚姻自由的行为。在结婚、离婚及家庭关系章继续强调结婚自由、离婚自由以及夫妻各方婚后享有自由地参加生产、工作、学习和社会活动的自由。

婚姻自由包括结婚自由和离婚自由。结婚自由是指在婚姻法的法定条件内，男女双方可自由选择是否缔结婚姻关系、何时建立婚姻关系、何地缔结婚姻关系及婚姻办理方式等。与结婚自由相比，离婚自由可能涉及子女、财产等诸多问题，更为复杂。

（二）男女平等原则

编纂婚姻家庭编应将维护性别平等、贯彻男女平等原则作为融贯制度体系的精神内涵，将该精神内涵贯穿于婚姻家庭编的结婚、夫妻关系、离婚、父母子女及其他近亲属关系、收养、监护各章的制度体系设计中。维护性别平等既

---

① 巫昌祯、李忠芳：《民法典婚姻家庭编通则一章的具体设计》，载《中华女子学院学报》2004 年第 4 期。

② 许莉主编：《婚姻家庭继承法学（第三版）》，北京大学出版社 2019 年版，第 12 页。

是人权标准，又是基本国策，更是基本信念。早在1995年第四届世界妇女大会召开时，中国政府就曾庄严宣告：推进社会性别主流化，实现性别平等。二十余年过去了，中国的性别平等虽然在社会生活的诸领域取得了令人瞩目的成就，但与世界其他国家相比依然存在差距。① 维护性别平等是法治的努力方向。贯彻男女平等则是婚姻法的核心精神与时代使命，如何实现男女平等原则的统摄功能和自律功能是立法的核心。有学者认为，为贯彻男女平等原则，男女结婚年龄应作统一规定。如“结婚年龄，男女双方均不得早于二十周岁”。本编未作调整，法定结婚年龄仍采用“男22岁、女20岁”标准。全国人大宪法和法律委员会相关负责人表示，现行法定婚龄的修改，属于婚姻制度的重大调整，宜在充分调查研究和科学分析评估后再作决策。

婚姻法上男女平等主要包括三个方面的内容：第一，男女享有同等的结婚自由和离婚自由。第二，夫妻在家庭中的地位平等。无论是人身方面还是财产方面，夫妻都享有平等的权利，承担平等的义务。第三，其他男女家庭成员在家庭中的地位平等。例如，子女有平等的赡养父母的义务，有平等的继承父母遗产的权利。

（三）保护妇女、未成年人和老人的合法权益

1. 保护妇女的合法权益。

保护妇女的合法权益是男女平等原则的必要补充，也是实现男女平等原则的有效保证。婚姻法在确立男女平等原则的同时，又对妇女的合法权益加以特别保护，二者并不矛盾。对妇女合法权益的特别保护主要体现在婚姻的效力、离婚及其法律后果、父母子女关系等规定中。例如，夫妻双方婚后享有独立的姓名权、人身自由权；女方在怀孕期间、分娩后一年内或终止妊娠后六个月内，男方不得提出离婚等主要是针对妇女权益而言。

2. 保护未成年人的合法权益。

婚姻法一方面在总则中确立了保护未成年人合法权益的原则，另一方面在家庭关系中规定了一系列旨在保护未成年人合法权益的内容。未成年人保护法、收养法等对未成年人的合法权益作了全面系统的规定，其主要内容包括：

① 世界经济论坛《2016年全球性别差距报告》：我国性别平等度在报告收录的144个国家与地区中位列第99位，连续8年下滑。该报告考察男女两性在社会生活方方面面的平等情况。

（1）父母或其他监护人必须履行抚养义务和监护职责，不得虐待、遗弃未成年人，不得歧视女性和有残疾的未成年人。（2）父母或其他监护人必须保证未成年人有接受义务教育的权利，不得妨碍其入学或使其中途退学、辍学。（3）父母或其他监护人应当以健康的思想、品行和正确的方法教育未成年人，使其树立良好的道德品质，预防和纠正其不良习惯。（4）父母或其他监护人不得允许或迫使未成年人结婚，不得为未成年人订立婚约。（5）非婚生子女享有与婚生子女同等的权利，任何人不得加以歧视和危害。（6）保护未成年人的继承权及其他财产权利。（7）在处理离婚、宣告婚姻无效、撤销婚姻等纠纷涉及财产分割和子女抚养问题时，应以未成年人的利益为重心，注意保护未成年人的合法权益。（8）以“收养应当有利于被收养的未成年人的抚养、成长”为基本原则，并在收养的条件、程序、效力及收养的解除等方面确保未成年人的利益。

3. 保护老人的合法权益。

婚姻家庭编在总则中把保护老人的合法权益作为基本原则加以规定，并在家庭关系一章中对老人的婚姻自由权、受赡养权、继承权予以保护。例如，规定子女应当尊重父母的婚姻权利，不得干涉父母离婚、再婚以及婚后的生活。子女对父母的赡养义务，不因父母的婚姻变化而终止。父母和子女有相互继承遗产的权利。

（四）删除“实行计划生育”的原则

1980 年我国制定婚姻法时，增加了“实行计划生育”的原则以及“夫妻双方都有实行计划生育义务”的条款。立法机关制定上述条款的目的是推行以控制人口增长为目标的时代需求，从国家对生育权限制的角度调整夫妻共同生育行为。为了回应我国人口出生率低迷的现状，婚姻家庭编不再将“实行计划生育”作为基本原则予以规定；夫妻的权利义务中也不再规定“夫妻双方都有实行计划生育的义务”。

由于相关原则与具体规则之间存在密切的联系，因此司法实践中存在大量案例将基本原则结合其他具体条文或司法解释共同作为裁判依据。

法条关联

◆《宪法》

第四十九条　婚姻、家庭、母亲和儿童受国家的保护。

夫妻双方有实行计划生育的义务。父母有抚养教育未成年子女的义务，成年子女有赡养扶助父母的义务。

禁止破坏婚姻自由，禁止虐待老人、妇女和儿童。

◆《民法典》（总则编）

第一百一十条 自然人享有生命权、身体权、健康权、姓名权、肖像权、名誉权、荣誉权、隐私权、婚姻自主权等权利。

法人、非法人组织享有名称权、名誉权和荣誉权。

第一百一十二条 自然人因婚姻家庭关系等产生的人身权利受法律保护。

◆《民法典》（婚姻家庭编）

第一千零四十条 本编调整因婚姻家庭产生的民事关系。

第一千零四十一条 婚姻家庭受国家保护。

实行婚姻自由、一夫一妻、男女平等的婚姻制度。

保护妇女、未成年人、老年人、残疾人的合法权益。

第一千零四十二条 禁止包办、买卖婚姻和其他干涉婚姻自由的行为。禁止借婚姻索取财物。

禁止重婚。禁止有配偶者与他人同居。

禁止家庭暴力。禁止家庭成员间的虐待和遗弃。

第一千零四十三条 家庭应当树立优良家风，弘扬家庭美德，重视家庭文明建设。

夫妻应当互相忠实，互相尊重，互相关爱；家庭成员应当敬老爱幼，互相帮助，维护平等、和睦、文明的婚姻家庭关系。

第一千零四十六条 结婚应当男女双方完全自愿，禁止任何一方对另一方加以强迫，禁止任何组织或者个人加以干涉。

◆《民法典》（侵权责任编）

第一千一百六十五条 行为人因过错侵害他人民事权益造成损害的，应当承担侵权责任。

依照法律规定推定行为人有过错，其不能证明自己没有过错的，应当承担侵权责任。

◆《老年人权益保障法》

第二十一条 老年人的婚姻自由受法律保护。子女或者其他亲属不得干涉老年人离婚、再婚及婚后的生活。

赡养人的赡养义务不因老年人的婚姻关系变化而消除。

第二十五条 禁止对老年人实施家庭暴力。

◆《妇女权益保障法》

第三十一条 在婚姻、家庭共有财产关系中，不得侵害妇女依法享有的权益。

第四十三条 国家保障妇女享有与男子平等的婚姻家庭权利。

第四十四条 国家保护妇女的婚姻自主权。禁止干涉妇女的结婚、离婚自由。

第四十七条第一款 妇女对依照法律规定的夫妻共同财产享有与其配偶平等的占有、使用、收益和处分的权利，不受双方收入状况的影响。

第四十九条第一款 父母双方对未成年子女享有平等的监护权。

◆《刑法》

第二百五十七条 **【暴力干涉婚姻自由罪】**以暴力干涉他人婚姻自由的，处二年以下有期徒刑或者拘役。

犯前款罪，致使被害人死亡的，处二年以上七年以下有期徒刑。

第一款罪，告诉的才处理。

◆《婚姻登记条例》

第一条 为了规范婚姻登记工作，保障婚姻自由、一夫一妻、男女平等的婚姻制度的实施，保护婚姻当事人的合法权益，根据《中华人民共和国婚姻法》（以下简称婚姻法），制定本条例。

第九条 因胁迫结婚的，受胁迫的当事人依据婚姻法第十一条的规定向婚姻登记机关请求撤销其婚姻的，应当出具下列证明材料：

（一）本人的身份证、结婚证；

（二）能够证明受胁迫结婚的证明材料。

婚姻登记机关经审查认为受胁迫结婚的情况属实且不涉及子女抚养、财产及债务问题的，应当撤销该婚姻，宣告结婚证作废。

◆《最高人民法院关于人民法院审理离婚案件处理财产分割问题的若干具体意见》

19. 借婚姻关系索取的财物，离婚时，如结婚时间不长，或者因索要财物造成对方生活困难的，可酌情返还。

对取得财物的性质是索取还是赠与难以认定的，可按赠与处理。

案例评议

安丰某与丁桂某赡养纠纷案①

◆ **裁判规则**

一审法院认为，父母对子女有抚养教育的义务，子女对父母有赡养扶助的义务；并依法判令五个子女平均承担支出的费用。安丰某上诉认为自己也年老，没有赡养能力，请求不承担责任。二审法院认为赡养父母是子女应尽的义务，在父母年老时，子女应当履行对老年人经济上供养、生活上照料和精神上慰藉的义务，子女不履行赡养义务时，无劳动能力的或生活困难的父母，有要求子女给付赡养费的权利。因而，驳回安丰某上诉，维持原判。

◆ **评议**

《民法典》婚姻家庭编第一千零四十一条是关于婚姻制度和原则的规定，该条对于《婚姻法》第二条中“实行计划生育”的规定予以删除。该条确定了实行婚姻自由，一夫一妻，男女平等，对于妇女、未成年人和老年人的合法权益优先保护的四项基本原则。该条分别对于婚姻缔结、婚内夫妻双方权利义务上的平等性以及对于妇女、未成年人、老人权益特别予以保护作了原则性的规定。该案中，丁桂某年事已高，生活不能自理，应由五个子女进行赡养，子女不赡养，由此产生的费用，根据《婚姻法》第二条第二款，第二十一条第一款、第三款及《老年人权益保障法》第十四条、第十五条、第十九条的规定，应由五个子女平均承担。

第一千零四十二条　【禁止的婚姻家庭行为】

禁止包办、买卖婚姻和其他干涉婚姻自由的行为。禁止借婚姻索取财物。

禁止重婚。禁止有配偶者与他人同居。

禁止家庭暴力。禁止家庭成员间的虐待和遗弃。

---

① 一审法院为山东省日照市东港区人民法院，案号：(2019) 鲁1102民初308号；二审法院为山东省日照市中级人民法院，案号：(2019) 鲁11民终2331号。

本条来源

《婚姻法》第三条规定："禁止包办、买卖婚姻和其他干涉婚姻自由的行为。禁止借婚姻索取财物。

禁止重婚。禁止有配偶者与他人同居。禁止家庭暴力。禁止家庭成员间的虐待和遗弃。"

立法演变

一审稿第八百二十条规定："禁止包办、买卖婚姻和其他干涉婚姻自由的行为。禁止借婚姻索取财物。

禁止重婚。禁止有配偶者与他人同居。

禁止家庭暴力。禁止家庭成员间的虐待和遗弃。"

二审稿同一审稿，无修改。

征求意见稿同二审稿，无修改。

条文释义

本条规定了婚姻家庭领域的禁止行为。

一、禁止干涉婚姻自由

干涉婚姻自由侵害了婚姻自主权，是一种侵权行为。干涉婚姻自由的行为包括包办婚姻、买卖婚姻、子女干涉父母再婚等。包办婚姻是指第三人指定，强迫当事人结婚的行为；买卖婚姻是指第三人以索取财物为目的指定、强迫当事人结婚的行为。干涉婚姻自由侵害了婚姻自主权，不仅会导致大量的婚姻纠纷，还易于引发违法犯罪，对家庭和社会都具有较大危害，应当予以禁止。

借婚姻索取财物也在禁止之列。借婚姻索取财物是指婚姻当事人一方（或其父母等第三人）向对方索要一定的财物，以此作为结婚条件的违法行为。其特点表现为：第一，索取财物的主体一般是婚姻当事人一方，表现形式多是女方向男方索取财产，有时也发生婚姻当事人一方的父母等第三人索取财物的情况。第二，在婚姻决定权上，男女双方对结婚基本是自主自愿，体现了他们的个人意志，但以索取财物作为同意结婚的前提条件。这两点也是它与买卖婚姻的区别所在。在现实生活中，借婚姻索取财物的行为比买卖婚姻为数更多，涉及面更广，其危害性不可忽视。因此，婚姻法也明令予以禁止。对于借婚姻索取财物的行为人，一般予以批评教育；对借婚姻索取财物所发生的财产纠纷，一般应责令索取财物的一方予以返还。

婚姻家庭编对彩礼没有规定，可见彩礼已被抽象为民法上的普通财物。① 涉及彩礼的返还案件，各级法院遵循的是《最高人民法院关于适用〈中华人民共和国婚姻法〉若干问题的解释（二）》第十条的规定。该条按照结婚与否将彩礼的返还分为两种情形：双方未办理结婚登记手续的，应当返还彩礼；已经结婚又离婚的，原则上彩礼不返还。存在下列两种情况，离婚时需要返还彩礼：第一，双方办理结婚登记手续但未共同生活；第二，婚前给付并导致给付人生活困难。婚姻家庭编是否应当将彩礼作为法定概念予以规范？从风俗习惯看，彩礼具有明确的内涵；在彩礼的内容、数量与数额方面比较明确；男女双方在关系确定后，也有明确的彩礼给付与接受行为；对于悔婚产生的彩礼返还往往也有调整规范。因此，将彩礼作为法定概念予以规范具有合理性。

二、禁止重婚

一夫一妻是我国婚姻家庭编确认的基本原则，也是婚姻制度的内在要素。② 基于该原则，婚姻家庭编禁止重婚，禁止有配偶者与他人同居。

（一）禁止重婚

重婚为无效婚姻，当事人之间不具有夫妻的权利义务。婚姻家庭编仅规定重婚无效，并没有区分重婚的类型。刑法赋予善意重婚和恶意重婚不同的法律效果，《刑法》第二百五十八条规定，明知他人有配偶而与之结婚的构成重婚罪，善意重婚不构成犯罪。婚姻家庭编是否应当承认善意重婚和恶意重婚、单方善意重婚和双方善意重婚的区分，并赋予其不同的法效，需具体考量对一夫一妻原则的冲击。就一般社会经验来看，如果承认单方善意重婚合法有效，会对一夫一妻原则造成较大冲击。③

我国台湾地区“1994 年释字第 362 号解释”首次将重婚区分为善意重婚和恶意重婚，并承认单方善意重婚的法律效力：“如前婚姻关系已因确定判决而消

---

① 金眉：《论彩礼返还的请求权基础重建》，载《政法论坛》2019 年第 5 期。

② 吴庚：《宪法的解释与适用》，三民书局 2004 年版，第 313 页。

③ 杜强强：《善意重婚、共同生活与重婚无效规则的再塑》，载《法律适用》2016 年第 3 期。

灭，第三人本于善良且无过失，信赖该判决而与前婚姻一方相婚者，虽该判决嗣后又经变更，致使婚姻成为重婚，究与一般重婚之情形有异，依信赖保护原则，该后婚姻之效力，仍应予以维持”。[①] 这项解释使一夫一妻原则几乎形同虚设，遭到了学界的普遍抨击。[②] 考虑到单方善意重婚对一夫一妻原则的巨大冲击，“2002 年的释字 552 号解释”对此作了必要的补救，只承认双方善意重婚的法律效力：“婚姻涉及身份关系之变更，攸关公共利益，后婚姻之当事人就前婚姻关系消灭之信赖应有较为严格之要求，仅重婚相对人之善意且无过失，尚不足以维持后婚姻之效力，须重婚之双方当事人均为善意且无过失时，后婚姻之效力始能维持。”配合这次释法，我国台湾地区再次修改法律，在规定重婚无效的前提下，其“民法”第九百八十八条又规定，“重婚之双方当事人因善意且无过失信赖一方前婚姻消灭之两愿离婚登记或离婚确定判决而结婚者，不在此限”。[③] 上述规定否定了单方善意重婚的合法性，仅承认双方善意重婚的效力。

（二）禁止有配偶者与他人同居

婚外同居，即《民法典》婚姻家庭编第一千零四十二条、第一千零七十九条、第一千零九十一条所指“有配偶者与他人同居”。婚外同居不同于符合结婚实质要件、未进行结婚登记但符合司法解释规定条件的事实婚姻，也不同于无配偶男女两性未进行结婚登记，且不符合事实婚姻条件的非婚同居。[④]

《民法典》婚姻家庭编第一千零七十九条和第一千零九十一条规定了“有配偶者与他人同居”在婚姻家庭编的法律后果，分别为“准予离婚”和“导致离婚的，无过错方有权请求损害赔偿”。《最高人民法院关于适用〈中华人民共和国婚姻法〉若干问题的解释（一）》第二条对婚姻法中“有配偶者与他人同居”的含义作出限定性解释，即“是指有配偶者与婚外异性不以夫妻名义，持续、稳定地共同居住”。之所以作出这样的限定性解释，有三个方面的原因：第一，若有配偶者与婚外异性以夫妻名义同居，应归于“重婚”概念之下；第二，将“他人同居”中的“他人”限定为“婚外异性”，并将其中的“同居”

---

① 徐美贞：《亲属法》，五南图书出版股份有限公司 2007 年版，第 51 页。

② 王海南：《论一夫一妻婚姻制度与重婚信赖保护》，载《月旦法学杂志》2003 年第 5 期；郭钦铭：《论重婚之界定与信赖保护原则》，载《月旦民商法杂志》2006 年第 13 期。

③ 林秀雄：《亲属法讲义》，元照出版公司 2011 年版，第 93 页。

④ 陈信勇：《身份法视角下的婚外同居补偿协议》，载《法治研究》2014 年第 9 期。

限定为“持续、稳定地共同居住”；第三，限定性解释反映了司法机关在用法律手段干预婚姻家庭领域时的慎重态度。

三、禁止家庭暴力

2001 年 4 月修改后的婚姻法首次提及家庭暴力。《最高人民法院关于适用〈中华人民共和国婚姻法〉若干问题的解释（一）》第一条规定，婚姻法所称的“家庭暴力”，是指行为人以殴打、捆绑、残害、强行限制人身自由或者其他手段，给其家庭成员的身体、精神等方面造成一定伤害后果的行为。持续性、经常性的家庭暴力，构成虐待。2016 年 3 月 1 日，我国反家庭暴力法开始实施，该法明确：家庭暴力，是指家庭成员之间以殴打、捆绑、残害、限制人身自由以及经常性谩骂、恐吓等方式实施的身体、精神等侵害行为。反家庭暴力是国家、社会和每个家庭的共同责任。

与《最高人民法院关于适用〈中华人民共和国婚姻法〉若干问题的解释（一）》相比，家庭暴力的概念界定有了较大进步：第一，增加了经常性谩骂、恐吓等行为方式。恐吓包括语言恐吓和行为恐吓，是指行为人以伤害他人权益或公共利益等事项威胁他人，使他人感到畏惧恐慌，借以达到自己目的的行为。[①] 第二，《反家庭暴力法》第三十七条规定，家庭成员以外共同生活的人之间实施的暴力行为，参照本法规定执行。因此，家庭暴力的主体不再限定于家庭成员，亦将共同生活者纳入。第三，家庭暴力的构成不再强调身体或精神伤害的后果，这意味着只要施暴人实施了身体暴力或精神暴力，即构成家庭暴力。上述规定更有利于预防和制止家庭暴力。

婚姻家庭编明确规定，实施家庭暴力调解无效的，应当准予离婚；实施家庭暴力导致离婚的，无过错方可以请求损害赔偿，因此家庭暴力是婚姻关系解除及请求损害赔偿的情形之一。相比较婚姻家庭编，反家庭暴力法为家庭暴力法律规范方面的特别法，应适用反家庭暴力法认定家庭暴力行为的构成。[②] 当受害人因遭受家庭暴力请求解除婚姻关系，可依婚姻家庭编的相关规定提起请求；当受害人因家庭暴力遭受人身利益、财产利益或者精神利益的损害或者损失，则可依据侵权责任编的相关规定提起损害赔偿的诉讼请求。

---

① 陈敏：《对家庭暴力定义的司法认知》，载《人民司法（应用）》2016 年第 10 期。

② 李洪祥：《国家干预家庭暴力的限度研究》，载《法学论坛》2020 年第 2 期。

四、禁止虐待和遗弃

虐待是指以作为或不作为的形式，对家庭成员歧视、折磨、摧残，使其在精神上、肉体上遭受损害的违法行为，如打骂、恐吓、冻饿、患病不予治疗、限制人身自由等。虐待与家庭暴力既有联系，又有区别，例如持续性、经常性的家庭暴力，构成虐待；以不作为形式，比如不给饭吃、患病不给予治疗等，则构成虐待。

遗弃是指家庭成员中负有赡养、扶养、抚养义务的一方，对需要赡养、扶养和抚养的另一方，不履行其应尽义务的违法行为。例如，父母不抚养未成年子女；成年子女不赡养无劳动能力或生活困难的父母；配偶不履行扶养对方的义务等。遗弃以不作为的形式出现，该为而不为，致使被遗弃人的权益受到侵害。

婚姻法不但明令禁止虐待、遗弃家庭成员，而且规定了一系列法律责任和救济措施：（1）对虐待、遗弃家庭成员，受害人有权提出请求，居民委员会、村民委员会以及所在单位应当予以劝阻、调解。（2）虐待家庭成员，受害人提出请求的，公安机关应当依照治安管理处罚的相关法律规定予以行政处罚。（3）对遗弃家庭成员，受害人提出请求的，人民法院应当依法作出支付扶养费、抚养费、赡养费的判决。（4）夫妻一方虐待、遗弃家庭成员，另一方要求离婚的，调解无效，应准予离婚。（5）因虐待、遗弃家庭成员导致离婚的，无过失方有权请求损害赔偿。（6）对虐待、遗弃家庭成员构成犯罪的，依法追究刑事责任。受害人可以依照刑事诉讼法的有关规定，向人民法院提起自诉；公安机关应当依法侦查，人民检察院应当依法提起公诉。

法条关联

◆**《宪法》**

第四十九条　婚姻、家庭、母亲和儿童受国家的保护。

夫妻双方有实行计划生育的义务。

父母有抚养教育未成年子女的义务，成年子女有赡养扶助父母的义务。

禁止破坏婚姻自由，禁止虐待老人、妇女和儿童。

◆**《民法典》（总则编）**

第一百一十条　自然人享有生命权、身体权、健康权、姓名权、肖像权、名誉权、荣誉权、隐私权、婚姻自主权等权利。

法人、非法人组织享有名称权、名誉权和荣誉权。

第一百一十二条 自然人因婚姻家庭关系等产生的人身权利受法律保护。

◆《民法典》(婚姻家庭编)

第一千零四十一条 婚姻家庭受国家保护。

实行婚姻自由、一夫一妻、男女平等的婚姻制度。

保护妇女、未成年人、老年人、残疾人的合法权益。

第一千零四十二条 禁止包办、买卖婚姻和其他干涉婚姻自由的行为。禁止借婚姻索取财物。

禁止重婚。禁止有配偶者与他人同居。

禁止家庭暴力。禁止家庭成员间的虐待和遗弃。

◆《妇女权益保障法》

第四十四条 国家保护妇女的婚姻自主权。禁止干涉妇女的结婚、离婚自由。

◆《刑法》

第二百五十七条 **【暴力干涉婚姻自由罪】**以暴力干涉他人婚姻自由的，处二年以下有期徒刑或者拘役。

犯前款罪，致使被害人死亡的，处二年以上七年以下有期徒刑。

第一款罪，告诉的才处理。

第二百五十八条 **【重婚罪】**有配偶而重婚的，或者明知他人有配偶而与之结婚的，处二年以下有期徒刑或者拘役。

第二百六十条 **【虐待罪】**虐待家庭成员，情节恶劣的，处二年以下有期徒刑、拘役或者管制。

犯前款罪，致使被害人重伤、死亡的，处二年以上七年以下有期徒刑。

第一款罪，告诉的才处理，但被害人没有能力告诉，或者因受到强制、威吓无法告诉的除外。

第二百六十一条 **【遗弃罪】**对于年老、年幼、患病或者其他没有独立生活能力的人，负有扶养义务而拒绝扶养，情节恶劣的，处五年以下有期徒刑、拘役或者管制。

◆《治安管理处罚法》

第四十三条 殴打他人的，或者故意伤害他人身体的，处五日以上十日以下拘留，并处二百元以上五百元以下罚款；情节较轻的，处五日以下拘留或者五百元以下罚款。

有下列情形之一的，处十日以上十五日以下拘留，并处五百元以上一千元以下罚款：

（一）结伙殴打、伤害他人的；

（二）殴打、伤害残疾人、孕妇、不满十四周岁的人或者六十周岁以上的人的；

（三）多次殴打、伤害他人或者一次殴打、伤害多人的。

◆《最高人民法院关于适用〈中华人民共和国婚姻法〉若干问题的解释（一）》

第一条　婚姻法第三条、第三十二条、第四十三条、第四十五条、第四十六条所称的“家庭暴力”，是指行为人以殴打、捆绑、残害、强行限制人身自由或者其他手段，给其家庭成员的身体、精神等方面造成一定伤害后果的行为。持续性、经常性的家庭暴力，构成虐待。

◆《老年人权益保障法》

第十三条　老年人养老以居家为基础，家庭成员应当尊重、关心和照料老年人。

第十四条　赡养人应当履行对老年人经济上供养、生活上照料和精神上慰藉的义务，照顾老年人的特殊需要。

赡养人是指老年人的子女以及其他依法负有赡养义务的人。

赡养人的配偶应当协助赡养人履行赡养义务。

第十五条　赡养人应当使患病的老年人及时得到治疗和护理；对经济困难的老年人，应当提供医疗费用。

对生活不能自理的老年人，赡养人应当承担照料责任；不能亲自照料的，可以按照老年人的意愿委托他人或者养老机构等照料。

第十六条　赡养人应当妥善安排老年人的住房，不得强迫老年人居住或者迁居条件低劣的房屋。

老年人自有的或者承租的住房，子女或者其他亲属不得侵占，不得擅自改变产权关系或者租赁关系。

老年人自有的住房，赡养人有维修的义务。

第十八条　家庭成员应当关心老年人的精神需求，不得忽视、冷落老年人。

与老年人分开居住的家庭成员，应当经常看望或者问候老年人。

用人单位应当按照国家有关规定保障赡养人探亲休假的权利。

第二十五条　禁止对老年人实施家庭暴力。

案例评议

刘某甲与唐某甲同居关系子女抚养纠纷案①

◆ **裁判规则**

一审法院认为，婚姻法禁止重婚。禁止有配偶者与他人同居，原、被告为非法同居关系，判令唐某乙同唐某甲生活。刘某甲上诉主张唐某甲欺骗刘某甲感情，且其更有能力抚养唐某乙。二审法院以唐某甲有妻子和儿女，对同居关系存在过错等为由，改判唐某乙归刘某甲抚养，唐某甲支付抚养费。

◆ **评议**

《民法典》婚姻家庭编第一千零四十二条是关于维护婚姻和家庭关系稳定的规定该条对于禁止包办买办和干涉婚姻自由，不得借婚姻敛财，婚姻存续期间不得重婚、家暴、虐待遗弃等都作了明确的规定，对于有配偶与他人同居行为，也就是俗称的“小三”，同样进行禁止性规定。《最高人民法院关于适用〈中华人民共和国婚姻法〉若干问题的解释（二）》第一条对此也明确规定，有配偶与他人同居为法律所不允许。对于非婚生子女与父母的关系及抚养问题，以及《最高人民法院关于人民法院审理离婚案件处理子女抚养问题的若干具意见》第三条作了明确的规定。本案中，唐某甲与刘某甲是非法同居关系，在关系依法解除后，对于非婚生子女是需要进行保护的。二审法院综合考虑双方过错和唐某甲已有合法儿女的情况，改判双方非婚生女儿唐某乙由刘某甲抚养。

第一千零四十三条　【优良家风、家庭美德与家庭文化建设；婚姻家庭关系】

家庭应当树立优良家风，弘扬家庭美德，重视家庭文明建设。

夫妻应当互相忠实，互相尊重，互相关爱；家庭成员应当敬老爱幼，互相帮助，维护平等、和睦、文明的婚姻家庭关系。

---

① 一审法院为山东省曹县人民法院，案号：（2014）曹民重字第23号；二审法院为菏泽市中级人民法院，案号：（2015）菏民三终字45号。

本条来源

《婚姻法》第四条规定："夫妻应当互相忠实，互相尊重；家庭成员间应当敬老爱幼，互相帮助，维护平等、和睦、文明的婚姻家庭关系。"

立法演变

一审稿第八百二十一条规定："夫妻应当互相忠实，互相尊重；家庭成员间应当敬老爱幼，互相帮助，维护平等、和睦、文明的婚姻家庭关系。"

二审稿同一审稿，无修改。

征求意见稿第一千零四十三条新增"家庭应当树立优良家风，弘扬家庭美德，重视家庭文明建设"。

条文释义

本条是关于家风建设、家庭文明建设、婚姻家庭关系的规定。

本条规定就其属性而言，既不是具体的权利义务性规范，也非禁止性规范，而是倡导性、宣示性规范，它为人们处理婚姻家庭关系提出了社会公认的道德准则；就其规范地位而言，它只是表明了婚姻法的价值取向，而不是婚姻法的基本原则，因此当事人仅以该条款为依据提起诉讼的，人民法院不予受理；已经受理的，裁定驳回起诉。

一、家庭文明建设

习近平总书记指出："家风是一个家庭的精神内核，也是一个社会的价值缩影。良好家风和家庭美德正是社会主义核心价值观在现实生活中的直观体现。""树立优良家风，弘扬家庭美德，重视家庭文明建设"是国家对新时代中国家庭建设的基本要求，也是该编重要的立法原则。[①] 家庭成员的上述行为准则能够塑造良好家风，有利于社会主义核心价值观的培育和践行。[②] 民法典重视家庭文明建设，要求家庭树立优良家风，弘扬家庭美德，把家庭建设好，使之成

① 龙翼飞：《编纂民法典婚姻家庭编的法理思考与立法建议》，载《法制与社会发展》2020年第2期。

② 闫平：《借鉴我国传统家风家教文化创新培育和践行社会主义核心价值观的实践路径》，载《理论学刊》2019年第3期。

为社会和谐稳定的基础。通过立法强调树立优良家风，宣示了国家的高度重视和强力倡导，可以强化家庭和家庭成员的责任感和义务感，推进家庭弘扬优良家风的知行合一。

二、婚姻家庭关系

婚姻家庭关系包括夫妻关系和家庭成员关系。

（一）夫妻关系

共同生活是夫妻关系的基本内容，双方在共同生活中相互忠实、相互尊重、互相关爱是夫妻关系的基本准则。互相忠实是社会道德对夫妻关系最本质的要求，也是对婚姻自由、一夫一妻、男女平等等原则更为深入的阐释。对婚姻不忠实，是难以容忍的不诚信，它不仅破坏夫妻关系，而且败坏社会风气，是法律所禁止的行为。夫妻相互忠实是指夫妻之间应忠于感情，诚实、坦诚相待以及互敬互爱。任何一方不得为婚外性行为，须保持性的专一性。

多数国家民法典规定夫妻互负忠实的义务，以确保婚姻、家庭的和谐和一夫一妻制度的贯彻。《法国民法典》第二百一十二条规定："夫妻双方应相互忠诚、相互救助与扶助。"① 《意大利民法典》第一百四十三条②、《阿根廷民法典》第一百九十八条③均规定夫妻互负忠诚/忠实义务。《智利民法典》第一百三十一条和第一百三十二条规定："夫妻在所有的生活环境中负相互忠实、救援、帮助的义务"；通奸严重违反婚姻忠实义务，并受法定制裁。④ 德国、日本的民法典包含了忠实要求，但并未使用忠实一词。《德国民法典》第三百五十三条第一款规定的"婚姻系就终身而缔结的……配偶双方互相为对方负担责任"应理解为要求配偶忠实。⑤ 日本最高裁判所民事判例中，第三人与已婚者发生性关系，只要其对于知晓对方已婚事实存在故意或者过失的，就会被认定为侵害了对方配偶的权利，应该赔偿精神损失。⑥ 该判例说明日本司法确认夫妻互负忠诚义务。

---

① 《法国民法典（上册）》，罗结珍译，法律出版社 2005 年版，第 197 页。
② 《意大利民法典》，费安玲等译，中国政法大学出版社 2004 年版，第 44 页。
③ 《最新阿根廷共和国民法典》，徐涤宇译，法律出版社 2007 年版，第 54 页。
④ 《智利共和国民法典》，徐涤宇译，北京大学出版社 2014 年版，第 21 页。
⑤ 《德国民法典》（第四版），陈卫佐译，法律出版社 2015 年版，第 437 页。
⑥ 最判昭 54・3・30 民集 33 卷 2 号 303 页参照。

夫妻相互尊重是指夫妻应当相互以礼相让，不得侮辱对方，并应尊重对方的独立人格及其独立权利。夫妻相互尊重是男女平等原则在夫妻关系中的具体体现，只有相互尊重，才能谈到平等，尊重是平等的前提，是实现夫妻各项权利的基本保证。夫妻相互尊重也是夫妻相互忠实的基础，夫妻间的相互尊重体现在夫妻生活的各个层面中，包括感情上的相互慰藉、体贴、关怀，也包括生活上的相互关心、照顾、扶助。

（二）家庭成员的关系

家庭成员之间应当相互尊重，敬老爱幼，互相帮助，维护平等、和睦、文明的家庭婚姻关系，把家庭建设好，成为精神文明的基础。家庭成员有敬老爱幼、互相帮助的责任。

根据本法的规定，具有法律意义上的家庭成员包括夫妻、父母、子女、祖父母、外祖父母、孙子女、外孙子女、兄弟姐妹，具体情况因家庭的结构形式而不同。家庭成员有敬老爱幼、互相帮助的责任不仅仅是指法律上的扶养义务，其内容更广泛，除物质条件的提供、日常生活的照顾帮助外，更应当包括相互间的关爱、慰藉、体贴、关怀等精神上的帮助。

在调整婚姻家庭的倡导性规范中，是否应增加“互守诚信”的行为准则？有学者认为：第一，互守诚信的要求体现了社会主义核心价值观；第二，诚信原则是所有民事主体在从事民事活动中均需遵循的基本原则。夫妻作为民事主体，在婚姻家庭领域内从事民事活动时，也应当恪守诚信原则。婚姻家庭编在家庭关系、离婚制度中均规定了夫妻违背诚信原则所导致的法律后果，将“夫妻互守诚信”写入夫妻行为准则，能够增强法律规则的协调性和科学性。①

案例评议

王某1与王某2离婚纠纷案②

◆ **裁判规则**

一审法院认为，王某1在王某2生育王某3不足半年时间内，王某1发生

① 龙翼飞：《编纂民法典婚姻家庭编的法理思考与立法建议》，载《法制与社会发展》2020年第2期。

② 一审法院为北京市朝阳区人民法院，案号：（2013）朝民初字第29971号；二审法院为北京市第三中级人民法院，案号：（2014）三中民终字第01641号。

上述情况，未尽到作为丈夫和父亲的担当，违背夫妻忠实义务、背弃家庭应负责任，对于夫妻感情破裂及婚姻关系解除，存在明显且重大的过错，其行为应予谴责。法院以保护女方和子女权益为出发点，考量上述情节对子女抚养及财产分割酌情判处，王某1对财产分配不服提起上诉，二审法院未予支持其诉讼请求。

◆ **评议**

《民法典》婚姻家庭编第一千零四十三条是关于家庭关系的规定，该条与《婚姻法》第四条相比，增加了第一款即树立良好家风、弘扬家庭美德，重视家庭文明建设的规定，将《婚姻法》第四条调整为第二款。家庭是指婚姻关系、血缘关系或收养关系基础上产生的，以情感为纽带，亲属之间所构成的社会生活单位，它是一个社会稳定的最基本的堡垒，如果一个社会中家庭关系不稳定，整个社会就会出现动荡不安的局面。如果说《婚姻法》第四条是从否定性角度来规定家庭关系的重要性，那么本条第一款就是从肯定性角度来鼓励家庭良好家风、家德、家教的形成，家庭是中国人情感的寄托，家庭稳定、积极向上、充满正能量，整个社会和国家才会稳定、积极向上。本案中，一、二审法院对于王某1的有婚外情这种违反夫妻忠诚义务的行为，依据《婚姻法》第四条、第三十二条、第三十七条、第三十九条，《最高人民法院关于适用〈中华人民共和国婚姻法〉若干问题的解释（三）》第七条之规定，给予否定性评价，并对财产分配对于王某2予以酌情照顾。

第一千零四十四条　【收养的原则与禁止性规定】

收养应当遵循最有利于被收养人的原则，保障被收养人和收养人的合法权益。

禁止借收养名义买卖未成年人。

本条来源

《收养法》第二条规定：“收养应当有利于被收养的未成年人的抚养、成长，保障被收养人和收养人的合法权益，遵循平等自愿的原则，并不得违背社会公德。”

《收养法》第二十条规定：“严禁买卖儿童或者借收养名义买卖儿童。”

立法演变

一审稿第八百七十一条规定：“收养应当有利于被收养人的健康成长，保障被收养人和收养人的合法权益。

禁止借收养名义买卖儿童。”

二审稿第八百二十一条之一将“儿童”修改为“未成年人”，将法条从第五章收养挪到第一章一般规定中。

征求意见稿第一千零四十四条将“收养应当有利于被收养人的健康成长”修改为“收养应当遵循最有利于被收养人的原则”。

条文释义

本条规定了收养子女的原则与禁止借收养名义买卖未成年人。

收养是指自然人依照法律规定的条件和程序，领养他人的子女为自己的子女，依法创设拟制血亲的父母子女关系的民事法律行为。也就是说，收养是一种在自然人与他人子女这两个本来没有法律关系的民事主体之间创设亲子法律关系的法律事实。[①] 本法规定，被收养人是未成年人，由于民事行为能力欠缺，被收养人非常需要家庭、父母的精心调教和指引。本法还规定，被收养人主要是失去了父母的孤儿、查找不到生父母的弃婴和儿童、生父母有特殊困难无力抚养的子女，他们更需要有家庭、社会的深切关怀。因此，建立收养关系，应当遵循最有利于被收养人的原则。

收养应当遵循最有利于被收养人的原则，保障被收养人和收养人的合法权益。联合国《儿童权利公约》第二十一条规定：“凡承认和（或）许可收养制度的国家应确保以儿童的最大利益为首要考虑……”我国已于1991年12月29日经第七届全国人大常委会第23次会议批准加入了《儿童权利公约》，因此在我国，收养就必须以有利于被收养的未成年人健康成长为首要目的。《德国民法

① 徐铁英：《〈婚姻家庭编〉（草案）关于收养主体制度规定的不足和改进建议》，载《暨南学报（哲学社会科学版）》2020年第1期。

典》第一千七百四十一条第一款第一句也规定："以未成年人的最大利益为收养的基准。"该准则于1976年首次被当作未成年人收养的前提性要件而被纳入收养法中。

该原则贯穿于整个收养行为过程，主要体现在：第一，收养人具有抚养教育被收养人的能力，能够为被收养人提供健康成长的环境；第二，被收养人原则上只能是那些因种种原因得不到生父母抚养的未成年人及那些父母双亡的孤儿、无依无靠的弃儿或父母因某种特殊困难而无力抚养的子女；第三，严禁借收养名义买卖儿童，严禁亲生父母借送养之名遗弃婴儿或贩卖亲生子女，否则将被处以罚款；第四，在被收养人成年以前，原则上不得解除收养关系，即使收养人与送养人双方协议解除，如果养子女年满八周岁以上的，应当征得本人同意。

法条关联

◆《民法典》（婚姻家庭编）

第一千一百一十一条 自收养关系成立之日起，养父母与养子女间的权利义务关系，适用本法关于父母子女关系的规定；养子女与养父母的近亲属间的权利义务关系，适用本法关于子女与父母的近亲属关系的规定。

养子女与生父母以及其他近亲属间的权利义务关系，因收养关系的成立而消除。

◆《最高人民法院关于贯彻执行〈中华人民共和国民法通则〉若干问题的意见（试行）》

23. 夫妻一方死亡后，另一方将子女送给他人收养，如收养对子女的健康成长并无不利，又办了合法收养手续的，认定收养关系成立；其他有监护资格的人不得以收养未经其同意而主张收养关系无效。

38. 被宣告死亡的人在被宣告死亡期间，其子女被他人依法收养，被宣告死亡的人在死亡宣告被撤销后，仅以未经本人同意而主张收养关系无效的，一般不应准许，但收养人和被收养人同意的除外。

案例评议

李树某拐卖妇女、儿童案[1]

◆ 裁判规则

一审法院认为，李树某构成拐卖儿童罪，鉴于其起次要作用，系从犯，应当减轻处罚。判其有期徒刑二年，并处罚金人民币1万元。李树某上诉主张其只是帮助领养，并没有拐卖。二审法院认为，李树某系从犯，认罪悔罪、积极缴纳罚金，改判主刑1年。

◆ 评议

《民法典》婚姻家庭编第一千零四十四条是关于收养子女的规定，该条为民法典的新增条款。收养法对收养子女的条件、流程等有明确的规定，该条规定第一款是对合法收养关系中收养人与被收养人权益的保护性规定，而第二款则是对借收养之名行买卖之实行为的否定性评价。合法的收养关系受法律保护，但是现实中存在各种不合法的收养关系，特别是有些“收养人”借着收养孩子的名义行拐卖儿童的卑劣行为。除在刑事犯罪领域作了明确的禁止规定，在民事领域也予以否定性评价，以保护合法的收养关系，否定非法的收养关系，特别是违反公序良俗的收养关系。本案中，一、二审法院对被告人的犯罪定性没有问题，对这种非法的乃至于犯罪的“收养”行为就应当严厉打击。

第一千零四十五条　【亲属、近亲属与家庭成员】

亲属包括配偶、血亲和姻亲。

配偶、父母、子女、兄弟姐妹、祖父母、外祖父母、孙子女、外孙子女为近亲属。

配偶、父母、子女和其他共同生活的近亲属为家庭成员。

---

① 一审法院为江西省永丰县人民法院，案号：（2017）赣0825刑初62号；二审法院为吉安市中级人民法院，案号：（2017）赣08刑终238号。

本条来源

《最高人民法院关于贯彻执行〈中华人民共和国民法通则〉若干问题的意见（试行）》第十二条规定："民法通则中规定的近亲属，包括配偶、父母、子女、兄弟姐妹、祖父母、外祖父母、孙子女、外孙子女。"

立法演变

一审稿第八百二十二条规定："亲属包括配偶、血亲和姻亲。

配偶、父母、子女、兄弟姐妹、祖父母、外祖父母、孙子女、外孙子女为近亲属。

共同生活的公婆、岳父母、儿媳、女婿，视为近亲属。

配偶、父母、子女和其他共同生活的近亲属为家庭成员。"

二审稿同一审稿，无修改。

征求意见稿第一千零四十五条将"共同生活的公婆、岳父母、儿媳、女婿，视为近亲属"删除。

条文释义

该条规定了亲属的种类、近亲属和家庭成员的范围。就同时规定近亲属和家庭成员范围而言，与蒙古、越南等立法例相似。

一、亲属

亲属是指因婚姻、血缘和法律拟制产生的人与人之间的特定身份关系，以及具有这种特定身份关系的人相互之间的称谓。[①] 亲属具有下列法律特征：（1）亲属是指亲属身份关系，该种身份关系以婚姻和血缘为基础；（2）亲属是有固定身份和称谓的社会关系，非经法律规定，不得随意变更；（3）亲属法是规范一定范围内亲属身份关系的法律。

婚姻家庭编将亲属分为三种：

1. 配偶。配偶是因男女双方结婚而发生的亲属关系，是血亲的源泉、姻亲的基础。配偶的亲属身份始于结婚，终于离婚或一方死亡。

---

① 杨立新：《家事法》，法律出版社 2013 年版，第 18 页。

2. 血亲。血亲是指有血缘联系的亲属，是亲属中的主要部分。血亲分为自然血亲和拟制血亲。自然血亲是指出于同一祖先、有血缘联系的亲属，如父母与子女、祖父母与孙子女、外祖父母与外孙子女、兄弟姐妹等。拟制血亲是指本无血缘联系或者没有直接的血缘联系，但法律确认与自然血亲有同等权利义务的亲属。拟制血亲一般因收养而产生，在养父母与养子女之间产生父母子女的权利义务关系。血亲还分为直系血亲和旁系血亲，直系血亲是指有直接血缘关系的亲属，包括生育自己和自己所生育的上下各代的亲属。旁系血亲是指有间接血缘关系的亲属，即与自己同出一源的亲属。

3. 姻亲。姻亲是指以婚姻为中介而产生的亲属，配偶一方与另一方的血亲之间为姻亲关系，如公婆与儿媳、岳父母与女婿等。我国的姻亲分为三类：一是血亲的配偶，是指己身的血亲，包括直系血亲和旁系血亲的配偶；二是配偶的血亲，是指配偶的直系血亲和旁系血亲；三是配偶的血亲的配偶，是指自己配偶的血亲的夫或者妻。

二、近亲属

亲属之间存在亲疏远近的区别，国外通常用亲等表示。我国没有这样的制度，而使用近亲属的概念，确认配偶、父母、子女、兄弟姐妹、祖父母、外祖父母、孙子女、外孙子女为近亲属，在他们之间发生权利义务关系。超出这个范围的亲属，不发生权利义务关系，不受民法典婚姻家庭编的调整。我国这个近亲属的概念，相当于“三代以内的血亲”。

三、家庭成员

民法典没有规定家制，虽然有家庭的概念，但却没有对家庭概念作出界定，仅规定了家庭成员的概念。配偶、父母、子女和其他共同生活的近亲属，是家庭成员，是家庭的组成部分。

我国的近亲属概念是有严重缺陷的，主要表现为过于狭窄。例如，存在四世同堂的情形并不少见，但是曾祖父母、曾外祖父母和曾孙子女、曾外孙子女就不是近亲属，即使在一个家庭共同生活，也不是家庭成员。这样的亲属制度的缺陷，是应当及早纠正的。

法条关联

◆《最高人民法院关于贯彻执行〈中华人民共和国民法通则〉若干问题的意见（试行）》

12. 民法通则中规定的近亲属，包括配偶、父母、子女、兄弟姐妹、祖父母、外祖父母、孙子女、外孙子女。

案例评议

鲁典某、覃交某共有纠纷案①

◆ 裁判规则

一审法院认为，回购款是以被拆迁房屋户下家庭成员的人数按照人均158000元予以发放，并不以家庭成员对被征拆房屋享有所有权为前提，所以支持覃交某诉讼请求。鲁典某上诉认为，覃交某不应取得该款项。二审法院认为，回购款为家庭成员按份共有，且拆迁时覃交某为家庭成员，所以一审判决正确，驳回鲁典某的上诉讼请求。

◆ 评议

《民法典》婚姻家庭编第一千零四十五条是关于亲属和家庭成员的规定，该条为民法典新增条款。关于亲属和家庭成员的范围，民法通则第二章第二节关于监护人的规定中出现了近亲属一词，民通意见第十二条中规定的近亲属包括配偶、父母、子女、兄弟姐妹、祖父母、外祖父母、孙子女，外孙子女。《刑事诉讼法》第一百零六条对近亲属的范围作了不同的规定，但是婚姻法对于法律意义上的近亲属的范围并没有规定，该条弥补了这一空白。该条规定对于何为亲属，何为近亲属，何为家庭成员，作了清晰、明确的规定，这有利于后续司法过程中对这三个概念的清晰界定。本案中，本质上就是要认定覃交某在拆迁协议签订那一刻是不是家庭成员。一、二审法院均认为房屋征拆时，覃交某系鲁典某家庭成员之一，且拆迁协议书明确覃交某为被拆迁人，因此均支持覃交某的诉讼请求。

---

① 一审法院为湖南省浏阳市人民法院，案号：（2019）湘0181民初626号；二审法院为长沙市中级人民法院，案号：（2019）湘01民终5853号。

第二章　结　婚

本章概要

结婚是婚姻法律关系借以发生的法律事实，婚姻的全部效力都以婚姻的成立为前提。婚姻有广义和狭义之分，广义的婚姻包括订婚行为和结婚行为，狭义的婚姻仅指结婚，不包括订婚。在现代社会，订婚不再是结婚的必经程序，对当事人也不发生缔结婚姻关系的义务，因此现代婚姻法学中婚姻的成立均是狭义的。

第一千零四十六条　【结婚自愿】

结婚应当男女双方完全自愿，禁止任何一方对另一方加以强迫，禁止任何组织或者个人加以干涉。

本条来源

《婚姻法》第五条规定："结婚必须男女双方完全自愿，不许任何一方对他方加以强迫或任何第三者加以干涉。"

立法演变

一审稿第八百二十三条规定："结婚应当男女双方完全自愿，禁止任何一方对他方加以强迫或者任何组织、个人加以干涉。"

二审稿第八百二十三条将"他方"改为"另一方"。

征求意见稿第一千零四十六条规定："结婚应当男女双方完全自愿，禁止任何一方对另一方加以强迫或者任何组织、个人加以干涉。"

条文释义

一、概述

本条是关于结婚须有男女双方婚姻合意的规定。

婚姻是指男女双方以共同生活为目的，以产生配偶之间的权利义务为内容的两性结合。婚姻是最重要的身份关系，创设婚姻的行为是结婚的身份行为。结婚是男女双方依照法律规定的条件和程序缔结配偶关系，并由此产生相应的民事权利、义务和责任的身份法律行为。按照我国法律规定，结婚须得到法律的确认，即结婚行为再加上婚姻登记，就构成婚姻关系，双方产生配偶权。

结婚的双方当事人必须具有结婚合意，这是结婚的必备要件之一，也是结婚自主权在亲属法中的体现。婚姻合意又称“结婚合意”或“成立婚姻的合意”，是男女双方在结婚问题上的意思表示一致，具体表现为：双方自愿而不是单方自愿；双方本人自愿而不是父母或者第三者自愿；完全自愿而不是勉强同意。

二、主要内容

婚姻合意的构成要件如下：

第一，当事人合格。双方当事人都应当是有婚姻行为能力的人，不仅已达法定婚龄，而且能够理解结婚的意义和后果。因此，未达法定婚龄的人同意结婚的表示，因患精神病等而丧失行为能力的人、临时处于精神错乱中的人同意结婚的意思表示，都属无效。

第二，当事人完全自愿。“男女双方完全自愿”一般包含三层意思：一是自愿必须是男女双方自愿而不是单方自愿，任何一方都不得把自己的意志强加给另一方；二是自愿是男女双方本人自愿，而不需要第三人的同意；三是自愿必须是男女双方真实的自愿而不是勉强同意。强调结婚必须男女双方自愿，并不禁止男女双方就结婚问题向第三人（父母、亲朋好友等）征求意见，也不禁止第三人对拟结婚的男女双方提出建议，只是是否征求或者采纳第三人的建议，由结婚当事人决定。

第三，当事人的意思表示真实。男女双方有权自主决定婚姻大事，不受任何第三人的强迫或干涉。一般情况下，在自愿基础的意思表示能够反映当事人的真实想法。应当注意的是，“真实”的意思表示仅仅排除外来的干涉，而并不附加其他的条件。男女双方的社会、经济等地位不同，考虑问题的角度不同，婚姻的目的和价值取向不同，这些必然对当事人作出决定产生影响。一方面，不能为“真实”制订其他强制性的标准，只要是为了建立共同婚姻生活而自愿作出的意思表示，就是真实的意思表示。另一方面，这种“真实”是说在当事人表示自己的意思时是出于个人的真正意愿。经过一段时间的共同生活，当事人对婚姻关系的认识可能发生转变，但不能以此否定原来意思表示的真实性。

第四，当事人的意思表示合法。双方的意思表示不应附加与法律相违背、与婚姻本质相违背的条件。比如，约定“结婚后不得离婚、结婚后不在一起共同生活、生有子女后婚姻关系终止”等内容，都是法律所不允许的。同时，根据法律的原则内容和精神，结婚当事人意思表示内容的核心应当是“同意结为夫妻，并共同生活”。而夫妻之间的权利义务内容是由法律直接规定的，结婚当事人不得通过约定增加或减少，如当事人约定“减除夫妻通常的权利义务，夫妻不共同生活”等内容，均属无效约定。

第五，当事人的意思表示符合法定方式。结婚行为是一种要式行为，结婚当事人的意思表示必须以一定的方式在一定的场合做出。在我国，当事人应通过结婚申请体现结婚的意思表示内容，而结婚申请应采用书面形式，当事人不能直接口头申请结婚。男女双方当事人必须亲自到婚姻登记机关共同申请，婚姻登记机关依照法定的程序对当事人的真实意思进行核对，对书面的结婚申请进行审查。只有当结婚当事人同意结婚的意思表示经登记机关的认可后，这种表示才会产生相应的法律后果。故在此以前，双方在其他场合作出的同意结婚的表示，只能认为是成立婚约即订婚的合意，而不是具有法律效力的成立婚姻的合意。

法条关联

◆《民法典》（婚姻家庭编）

第一千零四十一条　婚姻家庭受国家保护。

实行婚姻自由、一夫一妻、男女平等的婚姻制度。

保护妇女、未成年人、老年人、残疾人的合法权益。

第一千零四十二条　禁止包办、买卖婚姻和其他干涉婚姻自由的行为。禁止借婚姻索取财物。

禁止重婚。禁止有配偶者与他人同居。

禁止家庭暴力。禁止家庭成员间的虐待和遗弃。

第一千零四十六条 结婚应当男女双方完全自愿，禁止任何一方对另一方加以强迫，禁止任何组织或者个人加以干涉。

◆《婚姻登记条例》

第六条 办理结婚登记的当事人有下列情形之一的，婚姻登记机关不予登记：

（一）未到法定结婚年龄的；

（二）非双方自愿的；

（三）一方或者双方已有配偶的；

（四）属于直系血亲或者三代以内旁系血亲的；

（五）患有医学上认为不应当结婚的疾病的。

第三十条 子女应当尊重父母的婚姻权利，不得干涉父母再婚以及婚后的生活。子女对父母的赡养义务，不因父母的婚姻关系变化而终止。

◆《老年人权益保障法》

第二十一条 老年人的婚姻自由受法律保护。子女或者其他亲属不得干涉老年人离婚、再婚及婚后的生活。

赡养人的赡养义务不因老年人的婚姻关系变化而消除。

◆《妇女权益保障法》

第四十四条 国家保护妇女的婚姻自主权。禁止干涉妇女的结婚、离婚自由。

◆《刑法》

第二百五十七条 **【暴力干涉婚姻自由罪】**以暴力干涉他人婚姻自由的，处二年以下有期徒刑或者拘役。

犯前款罪，致使被害人死亡的，处二年以上七年以下有期徒刑。

第一款罪，告诉的才处理。

案例评议

权某某（男）与韩某某（女）离婚纠纷案[①]

◆ **裁判规则**

一审法院认为，双方婚前了解不够，婚后未建立真挚的夫妻感情，准予离

① 一审法院为泾川县人民法院，案号：（2015）泾民初字第201号；二审法院为平凉市中级人民法院，案号：（2015）平中民一终字第225号。

婚，并对彩礼、财产等一并判决。权某某上诉称，其与韩某某有双方婚前协议约定，如果韩某某提出离婚，则上诉人结婚首饰不予返还，现韩某某提出离婚，违背婚前财产约定，请求撤销原判。二审法院认为，婚前协议约定违反我国婚姻法关于结婚自愿、离婚自由的强制性规定，其对双方身份关系的限制性约定系无效条款，最终维持原判。

◆ **评议**

《民法典》婚姻家庭编第一千零四十六条是关于结婚自由的规定，婚姻自由权是指婚姻当事人享有自主决定自己婚姻的权利。婚姻当事人基于法律规定和本人意志，自主决定自己的婚姻问题，不受他人的非法干涉。婚姻自由包括结婚自由、离婚自由。以暴力、威胁等手段干涉他人婚姻自由，情节严重的，构成暴力干涉婚姻自由罪，将依法追究刑事责任。该条是关于结婚自由不受干涉的规定。关于结婚不自由的情况，双方通常是在离婚时作为离婚的一个理由予以提出。本案亦是如此。对于权某某主张的婚前协议，二审法院认为是违反结婚自愿、离婚自由的强制性规定而认定无效，维持一审原判。

第一千零四十七条　【法定婚龄】

结婚年龄，男不得早于二十二周岁，女不得早于二十周岁。

本条来源

《婚姻法》第六条规定：“结婚年龄，男不得早于二十二周岁，女不得早于二十周岁。晚婚晚育应予鼓励。”

立法演变

一审稿第八百二十四条规定：“结婚年龄，男不得早于二十二周岁，女不得早于二十周岁。”

二审稿同一审稿，无修改。

征求意见稿同一、二审稿，无修改。

条文释义

本条是关于法定婚龄的规定。

法定婚龄是指法律规定的结婚的最低年龄。我国婚姻法规定的结婚年龄，男不得早于二十二周岁，女不得早于二十周岁。凡当事人双方或一方未达到法定婚龄的，婚姻登记管理机关不予登记。法定婚龄是男女双方结婚必须达到的年龄，具有强制性，非经立法程序，任何国家机构不得擅自提高或降低。但基于民族、宗教、风俗习惯的原因，民族自治地区可以根据本民族的实际情况，对法定婚龄作变通的规定。

一、法定婚龄的设置模式

世界各国对法定婚龄的设置主要有下列四种方式：

第一，民法典模式，以法国和德国为代表。《法国民法典》第一百四十四条、第一百四十五条分别规定了结婚的年龄限制和特殊情况：第一百四十四条规定，男女缔结婚姻必须年满 18 周岁；第一百四十五条规定，结婚举行地的检察官在基于重大理由的前提下免除结婚年龄的限制。[①]《德国民法典》第一千三百零三条规定了适婚年龄，即婚姻不能在达到成年年龄之前予以缔结。但是，"如果申请人已年满 16 岁，且其未来的配偶已经成年的，家庭法院可以根据申请，对前款规定给予免除。"[②] 法、德两国对婚姻年龄的设定起点均为 18 周岁，并且都规定了在特殊情形和特定理由下，结婚年龄可以适当降低。

第二，单行婚姻立法模式，以英国和澳大利亚为代表。英国《婚姻法》规定的最低法定婚龄为 16 周岁；澳大利亚《婚姻法》规定，适婚年龄是男女都年满 18 周岁。但 16 周岁未满 18 周岁的公民可以向其所在州或者地区的法官或者婚姻登记官申请，准许其和特定的已经达到法定婚龄的公民结婚，法官或者婚姻登记官进行审查并作出决定。

第三，以宗教或者习惯法为依据。撒哈拉以南的非洲地区是世界上早婚率最高的地区，早婚行为极大地影响年轻女孩的健康、教育和经济发展。该地区某些国家成为《儿童权利公约》的缔约国后，会履行该公约的相关义务。尼日

① 《法国民法典》，罗结珍译，北京大学出版社 2010 年版，第 53 页。

② 陈卫佐：《德国民法典》，法律出版社 2015 年版，第 430－431 页。

利亚于2003年通过了《儿童权利法案》。该法案明确规定，父母将自己未满18周岁的儿子或者女儿嫁给他人将被判处7000美元的罚金或者5年有期徒刑，该规定通过设置财产刑和自由刑等刑罚措施有效地从法律层面杜绝早婚行为。

第四，联邦和州联合立法的模式，以美国为代表。美国在联邦《统一结婚离婚法》中规定，16周岁以下的公民缔结婚姻需要得到父母或者监护人的同意，同时把对最低法定婚龄的立法权限授予各州。虽然各州对法定婚龄的设置各不相同，但是在其中一个州得到法律承认的婚姻在其他州也具有合法性。美国这种规定最低法定婚龄的方式独具特色，能同时满足不同种类的婚姻（如宗教婚姻和注册婚姻）具有合法性。

通过以上分析可以看出，法定婚龄的设置在一定程度上影响一个国家的经济发展水平、生育水平甚至离婚率的高低，继而影响到一个社会和一个国家的稳定。法定婚龄的变化是经济社会变迁、婚姻制度完善和女性地位提高等多重因素共同作用的结果和映射。确定法定婚龄应当考虑婚姻的自然因素和社会因素。自然因素是指人的生理条件和心理条件发展的因素；社会因素是指政治、经济、文化、人口状况、道德、宗教、民族习惯等方面因素。

二、法定婚龄的调整因素

关于法定婚龄的规定，民法典婚姻家庭编目前仍与婚姻法相一致。在该编的编纂过程中，诸多学者建议，应将婚姻法规定的法定婚龄降低至20周岁。此项立法建议的理由在于①：第一，法定婚龄仅为结婚的最低年龄，“在计划生育政策已经改变的情况下，应当降低结婚年龄的限制”。② 第二，婚姻法关于法定婚龄的规定并无科学依据。第三，由特定区域（包括少数民族地区在内）的结婚习俗可知，男女通常在20岁时结婚。第四，为了进一步贯彻男女平等精神，应当删除男女法定婚龄的差异规定。

大多数国家对结婚年龄都有专门的规定，但由于各国民族习惯、地理环境、经济状况、青年身体发育迟早等不同，差别较大。从美国、英国、法国、德国、日本等45个国家的有关法律来看，法定婚龄最高为男二十一周岁，女十八周

① 龙翼飞：《编纂民法典婚姻家庭编的法理思考与立法建议》，载《法制与社会发展》2020年第2期。

② 杨立新：《对修订民法典婚姻家庭编30个问题的立法建议》，载《财经法学》2017年第6期，第12页。

岁；最低为男十四周岁，女十二周岁。男二十一周岁，女十六周岁至十八周岁的有美国、印度、波兰、丹麦、芬兰、冰岛、挪威、澳大利亚等8国；男二十周岁，女十六周岁至十八周岁的有瑞士、印尼、越南等3国；男十八周岁，女十八周岁的有瑞典、新加坡、保加利亚、意大利、智利等5国；男十八周岁，女十六周岁至十七周岁的有日本、罗马尼亚、巴基斯坦、土耳其、巴西、匈牙利、阿尔巴尼亚等7国；男十八周岁，女十四周岁至十五周岁的有法国、缅甸、荷兰、比利时、伊朗、老挝等6国；男十六周岁至十七周岁，女十四周岁至十六周岁的有英国、菲律宾、马来西亚、葡萄牙、泰国、柬埔寨等6国；男十六周岁，女十四周岁的为斯里兰卡；男十四周岁，女十二周岁的有阿根廷、西班牙等2国。我国法定婚龄，在春秋战国以前为男十五周岁至二十周岁，女十五周岁；唐朝前期为男二十周岁，女十五周岁，后期为男十五周岁，女十三周岁；宋、明、清为男十六周岁，女十四周岁；新中国成立前为男十八周岁，女十六周岁。新中国成立后，1950年婚姻法确定的法定婚龄为男二十周岁，女十八周岁；1980年婚姻法规定最低婚龄为男二十二周岁，女二十周岁。这一规定是总结了以往经验，根据我国经济建设发展情况，人民群众思想觉悟，科学文化水平，人口增长速度与国家的青年人的期望等实际情况，并参照国外情况确定的。

（一）法定婚龄调整的原则

以男女平等原则为指导，科学地逐步降至成年年龄，并考虑不同区域不同民族的经济状况、社会发展水平和不同群体的生理心理发育成熟度等因素，进行适当调整。

（二）法定婚龄调整的社会因素

本法中关于结婚年龄的规定是在1981年确定的，当时的立法目的是控制人口增长，提倡晚婚晚育，实行计划生育。经过几十年的发展，现阶段的人口构成已发生重大变化，现阶段相关立法对结婚年龄的调整应以优化人口结构从而促进经济、发展社会稳定为目标。因此，从社会因素考量，有学者提出应当降低法定婚龄。最后，立法机关经综合考虑，还是未修改法定婚龄，但删除了“实行计划生育”的条款。

（三）法定婚龄调整的自然因素

“人首先是生物意义上的人，达到一定年龄的自然人，便有结婚和生育的要求，这是基本的人性。”针对现阶段中国法定婚龄的高位设置，应充分尊重人的自然属性，适当降低结婚年龄，使达到成年年龄具备民事行为能力的自然人充分享有婚姻自主权和配偶权。

法条关联

◆《婚姻登记条例》

第六条　办理结婚登记的当事人有下列情形之一的，婚姻登记机关不予登记：

（一）未到法定结婚年龄的；

（二）非双方自愿的；

（三）一方或者双方已有配偶的；

（四）属于直系血亲或者三代以内旁系血亲的；

（五）患有医学上认为不应当结婚的疾病的。

◆《新疆维吾尔自治区执行〈中华人民共和国婚姻法〉的补充规定》

第二条　少数民族公民的结婚年龄，男不得早于二十周岁，女不得早于十八周岁。

◆《内蒙古自治区执行〈中华人民共和国婚姻法〉的补充规定》

第三条第一款　结婚年龄，男不得早于二十周岁，女不得早于十八周岁。

◆《宁夏回族自治区执行〈中华人民共和国婚姻法〉的补充规定》

第二条　回族男女的结婚年龄，男不得早于二十周岁，女不得早于十八周岁。

◆《西藏自治区施行〈中华人民共和国婚姻法〉的变通条例》

第一条　结婚年龄，男不得早于20周岁，女不得早于18周岁。

案例评议

王某乙与王某甲、张某婚约财产纠纷案①

◆ **裁判规则**

一审法院依据法律规定判决王某甲、张某于判决生效后五日内返还王某乙彩礼款30000元。王某甲、张某认为，至二审开庭双方都没有到法定结婚年龄，

① 一审法院为项城市人民法院，案号：（2015）项民初字第00708号；二审法院为河南省周口市中级人民法院，案号：（2015）周民终字第1271号。

王某乙强行与王某甲结婚是违法行为，在违法行为的基础上提出解除婚约，王某乙显然存在过错，依据相关规定，应以返还彩礼总额的50%为宜。二审法院认为，王某甲主张应当按照彩礼数额的50%返还，并无依据。

◆ **评议**

《民法典》婚姻家庭编第一千零四十七条是关于结婚年龄的规定。公民的自然属性和社会属性要求，结婚只有达到一定的年龄，才能具备适合的生理条件和心理条件，也才能履行夫妻义务，承担家庭和社会的责任。所以，尽管我国法律赋予每个公民结婚的权利能力，但并非所有公民都可以成为婚姻法律关系的主体，只有达到法律规定的结婚年龄的人，才享有结婚的权利。中国法定结婚年龄为男不得早于二十二周岁，女不得早于二十周岁。本案中，原被告双方在二审中都未达到结婚年龄，违反我国关于结婚年龄的强制性规定，对于彩礼等财产，人民法院按照《最高人民法院关于适用〈中华人民共和国婚姻法〉若干问题的解释（二）》第十条第一项的规定依法判决是合理合法的。

第一千零四十八条　【禁止结婚的情形】

直系血亲或者三代以内的旁系血亲禁止结婚。

本条来源

《婚姻法》第七条规定：“有下列情形之一的，禁止结婚：

（一）直系血亲和三代以内的旁系血亲；

（二）患有医学上认为不应当结婚的疾病。”

立法演变

一审稿第八百二十五条规定：“直系血亲或者三代以内的旁系血亲禁止结婚。”

二审稿同一审稿，无修改。

征求意见稿同一、二审稿，无修改。

条文释义

本条规定了禁止结婚的亲属的范畴。

一、禁婚亲制度存在的合理性

根据优生学与遗传学的原理，人体细胞中有46条染色体，其中一半来自父亲，另一半来自母亲。其中父女、母子或父子、母女之间的关系有二分之一的基因是相同的；祖孙或同胞之间的关系有四分之一的基因是相同的；伯、叔、舅或姑、姨与内外侄女、侄甥之间的关系有八分之一的基因是相同的；堂姑、姨或表兄弟姐妹之间的关系有十六分之一的基因是相同的。这46条染色体携带着全部遗传基因，血缘关系越近，携带的相同遗传基因就越多。而相同基因越多的人通婚，子代的隐性遗传病概率则越高，相同基因数与隐性遗传病发病率成正比。因此，血缘关系过近的亲属通婚容易将精神上和生理上的缺陷及遗传性疾病传给后代，危害下一代的健康，进而影响整个民族的身体素质的提高和人类的发展。因此，禁止近亲结婚是自然规律的要求，同时血缘过近的亲属通婚也不符合我国民间的婚姻习俗及长幼有序、尊卑有别的传统道德观念，与我国五千年文明史相悖。

二、禁婚亲的概念及范围

基于伦理学和优生学的考量，禁止一定范围内的亲属结婚是古今中外各国立法的通例。禁止结婚的血亲又称为禁婚亲，是指法律规定的禁止结婚的亲属范围。学理上将血亲分为自然血亲和拟制血亲两种。本法所确定的“直系血亲和三代以内的旁系血亲”中的“血亲”是否包括拟制血亲，立法并未明确。

（一）自然血亲

我国禁止结婚的血亲范围可以分为两大类：第一类，直系血亲。即生育自己或生育的上下各代血亲，也就是说自己所从出或自己所出的血亲，上可追溯到父母、祖父母、曾祖父母等，下至子女、孙子女、曾孙子女等，都属于直系血亲。第二类，三代以内旁系血亲。即双方之间虽无从出关系，但是来源于相同的祖先所生的血亲。例如，同源父母的兄弟姐妹，同源祖父母的伯、叔、姑与侄子侄女之间，表（堂）兄弟姐妹之间都称为旁系血亲。而同父母所生的为全血缘亲属，同父异母或同母异父则为半血缘亲属。

（二）拟制血亲

拟制血亲是指本无直接血缘关系，法律赋予其享有与自然血亲同等地位的亲属一样的权利义务，包括因收养形成的拟制血亲关系和具有抚养教育关系的继父母子女及亲属之间的拟制血亲关系。因收养形成拟制血亲关系，法律规定得很明确：养父母和养子女间的权利和义务，适用本法对父母子女间关系的有关规定；养子女与养父母的近亲属间的权利义务关系，适用法律关于子女与父母近亲属间关系的规定。但继父母子女关系并不都是拟制血亲关系，除非继父或继母与继子女间形成抚养教育关系或者继父或者继母经继子女的生父母同意与继子女间形成收养关系。因此，依据本法，只有形成抚养教育关系的继父母子女关系或者经过收养程序形成收养关系才适用父母子女关系。

拟制血亲分为拟制旁系血亲，如养兄弟姐妹；拟制直系姻亲，如公公与儿媳、岳母与女婿、没有形成抚养关系的继父母与继子女。虽然我国法律对拟制血亲之间的结婚问题未明确，但却规定养父母与养子女间关系的关系应适用本法对父母子女间的有关规定，且我国民间在结婚问题上历来讲究尊卑有别、长幼有序，反对不同辈分的亲属通婚，故笔者认为养父与养女、养母与养子之间的通婚可能会侵害养子女或继子女的利益，且从尊卑有别、长幼有序以及家庭和睦的角度讲，应以不结婚为宜。但对拟制旁系血亲因不存在实际的血缘关系不应在禁止之列。

法条关联

◆《民法典》（婚姻家庭编）

第一千零五十一条 有下列情形之一的，婚姻无效：

（一）重婚；

（二）有禁止结婚的亲属关系；

（三）未到法定婚龄。

第一千零五十二条 因胁迫结婚的，受胁迫的一方可以向人民法院请求撤销婚姻。

请求撤销婚姻的，应当自胁迫行为终止之日起一年内提出。

被非法限制人身自由的当事人请求撤销婚姻的，应当自恢复人身自由之日起一年内提出。

第一千零五十三条　一方患有重大疾病的，应当在结婚登记前如实告知另一方；不如实告知的，另一方可以向人民法院请求撤销婚姻。

请求撤销婚姻的，应当自知道或者应当知道撤销事由之日起一年内提出。

第一千零九十九条　收养三代以内旁系同辈血亲的子女，可以不受本法第一千零九十三条第三项、第一千零九十四条第三项和第一千一百零二条规定的限制。

华侨收养三代以内旁系同辈血亲的子女，还可以不受本法第一千零九十八条第一项规定的限制。

◆《婚姻登记条例》

第六条　办理结婚登记的当事人有下列情形之一的，婚姻登记机关不予登记：

（一）未到法定结婚年龄的；

（二）非双方自愿的；

（三）一方或者双方已有配偶的；

（四）属于直系血亲或者三代以内旁系血亲的；

（五）患有医学上认为不应当结婚的疾病的。

◆《最高人民法院对吴中输与养女吴凤兰请求结婚问题意见的复函》

最高人民法院东北分院：

本年1月12日法总字第97号来函收悉。关于吴中输与养女吴凤兰请求结婚的问题，根据保护养子女利益的原则，我们同意你院的第二种意见：不准他们结婚。并请注意了解一下男方的历史、职业、阶级成分和男女双方情况，看女方与养父结婚是否出于自愿，如男方有威逼利诱等犯罪行为即须考虑予以适当的处罚，同时为照顾女方情绪也要进行一些必要的说服教育，对她的生活作适当安置，不使发生意外。

附：最高人民法院东北分院请答复养父女间结婚问题的函

最高人民法院：

抚顺市吴中输年50岁，在吴凤兰7岁时收为养女，吴凤兰今年20岁，双方发生男女关系已生一小孩，现在请求结婚是否可以，请答复。

我院的意见：

一、养父女不是血亲关系，如确系双方自愿可以结婚。

二、婚姻法第十三条第二项规定，养父母与养子女相互间的关系，适用该条第一项规定的亲父母子女间相互关系的规定，故不能结婚。并根据人民群众现在的觉悟程度，允许结婚，恐有不良影响。

案例评议

杨某与郎某婚姻无效纠纷案①

◆ **裁判规则**

一审法院认为，原、被告系姑舅成亲，虽登记结婚，但其婚姻关系自始无效，对于婚后所生女孩郎某某因长期与被告生活，且其自愿与被告共同生活，故应由被告抚养，并对财产等一并判决。杨某提起对于财产和子女问题上诉。二审法院也依法判决二人婚姻因近亲结婚，婚姻无效，一审法院对于子女和财产问题判决正确，维持原判。

◆ **评议**

《民法典》婚姻家庭编第一千零四十八条是关于禁止结婚的规定，该条规定删除了《婚姻法》第七条第二款的规定，即患有医学上认为不应当结婚的疾病。直系血亲是指具有直接血缘关系的亲属，具体是指直接生育自己和自己所生育的上下各代的亲属，如父母和子女及祖父母、外祖父母和孙子女、外孙子女等都包括在内。三代以内的旁系血亲是指出于同一祖父母、外祖父母的旁系血亲，具体包括兄弟姐妹（异父异母的兄弟姐妹除外）；伯、叔、姑、舅与侄（侄女）、甥（甥女）；堂兄弟姐妹、表兄弟姐妹。近亲属结婚，极容易将一方或双方生理上、精神上的弱点和缺陷毫无保留地暴露出来，累积起来遗传给后代。据统计，人类隐性遗传性疾病有1000多种，如父母为近亲，其带来隐性基因发病率高出非近亲结婚的150倍，出生婴儿的死亡率也高出3倍多。禁止近亲结婚，对提高中华民族的整体素质，促进民族的繁荣昌盛具有重要意义。

---

① 一审法院为岷县人民法院，案号：(2013) 岷十民初字第74－2号；二审法院为定西市中级人民法院，案号：(2014) 定中民一终字第158号。

第一千零四十九条　【结婚登记】

要求结婚的男女双方应当亲自到婚姻登记机关申请结婚登记。符合本法规定的，予以登记，发给结婚证。完成结婚登记，即确立婚姻关系。未办理结婚登记的，应当补办登记。

本条来源

《婚姻法》第八条规定："要求结婚的男女双方必须亲自到婚姻登记机关进行结婚登记。符合本法规定的，予以登记，发给结婚证。取得结婚证，即确立夫妻关系。未办理结婚登记的，应当补办登记。"

立法演变

一审稿第八百二十六条规定："要求结婚的男女双方应当亲自到婚姻登记机关申请结婚登记。符合本法规定的，予以登记，发给结婚证。完成结婚登记，即确立婚姻关系。未办理结婚登记的，应当补办登记。"

二审稿同一审稿，无修改。

征求意见稿同一、二审稿，无修改。

条文释义

本条是关于结婚程序的规定。

婚姻是社会制度，男女的结合必须经过社会的承认，才能正式成立婚姻关系。

一、婚姻登记制度的价值

结婚程序是结婚的形式要件，是法律规定的缔结婚姻关系必须履行的法律手续。婚姻登记制度是我国结婚的法定程序，是我国婚姻制度的重要组成部分。

结婚登记的意义在于：第一，保障婚姻自由、一夫一妻、男女平等婚姻制度的实施，保护婚姻当事人的合法权益。第二，国家通过婚姻登记对婚姻关系进行必要的指导和监督，不仅可以保障当事人的合法权利，而且能够有效地预防和制止违法行为的发生。第三，要求结婚的男女必须亲自到婚姻登记机关进行结婚登记，取得结婚证，确立夫妻关系。此后无论是否同居生活，是否举行结婚仪式，都不影响法律上的夫妻身份关系。例如，一方或双方在结婚登记后反悔，必须按离婚程序办理离婚手续，才能解除夫妻关系。

二、婚姻登记制度的程序

缔结婚姻不仅是男女两性结合的个人行为，而且也是社会行为，结婚形式成为社会承认婚姻的方式和途径。1950 年婚姻法改变了以婚礼为公示要件的传统结婚制度，建立结婚登记制度，实现了婚姻制度的历史性变革，1980 年婚姻法、2001 年婚姻法修正案均坚持该制度。结婚登记具有公示性，强调夫妻身份的社会承认，以确立婚姻关系的合法有效。婚姻登记制度的程序如下：

第一，要求结婚的男女双方应当亲自到婚姻登记机关申请结婚登记。内地居民办理婚姻登记的机关是县级人民政府民政部门或者乡（镇）人民政府，省、自治区、直辖市人民政府可以按照便民原则确定农村居民办理婚姻登记的具体机关。中国公民同外国人，内地居民同香港特别行政区居民、澳门特别行政区居民、台湾地区居民、华侨办理婚姻登记的机关是省、自治区、直辖市人民政府民政部门或者省、自治区、直辖市人民政府民政部门确定的机关。

内地居民结婚，男女双方应当共同到一方当事人常住户口所在地的婚姻登记机关办理结婚登记。中国公民同外国人在中国内地结婚的，内地居民同香港特别行政区居民、澳门特别行政区居民、台湾地区居民、华侨在内地结婚的，男女双方应当共同到内地居民常住户口所在地的婚姻登记机关办理结婚登记。

第二，符合本法规定的，婚姻登记机构予以登记，发给结婚证。男女双方完成结婚登记，即确立婚姻关系。结婚登记程序大致分为申请、审查、登记三个环节。

在申请环节，男女双方应向婚姻登记机关出具下列证件和证明材料：本人的户口簿、身份证；本人无配偶以及与对方当事人没有直系血亲和三代以内旁系血亲关系的签字声明。在审查环节，婚姻登记机关应当对结婚登记当事人出具的证件、证明材料进行审查并询问相关情况。办理结婚登记的当事人有下列情形之一的，婚姻登记机关不予登记：未到法定结婚年龄的；非双方自愿的；一方或者双方已有配偶的；属于直系血亲或者三代以内旁系血亲的。对当事人不符合结婚条件不予登记的，应当向当事人说明理由。在登记环节，婚姻登记机关对当事人符合结婚条件的，应当当场予以登记，发给结婚证，婚姻关系确立。

结婚证是婚姻登记管理机关签发的证明婚姻关系有效成立的法律文书。结婚证遗失或者损毁的，当事人可以持户口簿、身份证向原办理婚姻登记的机关或者一方当事人常住户口所在地的婚姻登记机关申请补领。婚姻登记机关对当事人的婚姻登记档案进行查证，确认属实的，应当为当事人补发结婚证。

第三，未办理结婚登记，应当补办登记。该条款源于2001年婚姻法修正案第八条："……未办理结婚登记的，应当补办登记。"2001年《最高人民法院关于适用〈中华人民共和国婚姻法〉若干问题的解释（一）》第四条、第五条解释"补办结婚登记"时指出：对于1994年2月1日《婚姻登记管理条例》公布实施以后的同居关系，补办结婚登记是转化婚姻的必要条件，其效力可追溯至双方均符合结婚的实质要件时。因此，补办结婚登记手续具有溯及力，溯及当事人双方符合结婚的实质要件时。也有专家认为，在婚姻法制定初期，由于交通不便、婚姻法相关法律法规宣传不到位，当事人没有办理登记的情况较多，所以设立补办结婚登记很有必要。但就目前来看，事实婚姻已不认可其效力，不登记结婚的情形基本不存在。另外，补办登记的时间节点难以确定，立法仍旧规定补办登记意义不大。

根据现行立法，补办结婚登记的主体必须是已经具备法定结婚实质要件，仅欠缺法定结婚形式要件的男女双方。补办登记的程序与一般登记程序相同，男女双方必须亲自到婚姻登记机关进行结婚登记。补办登记的婚姻效力从双方均符合婚姻法规定的实质要件时起算，它不仅认可事实婚姻关系在补办登记后的合法婚姻效力，对补办婚姻登记前的事实婚姻关系也予以认可。

三、事实婚姻

（一）事实婚姻的概念

事实婚姻相对于法律婚姻而言，是男女双方未依结婚的形式要件成立婚姻关系，但以夫妻名义共同生活，周围群众也认为是夫妻关系的两性结合。事实婚姻具有下列特征：第一，事实婚姻具有婚姻的内核，当事人主观追求婚姻，社会评价即周边亲朋好友也就此识别为婚姻。第二，事实婚姻没有履行法定的结婚形式手续，只能从外在的、客观的事实来识别身份关系的存在。美国普通法婚姻的构成要求双方同居生活并在公众面前以夫妻相称。① 日本内缘婚也强

① 夏吟兰：《美国现代婚姻家庭制度》，中国政法大学出版社1999年版，第22页。

调当事人有社会观念上认定的夫妻共同生活的社会事实存在。①

事实婚姻包含两种情形：一种是符合结婚实质条件但欠缺结婚登记的两性结合；另一种是不符合结婚实质要件也没有办理结婚登记的两性结合。最早对事实婚姻进行界定的是1979年《最高人民法院关于贯彻执行民事政策法律若干问题的意见》（已失效），该意见规定：事实婚姻是指没有配偶的男女未进行结婚登记，以夫妻关系同居生活，群众也认为是夫妻关系的。因此，我国当年法律体系下的事实婚姻主要针对符合结婚实质要件但欠缺形式要件的两性结合：以双方当事人没有配偶为要件，“未办理结婚登记”和“以夫妻名义同居生活”是事实婚姻的本质特征。

（二）事实婚姻的补救

尽管1980年婚姻法、2001年婚姻法修正案均坚持婚姻登记制度，但2001年婚姻法修正案的第八条在1980年婚姻法第七条的基础上增加了下列条款：“未办理结婚登记的，应当补办登记。”该条款从积极的角度重申办理结婚登记的必要性，试图通过补办结婚登记的办法解决事实婚姻问题。补办登记制度的实质体现为下列三点：

1. 对未登记情况的妥协。

从立法资料分析，2001年婚姻法修正案（法学专家建议稿）强调结婚登记的严肃性，该建议稿第二十四条还规定：“未经办理结婚登记而以夫妻名义同居生活的，不发生婚姻的法律效力。”② 2001年婚姻法修正案（草案）第八条也未确立补办登记制度。③ 由此判断婚姻法修正案（草案）重申和严肃结婚登记制度，并未就未登记的情况作出妥协。

2. 对事实婚姻的妥协。

在第九届全国人大常委会第十九次会议上，全国人大法律委员会向全国人民代表大会常务委员会汇报关于2001年婚姻法修正案时指出：“考虑到农村中

---

① 林菊枝：《日本婚姻法上之内缘关系》，五南图书出版有限公司1997年版，第405－406页。

② 夏吟兰、蒋月、薛宁兰：《21世纪婚姻家庭关系新规制》，中国检察出版社2001年版，第334页。

③ 全国人大常委会法律制工作委员会民法室编：《〈中华人民共和国婚姻法〉修改立法资料选》，法律出版社2001年版，第82页。

未办理登记举行结婚仪式的不少，原因很复杂，因此，对没有登记的应区别情况分别处理。对符合结婚实质要件只是没有办理登记手续的，一律简单宣布为无效婚姻，对保护妇女的权益不利，应当通过加强法制宣传和完善登记等工作，采取补办登记等办法去解决。”① 可见，补办结婚登记实质是对事实婚姻的妥协。

3. 立法的妥协。

补办登记制度不仅对补办登记后的以夫妻名义同居关系的认可，而且也是对补办登记前符合结婚实质要件的以夫妻名义同居关系的认可。从当事人双方符合结婚的实质要件到补办登记手续之间因补办而产生婚姻的效力，该效力期间的界定更被认为是我国2001年婚姻法修正案对未登记的情况予以立法上的妥协。

“补办结婚登记”具有溯及力，在一定程度上有利于维护妇女的合法权益。因为只有补办登记成立合法婚姻，才可以通过判决不准离婚、适用离婚损害赔偿制度和经济帮助制度等给妇女等弱势群体带来利益，仅仅解除同居关系对妇女利益的保护相当有限。也有学者认为，补办登记制度虽然正视事实婚姻的客观存在，但过于迁就和放纵当事人无视婚姻登记制度的行为，弱化了婚姻登记的严肃性。

法条关联

◆《民法典》（婚姻家庭编）

第一千零五十条 登记结婚后，按照男女双方约定，女方可以成为男方家庭的成员，男方可以成为女方家庭的成员。

◆《婚姻登记条例》

第四条 内地居民结婚，男女双方应当共同到一方当事人常住户口所在地的婚姻登记机关办理结婚登记。

中国公民同外国人在中国内地结婚的，内地居民同香港居民、澳门居民、台湾居民、华侨在中国内地结婚的，男女双方应当共同到内地居民常住户口所

---

① 全国人大常委会法律制工作委员会民法室编：《〈中华人民共和国婚姻法〉释解》，群众出版社2001年版，第48－49页。

在地的婚姻登记机关办理结婚登记。

第五条 办理结婚登记的内地居民应当出具下列证件和证明材料：

（一）本人的户口簿、身份证；

（二）本人无配偶以及与对方当事人没有直系血亲和三代以内旁系血亲关系的签字声明。

办理结婚登记的香港居民、澳门居民、台湾居民应当出具下列证件和证明材料：

（一）本人的有效通行证、身份证；

（二）经居住地公证机构公证的本人无配偶以及与对方当事人没有直系血亲和三代以内旁系血亲关系的声明。

办理结婚登记的华侨应当出具下列证件和证明材料：

（一）本人的有效护照；

（二）居住国公证机构或者有权机关出具的、经中华人民共和国驻该国使（领）馆认证的本人无配偶以及与对方当事人没有直系血亲和三代以内旁系血亲关系的证明，或者中华人民共和国驻该国使（领）馆出具的本人无配偶以及与对方当事人没有直系血亲和三代以内旁系血亲关系的证明。

办理结婚登记的外国人应当出具下列证件和证明材料：

（一）本人的有效护照或者其他有效的国际旅行证件；

（二）所在国公证机构或者有权机关出具的、经中华人民共和国驻该国使（领）馆认证或者该国驻华使（领）馆认证的本人无配偶的证明，或者所在国驻华使（领）馆出具的本人无配偶的证明。

◆**《最高人民法院关于适用〈中华人民共和国婚姻法〉若干问题的解释（一）》**

第四条 男女双方根据婚姻法第八条规定补办结婚登记的，婚姻关系的效力从双方均符合婚姻法所规定的结婚的实质要件时起算。

第五条 未按婚姻法第八条规定办理结婚登记而以夫妻名义共同生活的男女，起诉到人民法院要求离婚的，应当区别对待：

（一）1994 年 2 月 1 日民政部《婚姻登记管理条例》公布实施以前，男女双方已经符合结婚实质要件的，按事实婚姻处理；

（二）1994 年 2 月 1 日民政部《婚姻登记管理条例》公布实施以后，男女双方符合结婚实质要件的，人民法院应当告知其在案件受理前补办结婚登记；未补办结婚登记的，按解除同居关系处理。

案例评议

王雨某与张皖某同居关系纠纷案[①]

◆ **裁判规则**

一审法院认为，合法的婚姻关系受法律保护，要求结婚的男女双方必须亲自到婚姻登记机关进行结婚登记。未办理结婚登记的，应当补办登记。本案中，王雨某与张皖某未进行结婚登记即同居生活，双方之间系同居关系，不受法律保护，可自行解除。王雨某对于抚养费和财产问题提起上诉。二审法院对于抚养费和财产部分支持王雨某的主张。

◆ **评议**

《民法典》婚姻家庭编第一千零四十九条是关于结婚登记的规定，结婚登记是国家对婚姻关系的建立进行监督和管理的制度。结婚除必须合法律规定的条件外，还必须在规定的结婚登记处履行法定的婚姻登记手续。登记制度，可以保障婚姻自由、一夫一妻原则的贯彻实施，保证婚姻当事人及其子女的身体健康，避免违法婚姻，预防婚姻家庭纠纷的发生，同时也是在婚姻问题上进行法制宣传的重要环节。认真执行关于结婚登记的各项规定，对于巩固和发展社会主义婚姻家庭制度具有重要意义。对于未经登记的男女关系，人民法院会认定为非法同居关系，对于双方同居期间的财产关系依法予以判决。

第一千零五十条　【男女双方互为家庭成员】

登记结婚后，按照男女双方约定，女方可以成为男方家庭的成员，男方可以成为女方家庭的成员。

本条来源

《婚姻法》第九条规定："登记结婚后，根据男女双方约定，女方可以成为

---

① 一审法院为安徽省濉溪县人民法院，案号：（2019）皖0621民初979号；二审法院为淮北市中级人民法院，案号：（2019）皖06民终507号。

男方家庭的成员，男方可以成为女方家庭的成员。”

立法演变

一审稿第八百二十七条规定：“登记结婚后，根据男女双方约定，女方可以成为男方家庭的成员，男方可以成为女方家庭的成员。”

二审稿同一审稿，无修改。

征求意见稿同一、二审稿，无修改。

条文释义

本条是关于男女结婚后可以成为对方家庭成员的规定。

本条规定，结婚后女方或男方均可以成为对方的家庭成员。该条款不仅强调了男女平等，而且明确肯定男方成为女方家庭成员，即法律对男方到女方家庭落户的婚姻形式给予了有效的保障。

我国历史上曾实行以男子为本位的宗法家族制度。男娶女嫁，妻从夫居，按照礼制的要求，出嫁女归附于夫家之宗，成为男方家庭的成员。而“入赘”则是“家贫子壮出为赘”，备受社会和家庭的歧视。直到国民党统治时期的民法亲属编中仍有“赘夫以其本姓冠以妻姓”“赘夫以妻之住所为住所”等规定。本条规定的男到女家落户，与“入赘”的性质完全不同，主要表现了双方被赋予完全自愿选择婚姻住所的权利；结婚后夫妻的地位平等，双方均不需要改名更姓，所生子女可以随父姓，也可以随母姓。男方到女家落户主要是为了解决某些有女无儿家庭的实际生活困难，同时可以树立新型的婚姻观念和生育观念，是对旧的婚姻习俗和婚姻居住方式的改革，目的是破除以男子为中心的宗法思想，实现真正意义上的男女平等。

全面理解结婚后男女互为对方家庭成员的问题，应注意以下四点：第一，结婚后，男女双方可以互为对方的家庭成员，也可以脱离各自原来的家庭，单独成立小家庭。第二，男女双方可以互为对方家庭成员的规定，属于授权性规范，应由当事人双方协商约定，不得采用强迫手段，其他人也不得干涉。第三，因一方成为对方家庭成员而引起的户籍变更问题，应按国家有关户籍管理的专门规定办理，但户口所在地，不应影响作为家庭成员的权利和义务。第四，一方成为对方家庭成员后，亲属间的权利义务关系是否发生变化，法律未明文规定。一般认为，一方成为对方家庭成员，仅发生家庭生活单位和家庭成员结构关系的变化，不产生新的权利义务关系，原有的权利义务关系也不变，只存在事实上的相互帮助。

提倡男方到女家落户，应切实保护男方的合法权益：第一，男方自愿成为女方的家庭成员，是法律赋予当事人的权利，不得歧视男方到女方家庭落户的行为。第二，男方成为女方家庭成员后，人格仍旧独立，无需更名改姓；所生子女可以随父姓，也可以随母姓。第三，男方成为女方家庭成员后，与女方的亲属形成姻亲关系。女方死亡后，对亡偶的父母尽了主要赡养义务的，男方可作为第一顺序法定继承人继承岳父母的遗产。第四，男方成为女方家庭成员后，与自己的父母仍然保持权利与义务关系，承担对生父母的赡养义务，享有互为法定继承人的继承权。

法条关联

◆《农村土地承包法》

第五条　农村集体经济组织成员有权依法承包由本集体经济组织发包的农村土地。

任何组织和个人不得剥夺和非法限制农村集体经济组织成员承包土地的权利。

第六条　农村土地承包，妇女与男子享有平等的权利。承包中应当保护妇女的合法权益，任何组织和个人不得剥夺、侵害妇女应当享有的土地承包经营权。

◆《妇女权益保障法》

第三十二条　妇女在农村土地承包经营、集体经济组织收益分配、土地征收或者征用补偿费使用以及宅基地使用等方面，享有与男子平等的权利。

第三十三条　任何组织和个人不得以妇女未婚、结婚、离婚、丧偶等为由，侵害妇女在农村集体经济组织中的各项权益。

因结婚男方到女方住所落户的，男方和子女享有与所在地农村集体经济组织成员平等的权益。

案例评议

韩某1等与赵某共有物分割纠纷案①

◆ **裁判规则**

一审法院认为，赵某不同意回购，韩某1等人诉求不成立。韩某等上诉认为，双方经常发生矛盾且多次报警，已无法在一起共同生活。二审法院认为，登记结婚后，男女双方互为家庭成员。赵某取得了该村集体经济组织成员享有的乙7号院内部分土地上的宅基地使用权，且该权利不因韩某1与赵某的离婚而丧失。房与地实际上无法分离。因而，驳回韩某1等人上诉，维持原判。

◆ **评议**

《民法典》婚姻家庭编第一千零五十条是关于结婚后男女双方可以互为家庭成员的规定。法律的精神不仅是强调了男女平等，主要是支持男方成为女方家庭成员，即法律对男方到女方家庭落户的婚姻形式给予了有效的保障。双方被赋予完全自愿选择婚姻住所的权利，结婚后夫妻的地位平等，双方均不需改名更姓，所生子女可以随父姓，也可以随母姓。登记结婚后是否成为对方的家庭成员，成为何方的家庭成员，由夫妻双方自行协商确定。任何一方不得强迫对方，任何第三者不得加以干涉。本案中男女双方登记结婚后，赵某成为韩某1的家庭成员，其对于后续建盖的房屋拥有使用权，包括对宅基地的使用权。因而，韩某1、韩某2、王某主张赵某腾退乙7号院的宅基地及搬走个人物品，及收购赵某的房屋的权利份额，该主张将剥夺赵某享有的乙7号院内部分土地上宅基地的使用权。韩某1、韩某2、王某的该主张与法律的规定不符，应不予支持。

---

① 一审法院为北京市门头沟区人民法院，案号：(2017) 京0109民初613号；二审法院为北京市第一中级人民法院，案号：(2017) 京01民终3888号。

第一千零五十一条　【婚姻无效的情形】

有下列情形之一的，婚姻无效：

（一）重婚；

（二）有禁止结婚的亲属关系；

（三）未到法定婚龄。

本条来源

《婚姻法》第十条规定：“有下列情形之一的，婚姻无效：

（一）重婚的；

（二）有禁止结婚的亲属关系的；

（三）婚前患有医学上认为不应当结婚的疾病，婚后尚未治愈的；

（四）未到法定婚龄的。”

立法演变

一审稿第八百二十八条规定：“有下列情形之一的，婚姻无效：

（一）重婚的；

（二）有禁止结婚的亲属关系的；

（三）未到法定婚龄的；

（四）以伪造、变造、冒用证件等方式骗取结婚登记的。”

二审稿同一审稿，无修改。

征求意见稿第一千零五十一条删除“（四）以伪造、变造、冒用证件等方式骗取结婚登记的”。

条文释义

本条是关于无效婚姻的规定。

无效婚姻是指男女因违反法律规定的结婚要件而不具有法律效力的两性违法结合。无效婚姻是违反婚姻成立要件的违法婚姻，不具有婚姻的法律效力。结婚是确立夫妻关系的法律行为，必须符合法律规定的各项条件，只有具备法定实质要件和通过法定程序确立的男女结合，方为合法婚姻，发生婚姻的法律效力。

一、婚姻无效的法定事由

婚姻无效的原因必须以法律明文规定为限。

（一）重婚

重婚是指有配偶者又与他人结婚的行为，即已有婚姻关系存在的人，又与他人缔结了第二个婚姻关系，前者叫“前婚”，后者叫“后婚”。重婚因违背一夫一妻制的基本原则而无效。重婚分为两种形式：法律重婚与事实重婚。法律重婚是指前婚未解除，又与他人办理结婚登记。在实行单一登记婚的中国，只要又与他人办理了结婚登记，不论是否同居，重婚即已构成。事实重婚是指前婚未解除，又与他人以夫妻名义共同生活，但未办理结婚登记手续。只要双方公开以夫妻名义共同生活，虽未办理结婚登记，也已构成重婚。

重婚的法律后果较为复杂，可能承担民事责任，也可能承担刑事责任。第一，重婚的民事后果。重婚将会产生下列民事后果：重婚不具有婚姻的法律效力，重婚属于无效婚；重婚是认定夫妻感情确已破裂，法院准予离婚的情形之一；在离婚时，重婚是无过错方要求损害赔偿的理由之一。第二，重婚的刑事责任。《刑法》第二百五十八条规定：“有配偶而重婚的，或者明知他人有配偶而与之结婚的，处二年以下有期徒刑或者拘役。”根据上述规定，有配偶而重婚者或明知对方有配偶而故意与之结婚者，应承担重婚罪的刑事责任。不知对方已有配偶而与之结婚的，不构成重婚罪，仅承担重婚的民事责任。《刑法》第二百五十九条规定：“明知是现役军人的配偶而与之同居或者结婚的，处三年以下有期徒刑或者拘役。”该规定突出了对军婚的保护，不仅刑期长，而且同居亦构成破坏军婚罪。

（二）有禁止结婚的亲属关系的

直系血亲和三代以内的旁系血亲为禁婚亲。具体的禁婚亲是：（1）依照世代计算法规定，凡是出自同一祖父母、外祖父母的血亲，都是禁婚亲；（2）三代以内的旁系血亲，一是兄弟姐妹，二是伯、叔、姑与侄、侄女，舅、姨与甥、甥女；三是堂兄弟姐妹和表兄弟姐妹。

（三）未达到法定婚龄的

在我国，男性结婚的法定年龄不得早于二十二周岁，女性结婚的法定年龄不得早于二十周岁。未达法定婚龄的“婚姻”为无效婚。

二、申请宣告婚姻无效的请求权人

向人民法院申请宣告婚姻无效的主体，除婚姻当事人外，可以有条件地允许利害关系人提出申请。为了避免过多地干预当事人的私生活，对利害关系人的范围要加以限制，原则上应限定在当事人的近亲属范围内。考虑到本法规定的三种无效婚姻的具体情况不同，向人民法院就已办理结婚登记的婚姻申请宣告婚姻无效的主体，包括婚姻当事人及利害关系人。利害关系人包括：以重婚为由申请宣告婚姻无效的，为当事人的近亲属及基层组织；以未到法定婚龄为由申请宣告婚姻无效的，为未达法定婚龄者的近亲属；以有禁止结婚的亲属关系为由申请宣告婚姻无效的，为当事人的近亲属。由此可见，对以重婚为由申请宣告婚姻无效的利害关系人限定在当事人的近亲属及基层组织，其他两种情形的利害关系人范围仅限于当事人的近亲属。

三、有权宣告婚姻无效的机构

只有法定机构按照法定程序审查确认，才能宣告欠缺法定要件的婚姻关系为无效婚姻，在我国有权宣告婚姻无效的机构是人民法院，除此之外的任何单位（包括婚姻登记机关在内）和个人都无权宣告婚姻无效。人民法院宣告婚姻无效有两种情况：第一，人民法院根据婚姻当事人或者利害关系人宣告婚姻无效的申请，经审查确属无效婚姻的，依法作出宣告婚姻无效的判决。第二，人民法院在审理离婚案件的过程中，经审查发现当事人之间的婚姻关系确属无效婚姻的，将婚姻无效的情形告知当事人，并作出宣告婚姻无效的判决。人民法院审理宣告婚姻无效案件或者离婚案件，对婚姻效力的审理不适用调解，应当依法作出判决；有关婚姻效力的判决一经作出，即发生法律效力。

四、无效婚姻的处理规则

第一，无效婚姻只限于就已办理结婚登记的婚姻申请宣告无效，未办理结婚登记的事实婚姻不属于宣告无效的范围。

第二，无效婚姻的无效原因是相对原因。当事人依法向人民法院申请宣告婚姻无效的，如申请时，法定的无效原因已经消失，人民法院不予支持，即无效原因在宣告婚姻无效之前已经消失的，其婚姻转化为有效的婚姻关系。

第三，无效婚姻的性质是自始无效、宣告无效，即婚姻无效必须依诉讼程序宣告确认方才成立，而不能由当事人自行认定为无效。《最高人民法院关于适用〈中华人民共和国婚姻法〉若干问题的解释（一）》中规定，无效婚姻被宣告无效时，才确定该婚姻自始不受法律保护。

第四，向人民法院申请宣告婚姻无效的主体。有权依据本法相关规定向人民法院就已办理结婚登记的婚姻申请宣告无效的主体，包括婚姻当事人及其利害关系人。其中，对以重婚为由宣告无效的利害关系人限定在当事人的近亲属及基层组织，其他两种情况的利害关系人范围仅限于当事人的近亲属。这里的近亲属，是指婚姻当事人的父母、子女、兄弟姐妹、祖父母、外祖父母、孙子女、外孙子女。这里的基层组织，是指婚姻当事人所在的居民委员会、村民委员会和有关的国家机关。

第五，依诉讼程序宣告婚姻无效的，应注意程序上的特别规定。审理宣告婚姻无效案件，对婚姻效力的审理不适用调解，应当依法作出判决，且判决一经作出即发生法律效力，当事人不得上诉，而对于涉及财产和婚生子女抚养问题的，可以调解，如达成协议的，另行制作调解书。如果对财产分割和子女抚养问题以判决形式作出，当事人对此不服的，可以上诉。

法条关联

◆《民法典》（婚姻家庭编）

第一千零五十二条 因胁迫结婚的，受胁迫的一方可以向人民法院请求撤销婚姻。

请求撤销婚姻的，应当自胁迫行为终止之日起一年内提出。

被非法限制人身自由的当事人请求撤销婚姻的，应当自恢复人身自由之日起一年内提出。

第一千零五十三条 一方患有重大疾病的，应当在结婚登记前如实告知另一方；不如实告知的，另一方可以向人民法院请求撤销婚姻。

请求撤销婚姻的，应当自知道或者应当知道撤销事由之日起一年内提出。

第一千零五十四条 无效的或者被撤销的婚姻自始没有法律约束力，当事人不具有夫妻的权利和义务。同居期间所得的财产，由当事人协议处理；协议不成的，由人民法院根据照顾无过错方的原则判决。对重婚导致的无效婚姻的财产处理，不得侵害合法婚姻当事人的财产权益。当事人所生的子女，适用本法关于父母子女的规定。

婚姻无效或者被撤销的，无过错方有权请求损害赔偿。

◆《最高人民法院关于适用〈中华人民共和国婚姻法〉若干问题的解释（一）》

第七条　有权依据婚姻法第十条规定向人民法院就已办理结婚登记的婚姻申请宣告婚姻无效的主体，包括婚姻当事人及利害关系人。利害关系人包括：

（一）以重婚为由申请宣告婚姻无效的，为当事人的近亲属及基层组织。

（二）以未到法定婚龄为由申请宣告婚姻无效的，为未达法定婚龄者的近亲属。

（三）以有禁止结婚的亲属关系为由申请宣告婚姻无效的，为当事人的近亲属。

（四）以婚前患有医学上认为不应当结婚的疾病，婚后尚未治愈为由申请宣告婚姻无效的，为与患病者共同生活的近亲属。

第八条　当事人依据婚姻法第十条规定向人民法院申请宣告婚姻无效的，申请时，法定的无效婚姻情形已经消失的，人民法院不予支持。

第九条　人民法院审理宣告婚姻无效案件，对婚姻效力的审理不适用调解，应当依法作出判决；有关婚姻效力的判决一经作出，即发生法律效力。

涉及财产分割和子女抚养的，可以调解。调解达成协议的，另行制作调解书。对财产分割和子女抚养问题的判决不服的，当事人可以上诉。

第十三条　婚姻法第十二条所规定的自始无效，是指无效或者可撤销婚姻在依法被宣告无效或被撤销时，才确定该婚姻自始不受法律保护。

第十四条　人民法院根据当事人的申请，依法宣告婚姻无效或者撤销婚姻的，应当收缴双方的结婚证书并将生效的判决书寄送当地婚姻登记管理机关。

第十五条　被宣告无效或被撤销的婚姻，当事人同居期间所得的财产，按共同共有处理。但有证据证明为当事人一方所有的除外。

第十六条　人民法院审理重婚导致的无效婚姻案件时，涉及财产处理的，应当准许合法婚姻当事人作为有独立请求权的第三人参加诉讼。

◆《最高人民法院关于适用〈中华人民共和国婚姻法〉若干问题的解释（二）》

第二条　人民法院受理申请宣告婚姻无效案件后，经审查确属无效婚姻的，应当依法作出宣告婚姻无效的判决。

第三条　人民法院受理离婚案件后，经审查确属无效婚姻的，应当将婚姻无效的情形告知当事人，并依法作出宣告婚姻无效的判决。

第四条 人民法院审理无效婚姻案件，涉及财产分割和子女抚养的，应当对婚姻效力的认定和其他纠纷的处理分别制作裁判文书。

第五条 夫妻一方或者双方死亡后一年内，生存一方或者利害关系人依据婚姻法第十条的规定申请宣告婚姻无效的，人民法院应当受理。

第六条 利害关系人依据婚姻法第十条的规定，申请人民法院宣告婚姻无效的，利害关系人为申请人，婚姻关系当事人双方为被申请人。

夫妻一方死亡的，生存一方为被申请人。

夫妻双方均已死亡的，不列被申请人。

第七条 人民法院就同一婚姻关系分别受理了离婚和申请宣告婚姻无效案件的，对于离婚案件的审理，应当待申请宣告婚姻无效案件作出判决后进行。

前款所指的婚姻关系被宣告无效后，涉及财产分割和子女抚养的，应当继续审理。

◆《最高人民法院关于适用〈中华人民共和国婚姻法〉若干问题的解释（三）》

第一条 当事人以婚姻法第十条规定以外的情形申请宣告婚姻无效的，人民法院应当判决驳回当事人的申请。

当事人以结婚登记程序存在瑕疵为由提起民事诉讼，主张撤销结婚登记的，告知其可以依法申请行政复议或者提起行政诉讼。

◆《北京市高级人民法院关于审理婚姻纠纷案件若干疑难问题的参考意见》

第一部分：婚姻效力与婚姻登记

一、【婚姻无效的审理】

人民法院受理离婚诉讼案件后，经审查确属无效婚姻的，应释明当事人变更诉讼请求。经释明当事人不申请宣告婚姻无效的，人民法院可驳回离婚的诉讼请求，依据《最高人民法院关于适用〈中华人民共和国婚姻法〉若干问题的解释（一）》（以下简称《婚姻法司法解释一》）第九条作出宣告婚姻无效的判决。

离婚案件中被告方主张婚姻无效的，人民法院应在离婚案件中对婚姻无效主张一并审理。

三、【协议登记离婚瑕疵的主管】

当事人以协议登记离婚有重大瑕疵为由提起离婚登记无效或撤销离婚登记

的诉讼，不属于民事诉讼受案范围。

十七、【婚姻关系存续期间能否提起财产约定之诉】

婚姻关系存续期间，当事人不起诉离婚而单独提起夫妻财产约定的履行、变更、撤销、确认无效等诉讼，人民法院应予受理。

案例评议

郭某某与王某某离婚后财产纠纷案[①]

◆ 裁判规则

一审法院认为，天津市河西区人民法院（2012）西刑初字第64号刑事判决书认定王某某为重婚罪，故郭某某与王某某的婚姻应为无效婚姻，应按同居法律关系处理，裁定驳回郭某某的起诉。郭某某上诉认为，认定其与王某某婚姻无效无法律依据。二审法院认为，具有重婚情形的，婚姻无效，因此郭某某与王某某的婚姻应为无效婚姻，财产关系不适用合法夫妻财产制度的规定。经原审法院释明，郭某某仍坚持其诉讼请求，原审法院裁定驳回其起诉，并无不当。

◆ 评议

《民法典》婚姻家庭编第一千零五十一条是关于婚姻无效的规定，该条规定删除了《婚姻法》第十条中关于“婚前患有医学上认为不应当结婚的疾病，婚后尚未治愈的”的规定，整个法律体系保持一致；婚姻无效是指当事人双方不具备法定结婚条件或没有履行法定结婚程序而缔结的婚姻，不产生合法婚姻的法律效力。婚姻无效作为一种法律制度，是专门用来解决违法结婚问题的。人民法院审理宣告婚姻无效案件，对婚姻效力的审理不适用调解，应当依法作出判决，有关婚姻效力的判决一经作出即生效。涉及财产分割及子女抚养的，可以调解，对财产分割和子女抚养问题的判决不服的，可以上诉。本案郭某某犯有重婚罪，属于法定婚姻无效的情形，其与王某某应按非法同居法律关系予以处理。

---

① 一审法院为天津市河西区人民法院，案号：（2014）西民一初字第1592号；二审法院为天津市第二中级人民法院，案号：（2015）二中民一终字第0523号。

第一千零五十二条　【受胁迫婚姻的撤销】

因胁迫结婚的，受胁迫的一方可以向人民法院请求撤销婚姻。

请求撤销婚姻的，应当自胁迫行为终止之日起一年内提出。

被非法限制人身自由的当事人请求撤销婚姻的，应当自恢复人身自由之日起一年内提出。

本条来源

《婚姻法》第十一条规定：“因胁迫结婚的，受胁迫的一方可以向婚姻登记机关或人民法院请求撤销该婚姻。受胁迫的一方撤销婚姻的请求，应当自结婚登记之日起一年内提出。被非法限制人身自由的当事人请求撤销婚姻的，应当自恢复人身自由之日起一年内提出。”

立法演变

一审稿第八百二十九条规定：“因胁迫结婚的，受胁迫的一方可以向婚姻登记机关或者人民法院请求撤销该婚姻。

撤销婚姻的请求，应当自胁迫行为终止之日起一年内提出。

被非法限制人身自由的当事人请求撤销婚姻的，应当自恢复人身自由之日起一年内提出。”

二审稿同一审稿，无修改。

征求意见稿第一千零五十二条将“撤销婚姻的请求”修改为“请求撤销婚姻的”。

条文释义

本条是关于受胁迫婚姻可撤销的规定。

一、胁迫的概念及构成

胁迫包括威胁和强迫，威胁是指行为人一方以未来的不法损害相恐吓，使对方陷入恐惧，并因此作出有违自己真实意思的表示；强迫是指行为人一方以现时的身体强制，使对方处于无法反抗的境地而作出有违自己真实意思的表示。[①] 胁迫婚是指行为人以给另一方当事人或者其近亲属的生命、身体健康、名誉、财产等方面造成损害为要挟，迫使另一方当事人违背真实意愿结婚的情况。胁迫婚违背了男女双方自愿的原则，是可撤销婚姻的法定事由。男女双方完全自愿是结婚的首要条件，也是婚姻自由原则在结婚制度中的具体体现。男女双方完全自愿包括以下三点含义：第一，强调了结婚不应附加条件，应摆脱金钱或者其他社会权力的控制和影响。第二，男女双方的结合应当以真挚的爱情为基础。第三，男女双方自愿，而不是一厢情愿；本人自愿，不是出于第三者的意愿；双方完全自愿，而不是勉强同意。

构成胁迫婚须具有下列要件：第一，须有胁迫的故意，即行为人有通过胁迫行为使受胁迫人产生恐惧心理，并基于恐惧心理而被迫同意结婚的故意。第二，须有胁迫行为，即行为人实施了以对受胁迫人及其近亲属的生命、身体健康、名誉、财产等方面造成损害为要挟的不法行为。胁迫行为的实施人可以是婚姻当事人，也可以是与其有关的第三人；受胁迫者可以是婚姻当事人本人也可以是其近亲属。第三，须受胁迫人同意结婚与胁迫行为之间有因果关系，即受胁迫人之所以作出同意结婚的意思表示，是因为胁迫行为致使其产生恐惧心理而为。因胁迫结婚的，受胁迫的一方可向人民法院请求撤销该婚姻。

二、撤销权的享有与行使

（一）撤销权的享有

撤销权是权利人以其单方的意思表示撤销已经成立的行为的权利，可撤销行为的撤销权由行为成立时的受害人享有。[②] 因受胁迫而请求撤销婚姻的，享有撤销权的只能是受胁迫一方的婚姻关系当事人本人。其他任何人，包括父母、兄弟、姐妹以及其他亲属都不能代为行使，婚姻登记机关和人民法院也不能依职权主动宣布撤销婚姻。

（二）撤销权的行使

依据本法，受胁迫的婚姻当事人一方可向法院行使婚姻撤销权。受胁迫方当事人可向人民法院提起撤销婚姻的诉讼，人民法院审理婚姻当事人因受胁迫

---

① 魏振瀛主编：《民法》，北京大学出版社、高等教育出版社 2018 年版，第 167 – 168 页。
② 魏振瀛主编：《民法》，北京大学出版社、高等教育出版社 2018 年版，第 182 页。

而请求撤销婚姻的案件，应当适用简易程序或普通程序。程序如下：第一，请求撤销婚姻的诉讼，一律应当以判决方式结案，而不应以调解方式结案。因为婚姻效力的确定只能根据客观事实依法认定，而不能依当事人意愿而定。第二，人民法院在判决撤销婚姻时，应对所涉及的子女和财产问题一并处理。对子女和财产问题的处理，既可以采用调解方式，也可以采用判决方式。对于撤销婚姻的一审判决，当事人不服的，可以向上一级人民法院上诉。人民法院依法判决撤销婚姻的，应当收缴双方的结婚证书并将生效的判决书寄送当地婚姻登记管理机关。

三、撤销权的除斥期间

在可撤销婚姻中，受胁迫一方所享有的撤销权属于形成权，该权利的存续期间为除斥期间。除斥期间是指法律规定或者当事人依法确定的对于某种权利所预定的存续期间，又称预定期间。[①] 除斥期间的存在主要是为了促使当事人及时行使撤销权，以避免婚姻关系长期处于不稳定状态，因此除斥期间是不变期间，不适用期间中止、中断或者延长的规定。对于胁迫婚而言，当事人一方处于意志不自由的状态，因此当事人应当自胁迫行为终止之日起一年内提出撤销婚姻的请求。根据《民法典》总则编第一百五十二条第二项的规定，当事人受胁迫，自胁迫终止之日起一年内没有行使撤销权，撤销权消灭。除斥期间届满，撤销权消灭，当事人不得再提出撤销婚姻的请求。

法条关联

◆**《民法典》（总则编）**

第一百四十三条 具备下列条件的民事法律行为有效：

（一）行为人具有相应的民事行为能力；

（二）意思表示真实；

（三）不违反法律、行政法规的强制性规定，不违背公序良俗。

第一百四十四条 无民事行为能力人实施的民事法律行为无效。

第一百四十五条 限制民事行为能力人实施的纯获利益的民事法律行为或者与其年龄、智力、精神健康状况相适应的民事法律行为有效；实施的其他民事法律行为经法定代理人同意或者追认后有效。

① 魏振瀛主编：《民法》，北京大学出版社、高等教育出版社2018年版，第218页。

相对人可以催告法定代理人自收到通知之日起三十日内予以追认。法定代理人未作表示的，视为拒绝追认。民事法律行为被追认前，善意相对人有撤销的权利。撤销应当以通知的方式作出。

第一百五十条　一方或者第三人以胁迫手段，使对方在违背真实意思的情况下实施的民事法律行为，受胁迫方有权请求人民法院或者仲裁机构予以撤销。

第一百五十二条　有下列情形之一的，撤销权消灭：

（一）当事人自知道或者应当知道撤销事由之日起一年内、重大误解的当事人自知道或者应当知道撤销事由之日起九十日内没有行使撤销权；

（二）当事人受胁迫，自胁迫行为终止之日起一年内没有行使撤销权；

（三）当事人知道撤销事由后明确表示或者以自己的行为表明放弃撤销权。

当事人自民事法律行为发生之日起五年内没有行使撤销权的，撤销权消灭。

第一百五十三条　违反法律、行政法规的强制性规定的民事法律行为无效。但是，该强制性规定不导致该民事法律行为无效的除外。

违背公序良俗的民事法律行为无效。

第一百九十九条　法律规定或者当事人约定的撤销权、解除权等权利的存续期间，除法律另有规定外，自权利人知道或者应当知道权利产生之日起计算，不适用有关诉讼时效中止、中断和延长的规定。存续期间届满，撤销权、解除权等权利消灭。

◆**《民法典》（婚姻家庭编）**

第一千零五十一条　有下列情形之一的，婚姻无效：

（一）重婚；

（二）有禁止结婚的亲属关系；

（三）未到法定婚龄。

第一千零五十四条　无效的或者被撤销的婚姻自始没有法律约束力，当事人不具有夫妻的权利和义务。同居期间所得的财产，由当事人协议处理；协议不成的，由人民法院根据照顾无过错方的原则判决。对重婚导致的无效婚姻的财产处理，不得侵害合法婚姻当事人的财产权益。当事人所生的子女，适用本法关于父母子女的规定。

婚姻无效或者被撤销的，无过错方有权请求损害赔偿。

◆《婚姻登记条例》

第九条 因胁迫结婚的，受胁迫的当事人依据婚姻法第十一条的规定向婚姻登记机关请求撤销其婚姻的，应当出具下列证明材料：

（一）本人的身份证、结婚证；

（二）能够证明受胁迫结婚的证明材料。

婚姻登记机关经审查认为受胁迫结婚的情况属实且不涉及子女抚养、财产及债务问题的，应当撤销该婚姻，宣告结婚证作废。

◆《最高人民法院关于适用〈中华人民共和国婚姻法〉若干问题的解释（一）》

第十条 婚姻法第十一条所称的“胁迫”，是指行为人以给另一方当事人或者其近亲属的生命、身体健康、名誉、财产等方面造成损害为要挟，迫使另一方当事人违背真实意愿结婚的情况。

因受胁迫而请求撤销婚姻的，只能是受胁迫一方的婚姻关系当事人本人。

第十一条 人民法院审理婚姻当事人因受胁迫而请求撤销婚姻的案件，应当适用简易程序或者普通程序。

第十二条 婚姻法第十一条规定的“一年”，不适用诉讼时效中止、中断或者延长的规定。

案例评议

戚某与李某撤销婚姻纠纷案①

◆ **裁判规则**

一审法院认为，即使存在戚某违背真实意思表示被迫与李某结婚的情形，也应当是戚某迫于一定的压力，为避免自己的利益受损，在权衡利弊之后作出与李某结婚的抉择，这不属于法律规定的“胁迫”事实，对于原告要求撤销婚姻的请求，一审法院不予支持；戚某上诉认为，一审判决既然明确了双方结婚存在违背上诉人真实意思的情形，却又进行主观臆断的事实推定，不符合法律规定。二审法院认为，不能排除双方当时登记结婚系为解决孩子出生问题考虑，只是婚后双方又为此发生纠纷，故双方为此而登记结婚的行为也不属于法律规

① 一审法院为昆明市五华区人民法院，案号：（2014）五法黑民初字第225号；二审法院为昆明市中级人民法院，案号：（2015）昆民二终字第348号。

定的"胁迫"情形。所以，驳回戚某上诉，维持原判。

◆ **评议**

《民法典》婚姻家庭编第一千零五十二条是关于胁迫结婚的规定，该条的关键在于如何认定"胁迫"。《最高人民法院关于适用〈中华人民共和国婚姻法〉若干问题的解释（一）》第十条规定："婚姻法第十一条所称的'胁迫'，是指行为人以给另一方当事人或者其近亲属的生命、身体健康、名誉、财产等方面造成损害为要挟，迫使另一方当事人违背真实意愿结婚的情况。……"胁迫结婚必须是迫使另一方当事人违反真实的意愿，也就是在不自愿的情形下结婚的。根据我国婚姻法的规定，结婚的积极条件包括结婚必须男女双方完全自愿，不许任何一方对他方加以强迫或任何第三者加以干涉。因此，胁迫结婚的婚姻是可以撤销的。从举证责任的角度而言，主张胁迫一方需要对胁迫结婚的事实承担举证责任。本案中，戚某诉求不能得到法院支持的原因就在于其所提供的证据虽然存在广义上的胁迫可能，但是达不到婚姻法上所要求的胁迫的证明标准。

第一千零五十三条　【重大疾病如实告知义务】

一方患有重大疾病的，应当在结婚登记前如实告知另一方；不如实告知的，另一方可以向人民法院请求撤销婚姻。

请求撤销婚姻的，应当自知道或者应当知道撤销事由之日起一年内提出。

本条来源

同上一条来源：《婚姻法》第十一条相关规定。

立法演变

一审稿第八百三十条规定："一方患有严重疾病的，应当在结婚登记前如实告知另一方；不如实告知的，另一方可以向婚姻登记机关或者人民法院请求撤销该婚姻。

撤销婚姻的请求，应当自知道或者应当知道撤销事由之日起一年内提出。”

二审稿同一审稿，无修改。

征求意见稿第一千零五十三条删除“婚姻登记机关或者”，将“撤销婚姻的请求”修改为“请求撤销婚姻的”。

条文释义

本条是关于当事人患有重大疾病未告知可撤销婚姻的规定。

在婚姻法被废止之前，若一方婚前患有医学上认为不应当结婚的疾病，婚后尚未治愈的，系婚姻无效的法定情形之一。民法典的出台，将患有医学上的严重疾病不再作为无效婚姻的法定事由，而只是作为可撤销婚姻的事由。有学者认为，我国虽然已经取消了强制婚检，但本着对婚姻和对自身健康的谨慎态度，当事人完全可以选择通过相应体检排查此类疾病的存在。因此，若患者本身对疾病并无隐瞒，而当事人亦未要求进行疾病排查，则应认为当事人系自甘承担风险，不得主张撤销婚姻。①

一、重大疾病的范畴

重大疾病是关键因素，在重大疾病的认定上应采用“决定性影响”标准，即足以影响一方决定是否缔结婚姻的情况。最高人民法院认为，“疾病是否重大，参照医学上的认定，借鉴保险行业中对重大疾病的划定范围，一般认为，某些需要长期治疗、花费较高的疾病，如糖尿病、肿瘤、骨髓灰质炎、麻风病、结核病等，或者直接关涉生命安全的疾病等属于重大疾病”。因此，重大疾病如何界定，还有赖于司法解释或者其他条例明确。结合传染病防治法等相关规定，参考中国保险行业协会和中国医生协会制定的《重大疾病保险的疾病定义使用规范》，能够影响婚姻稳定、引发婚姻解体的重大疾病一般应包括：

第一，患性病未治愈的。性病是由病原微生物引起的，以性的接触作为主要传播途径的传染性疾病。而婚姻的基础是两性的结合，患有性病的人结婚，通过性行为配偶很难幸免。同时，妊娠妇女患有性病的，其子女一定会被传染，故为了患者自己的康复以及他人的健康幸福，为了全民族身体素质的提高，患性病未治愈的应属于“重大疾病”。

---

① 申晨：《论婚姻无效的制度构建》，载《中外法学》2019 年第 2 期。

第二，重症精神病患者。重症精神病主要指精神分裂症、躁狂抑郁症精神病以及其他重型精神病。这种病人首先在于精神病人为限制民事行为能力人或无民事行为能力人，不能作出自愿的意思表示，不能理解婚姻的意义，不可能承担婚后夫妻间的义务及对子女的责任，更主要的原因在于该病是严重的遗传性疾病。据医学统计，精神分裂对下一代的遗传率是，父母一方有精神分裂症的遗传率为50%，父母双方有精神分裂症的遗传率是60%，躁狂抑郁症的遗传率为22%。因此，精神病患者结婚后，不仅有碍患者本人的身体健康，影响夫妻和睦，而且对后代的健康以及人口的优生有很大危害，并且此病即使治愈，其遗传性也较高。

第三，重症智力低下者，即痴呆症患者。较严重的症呆症患者甚至不能识别自己的亲人，更不能担当家庭的负担，及履行夫妻的义务，并且这种病的遗传性很强，容易危及后代。

第四，通过梳理相关的离婚案例发现，癫痫、先天性心脏病、红斑狼疮等有可能影响子女健康，都可能成为婚姻关系里的不定时炸弹。

2020年3月31日，中国保险行业协会（以下简称保险业协会）启动了对《重大疾病保险的疾病定义使用规范》的修订工作，并就《重大疾病保险的疾病定义使用规范修订版（征求意见稿）》（以下简称《征求意见稿》）向行业征求意见。相较于2007年制定的现行规范，新的《征求意见稿》将原来的25种重疾，扩展到了28种重度疾病以及3种轻度疾病，保障范围进一步扩展。同时，建立了重大疾病分级体系，恶性肿瘤、急性心肌梗死、脑中风后遗症3种核心疾病有了轻重度之分。

二、如实告知义务的履行

如实告知义务最重要的理论基础为诚信原则。一方当事人决定是否缔结婚姻必须依赖另一方当事人的如实告知，这就必然在告知义务的制度设计上对如实告知义务人提出严格的要求，最大诚信原则作为指导理念遂由此而生。正是在此意义上，最大诚信原则对如实告知义务人构成一种不利益的法律约束。如实告知义务的履行涵盖告知义务的履行方式、告知范围、履行期间以及投保人违反如实告知义务的法律效果。在缔结婚姻关系时，如果一方患有重大疾病，虽然不属于禁止结婚的疾病，但是对对方当事人负有告知义务，应当在结婚登记前如实告知另一方，对方当事人同意的，当然可以缔结婚姻关系。患病一方当事人如果不尽告知义务，或者不如实告知的，即不告知或者虚假告知，另一方当事人享有撤销权，可以向人民法院行使该撤销权，请求撤销该婚姻关系。

三、撤销权的享有与行使

（一）撤销权的享有

撤销权是权利人以其单方的意思表示撤销已经成立的行为的权利，可撤销行为的撤销权由行为成立时的受害人享有。① 因重大疾病未如实告知而请求撤销婚姻的，享有撤销权的只能是受欺诈一方的婚姻关系当事人本人。其他任何人，包括父母、兄弟、姐妹以及其他亲属都不能代为行使，人民法院也不能依职权主动宣布撤销婚姻。

（二）撤销权的行使

婚姻登记机关对一方在结婚登记前是否如实告知对方患病情况进行认定较为困难，而且民政机构宣布婚姻可撤销属于行政行为，当事人不服，有权提起行政诉讼，可能会使婚姻可撤销程序变得复杂，故本条规定人民法院统一行使撤销权。

四、撤销权的除斥期间

因重大疾病未告知而提出撤销婚姻请求的撤销权，受除斥期间的限制，除斥期间为一年，权利人应当自知道或者应当知道撤销事由之日起一年内提出。超过除斥期间，撤销权消灭，不得再提出撤销婚姻的请求。

法条关联

◆《民法典》（婚姻家庭编）

第一千零四十八条 直系血亲或者三代以内的旁系血亲禁止结婚。

第一千零五十一条 有下列情形之一的，婚姻无效：

（一）重婚；

（二）有禁止结婚的亲属关系；

（三）未到法定婚龄。

第一千零五十四条 无效的或者被撤销的婚姻自始没有法律约束力，当事人不具有夫妻的权利和义务。同居期间所得的财产，由当事人协议处理；协议

① 魏振瀛主编：《民法》，北京大学出版社、高等教育出版社2018年版，第182页。

不成的，由人民法院根据照顾无过错方的原则判决。对重婚导致的无效婚姻的财产处理，不得侵害合法婚姻当事人的财产权益。当事人所生的子女，适用本法关于父母子女的规定。

婚姻无效或者被撤销的，无过错方有权请求损害赔偿。

◆《婚姻登记条例》

第六条 办理结婚登记的当事人有下列情形之一的，婚姻登记机关不予登记：

（一）未到法定结婚年龄的；

（二）非双方自愿的；

（三）一方或者双方已有配偶的；

（四）属于直系血亲或者三代以内旁系血亲的；

（五）患有医学上认为不应当结婚的疾病的。

◆《最高人民法院关于适用〈中华人民共和国婚姻法〉若干问题的解释（一）》

第七条 有权依据婚姻法第十条规定向人民法院就已办理结婚登记的婚姻申请宣告婚姻无效的主体，包括婚姻当事人及利害关系人。利害关系人包括：

（一）以重婚为由申请宣告婚姻无效的，为当事人的近亲属及基层组织。

（二）以未到法定婚龄为由申请宣告婚姻无效的，为未达法定婚龄者的近亲属。

（三）以有禁止结婚的亲属关系为由申请宣告婚姻无效的，为当事人的近亲属。

（四）以婚前患有医学上认为不应当结婚的疾病，婚后尚未治愈为由申请宣告婚姻无效的，为与患病者共同生活的近亲属。

第十三条 婚姻法第十二条所规定的自始无效，是指无效或者可撤销婚姻在依法被宣告无效或被撤销时，才确定该婚姻自始不受法律保护。

第十四条 人民法院根据当事人的申请，依法宣告婚姻无效或者撤销婚姻的，应当收缴双方的结婚证书并将生效的判决书寄送当地婚姻登记管理机关。

第十五条 被宣告无效或被撤销的婚姻，当事人同居期间所得的财产，按共同共有处理。但有证据证明为当事人一方所有的除外。

◆《最高人民法院关于适用〈中华人民共和国婚姻法〉若干问题的解释（三）》

第一条 当事人以婚姻法第十条规定以外的情形申请宣告婚姻无效的，人民法院应当判决驳回当事人的申请。

当事人以结婚登记程序存在瑕疵为由提起民事诉讼，主张撤销结婚登记的，告知其可以依法申请行政复议或者提起行政诉讼。

◆《最高人民法院关于人民法院审理离婚案件如何认定夫妻感情确已破裂的若干具体意见》

1. 一方患有法定禁止结婚的疾病，或一方有生理缺陷及其他原因不能发生性行为，且难以治愈的。

◆《北京市高级人民法院关于审理婚姻纠纷案件若干疑难问题的参考意见》

二、【结婚登记被撤销的财产、子女问题处理】

因结婚登记瑕疵导致结婚登记被撤销后，可参照《中华人民共和国婚姻法》（以下简称《婚姻法》）第十二条及《婚姻法司法解释一》第十五条有关规定处理同居期间的财产与子女问题。

三、【协议登记离婚瑕疵的主管】

当事人以协议登记离婚有重大瑕疵为由提起离婚登记无效或撤销离婚登记的诉讼，不属于民事诉讼受案范围。

◆《母婴保健法》

第八条 婚前医学检查包括对下列疾病的检查：

（一）严重遗传性疾病；

（二）指定传染病；

（三）有关精神病。

经婚前医学检查，医疗保健机构应当出具婚前医学检查证明。

第九条 经婚前医学检查，对患指定传染病在传染期内或者有关精神病在发病期内的，医师应当提出医学意见；准备结婚的男女双方应当暂缓结婚。

案例评议

刘某与沈某甲离婚纠纷案[1]

◆ **裁判规则**

一审法院认为，沈某甲是否服用药物与沈某甲的精神状况及民事行为能力系不同概念，沈某甲并无证据证明结婚登记时其精神状况及其民事行为能力，故一审法院认定刘某、沈某甲的婚姻有效。沈某甲上诉认为自己属于婚前患有

① 一审法院为杭州经济技术开发区人民法院，案号：（2014）杭经开民初字第1122号；二审法院为杭州市中级人民法院，案号：（2015）浙杭民终字第1794号。

医学上认为不应当结婚的疾病，婚后尚未治愈的，婚姻无效的情形，一审认定婚姻有效是错误的。二审法院认为，沈某甲提供的证据也不足以证明其在婚姻登记当时因处于精神分裂症发病期，而不具有相应的民事行为能力。沈某甲据此主张婚姻无效缺乏事实及法律依据。

◆ **评议**

《民法典》婚姻家庭编第一千零五十三条是关于重大疾病撤销婚姻的规定，该条是将《婚姻法》第十条第三项“婚前患有医学上认为不应当结婚的疾病，婚后尚未治愈的”规定为婚姻无效，变更为可撤销婚姻的规定。婚姻无效和可撤销婚姻有严格的区别，婚姻无效是国家强制性干涉，不以当事人意志为转移，但是可撤销则必须由当事人自己启动，最终是否可撤销在一定程度上也是由当事人自己决定的。《婚姻法》第十条规定的四种情形中，患有疾病与其他三种情形并不一样，并非强制性效力性的情形，本次民法典调整为可撤销婚姻是正确的。对于何为可撤销婚姻的疾病范围，本条没有规定，我国婚姻法也未作明确规定，但可参照严重遗传性疾病；传染病防治法中规定的艾滋病、淋病、梅毒、麻风病以及医学上认为影响结婚和生育的其他传染病等指定传染病；有关精神病。当然对于何为重大疾病？是否达到可撤销的情形需要主张一方举证证实。

第一千零五十四条 【婚姻无效或被撤销的法律后果】

无效的或者被撤销的婚姻自始没有法律约束力，当事人不具有夫妻的权利和义务。同居期间所得的财产，由当事人协议处理；协议不成的，由人民法院根据照顾无过错方的原则判决。对重婚导致的无效婚姻的财产处理，不得侵害合法婚姻当事人的财产权益。当事人所生的子女，适用本法关于父母子女的规定。

婚姻无效或者被撤销的，无过错方有权请求损害赔偿。

本条来源

《婚姻法》第十二条规定：“无效或被撤销的婚姻，自始无效。当事人不具有夫妻的权利和义务。同居期间所得的财产，由当事人协议处理；协议不成时，由人民法院根据照顾无过错方的原则判决。对重婚导致的婚姻无效的财产处理，不得侵害合法婚姻当事人的财产权益。当事人所生的子女，适用本法有关父母子女的规定。”

立法演变

一审稿第八百三十一条规定：“无效的或者被撤销的婚姻自始没有法律约束力。当事人不具有夫妻的权利和义务。同居期间所得的财产，由当事人协议处理；协议不成时，由人民法院根据照顾无过错方的原则判决。对重婚导致的婚姻无效的财产处理，不得侵害合法婚姻当事人的财产权益。当事人所生的子女，适用本法有关父母子女的规定。”

二审稿第八百三十一条将“婚姻无效”修改为“无效婚姻”。

征求意见稿第一千零五十四条增加“婚姻无效或者被撤销的，无过错方有权请求损害赔偿”。

条文释义

本条规定了婚姻无效或者被撤销的法律后果。

一、概述

婚姻法规范体系中基础而重要的一环是婚姻无效制度。婚姻无效包括狭义的婚姻无效和被撤销制度，本法规定了统一的法律效果。2001 年婚姻法引入了婚姻无效与可撤销规则，弥补了相关立法空白，具有相当的进步意义。① 但在学理上，不少学者也提出了既有立法的诸多不足。② 近年来，司法实践中，出现了不少以办理户口、获得额外拆迁安置款、获得购房资格等为目的而进行“假结婚”的情形，以及以配偶患有精神障碍、性功能障碍等疾病为由要求宣告婚姻无效的判例。这些受到社会广泛关注的案件，均与婚姻无效制度具有密切的联系。婚姻被确认无效或者被撤销，其直接的法律后果是当事人间的不合

---

① 薛宁兰：《婚姻无效制度论——从英美法到中国法》，载《环球法律评论》2001 年第 2 期，第 209 页。

② 陈苇：《论我国婚姻无效与撤销制度的完善》，载《甘肃政法学院学报》2003 年第 8 期，第 11 页。

法婚姻关系溯及既往地消灭，即自始没有法律约束力。

二、主要内容

（一）法律后果

婚姻无效或者被撤销，由此发生的法律后果如下：

第一，对当事人的法律后果。婚姻无效和婚姻被撤销，对当事人的法律后果是婚姻关系自始无效。无效或者被撤销的婚姻在依法被宣告或者被撤销时，才确定该婚姻自始不受法律保护。所以，婚姻无效或者被撤销的效力溯及既往，从婚姻关系开始时起就不具有婚姻的效力，当事人不具有夫妻的权利义务，相互不享有配偶权，并且自始不享有配偶权。

第二，对子女的法律后果。婚姻无效或者被撤销，其婚姻关系为自始无效，而对无效婚姻关系或者可撤销婚姻关系中父母所生育的子女却不认为是非婚生子女。这是为了保护子女利益，法律应当规定子女的婚生地位并不因父母婚姻被宣告无效或者被撤销而改变。在婚姻被宣告无效或者被撤销后，当事人必须妥善处理子女的抚养和教育问题；当事人不能就子女的扶养和教育达成协议的，由人民法院依法判决。

第三，对财产的法律后果。由于无效婚姻关系不具有婚姻的法律效力，因而原则上不能适用夫妻财产制的有关规定。同居期间所得的财产，由当事人协议处理。协议是处理财产的先行程序，只有在当事人对其财产达不成协议时，才由人民法院判决。判决应遵循照顾无过错方的原则，并且处理的财产只能是双方同居期间所得的财产，同居前的财产、同居中的（同居中的个人财产）根据法律规定应当属于各自的收入，不能作为处理的标的。同居期间的财产已经形成共有的，应当按照共有的一般规则处理；没有形成共有的，则按照各自的财产归个人的原则处理；无法确认财产所有的性质的，按照共有处理。

第四，对重婚导致的无效婚姻的财产处理，应当保护好合法婚姻关系当事人的权益，妥善处理，不得侵害合法婚姻当事人的财产权益。

（二）无过错方损害赔偿的构成要件

第一，存在导致婚姻无效或被撤销的法律事实。本法规定，重婚、未到法定婚龄、因胁迫结婚或者患有重大疾病未如实告知对方，导致婚姻无效或者被撤销的，无过错方可以请求损害赔偿。

第二，婚姻无效或被撤销归因于一方的过错。在通常情况下，婚姻无效或者被撤销存在复杂的主客观原因，并且婚姻无效或者被撤销，当事人双方往往都有过错。若只有一方存在重婚、胁迫或者有重大疾病未如实告知另一方导致婚姻无效或者被撤销的，无过错方有权请求损害赔偿。

第三，请求权人无过错。这里所说的无过错，不是指请求权人对婚姻的无效和可撤销没有任何过错，当事人双方通常对婚姻的无效和可撤销都有不同程度的责任，但是只要请求权人没有重婚，没有胁迫对方或者有重大疾病而没有如实告知这三种违法行为的，就可以行使损害赔偿请求权。至于请求权人有无其他过错，并不妨碍损害赔偿请求权的享有和行使。因此，对“无过错”不能作扩大理解。

第四，违法行为导致损害。无过错方损害赔偿的范围包括人身损害、财产损害和精神损害，抚慰无过错方的精神损害是确立该制度的出发点。

法条关联

◆《民法典》（婚姻家庭编）

第一千零四十一条　婚姻家庭受国家保护。

实行婚姻自由、一夫一妻、男女平等的婚姻制度。

保护妇女、未成年人、老年人、残疾人的合法权益。

第一千零四十二条　禁止包办、买卖婚姻和其他干涉婚姻自由的行为。禁止借婚姻索取财物。

禁止重婚。禁止有配偶者与他人同居。

禁止家庭暴力。禁止家庭成员间的虐待和遗弃。

第一千零五十一条　有下列情形之一的，婚姻无效：

（一）重婚；

（二）有禁止结婚的亲属关系；

（三）未到法定婚龄。

第一千零五十二条　因胁迫结婚的，受胁迫的一方可以向人民法院请求撤销婚姻。

请求撤销婚姻的，应当自胁迫行为终止之日起一年内提出。

被非法限制人身自由的当事人请求撤销婚姻的，应当自恢复人身自由之日起一年内提出。

第一千零五十三条　一方患有重大疾病的，应当在结婚登记前如实告知另一方；不如实告知的，另一方可以向人民法院请求撤销婚姻。

请求撤销婚姻的，应当自知道或者应当知道撤销事由之日起一年内提出。

◆**《最高人民法院关于适用〈中华人民共和国婚姻法〉若干问题的解释（一）》**

第二条　婚姻法第三条、第三十二条、第四十六条规定的“有配偶者与他人同居”的情形，是指有配偶者与婚外异性，不以夫妻名义，持续、稳定地共同居住。

第五条　未按婚姻法第八条规定办理结婚登记而以夫妻名义共同生活的男女，起诉到人民法院要求离婚的，应当区别对待：

（一）1994年2月1日民政部《婚姻登记管理条例》公布实施以前，男女双方已经符合结婚实质要件的，按事实婚姻处理；

（二）1994年2月1日民政部《婚姻登记管理条例》公布实施以后，男女双方符合结婚实质要件的，人民法院应当告知其在案件受理前补办结婚登记；未补办结婚登记的，按解除同居关系处理。

第十三条　婚姻法第十二条所规定的自始无效，是指无效或者可撤销婚姻在依法被宣告无效或被撤销时，才确定该婚姻自始不受法律保护。

第十四条　人民法院根据当事人的申请，依法宣告婚姻无效或者撤销婚姻的，应当收缴双方的结婚证书并将生效的判决书寄送当地婚姻登记管理机关。

第十五条　被宣告无效或被撤销的婚姻，当事人同居期间所得的财产，按共同共有处理。但有证据证明为当事人一方所有的除外。

第十六条　人民法院审理重婚导致的无效婚姻案件时，涉及财产处理的，应当准许合法婚姻当事人作为有独立请求权的第三人参加诉讼。

◆**《最高人民法院关于适用〈中华人民共和国婚姻法〉若干问题的解释（二）》**

第一条　当事人起诉请求解除同居关系的，人民法院不予受理。但当事人请求解除的同居关系，属于婚姻法第三条、第三十二条、第四十六条规定的“有配偶者与他人同居”的，人民法院应当受理并依法予以解除。

当事人因同居期间财产分割或者子女抚养纠纷提起诉讼的，人民法院应当受理。

◆**《最高人民法院关于适用〈中华人民共和国民事诉讼法〉的解释》**

第三十四条　当事人因同居或者在解除婚姻、收养关系后发生财产争议，约定管辖的，可以适用民事诉讼法第三十四条规定确定管辖。

◆《最高人民法院关于人民法院审理离婚案件如何认定夫妻感情确已破裂的若干具体意见》

5. 双方办理结婚登记后，未同居生活，无和好可能的。

8. 一方与他人通奸、非法同居，经教育仍无悔改表现，无过错一方起诉离婚，或者过错方起诉离婚，对方不同意离婚，经批评教育、处分，或在人民法院判决不准离婚后，过错方又起诉离婚，确无和好可能的。

9. 一方重婚，对方提出离婚的。

◆《最高人民法院关于人民法院审理未办结婚登记而以夫妻名义同居生活案件的若干意见》

1. 1986 年 3 月 15 日《婚姻登记办法》施行之前，没有配偶的男女，未办结婚登记手续即以夫妻名义同居生活，群众也认为是夫妻关系的，一方向人民法院起诉"离婚"，如起诉时双方均符合结婚的法定条件，可认定为事实婚姻关系；如起诉时一方或双方不符合结婚的法定条件，应认定为非法同居关系。

2. 1986 年 3 月 15 日《婚姻登记办法》施行之后，没有配偶的男女，未办结婚登记手续即以夫妻名义同居生活，群众也认为是夫妻关系的，一方向人民法院起诉"离婚"，如同居时双方均符合结婚的法定条件，可认定为事实婚姻关系；如同居时一方或双方不符合结婚的法定条件，应认定为非法同居关系。

3. 自民政部新的婚姻登记管理条例施行之日起，没有配偶的男女，未办结婚登记即以夫妻名义同居生活，按非法同居关系对待。

4. 离婚后双方未再婚，未履行复婚登记手续，又以夫妻名义共同生活，一方起诉"离婚"的，一般应解除其非法同居关系。

5. 已登记结婚的一方又与第三人形成事实婚姻关系，或事实婚姻关系的一方又与第三人登记结婚，或事实婚姻关系的一方又与第三人形成新的事实婚姻关系，凡前一个婚姻关系的一方要求追究重婚罪的，无论其重婚行为是否构成重婚罪，均应解除后一个婚姻关系。前一个婚姻关系的一方如要求处理离婚问题，应根据其婚姻关系的具体情况进行调解或者作出判决。

6. 审理事实婚姻关系的离婚案件，应当先进行调解。经调解和好或撤诉的，确认婚姻关系有效，发给调解书或裁定书；经调解不能和好的，应调解或判决准予离婚。

7. 未办结婚登记而以夫妻名义同居生活的男女，一方要求"离婚"或解除同居关系，经查确属非法同居关系的，应一律判决予以解除。

8. 人民法院审理非法同居关系的案件，如涉及非婚生子女抚养和财产分割问题，应一并予以解决。具体分割财产时，应照顾妇女、儿童的利益，考虑财产的实际情况和双方的过错程度，妥善分割。

9. 解除非法同居关系时，双方所生的非婚生子女，由哪一方抚养，双方协商；协商不成时，应根据子女的利益和双方的具体情况判决。哺乳期内的子女，原则上应由母方抚养，如父方条件好，母方同意，也可由父方抚养。子女为限制民事行为能力人的，应征求子女本人的意见。一方将未成年的子女送他人收养，须征得另一方的同意。

10. 解除非法同居关系时，同居生活期间双方共同所得的收入和购置的财产，按一般共有财产处理。同居生活前，一方自愿赠送给对方的财物可比照赠与关系处理；一方向另一方索取的财物，可参照最高人民法院〔84〕法办字第112号《关于贯彻执行民事政策法律若干问题的意见》第（18）条规定的精神处理。

11. 解除非法同居关系时，同居期间为共同生产、生活而形成的债权、债务，可按共同债权、债务处理。

12. 解除非法同居关系时，一方在共同生活期间患有严重疾病未治愈的，分割财产时，应予适当照顾，或者由另一方给予一次性的经济帮助。

13. 同居生活期间一方死亡，另一方要求继承死者遗产，如认定为事实婚姻关系的，可以配偶身份按继承法的有关规定处理；如认定为非法同居关系，而又符合继承法第十四条规定的，可根据相互扶助的具体情况处理。

14. 人民法院在审理未办结婚登记而以夫妻名义同居生活的案件时，对违法情节严重的，应按照婚姻法、民法通则、《关于贯彻执行〈民法通则〉若干问题的意见》和其他法律、法规的有关规定，给予适当的民事制裁。

◆《北京市高级人民法院关于审理婚姻纠纷案件若干疑难问题的参考意见》

二、【结婚登记被撤销后的处理】

因结婚登记瑕疵导致结婚登记被撤销后，可参照《中华人民共和国婚姻法》（以下简称《婚姻法》）第十二条及《婚姻法司法解释一》第十五条有关规定处理同居期间的财产与子女问题。

四、【亲子关系确认之诉问题】

婚姻关系存续期间受孕或出生的子女，应当推定与夫妻关系存续期间丈夫一方存在亲子关系，但符合《最高人民法院关于适用〈中华人民共和国婚姻法〉若干问题的解释（三）》（以下简称《婚姻法司法解释三》）第一款规定情形的除外。

无合法婚姻关系为基础的亲子关系认定请求，应由主张存在亲子关系的一方承担举证责任，提供必要证据。

《婚姻法司法解释三》第二条中的“必要证据”指足以使法官产生内心确信，使举证责任产生转移的证据，如血型、DNA鉴定相符或不相符、载有父母子女关系的出生医学证明、对方与他人在特定时段同居、男女双方在特定时段有或没有同居生活等证据。对于是否构成必要证据人民法院应结合个案案情慎重把握。

亲子关系确认之诉中，应注意未成年子女权益的保护，不得以侵害未成年人人身权益的方式取得证据。

四十四、【同居关系解除后财产分割原则】

男女双方未办理结婚登记手续以夫妻名义同居生活的，同居关系解除后要求分割同居期间共同劳动、经营或管理所得财产的，有约定从约定；无约定且上述同居期间财产混同的，推定为共同共有，但根据同居时间、各自贡献、生活习惯等因素能认定为按份共有财产的除外。

男女双方未办理结婚登记手续亦不以夫妻名义同居生活的，同居关系解除后要求分割同居期间共同劳动、经营或管理所得财产的，有约定从约定；无约定且财产混同的，推定为按份共有，具体份额比例可依据同居时间、各自贡献、生活习惯确定。

◆ **《刑法》**

第二百五十八条　【重婚罪】有配偶而重婚的，或者明知他人有配偶而与之结婚的，处二年以下有期徒刑或者拘役。

案例评议

江某与邹小某婚姻无效纠纷案①

◆ **裁判规则**

法院认为，由于原告存在重婚，属于法定婚姻无效的情形，对于原被告的

① 审理法院为阳城市江城区人民法院，案号：（2017）粤1702民初1629号。

婚姻无效存在过错，被告主张赔偿精神损失费，合理合法，但10万元过高，调整为1万元。

◆ 评议

《民法典》婚姻家庭编第一千零五十四条是关于婚姻无效或可撤销后财产处理和损害赔偿责任的规定。该条与《婚姻法》第十二条相比，增加了第二款的规定，也即婚姻无效或者被撤销的，无过错方有权请求损害赔偿。《婚姻法》第四十六条规定了四种情形下无过错方可以主张损害赔偿，但是该条实际上是扩大了无过错方主张损害赔偿的范围，在婚姻无效或者被撤销的情形下，不论是否存在《婚姻法》第四十六条规定的四种情形，无过错方都可以向婚姻过错方主张损害赔偿，这有利于保护婚姻中无过错方的合法权益，维护婚姻关系和社会的稳定。本案中，作为原告的江某存在重婚的法定婚姻无效情形，被告邹小某主张损害赔偿合理合法。当然，对于损害赔偿的具体数额，由人民法院根据具体案情，依法裁判。

第三章　家庭关系

本章概要

家庭关系包括夫妻关系、父母子女关系和其他近亲属关系。夫妻关系分别以夫妻人身关系和夫妻财产关系为研究对象：夫妻人身关系是指基于夫妻身份而在夫妻之间产生的、没有直接财产内容的权利义务关系；夫妻财产关系是指基于夫妻身份产生的以财产为内容的权利义务关系。父母子女关系分为自然血亲的父母子女关系和拟制血亲的父母子女关系：前者系基于子女出生的事实而形成的、双方之间有血缘联系的父母子女关系，包括生父母与婚生子女的关系，生父母与非婚生子女的关系；后者系基于出生以外的法律事实而形成的，由法律认可而人为设定的父母子女关系，包括基于收养行为而产生的养父母、养子女的关系，基于事实抚养行为而产生的继父母与受其抚养教育的继子女间的关系。

第一节　夫妻关系

第一千零五十五条　【夫妻平等】

夫妻在婚姻家庭中地位平等。

本条来源

《婚姻法》第十三条规定："夫妻在家庭中地位平等。"

立法演变

一审稿第八百三十二条规定："夫妻在婚姻家庭中地位平等。"

二审稿同一审稿，无修改。

征求意见稿同一审稿，无修改。

条文释义

本条是关于夫妻在婚姻家庭关系中地位平等的规定。

夫妻地位平等，是婚姻家庭领域男女平等原则的重要内容，是法律面前人人平等的基本原则在婚姻关系中的体现。这对保护妇女合法权益，实现妇女在婚姻家庭方面的平等地位有十分重要的意义。

一、夫妻关系的立法演变

夫妻关系是指夫妻之间的权利义务关系，不仅反映了夫妻在家庭中的地位，也在一定程度上反映了男女两性的社会地位。夫妻关系取决于生产力的发展水平、社会的文明程度及一定的社会制度。① 夫妻关系在不同时期表现不同特点，夫妻关系的立法发展经历了从夫妻同体主义到夫妻异体主义的演变过程。夫妻同体主义是指夫妻在婚后发生人格的相互吸收，合为一体。但是该吸收不是互相融合，成为新的主体，而是妻子的人格被丈夫的人格吸收，妻子不再具有完全的民事行为能力，在人身及财产方面都依附于丈夫。“妻从夫姓”“妻从夫居”是典型表现。夫妻异体主义是指夫妻在婚后仍旧保持各自独立的人格，不发生人格的相互吸收，相互之间形成一定的权利义务。

我国的夫妻关系立法也经历了从夫妻地位不平等到夫妻地位平等的发展历程。1950 年颁布的婚姻法和 1980 年婚姻法都将男女平等规定为基本原则。2001 年修订的婚姻法也明确规定，夫妻在家庭中地位平等，这是男女平等原则在夫妻关系中的具体体现。因此，我国现行的立法坚持夫妻异体主义，为妻子婚后保持独立的人格奠定了基础。

二、主要内容

（一）基本含义

男女平等原则对保护妇女合法权益，实现妇女在婚姻家庭方面的平等地位具有十分重要的意义。首先，夫妻家庭地位平等是男女平等原则在夫妻关系中的具体体现，是指导夫妻关系的总原则。贯彻执行这一规定对破除夫权、家长

---

① 许莉主编：《婚姻家庭继承法学》，北京大学出版社 2019 年版，第 84 页。

制的残余影响，建立新型的夫妻关系具有重要意义。其次，夫妻家庭地位平等主要是指夫妻间权利义务的平等，包括夫妻在人身方面和财产方面权利义务一律平等，不允许出现一方只享有权利或只尽义务的不合理现象。最后，夫妻家庭地位平等是确定夫妻权利义务的基础，更是处理家庭纠纷的基本依据。

1. 权利义务平等。

所谓夫妻在家庭中地位平等，第一个含义是指夫妻在家庭中的权利义务是相等的。在享受权利的同时，也应承担相应的义务。在家庭关系中，不能存在一方只享受家庭上的权利而不承担家庭上的义务；也不能只履行家庭上的义务，而不享有家庭上的权利。夫妻应当互相尊重，做到互相帮助、互敬互爱，不能互相虐待，也不能互相遗弃，更不能互相歧视。应共同促进家庭幸福与和睦，维护作为社会细胞而存在的家庭的健康。

2. 人格平等。

所谓夫妻在家庭中地位平等，第二个含义是相对于夫妻双方而言的，每个人的法律地位都是平等的，各自都有自己的人格尊严。根据《宪法》第三十八条的规定，“中华人民共和国公民的人格尊严不受侵犯。禁止用任何方法对公民进行侮辱、诽谤和诬告陷害”。宪法这一规定也要求，在家庭关系中，不能存在一方有人格尊严，而另一方没有人格尊严，比如不能一方享有姓名权，而另一方没有姓名权。但是，需要指出的是，夫妻在家庭中地位平等并不是说夫妻在家庭事务上必须平均承担，家庭事务是否平均承担，如何承担，由具有平等人格的夫妻之间相互协商，自愿商定。

3. 处理夫妻关系的基本规范。

夫妻在家庭中地位平等的第三个含义是，这是处理夫妻关系的基本灵魂、基本准则、基本原则，在夫妻关系中具有统帅地位。在家庭中涉及夫妻关系的问题较多、较为复杂，一旦出现法律中没有规定的问题而又需要解决时，则必须以此为依据，在综合考虑有关法律所确定的基本原则（比如保护妇女合法权益的原则）的基础上来处理问题。

（二）夫妻在家庭中地位平等的具体体现

1. 人身权方面。

一是夫妻双方都有各用自己姓名的权利；二是夫妻双方都有参加生产、工作、学习和社会活动的自由，一方不得对另一方加以限制或干涉；三是夫妻双方都有实行计划生育的义务。

2. 财产权方面。

一是夫妻在婚姻关系存续期间所得的婚姻法所规定的财产，归夫妻共同所有。二是夫妻对共同所有的财产，有平等的处理权。三是夫妻可以约定婚姻关系存续期间所得的财产归各自所有或部分所有、部分各自所有，也可以约定婚前财产归共同所有。约定应当采用书面形式，没有约定或者约定不明确的，适用婚姻法关于共同财产、个人财产的规定。四是夫妻对婚前财产以及婚姻关系存续期间所得的财产的约定，对双方具有约束力。五是夫妻有互相扶养的义务，一方不履行扶养义务时，需要扶养的一方，有要求对方给付扶养费的权利。

此外，夫妻在婚姻关系中平等原则还具体表现在以下几个方面：男女在缔结婚姻关系中权利平等，条件平等。在结婚后处理家庭事务中，夫妻双方的地位平等，权利义务平等。在对待各自的亲属方面，夫妻双方都有平等的权利和义务，都须平等地尊重对方的近亲属。在双方感情破裂后，夫妻双方都有平等的离婚请求权，有同等的共同财产分割权利和抚养子女的权利，在共同债务的清偿和经济互助等方面也都有同等的权利。

法条关联

◆《民法典》(婚姻家庭编)

第一千零四十一条　婚姻家庭受国家保护。

实行婚姻自由、一夫一妻、男女平等的婚姻制度。

保护妇女、未成年人、老年人、残疾人的合法权益。

第一千零五十六条　夫妻双方都有各自使用自己姓名的权利。

第一千零五十七条　夫妻双方都有参加生产、工作、学习和社会活动的自由，一方不得对另一方加以限制或者干涉。

第一千零五十八条　夫妻双方平等享有对未成年子女抚养、教育和保护的权利，共同承担对未成年子女抚养、教育和保护的义务。

第一千零六十二条　夫妻在婚姻关系存续期间所得的下列财产，为夫妻的共同财产，归夫妻共同所有：

（一）工资、奖金、劳务报酬；

（二）生产、经营、投资的收益；

（三）知识产权的收益；

（四）继承或者受赠的财产，但是本法第一千零六十三条第三项规定的除外；

（五）其他应当归共同所有的财产。

夫妻对共同财产，有平等的处理权。

◆《妇女权益保障法》

第四十三条 国家保障妇女享有与男子平等的婚姻家庭权利。

第四十七条 妇女对依照法律规定的夫妻共同财产享有与其配偶平等的占有、使用、收益和处分的权利，不受双方收入状况的影响。

夫妻书面约定婚姻关系存续期间所得的财产归各自所有，女方因抚育子女、照料老人、协助男方工作等承担较多义务的，有权在离婚时要求男方予以补偿。

第四十九条第一款 父母双方对未成年子女享有平等的监护权。

◆《婚姻登记条例》

第一条 为了规范婚姻登记工作，保障婚姻自由、一夫一妻、男女平等的婚姻制度的实施，保护婚姻当事人的合法权益，根据《中华人民共和国婚姻法》（以下简称婚姻法），制定本条例。

◆《最高人民法院关于适用〈中华人民共和国婚姻法〉若干问题的解释（一）》

第十七条 婚姻法第十七条关于“夫或妻对夫妻共同所有的财产，有平等的处理权”的规定，应当理解为：

（一）夫或妻在处理夫妻共同财产上的权利是平等的。因日常生活需要而处理夫妻共同财产的，任何一方均有权决定。

（二）夫或妻非因日常生活需要对夫妻共同财产做重要处理决定，夫妻双方应当平等协商，取得一致意见。他人有理由相信其为夫妻双方共同意思表示的，另一方不得以不同意或不知道为由对抗善意第三人。

案例评议

禹某某与陈某某离婚纠纷案①

◆ **裁判规则**

一审法院认为，因双方均同意离婚，予以准许，并对财产一并判决。禹某

① 一审法院为湖南省湘乡市人民法院，案号：（2012）湘法民一初字第376号；二审法院为湘潭市中级人民法院，案号为：（2013）潭中民一终字第106号。

某上诉认为，一审法院判决离婚法定依据不足，也不利于社会稳定。二审法院认为，禹某某有家庭暴力且在一审中当庭表示同意离婚，应准予离婚。

◆ **评议**

《民法典》婚姻家庭编第一千零五十五条是关于夫妻平等的规定，该条与《婚姻法》第十三条相比，将“家庭”修订为“婚姻家庭关系”，从而全面阐释夫妻双方在婚姻和家庭关系中的地位平等。婚姻是相对于夫妻二人而言的；家庭是相对于整个家庭成员而言的。夫妻在婚姻家庭关系中地位平等强调夫妻双方人格的平等以及权利义务的平等，平等不是指对等；夫妻双方应当互相尊重对方的人格独立，不得剥夺对方享有的权利。特别是要强调保护妇女，保护妻子在家庭中的人格独立，反对歧视妇女，反对以打骂等方式虐待妇女。重点是保护妇女在家庭中的各项权益。本案中，禹某某长期殴打陈某某是导致离婚的重要原因。

第一千零五十六条　【夫妻姓名权】

夫妻双方都有各自使用自己姓名的权利。

本条来源

《婚姻法》第十四条规定：“夫妻双方都有各用自己姓名的权利。”

立法演变

一审稿第八百三十三条规定：“夫妻双方都有各用自己姓名的权利。”

二审稿第八百三十三条规定将“各用”修改为“各自使用”。

征求意见稿同二审稿，无修改。

条文释义

本条是关于夫妻姓名权的规定。

一、概述

第一，夫妻缔结婚姻关系后，妻或夫（尤其是赘夫）有独立姓氏的权利。

配偶各自有无独立的姓氏权，是关系配偶有无独立人格的标志之一。夫妻之间权利的形式平等应与实质平等相统一，没有形式平等，实质平等亦难保障。为保障配偶各自的人格独立，尤其是保障妻的独立人格，夫妻应有独立的姓氏权，不能将妻从夫姓（同姓说）或妻冠夫姓（冠姓说）而使夫妻一体主义，避免妻对夫的人身依附关系，故1950年婚姻法就废除了妻随夫姓的封建传统，实行了夫妻姓氏权的完全平等（即别姓说）。

第二，夫妻双方都有各自使用自己姓名的权利。男女双方在婚姻关系成立后，都可以保持自己姓名的独立性。公民的姓名权任何时候都受到法律的尊重和保护，不因结婚而丧失这项权利，在婚姻关系存续期间，夫妻中的任何一方都有权利使用或依法改变自己的姓名，他方不得干涉，也不得盗用或冒用对方的姓名。此外，夫妻各自的姓名权也不受彼此扶养关系的影响，不受女方成为男方家庭成员或男方成为女方家庭成员的影响。婚姻法平等地保护夫和妻各自的姓名权，或是共同选用第三姓氏，均为法律所允许。夫妻婚后是否改姓，已不能成为评判夫妻地位的标准，不能因此歧视他人的人格，这体现了我国配偶的独立人格。

二、主要内容

（一）姓名权的定义

人的名字在法律上的正式称谓为“姓名”。姓名是公民的特定化标志，是公民的“符号”。有了姓名，就便于与其他人区别开来。《民法通则》第九十九条第一款规定：“公民享有姓名权，有权决定、使用和依照规定改变自己的姓名，禁止他人干涉、盗用、假冒。”姓名权是自然人依法享有的决定、变更和使用自己姓名并排除他人干涉或者非法使用的权利。

（二）姓名权的内容

1. 姓名决定权。

姓名决定权是指自然人决定其姓名的权利。为自己命名是自然人的基本权利之一。人可以自己决定随父姓或者随母姓，也可以采取其他姓或不要姓，也有权决定自己的名。

2. 姓名变更权。

姓名变更权是指自然人变更其姓名的权利，这一权利来自姓名决定权，也是姓名决定权的应有之义。

3. 使用姓名权。

使用姓名权是指自然人依法使用自己姓名的权利，包括自己使用、不使用和禁止他人使用的权利。

（三）关于夫妻姓名权的规定

我国夫妻姓名权的具体含义是：

第一，夫妻各用自己的姓氏，既不一方随另一方姓，也不一方冠另一方之姓。其重点在于彻底推翻“妻随夫姓”的陋习，赋予已婚妇女以独立的姓名权，维护妇女的独立人格。

第二，夫妻姓氏权的平等，也意味着双方人格的真正平等，既不歧视妇女的独立人格地位，也不歧视赘夫的独立人格地位，赘夫也有独立的姓氏权。

第三，法律作这样的规定，并不妨碍配偶双方在平等自愿的基础上，就姓名问题作出约定，并通过约定，女方可改姓男方的姓，男方也可以改姓女方的姓。

第四，在婚姻关系存续期间，双方的姓名权得独立行使，依法可以使用自己的姓名、改变自己的姓名。

1950 年《婚姻法》第十一条规定：“夫妻有各用自己姓名的权利。”废除在姓名问题上歧视妇女的旧法，代之以夫妻在姓名权上完全平等的规定。1980 年婚姻法重申了这一规定。这次修改婚姻法，仍然保持了原来的规定。这个规定的实际含义是指，妇女结婚后有权使用自己的姓名，主要是保护已婚妇女的姓名权。同样，如果结婚后男方到女方家落户的，男方也不必改变自己的姓名。当然也并不排除当事人结婚后自愿选择姓氏，因为自然人都有姓名权。由于 1950 年婚姻法的实施，妇女结婚后仍然使用自己姓名已成为习惯。2001 年婚姻法继续这一规定，仍然体现了男女平等。另外，我国婚姻法规定，子女可以随父姓，也可以随母姓。这一规定否定了子女只能随父姓的旧传统，在子女的姓氏问题上，同样体现了男女平等的精神。

法条关联

◆ **《全国人民代表大会常务委员会关于〈中华人民共和国民法通则〉第九十九条第一款、〈中华人民共和国婚姻法〉第二十二条的解释》**

……

公民依法享有姓名权。公民行使姓名权，还应当尊重社会公德，不得损害社会公共利益。

公民原则上应当随父姓或者母姓。有下列情形之一的，可以在父姓和母姓之外选取姓氏：

（一）选取其他直系长辈血亲的姓氏；

（二）因由法定扶养人以外的人扶养而选取扶养人姓氏；

（三）有不违反公序良俗的其他正当理由。

少数民族公民的姓氏可以从本民族的文化传统和风俗习惯。

现予公告。

案例评议

韶关市曲江区樟市镇西约村委会曲斗村民小组、廖永某侵害集体经济组织成员权益纠纷案①

◆ 裁判规则

一审法院认为，曲斗村分红方案违反《婚姻法》第九条、第十四条和第二十二条的规定，属于违法。曲斗村民小组上诉主张出嫁女不能享有分红权。二审法院认为，曲斗村以欧作某及其子女不改姓廖，不符合《曲斗村分红方案》第三条的规定为由，对廖永某、欧作某等人不予分配分红款，违反了法律规定，本院不予支持，从而驳回其上诉。

◆ 评议

《民法典》婚姻家庭编第一千零五十六条是关于夫妻姓名权的规定，其是指婚姻当事人的姓名权不受婚姻关系的影响，男女双方在婚姻关系成立后，都可以保持自己姓名的独立性。公民的姓名权任何时候都受到法律的尊重和保护，不因结婚而丧失这项权利，在婚姻关系存续期间，夫妻中的任何一方都有权利使用或依法改变自己的姓名，他方不得干涉，也不得盗用或冒用对方的姓名。本案中，曲斗村村民小组以“嫁出之女一律不分”“廖永某的孩子不改姓廖，不应参加分配”等违反《婚姻法》第九条、第十四条和第二十二条的规定的村民自治行为为由主张不应对其进行分配，是滥用村民自治权的行为。

---

① 一审法院为广东省韶关市曲江区人民法院，案号：（2016）粤0205民初1471号；二审法院为韶关市中级人民法院，案号：（2017）粤02民终14号。

第一千零五十七条　【夫妻人身自由权】

夫妻双方都有参加生产、工作、学习和社会活动的自由，一方不得对另一方加以限制或者干涉。

本条来源

《婚姻法》第十五条规定："夫妻双方都有参加生产、工作、学习和社会活动的自由，一方不得对他方加以限制或干涉。"

立法演变

一审稿第八百三十四条规定："夫妻双方都有参加生产、工作、学习和社会活动的自由，一方不得对他方加以限制或者干涉。"

二审稿第八百三十四条将"他方"修改为"另一方"。

征求意见稿同二审稿，无修改。

条文释义

本条是关于配偶职业、学习和社会活动自由权的规定。

一、概述

人身自由权是每个公民的权利，但这里规定的夫妻人身自由权并不是公民的人身自由权的全部内容，而是与夫妻关系有关的人身自由权的内容，涉及参加生产、工作、学习和社会活动。实际上讲的是妇女参加社会活动、进行社会交往、从事社会职业的权利，又称职业、学习和社会活动自由权，亦称从业自由权或平等从业权，是指已婚者以独立身份，按本人意愿决定社会职业、参加学习和社会活动，不受对方约束的权利。这既是配偶法律地位平等的标志，又是配偶平等行使权利和承担义务的法律保障。只有配偶享有平等的从业权，才能把社会、家庭和夫妻双方的个人利益有机地结合起来。平等从业权是配偶双方共同享有的权利，更重要的是指妻的从业权，保障已婚妇女参加工作、学习和社会活动的自由权利。妇女的这一权利，不仅取决于其在家庭中的地位，更重要的是取决于妇女在社会中的地位。这一规定的目的在于限制丈夫对妻子人身自由权利的干涉，这是在社会主义条件下妇女参与社会活动的权利的体现。

规定夫妻人身自由权有重要的意义。在旧中国，妇女在家庭中处于从属地位，作为妻子的妇女更是受到各种约束，参加社会活动是根本不可能的事情。妇女是“从人者”，凡事“皆从男子”，婚前从父兄、婚后从夫、夫死从儿。“女不言外”，妇女被囚禁在家庭的牢笼之中，排除在社会活动之外，在家庭中伺候丈夫、老人与儿女，从事家务劳动，无权过问、更无权参与社会公共管理事务。由于妇女不能从事社会活动，在家庭中处于从属地位，在社会上更没有地位。妇女如果不参加社会工作，生活依赖丈夫，就不可能享有与男子真正的平等的地位。妇女只有积极参加学习、不断提高自身的政治觉悟和文化素质，参加公共劳动和社会活动，才能使妇女的家庭和社会地位真正得到提高，也才能真正与男子平等。因此，1950 年《婚姻法》第九条规定：“夫妻双方均有选择职业、参加工作和参加社会活动的自由。”这一规定对妇女积极参加生产和社会工作起到了积极的作用。1980 年婚姻法对这一条进行了完善，增加了参加学习的自由。2001 年婚姻法对这一条未作修改。

二、具体内容

（一）从业自由权

夫妻双方都有权参加生产和工作，反对禁止已婚妇女参加工作的做法，保障双方的权利平等。夫妻都有选择职业的自由，反对一方干涉另一方的择业自由。妇女享有参加生产、工作的自由权而不受干涉，是妇女享有与丈夫平等地位的前提。

（二）学习自由权

夫妻在婚姻关系存续期间，有权通过适当的方式进行学习，提高自己的素质和能力，特别是保障已婚女性的学习自由，提高妇女的素质和工作能力。参加学习的权利是指夫妻双方都有参加学习的自由。这里的学习，不仅包括正规的在校学习，也包括扫盲学习、职业培训以及其他各种形式的专业知识与专业技能的学习。保障妇女的学习的自由权，对于提高妇女的文化素质、提高妇女的就业率，对于妇女在家庭中与丈夫的平等地位都是必不可少的。保证妇女学习的自由权，对于子女的培养、对于全民族文化素质的提高，都是必要的。

（三）社会活动自由权

夫妻在婚姻关系存续期间享有平等的社会活动自由权，可以自由参政、议政，参加科学、技术、文学、艺术和其他文化活动，参加群众组织、社会团体的活动，以及各种形式的公益活动。参加社会活动的自由权来自公民依法享有的民主权利，是社会主义条件下对夫妻关系的要求。婚姻法对夫妻参与社会活动自由权的规定主要是保护妇女的。旧中国妇女被排斥在社会生活之外，新中国成立以后，妇女全面参与国家和社会事务管理，在政治、经济、教育、科技文化、体育、卫生等社会生活的各个方面都取得了令人瞩目的发展。

本条在规定职业、学习和社会活动自由权时，特别规定一方不得对他方加以限制或干涉。夫妻双方应当互相尊重，保证其自由，不得进行非法限制和干预，特别要消除重男轻女、男外女内的传统观念，确保已婚妇女的自由。但本条规定夫妻的自由权，并不意味着夫妻可以不顾家庭、为所欲为。夫妻行使人身自由的权利，必须符合法律与社会主义道德的要求，必须做到与其他权利义务的一致。公民婚前与婚后截然不同，对配偶、子女、家庭有不可推卸的责任。尤其是现在夫妻双方都要参加工作、劳动与社会活动，家务劳动也是很繁重的。夫妻有参加社会活动的自由，但是夫妻也有相互扶养的义务，有抚养、教育子女的义务，有赡养老人的义务。如果夫妻一方对家庭、子女漠不关心，不顾一切地参加各种社会活动，与本条的立法精神是不相符合的。夫妻之间应当互相尊重、互谅互让、互相协商，将参加工作、劳动和社会活动与尽到对家庭的责任协调一致。

法条关联

◆《民法典》（婚姻家庭编）

第一千零五十五条 夫妻在婚姻家庭中地位平等。

案例评议

马佳某与赵某离婚纠纷案①

◆ **裁判规则**

庭审中，原被告双方均同意离婚，但是对于土地补偿款，马佳某认为是个人婚前财产，不应进行分配。一审法院认为，补偿款属于夫妻共同财产，并结

① 一审法院为石河子市人民法院，案号：（2017）兵 9001 民初 2850 号；二审法院为新疆生产建设兵团第八师中级人民法院，案号：（2018）兵 08 民终 91 号。

合案情，认定马佳某给付赵某8万元。马佳某上诉认为赵某一直未工作，一审法院推定是错误的。二审法院认为，夫妻双方中在家照顾子女及家庭一方和外出工作一方对家庭的付出与贡献同等重要，因此应平均分配财产，一审法院推定合理合法，驳回马佳某上诉讼请求。

◆ **评议**

《民法典》婚姻家庭编第一千零五十七条是关于夫妻人身自由的规定，这一规定的目的在于限制丈夫对妻子人身自由权利的干涉，这是在社会主义条件下妇女参与社会活动的权利的体现。本条规定夫妻的自由权，并不意味着夫妻可以不顾家庭、为所欲为。夫妻行使人身自由的权利，必须符合法律与社会主义道德的要求，必须做到与其他权利义务的一致。本案中，诚如二审法院在判决中所言，男女平等是婚姻制度的基本原则，夫妻在家庭中地位平等；夫妻双方都有参加生产、工作、学习和社会活动的自由，一方不得对他方加以限制或干涉。夫妻共同生活期间，孩子的生育与抚育需要父母的时间与精力，家庭成员角色转变或职业定位不应削弱任何一方对家庭的贡献，在家照顾子女及家庭一方和外出工作一方对家庭的付出与贡献同等重要。同样，夫妻对共同所有的财产均有平等的处理权，这种平等权利是对彼此的相互尊重与信任，不因一方是否外出工作而灭失。因此，判令马佳某向赵某支付8万元补偿款是合理合法的。

第一千零五十八条　【父母对未成年子女抚养、教育和保护的权利义务】

夫妻双方平等享有对未成年子女抚养、教育和保护的权利，共同承担对未成年子女抚养、教育和保护的义务。

本条来源

《民法总则》第二十六条规定："父母对未成年子女负有抚养、教育和保护的义务。

成年子女对父母负有赡养、扶助和保护的义务。"

《婚姻法》第二十三条规定："父母有保护和教育未成年子女的权利和义

务。在未成年子女对国家、集体或他人造成损害时，父母有承担民事责任的义务。”

立法演变

一审稿第八百三十五条规定：“夫妻双方平等享有对未成年子女抚养、教育和保护的权利，共同承担对未成年子女抚养、教育和保护的义务。”

二审稿同一审稿，无修改。

征求意见稿同一、二审稿，无修改。

条文释义

一、概述

本条是关于共同亲权的规定。

亲权是指父母对未成年子女在人身和财产方面的管教和保护的权利和义务。在近代法上，在亲子关系效力中最重要、最核心的部分就是亲权。德国修改后的民法典将亲权称为“父母照护权”。亲权源于罗马法和日耳曼法，经历了2000多年的历史，其间有了很大的改变。罗马法的家父权，表现为对家子的占有支配权。日耳曼法的父权，还有家父对子女的保护权利之意。现代国家的亲权制度一般继受日耳曼法。从亲权制度的历史发展看，近现代立法与古代立法相比，有了很大的改变，其立法宗旨从古代的“家长本位”到近代的“父本位”，再到现代的“子女本位”，现代社会的亲权制度已以保护未成年子女利益为立法宗旨；从其立法内容看，亲权已不仅仅是权利，而更多的是义务，是权利与义务的结合；从亲子关系看，由亲子间不平等的占有、支配关系，发展到近现代社会亲子之间相互尊重的平等的亲子关系；从权利的行使看，已由父亲单方面行使演变为父母双方共同行使。大陆法系国家如德国、法国、日本、瑞士、秘鲁等国法律设有亲权制度，在民法典中对亲权作了明确规定。英美法系国家如英国、美国、加拿大、澳大利亚、印度等国法律则未设立亲权制度，亲权与监护权不分，总称为监护，父母为未成年子女的当然监护人，无父母时则另设监护人。俄罗斯及东欧各国民法或婚姻家庭法典中虽无亲权制度之名，但均明文规定了有关亲权的内容。

在我国亲属法的历史上，从未专门用过“亲权”的名词，但亲权是存在的。1950年婚姻法对父母子女关系作了专章规定，该法第十三条规定，父母对子女有抚养教育义务，这就是关于亲权的规定。1980年婚姻法在此基础上，增加了父母对未成年子女的管教、保护的规定，但未使用“亲权”一词，没有专门设立亲权制度。2001年修订的婚姻法，将管教和保护的规定改为保护和教育的规定，没有大的变化。

现代亲属法上的亲权是父母共同亲权。共同亲权是指亲权的共同行使，即亲权内容的行使均应由父母共同的意思决定，并对外共同代理子女。共同亲权原则之前的亲权原则是父亲专权原则，是男女不平等原则的产物，体现了亲属法上的人格不平等。近代以来，因男女平等观念的兴起，各国立法以共同亲权原则取代了父亲专权原则，在亲权领域中真正实现了男女平等。

二、主要内容

（一）亲权

亲权应包括对未成年子女身上的权利义务与对未成年子女财产的权利义务，前者又可称为身上照护权，后者又可称为财产照护权。

1. 身上照护权。

身上照护，即台湾地区“民法”上所称的“保护教养”，在我国大陆婚姻法上，常以“抚养教育”“管教保护”等表述。保护教养权为身上照护权之概括权利，具体表现为以下四种权利：

（1）居住所指定权。为了实现保护教养未成年子女的目的，各国民法均赋予亲权人指定子女居住所之权利。子女应在亲权人指定的居所或住所居住。未经父母允许，不得在他处居住。

（2）子女交还请求权。亲权人可以请求不法掠夺或滞留其子女之人交还子女。各国民法多未设此权利，但学说及判例均承认其存在。为了保护未成年子女的安全，使父母尽到保护教养之责，在立法上确实有必要明确承认该项权利。但该项权利不得滥用，父母非为管教保护子女专为加害对方或为不法目的而请求返还，构成权利滥用。

（3）惩戒权。亲权人在必要范围内，可惩戒其子女。告诫、体罚、禁闭、减食等手段以达成保护教养目的为限均可采用。至于必要的程度，应依子女家庭环境、子女性别、年龄、健康、性格以及过失之轻重等因素加以确定。父母行使惩戒权超越必要范围，构成惩戒权滥用，可为剥夺亲权之事由。

（4）身份行为、身上事项之同意权及代理权。具体包括：第一，身份行为之代理权。身份行为具有专属性，与特定主体不可分离，原则上不得代理，但在法律有特别规定时，亲权人可代未成年子女为身份行为。第二，身份行为之同意权。限制民事行为能力之未成年人实施有关亲属身份变更方面的行为，应征得亲权人同意，如申请认领宣告、同意他人收养子女、协议终止收养等。第三，身上事项之决定权与同意权，如决定生病子女休学、同意动手术等。

2. 财产照护权。

（1）财产行为代理权及同意权。具体包括：第一，财产行为代理权。无民事行为能力之未成年人，应由法定代理人代为或代受意思表示。限制民事行为能力之未成年人，可由法定代理人代为财产行为。具有身份色彩的财产行为，亦可由法定代理人代理，如继承之抛弃、遗产之分割。第二，财产行为同意权。限制民事行为能力人自为财产法律行为，应征得法定代理人同意。

（2）子女财产管理权。财产管理，是保存或增加财产价值的行为。广义的财产管理包括财产管理权、使用收益权和处分权，子女具有独立的财产是亲权人行使上述权利的前提。

（二）共同亲权的内容

1. 亲权为父母平等的权利，无孰高孰低之分。

2. 亲权为父母共同的权利，是一个整体的权利，父和母是共同亲权人，而不是将亲权分割，由父和母分别享有。

3. 亲权的行使由父母共同为之，行使亲权时，应由父母共同的意思来决定，单独行使符合配偶权的相互代理权的，认其有效，但父母的一方违背另一方意思表示的亲权行为，则为无效。

父母共同行使亲权原则，以父母间有婚姻关系存在为前提。因此，在父母离婚后，亲权由与未成年子女共同生活的一方行使；对于非婚生子女，亲权由母亲行使，当其被认领后，亲权才为其父母共同行使。

父母共同行使亲权，当意思表示不一致时的规则是：

1. 一般事务，父母的意思表示不一致，或者一方违反他方的意思，虽有争议，但不致引起法律上的问题。

2. 重要事项，如果父母意思表示不一致，无法共同行使亲权时，必须采取妥善的对策解决。实务中，首先应当坚持父母协商原则，在重大问题父母争议无法统一时，应当准许亲权人一方向法院起诉，法院依子女利益原则作出判决。

法条关联

◆《宪法》

第四十九条 婚姻、家庭、母亲和儿童受国家的保护。

夫妻双方有实行计划生育的义务。

父母有抚养教育未成年子女的义务，成年子女有赡养扶助父母的义务。

禁止破坏婚姻自由，禁止虐待老人、妇女和儿童。

◆《民法典》（总则编）

第二十六条 父母对未成年子女负有抚养、教育和保护的义务。

成年子女对父母负有赡养、扶助和保护的义务。

第二十七条 父母是未成年子女的监护人。

未成年人的父母已经死亡或者没有监护能力的，由下列有监护能力的人按顺序担任监护人：

（一）祖父母、外祖父母；

（二）兄、姐；

（三）其他愿意担任监护人的个人或者组织，但是须经未成年人住所地的居民委员会、村民委员会或者民政部门同意。

第二十八条 无民事行为能力或者限制民事行为能力的成年人，由下列有监护能力的人按顺序担任监护人：

（一）配偶；

（二）父母、子女；

（三）其他近亲属；

（四）其他愿意担任监护人的个人或者组织，但是须经被监护人住所地的居民委员会、村民委员会或者民政部门同意。

第二十九条 被监护人的父母担任监护人的，可以通过遗嘱指定监护人。

◆《民法典》（婚姻家庭编）

第一千零六十七条 父母不履行抚养义务的，未成年子女或者不能独立生活的成年子女，有要求父母给付抚养费的权利。

成年子女不履行赡养义务的，缺乏劳动能力或者生活困难的父母，有要求成年子女给付赡养费的权利。

第一千零六十八条 父母有教育、保护未成年子女的权利和义务。未成年子女造成他人损害的，父母应当依法承担民事责任。

第一千零六十九条 子女应当尊重父母的婚姻权利，不得干涉父母离婚、再婚以及婚后的生活。子女对父母的赡养义务，不因父母的婚姻关系变化而终止。

第一千零七十条 父母和子女有相互继承遗产的权利。

第一千零七十一条 非婚生子女享有与婚生子女同等的权利，任何组织或者个人不得加以危害和歧视。

不直接抚养非婚生子女的生父或者生母，应当负担未成年子女或者不能独立生活的成年子女的抚养费。

第一千零七十二条 继父母与继子女间，不得虐待或者歧视。

继父或者继母和受其抚养教育的继子女间的权利义务关系，适用本法关于父母子女关系的规定。

第一千零七十三条 对亲子关系有异议且有正当理由的，父或者母可以向人民法院提起诉讼，请求确认或者否认亲子关系。

对亲子关系有异议且有正当理由的，成年子女可以向人民法院提起诉讼，请求确认亲子关系。

第一千零七十四条 有负担能力的祖父母、外祖父母，对于父母已经死亡或者父母无力抚养的未成年孙子女、外孙子女，有抚养的义务。

有负担能力的孙子女、外孙子女，对于子女已经死亡或者子女无力赡养的祖父母、外祖父母，有赡养的义务。

◆《妇女权益保障法》

第四十九条 父母双方对未成年子女享有平等的监护权。

父亲死亡、丧失行为能力或者有其他情形不能担任未成年子女的监护人的，母亲的监护权任何人不得干涉。

◆《最高人民法院关于适用〈中华人民共和国婚姻法〉若干问题的解释（一）》

第二十六条 未成年子女、直接抚养子女的父或母及其他对未成年子女负担抚养、教育义务的法定监护人，有权向人民法院提出中止探望权的请求。

◆《最高人民法院关于适用〈中华人民共和国婚姻法〉若干问题的解释（三）》

第三条 婚姻关系存续期间，父母双方或者一方拒不履行抚养子女义务，未成年或者不能独立生活的子女请求支付抚养费的，人民法院应予支持。

◆《最高人民法院关于贯彻执行〈中华人民共和国民法通则〉若干问题的意见（试行）》

158. 夫妻离婚后，未成年子女侵害他人权益的，同该子女共同生活的一方应当承担民事责任；如果独立承担民事责任确有困难的，可以责令未与该子女共同生活的一方共同承担民事责任。

案例评议

薛某、王某与杨某监护权纠纷案[1]

◆ **裁判规则**

一审法院认为，薛小某跟随杨某生活有利于其成长，驳回薛某、王某起诉。薛某、王某上诉认为，杨某条件不适合再抚养薛小某，请求判令杨某将薛小某送至薛某处抚养。二审法院认为，杨某并不存在过错和侵权行为，驳回薛某、王某上诉。

◆ **评议**

《民法典》婚姻家庭编第一千零五十八条是关于夫妻对子女权利义务的规定，父母或者其他监护人应当创造良好、和睦的家庭环境，依法履行对未成年人的监护职责和抚养义务。

适用本条时，应当注意本条适用于婚生父母子女之间、非婚生父母子女之间、继父母子女之间、养父母子女之间的关系。本案中，王某、薛某提供的收养协议书、收养登记证可以证明王某、薛某与薛小某的收养关系成立于2007年10月31日，该收养关系合法有效。王某、薛某系薛小某的养父母，现因薛小某尚未成年，王某、薛某作为养父母也即薛小某的法定监护人对薛小某享有监护权利，同时对薛小某负有抚养、教育、保护的义务。虽然王某、薛某有权行使对薛小某的监护权，但并无证据证明杨某侵害王某、薛某的监护权，故对于王某、薛某要求杨某停止侵害的诉讼请求，依据不足，不予支持。

---

① 一审法院为无锡市新吴区人民法院，案号：（2019）苏0214民初1073号；二审法院为无锡市中级人民法院，案号：（2019）苏02民终5036号。

第一千零五十九条　【夫妻扶养义务】

夫妻有相互扶养的义务。

需要扶养的一方，在另一方不履行扶养义务时，有要求其给付扶养费的权利。

本条来源

《婚姻法》第二十条规定："夫妻有互相扶养的义务。

一方不履行扶养义务时，需要扶养的一方，有要求对方付给扶养费的权利。"

立法演变

一审稿第八百三十六条规定："夫妻有相互扶养的义务。

一方不履行扶养义务时，需要扶养的一方，有要求对方给付扶养费的权利。"

二审稿第八百三十六条将"一方不履行抚养义务"修改为"在另一方不履行抚养义务"，将"对方"修改为"其"。

征求意见稿同二审稿，无修改。

条文释义

本条是关于夫妻之间相互扶养义务的规定。

一、概述

夫妻之间的扶养是指夫妻在物质和生活上互相扶助、互相供养。这种权利和义务夫妻双方完全平等，有扶养能力的一方必须履行这一义务，尤其是在一方需要扶养时。若另一方不履行该义务，需要扶养的一方有要求对方给付扶养费的权利。因此，夫妻扶养包括一切按夫妻关系为必要的供养、家庭负担开支、劳务以及满足配偶个人或双方共同的其他合理需要。配偶扶养义务的承担形式多样，"包括人身性的给付，也包括为适当的生活需要提供经济帮助"。①

《德国民法典》第一千三百六十条和第一千三百六十一条对夫妻履行扶养

① ［德］迪德尔·施瓦布：《德国家庭法》，王葆时译，法律出版社2010年版，第84页。

义务的方式、范围、标准以及分居时的扶养作了详尽、周密的规定。配偶双方相互负有以其劳动及财产适当地扶养家庭的义务。家务由夫妻一方承担的，该方配偶通常以处理家务的劳动履行了其扶养家庭的义务。《法国民法典》第一百三十六条使用“扶助义务”一语。对夫妻的相互扶养提出了更高的要求。[①]夫妻双方共同承担婚姻负担并视各自的负担能力按比例分担之，且该婚姻负担的分担不以配偶一方处于“需要”状态为条件。配偶需要扶养时，有权向另一方要求生活费。根据1953年法国判例法，“如果一方配偶可以从对方配偶那里获得生活费，即禁止该配偶向另外的个人要求生活费”；[②] 第三人的违法行为损害配偶一方履行扶助义务的能力的，该第三人还应就增加了受害人配偶的劳动承担赔偿责任。[③]《意大利民法典》第一百四十三条规定，夫妻有相互给予精神和物质扶助的义务。[④]

二、主要内容

夫妻间互相扶养的义务是指夫妻关系存续期间，夫妻双方在生活上互相照应、在日常生活中互相扶助、在精神上互为支柱。夫妻间的扶养义务的履行是无条件的，这种扶养关系是保持婚姻家庭和睦、平等的基本要求，有利于增进夫妻间的情感，促进社会的稳定。夫妻间扶养义务的内容有物质供养、生活扶助、精神扶养和救助义务。物质供养是指为对方提供经济和物质帮助，以满足家庭的物质生活需要。生活扶助是指夫妻同居生活、家务的代理和分担、生活中的关心和体贴等。精神扶养是指在家庭生活中，相互在感情、心理等方面给予关心和帮助，使双方情感上得到慰藉、精神上得到安慰，相互关心、相互尊重、相互协力，保持共同生活之幸福。救助义务是指对方处于危险或疾病时，另一方有义务救助，救助义务本质上为物质供养与生活扶助的结合。若另一方不予以救助，则可能构成遗弃罪，需要承担刑事责任。

关于扶养标准、扶养期限判断的主要考虑因素，本编没有规定，部分国家

---

① 《德国民法典》，陈卫佐译，法律出版社2015年版，第439页。

② 《法国民法典（上册）》，罗结珍译，法律出版社2005年版，第190－199页。

③ 法国最高法院1981年裁决，因工伤事故丈夫残疾后，对夫负有扶助义务的妻子的劳动增加，也属事故造成的损害之一，肇事者应予赔偿。参见《法国民法典（上册）》，罗结珍译，法律出版社2005年版，第198页。

④ 《意大利民法典》，费安玲等译，中国政法大学出版社2004年版，第44页。

和地区的民法典婚姻家庭编的规定可予以借鉴。《美国路易斯安那州民法典》第一百一十二条确认夫妻相互扶养义务，规定法院确定扶养金额、期限等时应当考虑双方各自需要、双方各自的收入、财务能力、婚姻存续期间等九个方面，明确规定“义务承担方承担的总额不得超过其净收入的三分之一”。[①]《智利民法典》第一百三十四条规定：“夫妻应依其经济能力及其之间存在的财产制供给家庭共同的必需品。有必要时，法官应确定各自份额。”[②] 根据《阿根廷民法典》第二百零七条至第二百一十条的规定，履行扶养义务应考虑双方的资力及维持同居期间享有的经济水平。而确定扶养费金额时应考虑下列因素：夫妻双方的年龄和健康状况；负责庇护子女一方照管和教育子女之贡献；被扶养人的劳动能力和就业可能性；主张养老金权利之丧失可能性；离婚后各方的财产和准予扶养费给付的必要性。夫妻任何一方，如果本人无足够资力和谋求此等资力的合理可能性，那么无论是否有过错都有权在他方有财力时请求对方提供必要生活费；但是，受领扶养费的配偶与他人姘居或者严重亵渎他方的，将终止一切扶养权。别居配偶仍应履行给付扶养费义务。配偶的扶养义务延伸至离婚后或负担该义务的配偶一方遗产分割，负担扶养费给付义务的前配偶死亡时，其遗产应负担扶养费给付，继承人应在分割遗产前预定继续履行该义务的方式。[③]

法条关联

◆《民法典》(总则编)

第三十七条 依法负担被监护人抚养费、赡养费、扶养费的父母、子女、配偶等，被人民法院撤销监护人资格后，应当继续履行负担的义务。

◆《民法典》(婚姻家庭编)

第一千零六十六条 婚姻关系存续期间，有下列情形之一的，夫妻一方可以向人民法院请求分割共同财产：

(一) 一方有隐藏、转移、变卖、毁损、挥霍夫妻共同财产或者伪造夫妻共同债务等严重损害夫妻共同财产利益的行为；

---

① 《最新路易斯安那民法典》，徐婧译，法律出版社2007年版，第22页。

② 《智利共和国民法典》，徐涤宇译，北京大学出版社2014年版，第21页。

③ 《最新阿根廷共和国民法典》，徐涤宇译，法律出版社2007年版，第55-56页。

（二）一方负有法定扶养义务的人患重大疾病需要医治，另一方不同意支付相关医疗费用。

◆《刑法》

第二百六十一条　【遗弃罪】对于年老、年幼、患病或者其他没有独立生活能力的人，负有扶养义务而拒绝扶养，情节恶劣的，处五年以下有期徒刑、拘役或者管制。

◆《保险法》

第三十一条　投保人对下列人员具有保险利益：

（一）本人；

（二）配偶、子女、父母；

（三）前项以外与投保人有抚养、赡养或者扶养关系的家庭其他成员、近亲属；

（四）与投保人有劳动关系的劳动者。

除前款规定外，被保险人同意投保人为其订立合同的，视为投保人对被保险人具有保险利益。

订立合同时，投保人对被保险人不具有保险利益的，合同无效。

◆《治安管理处罚法》

第四十五条　有下列行为之一的，处五日以下拘留或者警告：

（一）虐待家庭成员，被虐待人要求处理的；

（二）遗弃没有独立生活能力的被扶养人的。

◆《最高人民法院关于适用〈中华人民共和国婚姻法〉若干问题的解释（三）》

第四条　婚姻关系存续期间，夫妻一方请求分割共同财产的，人民法院不予支持，但有下列重大理由且不损害债权人利益的除外：

（一）一方有隐藏、转移、变卖、毁损、挥霍夫妻共同财产或者伪造夫妻共同债务等严重损害夫妻共同财产利益行为的；

（二）一方负有法定扶养义务的人患重大疾病需要医治，另一方不同意支付相关医疗费用的。

◆《最高人民法院关于贯彻执行〈中华人民共和国民法通则〉若干问题的意见（试行）》

189. 父母子女相互间的扶养、夫妻相互之间的扶养以及其他有扶养关系的人之间的扶养，应当适用与被扶养人有最密切联系国家的法律。扶养人和被扶养人的国籍、住所以及供养被扶养人的财产所在地，均可视为与被扶养人有最密切的联系。

案例评议

王某某与阎某某扶养纠纷案[1]

◆ 裁判规则

一审法院认为，夫妻本应履行互相支持、扶助的义务。现阎某某身患重病，无论是在生活上还是在疾病的治疗上，王某某均应对阎某某予以支持和照顾，支持阎某某50341.12元的诉讼请求。王某某上诉认为，一审判决加重其扶养义务不公平。二审法院认为，阎某某身患癌症，丧失劳动能力，造成生活困难，王某某作为丈夫应履行法定的扶养义务，且王某某亦有能力予以负担，故一审判决并无不当，予以支持。

◆ 评议

《民法典》婚姻家庭编第一千零五十九条是关于夫妻相互扶养义务的规定，是指夫妻关系存续期间，夫妻双方在生活上互相照应，在经济上互相供养，在精神上互为支柱。扶养责任的承担，既是婚姻关系得以维持和存续的前提，也是夫妻共同生活的保障。这种权利义务关系，具有法定性，不可随意选择、抛弃，产生是基于婚姻效力，对夫妻双方都是对等的，不受感情好坏的影响。夫妻间的扶养是有条件的，要求给付扶养费的一方，只有在“需要扶养”时，才能行使要求对方给付扶养费的请求权。这里的“需要”，是指要求扶养的一方年老、病残、丧失劳动能力又无其他经济来源，发生生活困难的情况。司法实践中，一般是以一方丧失独立生活能力为条件，以另一方有能力履行为限。也就是说，一方要求另一方承担扶养义务，另一方需要具备相应的能力，具备一定的经济条件和经济能力承担给付。这种义务，同债的履行有着严格的区别。本案中，王某某与阎某某为夫妻关系，在阎某某丧失劳动能力的情况下，王某某理应承担扶养义务，阎某某主张医疗费由王某某承担是合理合法的。

---

① 一审法院为青岛市市南区人民法院，案号：(2019) 鲁0202民初1740号；二审法院为青岛市中级人民法院，案号：(2019) 鲁02民终10299号。

第一千零六十条　【夫妻双方家事代理权及限制】

夫妻一方因家庭日常生活需要而实施的民事法律行为，对夫妻双方发生效力，但是夫妻一方与相对人另有约定的除外。

夫妻之间对一方可以实施的民事法律行为范围的限制，不得对抗善意相对人。

本条来源

《婚姻法》第十七条第二款规定："夫妻对共同所有的财产，有平等的处理权。"

《最高人民法院关于适用〈中华人民共和国婚姻法〉若干问题的解释(一)》第十七条规定："……

（一）夫或妻在处理夫妻共同财产上的权利是平等的。因日常生活需要而处理夫妻共同财产的，任何一方均有权决定。

（二）夫或妻非因日常生活需要对夫妻共同财产做重要处理决定，夫妻双方应当平等协商，取得一致意见。他人有理由相信其为夫妻双方共同意思表示的，另一方不得以不同意或不知道为由对抗善意第三人。"

立法演变

一审稿第八百三十七条规定："夫妻一方因家庭日常生活需要而实施的民事法律行为，对夫妻双方发生效力，但是夫妻一方与相对人另有约定的除外。

夫妻之间对一方可以实施的民事法律行为范围的限制，不得对抗善意相对人。"

二审稿同一审稿，无修改。

征求意见稿同一、二审稿，无修改。

条文释义

一、概述

本条是关于夫妻日常家事代理权的规定。

2001 年修订的《婚姻法》以及《最高人民法院关于适用〈中华人民共和国婚姻法〉若干问题的解释（一）》首次涉及日常家事代理权，这是对我国传统夫妻身份关系的突破。我国《婚姻法》第十七条第二款规定："夫妻对共同所有的财产，有平等的处理权。”《最高人民法院关于适用〈中华人民共和国婚姻法〉若干问题的解释（一）》对该法条作了进一步阐释：“婚姻法第 17 条关于‘夫妻对共同所有的财产，有平等的处理权’的规定，应当理解为：（一）夫或妻在处理夫妻共同财产上的权利是平等的。因日常生活需要而处理夫妻共同财产的，任何一方均有权决定。（二）夫或妻非因日常生活需要对夫妻共同财产做重要处理决定，夫妻双方应当平等协商，取得一致意见。他人有理由相信其为夫妻双方共同意思表示的，另一方不得以不同意或不知道为由对抗善意第三人。”本编第一千零六十条和第一千零六十二条第三款重申了家庭日常生活夫妻的家事代理权以及共同财产的平等处理权，由此日常家事代理权制度在我国民法典中已初步确立。

二、日常家事代理权的概念

日常家事代理权，亦称家事代理权或相互代理权，是指夫妻一方在与第三人就家庭日常事务为一定法律行为时所享有的代理夫妻另一方进行意思表示的权利。[①] 夫妻在日常家庭事务中可互为代理人，一方与第三人为法律行为时视为夫妻共同的意思表示，另一方对由此产生的法律后果承担连带责任。

日常家事代理权与重大家事代理权相对，日常家事以外的“重大家事”，配偶一方须有另一方的明确授权才可代理。《瑞士民法典》第一百一十六条第一款规定：“夫妻任何一方在共同生活期间可代表婚姻共同体处理家庭日常事务”；第二款规定：“对于家庭其他事务，配偶一方仅在下述情况下，始得代表婚姻共同体：配偶他方或法院授权；如为婚姻共同生活的利益考虑，某业务不容延缓且配偶他方因疾病、缺席或类似原因无法表示同意时”。“日常家事”是一个不确定的概念，各国法律的规定不尽相同。《法国民法典》第二百二十条规定，“夫妻各方均有权单独订立旨在维持家庭日常生活与子女教育方面的合同”，其家事代理强调的是家庭日常生活和子女教育。《德国民法典》规定，“夫妻任何一方均有权处理使家庭的生活需求得到适当满足并且其效力也及于婚姻对方的事务”，其家事代理的范围以是否能使家庭的生活需求得到适当满足为标准。英美法系国家对于生活必需品的规定，既包括维系生存所必需的衣食，也包括与“丈夫”的地位和财产相适应的有益于健康和愉快的生活用品。日本

---

① 江滢：《日常家事代理权的构成要件及立法探讨》，载《法学杂志》2011 年第 7 期。

民法与我国台湾地区“民法”则没有在立法上明确日常事务的范围。

婚姻法及相关司法解释没有明确“日常家事”的范围。一般认为，“日常家事”包括：“为夫妻共同生活通常必要的一切事项，一家的食物，光热、衣着等之购买，保健、娱乐、医疗，子女之教养，家具及日常用品之购置，女仆、家庭教师之雇用，亲友之馈赠，报纸、杂志之订购等。其范围不独依夫妻共同生活的社会地位、职业、资产、收入等有不同，而依该共同生活所在的地区之习惯，亦有异。”① 因此，地区不同，经济地位不同，日常家事的范围也不同。属于日常家庭范围的，夫妻任何一方均有权单独实施，其后果由夫妻双方共同承担。

三、日常家事代理权的特征

日常家事代理权与委托代理、法定代理和指定代理都不同。委托代理基于被代理人的委托授权而产生，法律后果由被代理人独自承担。从现行立法看，法定代理是专为无民事行为能力人和限制民事行为能力人特设的代理制度，不能对法定代理的范围作扩大解释。家事代理也不同于指定代理，指定代理中代理人的代理权是根据人民法院或其他机关的指定产生。

家事代理权具有下列特征：第一，代理人身份不固定。在一般代理行为中，代理人与被代理人的身份是固定的，不能随意转化。而家事代理中夫和妻互为代理人，身份不固定。第二，一般代理中，代理人是以被代理人的名义实施代理行为，行为后果由被代理人承担。而家事代理中，夫或妻均是以自己方或双方共同的名义进行民事行为，法律后果归属于双方，夫妻承担连带责任。第三，一般代理中，代理权的产生是基于被代理人的授权或法律的直接规定，而家事代理权不以明示为必要条件，而是基于夫妻的特殊身份而产生，不需一方对另一方的特别授权。第四，家事代理权也不同于表见代理。表见代理严格来说属于无权代理，代理人本不具有代理权，只是由于具有代理关系的某些表面要件，而足以使善意第三人相信其有代理权。

四、日常家事代理权确立的意义

夫妻之间的日常家事代理权是婚姻家庭法中的一项重要制度，它对便利夫妻共同生活、维护交易安全和保障第三人利益具有重要意义。

家事代理制度确立的意义主要有三点：第一，从夫妻的内部关系看，家事

---

① 史尚宽：《亲属法论》，中国政法大学出版社2000年版，第316页。

代理权是夫妻共同生活的法律要求和日常生活顺利进行的必要保障。在家庭生活中需处理的日常事务非常琐碎繁杂，如果夫妻从事任何行为都必须双方同时出场或取得对方的授权委托，这不仅不符合社会生活习惯，而且会令双方不胜其烦，根本无法实行。因此，赋予夫妻双方日常家事代理权，使琐碎家事的处理十分简便，有效地降低了交易成本和社会生活成本。第二，从夫妻的外部关系看，家事代理权是维护交易安全，保障善意第三人利益的重要措施。在现代市场经济条件下，夫妻双方越来越多地同第三人发生交易活动，试想，如果没有家事代理权的存在，交易第三人就必须详尽地调查夫妻双方的共同意愿，这样不仅极大地增加了交易成本，而且使第三人处于相当的交易危险中。因此，可以这样说，便利夫妻共同生活、维护交易安全，此为家事代理制度设立的两大根本宗旨。第三，该制度的确立有助于保护交易第三方的利益。超出家事代理范围的行为，由行为人自己承担责任，但第三人有理由相信行为人有代理权的，可以适用表见代理。

五、日常家事代理权的构成要件

家事代理权要成立并在配偶之间产生连带责任的法律后果，需满足以下四个要件：

（一）合法的夫妻关系是基础

家事代理权只能产生于夫妻之间，基础是夫妻身份关系。对于家事代理权的主体范围有两种不同观点：一种观点认为，只有夫妻才能当然享有家事代理权，如果双方仅为同居关系则不能享有此权利。大陆法系国家大多认为，家事代理权仅存在于具有合法婚姻关系的夫妻之间。另一种观点认为，家事代理权的主体不限于夫妻，事实婚姻关系或同居关系也可享有家事代理。例如，英美法系国家，“因同居关系而构成的代理”中除合法夫妻外，还包括具有同居关系的男女双方，反之，双方分居的合法夫妻则不能享有家事代理权。从本编的相关规定看，日常家事代理权作为婚姻的当然效力产生于夫妻的人身关系之中，因此该代理权只能存在于具有合法婚姻关系的夫妻之间。从维护交易安全及第三人的利益考虑，处于事实婚姻关系中的双方当事人也可以准用家事代理权。

（二）行使代理权的一方应具有完全民事行为能力

行为人具有完全民事行为能力是法律行为成立的要件。无民事行为能力人和限制民事行为能力人在行使代理权时，由于缺乏民事法律行为生效的基本要件，其代理行为无效，因此不构成家事代理。

（三）第三人善意且无过错

配偶一方在行使家事代理权时，与之交易的第三人必须善意无过错。“善意”，主要是指不知情，即行为人不知存在足以影响其法律行为效力的事实而为法律行为。民法保护第三人在不知真实权利状态下对权利外观的合理信赖，目的是保护交易安全。在家事代理权制度中，善意第三人的判断标准是该第三人是否明知、应知行为人无代理权却仍然与之交易，或者该第三人有无与配偶一方恶意串通，损害另一方配偶的合法权益。如果第三人主观上出于恶意，或甚至与配偶一方恶意串通损害另一方的合法权益，则该代理行为不发生法律效力。

（四）限定于“家庭日常生活需要”

家事代理权的处置对象仅限于夫妻共同财产，且范围限于“家庭日常生活需要”事务的处理。夫妻一方超越日常家事范围与第三人交易，或处置专属于另一方的个人财产均不属于行使家事代理权的范畴，除非取得另一方的明确授权，否则构成无权代理。

法条关联

◆《民法典》（婚姻家庭编）

第一千零六十四条 夫妻双方共同签名或者夫妻一方事后追认等共同意思表示所负的债务，以及夫妻一方在婚姻关系存续期间以个人名义为家庭日常生活需要所负的债务，属于夫妻共同债务。

夫妻一方在婚姻关系存续期间以个人名义超出家庭日常生活需要所负的债务，不属于夫妻共同债务；但是，债权人能够证明该债务用于夫妻共同生活、共同生产经营或者基于夫妻双方共同意思表示的除外。

第一千零六十五条 男女双方可以约定婚姻关系存续期间所得的财产以及婚前财产归各自所有、共同所有或者部分各自所有、部分共同所有。约定应当采用书面形式。没有约定或者约定不明确的，适用本法第一千零六十二条、第一千零六十三条的规定。

夫妻对婚姻关系存续期间所得的财产以及婚前财产的约定，对双方具有法律约束力。

夫妻对婚姻关系存续期间所得的财产约定归各自所有，夫或者妻一方对外所负的债务，相对人知道该约定的，以夫或者妻一方的个人财产清偿。

◆《最高人民法院关于适用〈中华人民共和国婚姻法〉若干问题的解释（一）》

第十七条　婚姻法第十七条关于“夫或妻对夫妻共同所有的财产，有平等的处理权”的规定，应当理解为：

（一）夫或妻在处理夫妻共同财产上的权利是平等的。因日常生活需要而处理夫妻共同财产的，任何一方均有权决定。

（二）夫或妻非因日常生活需要对夫妻共同财产做重要处理决定，夫妻双方应当平等协商，取得一致意见。他人有理由相信其为夫妻双方共同意思表示的，另一方不得以不同意或不知道为由对抗善意第三人。

◆《最高人民法院关于审理涉及夫妻债务纠纷案件适用法律有关问题的解释》

第二条　夫妻一方在婚姻关系存续期间以个人名义为家庭日常生活需要所负的债务，债权人以属于夫妻共同债务为由主张权利的，人民法院应予支持。

第三条　夫妻一方在婚姻关系存续期间以个人名义超出家庭日常生活需要所负的债务，债权人以属于夫妻共同债务为由主张权利的，人民法院不予支持，但债权人能够证明该债务用于夫妻共同生活、共同生产经营或者基于夫妻双方共同意思表示的除外。

案例评议

欧某某与王某某房屋买卖合同纠纷案①

◆ **裁判规则**

一审法院认为，涉案房屋在王某某管理使用达十一年的时间里，付某某从未提出过异议，王某某有理由相信欧某某的行为代表了其夫妻二人的真实意思。因此，判令欧某某履行协助过户义务。欧某某上诉认为，其妻不同意且王某某不是善意第三人，一审判决错误。二审法院认为，王某某是善意第三人，驳回欧某某上诉。

① 一审法院为湖南省资兴市人民法院，案号：（2014）资民一初字第28号；二审法院为郴州市中级人民法院，案号：（2014）郴民一终字第369号。

◆ **评议**

《民法典》婚姻家庭编第一千零六十条是关于夫妻日常事务处理的规定。根据该条的规定，夫妻任何一方均有权对满足日常需要的家庭事务作出决定。但重大家事应当由夫妻共同协商决定。夫妻一方因日常家事需要所为之行为，视为夫妻共同行为，对双方具有法律效力，但夫妻之间或与相对人另有约定的除外。夫妻之间对一方可以实施的家事行为范围的限制，不得对抗善意相对人。《最高人民法院关于适用〈中华人民共和国婚姻法〉若干问题的解释（一）》第十七条第二项也规定，夫或妻非因日常生活需要对夫妻共同财产做重要处理决定，夫妻双方应当平等协商，取得一致意见。他人有理由相信其为夫妻双方共同意思表示的，另一方不得以不同意或不知道为由对抗善意第三人。本案中，对房屋的处理行为不属于日常生活所需，但是因为有王某某管理涉案房屋十一年的事实，可以推定即便是欧某某之妻也不可能不知道王某某购买房屋一事的，所以王某某为善意第三人。

第一千零六十一条　【夫妻遗产继承权】

夫妻有相互继承遗产的权利。

本条来源

《婚姻法》第二十四条规定："夫妻有相互继承遗产的权利。

父母和子女有相互继承遗产的权利。"

立法演变

一审稿第八百三十八条规定："夫妻有相互继承遗产的权利。"

二审稿同一审稿，无修改。

征求意见稿同一、二审稿，无修改。

条文释义

本条是关于夫妻遗产继承权的规定。

一、概述

夫妻遗产继承权是指法律赋予夫妻彼此享有继承对方遗产的权利。夫妻遗产继承权在性质上是财产权，但以特定的身份为基础。夫妻该权利是夫妻在婚姻家庭中平等地位的直接反映。依照民法典继承编的规定，夫妻之间互为配偶，相互享有继承权。配偶可以用遗嘱将遗产分配给对方配偶继承。在法定继承中，配偶是第一顺序法定继承人，在对方配偶死亡时，依照法定继承的规定，在第一顺位享有继承其遗产的权利。

在奴隶社会和封建社会中，受夫权思想、男尊女卑思想的影响，男子的地位普遍高于女子，继承立法仅承认丈夫对妻子的遗产继承权，排斥妻子对丈夫的遗产继承权。资本主义社会初期的继承法虽然规定了夫妻之间互有继承权，但又往往对配偶的继承权特别是对妻子行使继承权进行种种限制。现代资本主义国家的继承立法大都确认了夫妻之间的相互继承权，但仍有少数国家的继承法限制妻子的继承权。社会主义国家的继承法贯彻了继承权男女平等原则，因此承认并保护夫妻之间的继承权。继承法明确赋予配偶双方享有完全平等的继承权。该法在第十条中将配偶作为第一顺序的法定继承人。配偶一方再婚的，有权依法处分其所继承的遗产，任何人不得干涉；夫妻在婚姻关系存续期间的共同所有的财产，除另有约定的外，在分割遗产时，应当先将共同所有的财产的一半分出为生存配偶所有，其余的为被继承人的遗产，由生存配偶和第一顺序的其他法定继承人继承遗产。

二、主要内容

夫妻遗产继承权的行使应注意下列问题：

第一，夫妻互为第一顺序法定继承人。丈夫有继承妻子遗产的权利，妻子也有继承丈夫遗产的权利。丈夫去世，任何人不得侵犯、剥夺或限制妻对夫遗产的继承权，不得干涉寡妇带走亡夫的遗产改嫁。配偶与子女、父母共同作为第一顺序继承人参与对死者遗产的继承，他们的应继份额一般应当均等。

第二，分家析产与继承。如果夫妻实行共同财产制，夫妻一方死亡后，首先应对夫妻共同财产一分为二。其中，一半是生存配偶一方应得的共同财产份额，另一半才是死者的遗产，由死者的合法继承人继承。不能将夫妻共同财产作为遗产继承，侵犯生存一方的合法权益。

第三，夫妻继承权的产生。夫妻间的继承权因结婚而产生，因离婚而消灭。

即使配偶一方死亡，双方正处于长期分居状态或者处于离婚诉讼过程中，生存配偶方仍对死者遗产享有继承权。

第四，夫妻继承权的限制。只有具有合法婚姻关系的男女才能以夫妻身份参与继承。这里所指的继承权是继承期待权，是指夫妻一方死亡时，另一方享有继承死者遗产的法定可能性。该继承权的实现需要具备三个要件：死者实际留有遗产；死者生前没有用遗嘱将全部遗产处分给自己配偶以外的其他继承人；生存配偶没有依法丧失继承权。

法条关联

◆《民法典》（婚姻家庭编）

第一千零六十二条 夫妻在婚姻关系存续期间所得的下列财产，为夫妻的共同财产，归夫妻共同所有：

（一）工资、奖金、劳务报酬；

（二）生产、经营、投资的收益；

（三）知识产权的收益；

（四）继承或者受赠的财产，但是本法第一千零六十三条第三项规定的除外；

（五）其他应当归共同所有的财产。

夫妻对共同财产，有平等的处理权。

第一千零六十三条 下列财产为夫妻一方的个人财产：

（一）一方的婚前财产；

（二）一方因受到人身损害获得的赔偿或者补偿；

（三）遗嘱或者赠与合同中确定只归一方的财产；

（四）一方专用的生活用品；

（五）其他应当归一方的财产。

◆《民法典》（继承编）

第一千一百五十三条 夫妻共同所有的财产，除有约定的外，遗产分割时，应当先将共同所有的财产的一半分出为配偶所有，其余的为被继承人的遗产。

遗产在家庭共有财产之中的，遗产分割时，应当先分出他人的财产。

第一千一百五十七条 夫妻一方死亡后另一方再婚的，有权处分所继承的财产，任何组织或者个人不得干涉。

◆《最高人民法院关于适用〈中华人民共和国婚姻法〉若干问题的解释（一）》

第六条　未按婚姻法第八条规定办理结婚登记而以夫妻名义共同生活的男女，一方死亡，另一方以配偶身份主张享有继承权的，按照本解释第五条的原则处理。

◆《最高人民法院关于适用〈中华人民共和国婚姻法〉若干问题的解释（三）》

第十五条　婚姻关系存续期间，夫妻一方作为继承人依法可以继承的遗产，在继承人之间尚未实际分割，起诉离婚时另一方请求分割的，人民法院应当告知当事人在继承人之间实际分割遗产后另行起诉。

◆《最高人民法院印发〈关于人民法院审理离婚案件处理财产分割问题的若干具体意见〉的通知》

2. 夫妻双方在婚姻关系存续期间所得的财产，为夫妻共同财产，包括：

（1）一方或双方劳动所得的收入和购置的财产；

（2）一方或双方继承、受赠的财产；

（3）一方或双方由知识产权取得的经济利益；

（4）一方或双方从事承包、租赁等生产、经营活动的收益；

（5）一方或双方取得的债权；

（6）一方或双方的其他合法所得。

◆《最高人民法院关于人民法院审理未办结婚登记而以夫妻名义同居生活案件的若干意见》

13. 同居生活期间一方死亡，另一方要求继承死者遗产，如认定为事实婚姻关系的，可以配偶身份按继承法的有关规定处理；如认定为非法同居关系，而又符合继承法第十四条规定的，可根据相互扶助的具体情况处理。

案例评议

李胜某、李盛某诉莫英某不当得利纠纷案[①]

◆ **裁判规则**

一审法院认为，李茂某自愿处分行为，莫英某不属于不当得利，同时对于

① 一审法院为钟山县人民法院，案号：（2016）桂 1122 民初 707 号；二审法院为贺州市中级人民法院，案号：（2017）桂 11 民终 408 号。

李茂某遗产分配前，莫英某作为监管人，原告方可以先行给予被告适当生活费。因此，驳回原告诉讼请求。原告方上诉认为，其对莫英某没有赡养义务，给付8500元，莫英某属于不当得利；李茂某替莫英某偿还13000元也是不当得利。二审法院规定重申一审法院观点，驳回李胜某等人的上诉。

◆ **评议**

《民法典》婚姻家庭编第一千零六十一条是关于夫妻相互继承的规定。《婚姻法》第二十四条第一款明确规定："夫妻有相互继承遗产的权利"；妇女权益保障法针对妇女继承权容易受到侵犯的现实，特别强调，妇女享有的与男子平等的财产继承权受法律保护。在同一顺序法定继承人中，不得歧视妇女。本案中，莫英某作为李茂某的妻子，其有权继承李茂某的遗产。在李茂某遗产尚未分配前，被告无生活来源，李胜某等人作为李茂某遗产的监管人，先行给予莫英某适当生活费，符合上述法律规定，莫英某不属于不当得利。

第一千零六十二条　【夫妻共同财产】

夫妻在婚姻关系存续期间所得的下列财产，为夫妻的共同财产，归夫妻共同所有：

（一）工资、奖金、劳务报酬；

（二）生产、经营、投资的收益；

（三）知识产权的收益；

（四）继承或者受赠的财产，但是本法第一千零六十三条第三项规定的除外；

（五）其他应当归共同所有的财产。

夫妻对共同财产，有平等的处理权。

本条来源

《婚姻法》第十七条规定："夫妻在婚姻关系存续期间所得的下列财产，归夫妻共同所有：

（一）工资、奖金；

（二）生产、经营的收益；

（三）知识产权的收益；

（四）继承或赠与所得的财产，但本法第十八条第三项规定的除外；

（五）其他应当归共同所有的财产。

夫妻对共同所有的财产，有平等的处理权。”

立法演变

一审稿第八百三十九条规定：“夫妻在婚姻关系存续期间所得的下列财产，为夫妻的共同财产，归夫妻共同所有：

（一）工资、奖金和其他劳务报酬；

（二）生产、经营、投资的收益；

（三）知识产权的收益；

（四）继承或者受赠所得的财产，但是本法第八百四十条第三项规定的除外；

（五）其他应当归共同所有的财产。

夫妻对共同财产，有平等的处理权。”

二审稿同一审稿，无修改。

征求意见稿将“第八百四十条第三项”修改为“第一千零六十三条第三项”。

条文释义

本条规定了夫妻共同财产的范围。

一、概述

夫妻财产制是规定夫妻财产关系的法律制度，包括夫妻婚前财产和婚后所得财产的归属、管理、使用、收益和处分，以及家庭生活费用的负担，夫妻债务的清偿，婚姻终止时夫妻财产的清算和分割等内容，其核心是夫妻婚前财产和婚后所得财产的所有权归属问题。[①] 根据不同的标准，夫妻财产制的类型可以划分为不同的种类：按照夫妻财产制的产生依据，可分为法定财产制和约定

① 胡康生：《中华人民共和国婚姻法释义》，法律出版社2001年版，第60页。

财产制；按照财产制所涉及的夫妻财产的范围，可分为共同财产制和特有财产制；按照夫妻财产制的内容，可分为共同财产制、分别财产制、剩余共同财产制、联合财产制等。法定财产制是指在夫妻婚前或婚后均未对夫妻财产作出约定，或所作约定不明确时，依照法律规定直接适用的夫妻财产制。如前所述，各国采用的法定财产制主要有共同财产制、分别财产制、剩余共同财产制和联合财产制等形式，其中以共同财产制和分别财产制为典型的相互对立的财产制。

共同财产制是指除夫妻个人特有财产外，夫妻在婚姻关系存续期间所得的财产，归夫妻共同所有的财产制。中国、法国、荷兰、巴西、俄罗斯等国采用共同财产制作为法定财产制。分别财产制是指夫妻婚前、婚后所得的财产均归夫妻个人所有，各自独立行使管理、使用、收益和处分权。分别财产制使夫妻婚前和婚后所得的财产不因结婚而发生财产上的共有，各自保持经济独立，体现了对个人价值的肯定和对个人财产权的保护。英美法系的多数国家及日本等国，以分别财产制作为法定财产制。本条仍采用共同财产制作为法定财产制，符合我国的国情。当前，男女两性的经济地位事实上仍存在较大差距，妇女的经济收入及社会地位仍大多不如男子。诸多妇女为养育子女、照顾家庭放弃了原有的职业，基本没有独立的经济收入。在上述国情下实行分别财产制，会形成事实上的夫妻不平等。而共同财产制理论上有利于保障夫妻中经济能力较弱一方的权益，助力实现真正的夫妻地位平等。

共同财产制具有下列特征：第一，夫妻共同财产制的主体是具有婚姻关系的夫妻，未形成婚姻关系的男女两性，以及无效或被撤销婚姻的男女双方，都不能成为夫妻共同财产的主体。第二，夫妻共同财产是在婚姻关系存续期间所得的财产，婚前财产不属于夫妻共同财产。第三，夫妻共同财产的来源为夫妻双方或一方所得的财产，既包括夫妻通过劳动所得的财产，也包括其他非劳动所得的合法财产。法律直接规定为个人财产的和夫妻约定为个人财产的除外。“所得”是指对财产权利的取得，不要求对财产实际占有。“婚后所得”是指财产权的取得时间是在婚姻关系存续期间，即从婚姻关系发生效力之日起至配偶一方死亡或离婚生效时止。第四，夫妻对共同财产享有平等的所有权，双方享有同等的权利，承担同等的义务。夫妻对共同所有的财产，有平等的处理权。特别是夫妻一方对共同财产的处分，除另有约定外，应当取得对方的同意。第五，不能证明属于夫妻一方的财产，推定为夫妻共同财产。最高人民法院于

1993年11月3日公布的《关于人民法院审理离婚案件处理财产分割问题的若干具体意见》第七条规定："对个人财产还是夫妻共同财产难以确定的，主张权利的一方有责任举证。当事人举不出有力证据，人民法院又无法查实的，按夫妻共同财产处理。"此规定即这一原则在法律上的体现。国外也有类似的规定，《瑞士民法典》第二百二十六条规定："凡无证据证明属于夫妻一方个人财产的财物均视为夫妻共同财产。"第六，夫妻一方死亡，分割遗产时应当先将夫妻共同财产的一半分归另一方所有，其余的财产为死者遗产，按照继承法处理。

二、主要内容

（一）"婚姻关系存续期间"的界定

婚姻关系存续期间，是指以夫妻双方登记结婚之日起至婚姻关系终止之日止的期间。从婚姻关系发生效力之日起，到配偶一方死亡或离婚生效时止，它既包括结婚之后夫妻双方共同生活期间，也包括登记之后尚未同居期间，夫妻双方婚后分居期间，以及一方向人民法院提起离婚诉讼，人民法院准予离婚的调解或者判决尚未生效期间。

该期间的确定要注意以下五点：第一，合法婚姻从领取结婚证之日起，到配偶一方死亡或离婚生效时止。第二，自1994年2月1日起施行的《婚姻登记管理条例》施行前，男女未办理结婚登记即以夫妻名义同居，被认定为事实婚姻的，从同居之日起，就是婚姻关系存续期间。第三，《婚姻登记管理条例》施行后，男女未办理结婚登记即以夫妻名义同居，男女双方根据《婚姻法》第八条规定补办结婚登记的，从双方均符合婚姻法所规定的结婚的实质要件时起算。第四，夫妻分居或离婚判决未生效的期间，仍为婚姻关系存续期间。第五，恋爱或订婚期间，不属于婚姻关系存续期间。

（二）夫妻共同财产的范围

关于夫妻共同财产的范围，分为五个部分，只要是夫妻双方在夫妻关系存续期间所得，即成为夫妻共同财产：

第一，工资、奖金、劳务报酬。工资、奖金、劳务报酬，均为劳动所得，是指夫或妻一方或者双方从事一切劳动包括脑力劳动、体力劳动所获得的工资报酬和奖金报酬等。

第二，生产、经营、投资的收益。凡属于夫妻关系存续期间一方或双方经营承包、租赁企业、私营企业、个体工商业、合伙、投资等，其所获收益，均为夫妻共同财产。

第三，知识产权的收益。知识产权是人们对于自己智力活动创造的成果和经营管理活动中的标记、信誉依法享有的权利，包括著作权、邻接权、商标权、商号权、商业秘密权、专利权、发明权、发现权以及其他科技成果权。对于婚后夫妻一方取得的知识产权是否属于夫妻共同财产，应把握以下三个方面：第一，知识产权中的人身权只归知识产权人专有，不因婚姻关系而发生共有。第二，知识产权中的财产应根据期待权（期待利益）与既得权（既得利益）的理论及有关法律来解决。在婚姻关系存续期间，夫妻一方就其知识产品尚未与他人订立使用或转让合同，也未自己使用实施，该项知识产权的经济利益只是一种期待权，该项财产权利不能归夫妻共有；如作为知识产权人的夫妻一方已与他人签订了使用合同，无论知识产权人是否已实施得到报酬，该报酬即夫妻共有财产。第三，知识产权的收益是指婚姻关系存续期间，实际取得或者已经明确可以取得的财产性收益。知识产权是一种智力成果，它既是一种财产权，也是一种人身权，具有很强的人身性，婚后一方取得的知识产权权利本身归一方专有，权利也仅归权利人行使，但由知识产权取得的经济利益，则属于夫妻共同财产。例如，因发表作品取得的稿费，因转让专利获得的转让费等，归夫妻共同所有。

第四，继承或受赠的财产。共同受赠、继承的财产，为夫妻共有财产。一方继承、受赠的财产作为夫妻共同财产，符合婚后所得共同制的原则，但是，按照《民法典》婚姻家庭编第一千零六十三条第三项的规定，遗嘱或赠与合同中确定只归夫或妻一方的财产除外。

第五，其他应当归夫妻共同所有的财产。例如，一方或双方取得的债权，一方或者双方获得的资助、捐助等，都为夫妻共有财产。

法条关联

◆《最高人民法院关于适用〈中华人民共和国婚姻法〉若干问题的解释（一）》

第十七条 婚姻法第十七条关于“夫或妻对夫妻共同所有的财产，有平等的处理权”的规定，应当理解为：

（一）夫或妻在处理夫妻共同财产上的权利是平等的。因日常生活需要而处理夫妻共同财产的，任何一方均有权决定。

（二）夫或妻非因日常生活需要对夫妻共同财产做重要处理决定，夫妻双方应当平等协商，取得一致意见。他人有理由相信其为夫妻双方共同意思表示的，另一方不得以不同意或不知道为由对抗善意第三人。

第十八条 婚姻法第十九条所称“第三人知道该约定的”，夫妻一方对此负有举证责任。

第十九条 婚姻法第十八条规定为夫妻一方所有的财产，不因婚姻关系的延续而转化为夫妻共同财产。但当事人另有约定的除外。

◆**《最高人民法院关于适用〈中华人民共和国婚姻法〉若干问题的解释（二）》**

第十一条 婚姻关系存续期间，下列财产属于婚姻法第十七条规定的“其他应当归共同所有的财产”：

（一）一方以个人财产投资取得的收益；

（二）男女双方实际取得或者应当取得的住房补贴、住房公积金；

（三）男女双方实际取得或者应当取得的养老保险金、破产安置补偿费。

第十二条 婚姻法第十七条第三项规定的“知识产权的收益”，是指婚姻关系存续期间，实际取得或者已经明确可以取得的财产性收益。

第十三条 军人的伤亡保险金、伤残补助金、医药生活补助费属于个人财产。

第十四条 人民法院审理离婚案件，涉及分割发放到军人名下的复员费、自主择业费等一次性费用的，以夫妻婚姻关系存续年限乘以年平均值，所得数额为夫妻共同财产。

前款所称年平均值，是指将发放到军人名下的上述费用总额按具体年限均分得出的数额。其具体年限为人均寿命七十岁与军人入伍时实际年龄的差额。

第十五条 夫妻双方分割共同财产中的股票、债券、投资基金份额等有价证券以及未上市股份有限公司股份时，协商不成或者按市价分配有困难的，人民法院可以根据数量按比例分配。

第十八条 夫妻以一方名义投资设立独资企业的，人民法院分割夫妻在该独资企业中的共同财产时，应当按照以下情形分别处理：

（一）一方主张经营该企业的，对企业资产进行评估后，由取得企业一方给予另一方相应的补偿；

（二）双方均主张经营该企业的，在双方竞价基础上，由取得企业的一方给予另一方相应的补偿；

（三）双方均不愿意经营该企业的，按照《中华人民共和国个人独资企业法》等有关规定办理。

第十九条 由一方婚前承租、婚后用共同财产购买的房屋，房屋权属证书登记在一方名下的，应当认定为夫妻共同财产。

第二十条 双方对夫妻共同财产中的房屋价值及归属无法达成协议时，人民法院按以下情形分别处理：

（一）双方均主张房屋所有权并且同意竞价取得的，应当准许；

（二）一方主张房屋所有权的，由评估机构按市场价格对房屋作出评估，取得房屋所有权的一方应当给予另一方相应的补偿；

（三）双方均不主张房屋所有权的，根据当事人的申请拍卖房屋，就所得价款进行分割。

第二十八条 夫妻一方申请对配偶的个人财产或者夫妻共同财产采取保全措施的，人民法院可以在采取保全措施可能造成损失的范围内，根据实际情况，确定合理的财产担保数额。

◆ **《最高人民法院关于适用〈中华人民共和国婚姻法〉若干问题的解释（三）》**

第五条 夫妻一方个人财产在婚后产生的收益，除孳息和自然增值外，应认定为夫妻共同财产。

案例评议

梁某、唐某离婚后财产纠纷案[①]

◆ **裁判规则**

一审法院认为，原告并无证据证实被告存在隐藏、转移夫妻共同财产的情形，亦无证据证实其要求的该款项属原、被告夫妻共同债务从而要求被告承担该债务，故驳回梁某一审诉讼请求。梁某上诉认为，41 万元不是夫妻共同财产，是其个人财产。二审法院认为，梁某与唐某未将个人财产与夫妻共同财产分开，梁某向唐某 1 银行账户的转款，绝大部分均有明确去向，而双方有争议

① 一审法院为广西壮族自治区桂林市象山区人民法院，案号：（2018）桂 0304 民初 1840 号；二审法院为贺州市中级人民法院，案号：（2019）桂 03 民终 263 号。

的数额，梁某未提供证据证实该款项确实还存在并还在唐某1处。梁某认为，唐某1挪用其客户货款262000元并要求返还，证据不足，一审判决未支持其诉求，并无不当。

◆ **评议**

《民法典》婚姻家庭编第一千零六十二条是关于夫妻共同财产的规定，在婚姻关系存续期间夫妻所共同拥有的财产，除约定的外，均属于夫妻共同财产。夫妻对共同所有的财产，有平等的处理权。夫妻一方对夫妻存续期间的财产的处分，需征得配偶的同意。《最高人民法院关于适用〈中华人民共和国婚姻法〉若干问题的解释（二）》第十一条“其他应当归共同所有的财产”包括：一方以个人财产投资取得的收益；男女双方实际取得或者应当取得的住房补贴、住房公积金；男女双方实际取得或者应当取得的养老保险金、破产安置补偿费。本案属于离婚后一方主张另一方隐藏、转移、变卖、毁损夫妻共同财产，根据《婚姻法》第四十七条的规定，另一方可以另行起诉主张，但起诉方需证实另一方存在隐藏、转移、变卖、毁损夫妻共同财产，否则不能得到法院支持。

第一千零六十三条　【夫妻个人财产】

下列财产为夫妻一方的个人财产：

（一）一方的婚前财产；

（二）一方因受到人身损害获得的赔偿或者补偿；

（三）遗嘱或者赠与合同中确定只归一方的财产；

（四）一方专用的生活用品；

（五）其他应当归一方的财产。

本条来源

《婚姻法》第十八条规定：“有下列情形之一的，为夫妻一方的财产：

（一）一方的婚前财产；

（二）一方因身体受到伤害获得的医疗费、残疾人生活补助费等费用；

（三）遗嘱或赠与合同中确定只归夫或妻一方的财产；

（四）一方专用的生活用品；

（五）其他应当归一方的财产。”

立法演变

一审稿第八百四十条规定：“下列财产为夫妻一方的个人财产：

（一）一方的婚前财产；

（二）一方因受到人身损害获得的损害赔偿或者补偿；

（三）遗嘱或者赠与合同中确定只归夫或者妻一方的财产；

（四）一方专用的生活用品；

（五）其他应当归一方的财产。”

二审稿同一审稿，无修改。

征求意见稿第一千零六十三条删去“夫或者妻”。

条文释义

本条是关于夫妻个人财产范围的规定。

夫妻个人财产是指依据法律规定或者双方约定应由一方占有、使用、支配与处分的财产。分别财产制主要是为了弥补共同财产制对个人权利保护不足的缺陷，防止共同财产范围的无限延伸。

夫妻个人财产的范围包括：第一，婚前个人财产。婚前个人所有的货币及一般的生产资料、生活资料归个人所有，不属于夫妻共同财产。第二，一方因受到人身损害获得的赔偿或者补偿。一方因受人身伤害而获得的医疗费、残疾人生活补助费等赔偿和补偿，是因其受到人身损害而得到的赔偿金和补偿费。该种财产具有人身性质，是用于保障受害人生活的基本费用，须归个人所有，不能作为夫妻共有财产。第三，遗嘱或者赠与合同中确定只归一方的财产。赠与人或被继承人明确以赠与、继承给个人为条件，所赠与或者所继承的物品具有鲜明的个人属性的，这些财产属于夫妻个人财产。第四，一方专用的生活物品。个人衣物、书籍、资料等，都是极具个人属性的财产，为个人财产。在离婚纠纷中争夺这些财产的也不在少数。在生活物品中，应当注意贵重物品和其他奢侈品除外，因为这些物品中有些价值极大，完全归一方所有不公平。第五，其他应当归一方所有的财产。例如，（1）婚前个人财产增值部分。婚前个人财产在婚后增值，应当分为两个部分：经过夫妻共同管理、经营部分的增值，为夫妻共同财产；自然增值和未经共同管理、经营部分的增值，为个人财产。（2）复员、转业军人的复员费、转业费、医疗补助费和回乡生产补助费。（3）夫妻一方的人寿保险金、伤害保险金等具有人身性质，只能作为个人财产。（4）其他个人财产，如与个人身份密切相关的奖品、奖金，国家资助优秀科学工作者的科研津贴，一方创作的手稿、文稿、艺术品设计图、草图等，为个人所有。

法条关联

◆《民法典》（婚姻家庭编）

第一千零六十五条 男女双方可以约定婚姻关系存续期间所得的财产以及婚前财产归各自所有、共同所有或者部分各自所有、部分共同所有。约定应当采用书面形式。没有约定或者约定不明确的，适用本法第一千零六十二条、第一千零六十三条的规定。

夫妻对婚姻关系存续期间所得的财产以及婚前财产的约定，对双方具有法律约束力。

夫妻对婚姻关系存续期间所得的财产约定归各自所有，夫或者妻一方对外所负的债务，相对人知道该约定的，以夫或者妻一方的个人财产清偿。

◆《民法典》（继承编）

第一千一百五十三条 夫妻共同所有的财产，除有约定的外，遗产分割时，应当先将共同所有的财产的一半分出为配偶所有，其余的为被继承人的遗产。

遗产在家庭共有财产之中的，遗产分割时，应当先分出他人的财产。

◆《最高人民法院关于适用〈中华人民共和国婚姻法〉若干问题的解释（一）》

第十八条 婚姻法第十九条所称"第三人知道该约定的"，夫妻一方对此负有举证责任。

第十九条 婚姻法第十八条规定为夫妻一方所有的财产，不因婚姻关系的延续而转化为夫妻共同财产。但当事人另有约定的除外。

◆《最高人民法院关于适用〈中华人民共和国婚姻法〉若干问题的解释（三）》

第七条 婚后由一方父母出资为子女购买的不动产，产权登记在出资人子女名下的，可按照婚姻法第十八条第（三）项的规定，视为只对自己子女一方的赠与，该不动产应认定为夫妻一方的个人财产。

由双方父母出资购买的不动产，产权登记在一方子女名下的，该不动产可认定为双方按照各自父母的出资份额按份共有，但当事人另有约定的除外。

案例评议

於某与赵某离婚后财产纠纷案①

◆ **裁判规则**

一审法院认为，於某证据不能证明为其个人财产，依法应属于夫妻共同财产。於某上诉主张702室、703室、705室和1223号车位、1226号车位均是由其父母出资购买，1160车位则系由其个人婚前出资购买，因此上述财产均与赵某无关。二审法院经过审查，认定上述房屋和车辆中有部分为於某个人财产，不属于夫妻共同财产，并依法裁决，702室、705室房产及1160号、1226号车位归於某所有；703室房产、1223号车位归赵某所有；赵某给付於某200万元。

◆ **评议**

《民法典》婚姻家庭编第一千零六十三条是关于夫妻一方财产的规定，除了该条前四款明确规定的情形外，其他应当归一方的财产主要是《最高人民法院关于人民法院审理离婚案件处理财产分割问题的若干具体意见》中的规定，包括结婚时间不满10年的复员、转业军人所得的复员费、转业费；复员军人从部队带回的医药补助费和回乡生产补助费；离婚时一方尚未取得经济利益的知识产权归一方所有；一方的人身保险金；其他的保险福利费用；与个人身份密切相关的财产；夫妻双方约定为个人所有的财产。本条与第一千零六十二条为相互关系，在诉讼中都需要举证证实财产的权属性。本案中，之所以一、二审判决认定不一，就在于二审认为於某的证据能够证实房产和车位中不全都是夫妻共同财产，从而改判。

① 一审法院为北京市西城区人民法院，案号：（2016）京0102民初26390号；二审法院为北京市第二中级人民法院，案号：（2019）京02民终788号。

第一千零六十四条　【夫妻共同债务】

夫妻双方共同签名或者夫妻一方事后追认等共同意思表示所负的债务，以及夫妻一方在婚姻关系存续期间以个人名义为家庭日常生活需要所负的债务，属于夫妻共同债务。

夫妻一方在婚姻关系存续期间以个人名义超出家庭日常生活需要所负的债务，不属于夫妻共同债务；但是，债权人能够证明该债务用于夫妻共同生活、共同生产经营或者基于夫妻双方共同意思表示的除外。

本条来源

《最高人民法院关于审理涉及夫妻债务纠纷案件适用法律有关问题的解释》第一条规定："夫妻双方共同签字或者夫妻一方事后追认等共同意思表示所负的债务，应当认定为夫妻共同债务。"

第二条规定："夫妻一方在婚姻关系存续期间以个人名义为家庭日常生活需要所负的债务，债权人以属于夫妻共同债务为由主张权利的，人民法院应予支持。"

第三条规定："夫妻一方在婚姻关系存续期间以个人名义超出家庭日常生活需要所负的债务，债权人以属于夫妻共同债务为由主张权利的，人民法院不予支持，但债权人能够证明该债务用于夫妻共同生活、共同生产经营或者基于夫妻双方共同意思表示的除外。"

立法演变

一审稿无规定。

二审稿第八百四十条之一规定："夫妻双方共同签字或者夫妻一方事后追认等共同意思表示所负的债务，以及夫妻一方在婚姻关系存续期间以个人名义为家庭日常生活需要所负的债务，属于夫妻共同债务。

夫妻一方在婚姻关系存续期间以个人名义超出家庭日常生活需要所负的债务，不属于夫妻共同债务，但是债权人能够证明该债务用于夫妻共同生活、共同生产经营或者基于夫妻双方共同意思表示的除外。”

征求意见稿同二审稿，无修改。

条文释义

一、概述

本条是关于夫妻共同债务的规定。

夫妻共同债务，是以夫妻共同财产作为一般财产担保，在夫妻共有财产的基础上设定的债务。包括夫妻在婚姻关系存续期间为解决共同生活所需的衣、食、住、行、医、履行法定扶养义务、必要的交往应酬，以及因共同生产经营活动等所负之债，以及为抚育子女、赡养老人，夫妻双方同意而资助亲朋所负债务。

夫妻债务既包括生活性债务，又包括经营性债务。生活性债务是指夫妻关系存续期间，夫妻双方或一方因共同生活的需要而引起的债务，包括抚养子女、赡养老人、医疗疾病、建造房屋、购置家用物品等引起的债务。在夫妻双方分居期间，缺乏劳动能力或者缺少经济来源的一方，为了维持分居期间个人生活的必需而引起的债务，虽为一人单独所负，也应作为夫妻共同生活债务认定和处理。经营性债务是指夫妻关系存续期间，夫妻一方或双方出于共同生活的目的，从事经营活动所负的债务。在夫妻关系存续期间，一方从事个体经营或者承包经营的，其收入为夫妻共同财产，债务也应以夫妻共同财产清偿。在审判实践中，对于夫妻关系存续期间，一方或双方从事经营活动所引起的债务，应根据经营活动的合法性及案件的实际情况加以区别对待：在夫妻关系存续期间，从事合法经营活动，造成亏损所引起的债务，不管是夫妻一方经营，还是夫妻双方共同经营，应认为是夫妻共同债务；夫妻关系存续期间，从事非法经营活动，造成亏损所引起的债务，如果该非法经营活动由夫妻双方共同参与经营，或虽由夫妻一方进行，但另一方明知其配偶从事非法活动而不表示反对，也作为夫妻共同债务认定；夫妻关系存续期间，一方从事非法经营活动造成亏损所引起的债务，如果配偶另一方并不明知，或虽事先知道但已表示反对的，则此类债务应作为非法经营一方的个人债务来认定和处理。

二、主要内容

夫妻共同债务与夫妻个人债务相对应。本条规定了确定夫妻共同债务的规则：夫妻双方共同签字或者夫妻一方事后追认等共同意思表示所负的债务，以及夫妻一方在婚姻关系存续期间以个人名义为家庭日常生活需要所负的债务，属于夫妻共同债务。具体标准是：

第一，夫妻双方共同签字或者夫妻一方事后追认等共同意思表示所负的债务。法律准许夫妻双方对财产的所有关系进行约定，也包括对债务的负担进行约定，双方约定归个人负担的债务，为个人债务。约定个人债务，可以与财产所有的约定一并约定，也可以单独就个人债务进行约定。举债时没有夫妻的共同约定，但是举债之后对方配偶追认是夫妻共同债务的，当然也是夫妻共同债务。

第二，夫妻一方在婚姻关系存续期间以个人名义为家庭日常生活需要所负的债务。包括为保持配偶或其子女的生活发生的债务，为了履行配偶双方或一方的生活保持义务产生的债务，其他根据配偶一方或债权人的请求确认为具有此等性质的债务。例如，购置家庭生活用品、修缮房屋、支付家庭生活开支、夫妻一方或双方乃至子女治疗疾病、生产经营，以及其他生活必需而负的债务。为抚育子女、赡养老人，夫妻双方同意而资助亲朋所负债务，亦为夫妻共同债务。

第三，夫妻一方在婚姻关系存续期间以个人名义超出家庭日常生活需要所负的债务，不属于夫妻共同债务。例如，一方未经对方同意擅自资助与其没有扶养义务的亲朋所负的债务，一方未经对方同意独自筹资从事经营活动，其收入确未用于共同生活所负的债务，以及因个人实施违法行为所欠债务，婚前一方所欠债务，婚后一方为满足个人欲望确系与共同生活无关而负的债务等。为保护债权人的合法权益，本条特别规定，债权人能够证明该债务用于夫妻共同生活、共同生产经营或者基于夫妻双方共同意思表示的除外。因此，向夫妻一方提供借贷的出借人，应当保留好夫妻双方共同意思表示或者将借款用于夫妻共同经营等的证据，防止夫妻逃避夫妻共同债务。

法条关联

◆《最高人民法院关于适用〈中华人民共和国婚姻法〉若干问题的解释（二）》

第二十四条　债权人就婚姻关系存续期间夫妻一方以个人名义所负债务主张权利的，应当按夫妻共同债务处理。但夫妻一方能够证明债权人与债务人明确约定为个人债务，或者能够证明属于婚姻法第十九条第三款规定情形的除外。

夫妻一方与第三人串通，虚构债务，第三人主张权利的，人民法院不予支持。

夫妻一方在从事赌博、吸毒等违法犯罪活动中所负债务，第三人主张权利的，人民法院不予支持。

第二十六条 夫或妻一方死亡的，生存一方应当对婚姻关系存续期间的共同债务承担连带清偿责任。

◆《最高人民法院关于依法妥善审理涉及夫妻债务案件有关问题的通知》

各省、自治区、直辖市高级人民法院，解放军军事法院，新疆维吾尔自治区高级人民法院生产建设兵团分院：

家事审判工作是人民法院审判工作的重要内容。在家事审判工作中，正确处理夫妻债务，事关夫妻双方和债权人合法权益的保护，事关婚姻家庭稳定和市场交易安全的维护，事关和谐健康诚信经济社会建设的推进。为此，最高人民法院审判委员会第1710次会议讨论通过《最高人民法院关于适用〈中华人民共和国婚姻法〉若干问题的解释（二）的补充规定》，对该司法解释第二十四条增加规定了第二款和第三款。2017年2月28日，最高人民法院公布了修正的《最高人民法院关于适用〈中华人民共和国婚姻法〉若干问题的解释（二）》。为依法妥善审理好夫妻债务案件，现将有关问题通知如下：

一、坚持法治和德治相结合原则。在处理夫妻债务案件时，除应当依照婚姻法等法律和司法解释的规定，保护夫妻双方和债权人的合法权益，还应当结合社会主义道德价值理念，增强法律和司法解释适用的社会效果，以达到真正化解矛盾纠纷、维护婚姻家庭稳定、促进交易安全、推动经济社会和谐健康发展的目的。

二、保障未具名举债夫妻一方的诉讼权利。在审理以夫妻一方名义举债的案件中，原则上应当传唤夫妻双方本人和案件其他当事人本人到庭；需要证人出庭作证的，除法定事由外，应当通知证人出庭作证。在庭审中，应当按照《最高人民法院关于适用〈中华人民共和国民事诉讼法〉的解释》的规定，要求有关当事人和证人签署保证书，以保证当事人陈述和证人证言的真实性。未具名举债一方不能提供证据，但能够提供证据线索的，人民法院应当根据当事人的申请进行调查取证；对伪造、隐藏、毁灭证据的要依法予以惩处。未经审判程序，不得要求未举债的夫妻一方承担民事责任。

三、审查夫妻债务是否真实发生。债权人主张夫妻一方所负债务为夫妻共同债务的，应当结合案件的具体情况，按照《最高人民法院关于审理民间借贷案件适用法律若干问题的规定》第十六条第二款、第十九条规定，结合当事人之间关系及其到庭情况、借贷金额、债权凭证、款项交付、当事人的经济能力、当地或者当事人之间的交易方式、交易习惯、当事人财产变动情况以及当事人陈述、证人证言等事实和因素，综合判断债务是否发生。防止违反法律和司法解释规定，仅凭借条、借据等债权凭证就认定存在债务的简单做法。

在当事人举证基础上，要注意依职权查明举债一方作出有悖常理的自认的真实性。对夫妻一方主动申请人民法院出具民事调解书的，应当结合案件基础事实重点审查调解协议是否损害夫妻另一方的合法权益。对人民调解协议司法确认案件，应当按照《最高人民法院关于适用〈中华人民共和国民事诉讼法〉的解释》要求，注重审查基础法律关系的真实性。

四、区分合法债务和非法债务，对非法债务不予保护。在案件审理中，对夫妻一方在从事赌博、吸毒等违法犯罪活动中所负的债务，不予法律保护；对债权人知道或者应当知道夫妻一方举债用于赌博、吸毒等违法犯罪活动而向其出借款项，不予法律保护；对夫妻一方以个人名义举债后用于个人违法犯罪活动，举债人就该债务主张按夫妻共同债务处理的，不予支持。

五、把握不同阶段夫妻债务的认定标准。依照婚姻法第十七条、第十八条、第十九条和第四十一条有关夫妻共同财产制、分别财产制和债务偿还原则以及有关婚姻法司法解释的规定，正确处理夫妻一方以个人名义对外所负债务问题。

六、保护被执行夫妻双方基本生存权益不受影响。要树立生存权益高于债权的理念。对夫妻共同债务的执行涉及到夫妻双方的工资、住房等财产权益，甚至可能损害其基本生存权益的，应当保留夫妻双方及其所扶养家属的生活必需费用。执行夫妻名下住房时，应保障生活所必需的居住房屋，一般不得拍卖、变卖或抵债被执行人及其所扶养家属生活所必需的居住房屋。

七、制裁夫妻一方与第三人串通伪造债务的虚假诉讼。对实施虚假诉讼的当事人、委托诉讼代理人和证人等，要加强罚款、拘留等对妨碍民事诉讼的强制措施的适用。对实施虚假诉讼的委托诉讼代理人，除依法制裁外，还应向司法行政部门、律师协会或者行业协会发出司法建议。对涉嫌虚假诉讼等犯罪的，应依法将犯罪的线索、材料移送侦查机关。

以上通知，请遵照执行。执行中有何问题，请及时报告我院。

案例评议

李培某与沈晓某买卖合同纠纷案[①]

◆ **裁判规则**

一审法院认为，缪某出具给李培某欠条时，缪某已与沈晓某离婚，其时沈晓某与缪某已不具有身份上的关系，李培某证据不足以证实沈晓某与缪某系在夫妻关系存续期间共同从事生产经营活动的所欠债务，驳回李培某起诉。李培某上诉主张一审证据能够证明两人是夫妻共同经营，共同从事家纺生意，一审判决错误。二审法院认为债务的形成时间在缪某与沈晓某离婚之前，属于双方婚姻关系存续期间缪某为公司经营所负债务，判令沈晓某承担还款义务。

◆ **评议**

《民法典》婚姻家庭编第一千零六十四条是关于夫妻共同债务的规定，该条源于《最高人民法院关于审理涉及夫妻债务纠纷案件适用法律有关问题的解释》，本条是该对解释四个条文的概括性规定。对于婚姻关系存续期间的债务，如认定为共同债务，一是共债共签或事后追认；二是家庭生活必需；对于以个人名义所负超出家庭日常生活所需的债务，债权人能够证明该债务用于夫妻共同生活、共同生产经营或者基于夫妻双方共同意思表示的，仍属于夫妻共同债务，需夫妻双方共同偿还。本案中，二审法院之所以改判认定沈晓某需要承担145万元的偿还责任，是因为债务形成时间是在夫妻关系存续期间，而且能够证实属于双方婚姻关系存续期间缪某为公司经营所负债务，所以判其承担还款责任。

---

① 一审法院为海门市人民法院，案号：（2019）苏0684民初1424号；二审法院为南通市中级人民法院，案号：（2019）苏06民终3163号。

第一千零六十五条 【夫妻财产约定制】

男女双方可以约定婚姻关系存续期间所得的财产以及婚前财产归各自所有、共同所有或者部分各自所有、部分共同所有。约定应当采用书面形式。没有约定或者约定不明确的，适用本法第一千零六十二条、第一千零六十三条的规定。

夫妻对婚姻关系存续期间所得的财产以及婚前财产的约定，对双方具有法律约束力。

夫妻对婚姻关系存续期间所得的财产约定归各自所有，夫或者妻一方对外所负的债务，相对人知道该约定的，以夫或者妻一方的个人财产清偿。

本条来源

《婚姻法》第十九条规定："夫妻可以约定婚姻关系存续期间所得的财产以及婚前财产归各自所有、共同所有或部分各自所有、部分共同所有。约定应当采用书面形式。没有约定或约定不明确的，适用本法第十七条、第十八条的规定。

夫妻对婚姻关系存续期间所得的财产以及婚前财产的约定，对双方具有约束力。

夫妻对婚姻关系存续期间所得的财产约定归各自所有的，夫或妻一方对外所负的债务，第三人知道该约定的，以夫或妻一方所有的财产清偿。"

立法演变

一审稿第八百四十一条规定："男女双方可以约定婚姻关系存续期间所得的财产以及婚前财产归各自所有、共同所有或者部分各自所有、部分共同所有。约定应当采用书面形式。没有约定或者约定不明确的，适用本法第八百三十九条、第八百四十条的规定。

夫妻对婚姻关系存续期间所得的财产以及婚前财产的约定，对双方具有约束力。

夫妻对婚姻关系存续期间所得的财产约定归各自所有的，夫或者妻一方对外所负的债务，相对人知道该约定的，以夫或者妻一方的个人财产清偿。”

二审稿同一审稿，无修改。

征求意见稿第一千零六十五条将“第八百三十九条、第八百四十条”修改为“第一千零六十二条、第一千零六十三条”。

条文释义

本条是关于夫妻约定财产的规定。

一、概述

夫妻约定财产制是指夫妻以协议形式决定婚姻关系存续期间所得财产所有关系的夫妻财产制度，是夫妻法定财产的对称。立法者将夫妻法定财产制确定为基本的夫妻财产制，将约定财产制作为特殊的、补充的财产制，约定财产制有排斥法定财产制的效力，只要缔结夫妻关系的男女双方协商成立财产协议，在他们之间就不再适用法定财产制。

二、主要内容

夫妻可以约定婚姻关系存续期间所得的财产以及婚前财产归各自所有、共同所有或者部分各自所有、部分共同所有。夫妻进行财产约定应当采用书面形式，即书面协议。夫妻财产约定的范围是，夫妻对婚姻关系存续期间所得的财产以及婚前财产的约定，对双方具有约束力。本法对我国夫妻约定财产制规定了下列内容：

（一）夫妻财产约定的要件

本法对夫妻约定财产的有效要件未明文规定。在解释上，夫妻财产约定既是一种身份财产合同，又是一种双方民事法律行为，当无特别法规定时，可适用法律行为的一般规定。由此，夫妻订立财产约定应具备以下要件：

第一，夫妻双方为约定的主体。由于是夫妻约定财产制，当然只能是有婚姻关系的夫妻双方才可以对他们的财产作出约定。夫妻之间订立财产契约是从事一项事关当事人重大利益的民事法律行为，进行约定时，双方必须都具备完全民事行为能力，无民事行为能力或限制民事行为能力者无权约定。

第二，夫妻间的约定必须出自当事人的真实意思表示。双方意思表示必须真实、自愿，不得违反意思自治，夫妻一方不得以欺诈、胁迫手段或乘人之危使对方在违背真实意思表示的情况下作出约定，因胁迫、欺诈、乘人之危而作出的约定可以撤销。

第三，夫妻间约定的内容必须合法，且不得超越夫妻所享有的财产权利的范围。夫妻双方对其财产的约定就是实施民事法律行为的过程，此民事法律行为必须是合法、有效的，必须是符合公平原则、公序良俗原则的民事法律行为，不得规避养老育幼等法律义务，不得损害国家、集体或第三人的合法权益，不得违反法律或社会公共利益，否则是无效的。

第四，夫妻约定的方式要求采用书面形式。

（二）夫妻财产约定的内容

约定财产制系规范夫妻间因婚姻发生的财产关系，其约定的内容主要有：

第一，约定夫妻财产所有权的归属。夫妻可以约定婚姻关系存续期间所得的财产以及婚前财产归各自所有、共同所有或部分各自所有、部分共同所有。夫妻可以选择如下模式：（1）约定实行分别财产制，即婚姻关系存续期间所得的财产归各自所有；（2）约定实行完全共有制，即婚姻关系存续期间所得的财产以及婚前的财产都归夫妻共同所有；（3）约定部分共同所有、部分各自所有，即部分婚前财产和部分婚后所得的财产为夫妻共同财产，其余部分为夫妻个人所有。

第二，夫妻财产约定的内容还包括对一方或双方的婚前个人财产以及婚姻关系存续期间所得的财产如何管理、使用、收益和处分等内容。

第三，约定对一方或双方在婚姻关系存续期间所负的债务如何清偿以及约定婚姻关系终止或约定财产制终止时夫妻财产的清算与分配。

（三）夫妻财产约定的效力

1. 适用上的优先效力。

本编规定了法定财产制和约定财产制两种形式，就其适用来看，约定财产制具有优先效力。本法规定，没有约定或约定不明确的，适用第一千零六十二条、第一千零六十三条的规定。因此，夫妻间的财产关系只有当夫妻未作约定或约定无效或被撤销时，始得适用法定财产制。

2. 对夫妻双方当事人的法律约束力。

约定财产制最基本、最直接的效力体现在对夫妻双方当事人的法律约束力。只要夫妻财产约定成立并生效，夫妻间的财产关系即应按照约定处理，非经对方同意，任何一方不得擅自修改或撤销。

3. 夫妻财产约定对第三人的效力。

依本编规定，夫妻对婚姻关系存续期间所得的财产约定归各自所有的，夫妻任何一方对外所负的债务，第三人知道该规定的，以夫妻一方所有的财产清偿。因此，夫妻财产约定对第三人产生效力的条件有三个：第一，夫妻约定实行分别财产制，当然这种约定应当是在夫妻一方欠债之前，如果是在欠债之后为逃避债务而作出的约定，第三人仍然有权要求夫妻共同偿还债务。第二，债务由夫妻一方负担。第三，第三人知道该约定。如果第三人不知道该约定，则不对第三人发生效力。所谓“知道”，是指不但知道有此约定，而且知道该约定的具体内容。关于第三人知道该约定的，夫妻一方对此负有举证责任。由此可知，夫妻财产约定欲对第三人发生效力，夫妻一方或双方对此负有告知义务，否则不得对抗善意第三人。

综上，夫妻财产约定的效力分为对内效力和对外效力。第一，对内效力，是指该协议对婚姻关系当事人的拘束力。最基本的效力，就在于夫妻财产协议成立并生效，即在配偶间及其继承人间发生夫妻财产约定的物权效力，婚姻关系当事人受此物权效力的约束。在夫妻财产协议中，无论是约定分别财产制还是个别财产归一方所有的财产制，乃至就使用权、收益权、处分权的约定，都依其约定发生物权效力。如果进行变更或撤销，必须经婚姻当事人双方同意，一方不得依自己的意思表示进行变更或撤销。第二，对外效力，是指夫妻对婚姻财产的约定可否对抗第三人。承认其对外效力，即可依约定而对抗第三人；不承认其对外效力，则不能依约定而对抗第三人。原则是，第三人知道该约定的，即发生对抗第三人的效力；第三人不知道该约定的，就不发生对抗第三人的效力，应当以夫妻双方的财产清偿债务。

法条关联

◆《民法典》（婚姻家庭编）

第一千零六十二条 夫妻在婚姻关系存续期间所得的下列财产，为夫妻的共同财产，归夫妻共同所有：

（一）工资、奖金、劳务报酬；

（二）生产、经营、投资的收益；

（三）知识产权的收益；

（四）继承或者受赠的财产，但是本法第一千零六十三条第三项规定的除外；

（五）其他应当归共同所有的财产。

夫妻对共同财产，有平等的处理权。

第一千零六十三条　下列财产为夫妻一方的个人财产：

（一）一方的婚前财产；

（二）一方因受到人身损害获得的赔偿或者补偿；

（三）遗嘱或者赠与合同中确定只归一方的财产；

（四）一方专用的生活用品；

（五）其他应当归一方的财产。

第一千零六十四条　夫妻双方共同签名或者夫妻一方事后追认等共同意思表示所负的债务，以及夫妻一方在婚姻关系存续期间以个人名义为家庭日常生活需要所负的债务，属于夫妻共同债务。

夫妻一方在婚姻关系存续期间以个人名义超出家庭日常生活需要所负的债务，不属于夫妻共同债务；但是，债权人能够证明该债务用于夫妻共同生活、共同生产经营或者基于夫妻双方共同意思表示的除外。

第一千零八十八条　夫妻一方因抚育子女、照料老年人、协助另一方工作等负担较多义务的，离婚时有权向另一方请求补偿，另一方应当给予补偿。具体办法由双方协议；协议不成的，由人民法院判决。

第一千零八十九条　离婚时，夫妻共同债务应当共同偿还。共同财产不足清偿或者财产归各自所有的，由双方协议清偿；协议不成的，由人民法院判决。

第一千零九十条　离婚时，如果一方生活困难，有负担能力的另一方应当给予适当帮助。具体办法由双方协议；协议不成的，由人民法院判决。

◆《妇女权益保障法》

第四十七条　妇女对依照法律规定的夫妻共同财产享有与其配偶平等的占有、使用、收益和处分的权利，不受双方收入状况的影响。

夫妻书面约定婚姻关系存续期间所得的财产归各自所有，女方因抚育子女、照料老人、协助男方工作等承担较多义务的，有权在离婚时要求男方予以补偿。

案例评议

范某、杨某离婚后财产纠纷案①

◆ **裁判规则**

一审法院认为，范某负有随时协助杨某办理涉案房屋过户的义务，杨某明确表示同意偿还银行剩余贷款，因此涉案房屋之上所设定的抵押负担可以消除。范某上诉认为，该房屋系其父母出资，是婚前财产，不是夫妻共同财产，离婚协议约定无效。二审法院认为，案涉房屋属于范某父母的赠与，为范某个人的婚前财产，但是范某作为完全民事行为能力人，已在离婚时对于该财产已作处分，离婚协议约定有效，范某应协助办理过户手续。

◆ **评议**

《民法典》婚姻家庭编第一千零六十五条是关于夫妻约定财产制的规定。夫妻约定财产制是指法律允许夫妻双方用协议的方式，将某项或者某些财产确定为一方所有或双方分别所有的制度。夫妻约定财产制与法定财产制二者可以同时并用，但只有在对夫妻财产制没有约定或约定不明确的情况下，才适用法定财产制的规定。约定一经生效，夫妻双方即应按约定的内容享受权利，承担义务。为了维护交易安全和第三人的利益，夫妻对婚姻关系存续期间财产约定归各自所有的，夫或妻一方对外所负的债务，只有在第三人明知约定的情况下，才对第三人具有约束力。本案中，范某与杨某未对婚姻存续期间财产作出约定，就应当适用法定财产制，而根据《最高人民法院关于适用〈中华人民共和国婚姻法〉若干问题的解释（二）》第八条的规定，离婚协议对男女双方具有法律约束力。因此，无论案涉房屋是否属于夫妻共同财产，范某均在离婚时已作处分，该处分应对其产生法律约束力。

① 一审法院为山东省聊城市东昌府区人民法院，案号：（2018）鲁1502民初1629号；二审法院为聊城市中级人民法院，案号：（2018）鲁15民终2579号。

第一千零六十六条　【婚内分割夫妻共同财产请求权】

婚姻关系存续期间，有下列情形之一的，夫妻一方可以向人民法院请求分割共同财产：

（一）一方有隐藏、转移、变卖、毁损、挥霍夫妻共同财产或者伪造夫妻共同债务等严重损害夫妻共同财产利益的行为；

（二）一方负有法定扶养义务的人患重大疾病需要医治，另一方不同意支付相关医疗费用。

本条来源

《最高人民法院关于适用〈中华人民共和国婚姻法〉若干问题的解释（三）》第四条规定："婚姻关系存续期间，夫妻一方请求分割共同财产的，人民法院不予支持，但有下列重大理由且不损害债权人利益的除外：

（一）一方有隐藏、转移、变卖、毁损、挥霍夫妻共同财产或者伪造夫妻共同债务等严重损害夫妻共同财产利益行为的；

（二）一方负有法定扶养义务的人患重大疾病需要医治，另一方不同意支付相关医疗费用的。"

立法演变

一审稿第八百四十二条规定："婚姻关系存续期间，有下列情形之一的，夫妻一方可以向人民法院请求分割共同财产：

（一）一方有隐藏、转移、变卖、毁损、挥霍夫妻共同财产或者伪造夫妻共同债务等严重损害夫妻共同财产利益的行为；

（二）一方负有法定扶养义务的人患重大疾病需要医治，另一方不同意支付相关医疗费用。"

二审稿同一审稿，无修改。

征求意见稿同一、二审稿，无修改。

条文释义

本条是关于婚内分割夫妻共同财产的规定。

一、概述

夫妻共同财产是夫妻共同共有的财产。在共同共有关系发生的原因没有消灭前，共同共有财产不能分割，目的在于保持共有关系的稳定性，保护共有人的合法权益。不过，本法第三百零三条中规定，共有人有重大理由需要分割的，可以请求分割。其中，重大理由包括了夫妻共同财产的部分分割的情形。在坚持夫妻共同财产不能分割原则，婚姻关系存续期间夫妻一方请求分割共同财产的原则上不予支持的基础上，对于特别情形作为例外，准许在婚姻关系存续期间分割夫妻共同财产，以保护婚姻当事人的合法权益，旨在绕过婚姻关系问题直接解决双方之财产纠纷，以保护在夫妻关系中处于弱势一方对夫妻共同财产的合法权益。

二、主要内容

本条规定以下情形属于重大理由，可以请求人民法院予以分割：

第一，一方有隐藏、转移、变卖、毁损、挥霍夫妻共同财产或者伪造夫妻共同债务等严重损害夫妻共同财产利益行为。上述6种情形只要具备其中之一，就可以请求进行分割共同财产。分割时，需要注意：其一，损害夫妻共同财产利益的行为达到“严重”的程度，如果仅是一般意义上的生活消费、经营支出则不算；其二，主观上要求出于故意，如果是由于过失致使财产损失的则不算；第三，侵害了另一方的财产利益，损害行为正在进行或已经进行。

第二，一方负有法定扶养义务的人患重大疾病需要医治，另一方不同意支付相关医疗费用。例如，妻子的父母患重大疾病需要医治，丈夫不同意支付医疗费用的。符合这种情形的，一方当事人可以请求分割共同财产，用自己分割得到的财产支付费用。适用该条款时应注意：其一，“负有法定扶养义务”包括：父母对于子女的抚养义务，有负担能力的祖父母、外祖父母对于父母已经死亡或父母无力抚养的未成年的孙子女、外孙子女的抚养义务，有负担能力的孙子女、外孙子女，对于子女已经死亡或子女无力赡养的祖父母、外祖父母的赡养义务，有负担能力的兄、姐，对于父母已经死亡或父母无力抚养的未成年的弟、妹的扶养义务。由兄、姐扶养长大的有负担能力的弟、妹，对于缺乏劳动能力又缺乏生活来源的兄、姐的扶养义务等。其二，需是一方主观上不同意支付医疗费用，而不是因为家庭经济条件客观上没有支付能力。其三，需是“重大”疾病，如心脏病、糖尿病、恶性肿瘤等，普通的疾病不算，相关医疗费用是指治疗疾病所必需的基本的、合理的费用，而不包括营养费、护理费等。

夫妻共同财产经过婚内分割后，分割出来的财产成为个人财产。主张分割的一方对分割所得的部分享有所有权，可以依照自己的意志处分该财产。

法条关联

◆《最高人民法院关于适用〈中华人民共和国婚姻法〉若干问题的解释（二）》

第十八条　夫妻以一方名义投资设立独资企业的，人民法院分割夫妻在该独资企业中的共同财产时，应当按照以下情形分别处理：

（一）一方主张经营该企业的，对企业资产进行评估后，由取得企业一方给予另一方相应的补偿；

（二）双方均主张经营该企业的，在双方竞价基础上，由取得企业的一方给予另一方相应的补偿；

（三）双方均不愿意经营该企业的，按照《中华人民共和国个人独资企业法》等有关规定办理。

第十九条　由一方婚前承租、婚后用共同财产购买的房屋，房屋权属证书登记在一方名下的，应当认定为夫妻共同财产。

第二十条　双方对夫妻共同财产中的房屋价值及归属无法达成协议时，人民法院按以下情形分别处理：

（一）双方均主张房屋所有权并且同意竞价取得的，应当准许；

（二）一方主张房屋所有权的，由评估机构按市场价格对房屋作出评估，取得房屋所有权的一方应当给予另一方相应的补偿；

（三）双方均不主张房屋所有权的，根据当事人的申请拍卖房屋，就所得价款进行分割。

第二十二条　当事人结婚前，父母为双方购置房屋出资的，该出资应当认定为对自己子女的个人赠与，但父母明确表示赠与双方的除外。

当事人结婚后，父母为双方购置房屋出资的，该出资应当认定为对夫妻双方的赠与，但父母明确表示赠与一方的除外。

◆《最高人民法院关于适用〈中华人民共和国婚姻法〉若干问题的解释（三）》

第四条　婚姻关系存续期间，夫妻一方请求分割共同财产的，人民法院不予支持，但有下列重大理由且不损害债权人利益的除外：

（一）一方有隐藏、转移、变卖、毁损、挥霍夫妻共同财产或者伪造夫妻共同债务等严重损害夫妻共同财产利益行为的；

（二）一方负有法定扶养义务的人患重大疾病需要医治，另一方不同意支付相关医疗费用的。

第五条 夫妻一方个人财产在婚后产生的收益，除孳息和自然增值外，应认定为夫妻共同财产。

第七条 婚后由一方父母出资为子女购买的不动产，产权登记在出资人子女名下的，可按照婚姻法第十八条第（三）项的规定，视为只对自己子女一方的赠与，该不动产应认定为夫妻一方的个人财产。

由双方父母出资购买的不动产，产权登记在一方子女名下的，该不动产可认定为双方按照各自父母的出资份额按份共有，但当事人另有约定的除外。

第十条 夫妻一方婚前签订不动产买卖合同，以个人财产支付首付款并在银行贷款，婚后用夫妻共同财产还贷，不动产登记于首付款支付方名下的，离婚时该不动产由双方协议处理。

依前款规定不能达成协议的，人民法院可以判决该不动产归产权登记一方，尚未归还的贷款为产权登记一方的个人债务。双方婚后共同还贷支付的款项及其相对应财产增值部分，离婚时应根据婚姻法第三十九条第一款规定的原则，由产权登记一方对另一方进行补偿。

案例评议

谭海某与刘某婚姻家庭纠纷案①

◆ **裁判规则**

一审法院认为，刘某转款行为是用于偿还车贷，并无转移变卖夫妻财产的行为，驳回谭海某起诉。谭海某上诉认为，刘某拒不支付医疗费、被上诉人转卖涉案奥迪车辆是为了偿还车贷，证据不足。二审法院认为，奥迪车辆50万元购买，出卖40万元，用其中389046.8元偿还车贷，合理合法，不属于转移、变卖夫妻共同财产。

---

① 一审法院为济南市历下区人民法院，案号：（2017）鲁0102民初6015号；二审法院为济南市中级人民法院，案号：（2019）鲁01民终4号。

◆ 评议

《民法典》婚姻家庭编第一千零六十六条是关于夫妻财产分割的规定，该规定吸纳了《最高人民法院关于适用〈中华人民共和国婚姻法〉若干问题的解释（三）》第四条的规定。该条规定了婚姻存续期间请求分割夫妻共同财产仅限于两种情况，既不能类推适用，也不能扩大解释。本案中，刘某是为了偿还车贷而不得已才出售奥迪车辆的，不存在恶意转移变卖财产的行为，所以谭海某的主张未得到法院支持。

不过该条文的规定从表面上看，是对弱势一方的救助条款，在一定程度上也能解决一些问题，但是也存在的一些潜在问题。在现实生活中，如果夫妻一方存在这样的行为，而另一方也不提出离婚，表明心里对该段婚姻是存在留恋和依赖的，但是该条规定却在夫妻之间划开了一个不可调和的矛盾空间。这不利于夫妻关系的长久和睦，更何况在患重病时最需要的是来自家人的关心和照顾。

第二节　父母子女关系和其他近亲属关系

第一千零六十七条　【父母与子女间的抚养赡养义务】

父母不履行抚养义务的，未成年子女或者不能独立生活的成年子女，有要求父母给付抚养费的权利。

成年子女不履行赡养义务的，缺乏劳动能力或者生活困难的父母，有要求成年子女给付赡养费的权利。

本条来源

《婚姻法》第二十一条规定："父母对子女有抚养教育的义务；子女对父母有赡养扶助的义务。

父母不履行抚养义务时，未成年的或不能独立生活的子女，有要求父母付给抚养费的权利。

子女不履行赡养义务时，无劳动能力的或生活困难的父母，有要求子女付给赡养费的权利。

禁止溺婴、弃婴和其他残害婴儿的行为。”

立法演变

一审稿第八百四十三条规定：“父母不履行抚养义务的，未成年子女或者不能独立生活的成年子女，有要求父母给付抚养费的权利。

成年子女不履行赡养义务的，无劳动能力或者生活困难的父母，有要求成年子女给付赡养费的权利。”

二审稿第八百四十三条将“无劳动能力”改为“缺乏劳动能力”。

征求意见稿在二审稿基础上并无改动。

条文释义

一、概述

本条是关于父母抚养义务和成年子女赡养义务的规定。

父母对未成年子女的抚养义务是法定义务。抚养是指父母对未成年子女的健康成长提供必要物质条件，包括哺育、喂养、抚育，提供生活、教育和活动的费用等。父母对未成年子女的抚养义务是无条件的义务，不能以任何借口而免除。从子女出生开始直到其能够独立生活止，都必须承担，即使父母离婚后也不能免除。抚养义务是亲权的主要内容，权利主体是未成年子女，义务主体是亲权人。亲权的抚养义务须以直接养育为原则，即让亲权人与未成年子女共同生活，直接进行养育。对于因事脱离亲权人的未成年子女，如参军、就学、与无亲权的父母一方暂居等，亲权人应当支付现金或实物，进行间接养育。未成年子女作为权利人，有权要求父母履行抚养义务。亲权人拒绝履行抚养义务，权利人依法享有抚养费给付请求权。

成年子女对父母的赡养义务，是亲属权的重要内容。赡养是指子女在物质上和经济上为父母提供必要的生活条件，子女作为赡养人，应当履行对老年人经济上供养、生活上照料和精神上慰藉的义务，照顾老年人的特殊需要。儿子和女儿都有义务赡养父母。赡养义务是法定义务，是成年子女必须履行的义务，特别是对缺乏劳动能力或者生活困难的父母，成年子女必须承担赡养义务。成年子女不履行赡养义务的，缺乏劳动能力或者生活困难的父母，有要求成年子女给付赡养费的权利，可以向法院起诉，请求判令成年子女强制赡养父母。

有经济负担能力的成年子女，不分男女、已婚未婚，在父母需要赡养时，都应依法尽力履行这一义务直至父母死亡。

子女对父母的赡养义务，不仅发生在婚生子女与父母之间，而且也发生在非婚生子女与生父母之间，养子女与养父母之间，继子女与履行了抚养教育义务的继父母之间。

二、主要内容

（一）父母的抚养义务

父母的抚养义务体现在以下三个方面：

第一，抚养是父母抚育子女的成长，并为他们的生活、学习提供一定的物质条件。父母对未成年子女的抚养是无条件的，在任何情况下都不能免除；即使父母已经离婚，对未成年的子女仍应依法履行抚养的义务。对成年子女的抚养是有条件的，在成年子女没有劳动能力或出于某种原因不能维持生活时，父母也要根据需要和可能，负担其生活费用或给予一定的帮助。

第二，父母对子女的抚养教育义务，是父母双方的共同义务和共同责任，而非一方的单方义务和责任。即使夫妻离异，也不能免除该义务。

第三，因父母不履行抚养义务而引起的纠纷，可由有关部门调解或向人民法院提出追索抚养费的诉讼。人民法院应根据子女的需要和父母的抚养能力，通过调解或判决，确定抚养费的数额、给付的期限和方法。对拒不履行抚养义务，恶意遗弃未成年子女已构成犯罪的，应根据我国刑法的有关规定追究刑事责任。

（二）成年子女的赡养义务

成年子女的赡养义务具体表现为下列五个方面：

第一，应当妥善安排老年人的住房，不得强迫老年人迁居条件低劣的房屋。老年人自有的或者承租的住房，子女或者其他亲属不得侵占，不得擅自改变产权或者租赁关系。老年人的自有住房，赡养人有维修的义务。

第二，赡养人不得要求老年人承担力不能及的劳动。

第三，赡养人不得以放弃继承权或者其他理由，拒绝履行赡养义务。赡养人不履行赡养义务，老年人有要求赡养人给付赡养费的权利。老年人的婚姻自由受法律保护。子女或者其他亲属不得干涉老年人离婚、再婚及婚后生活。赡养义务不得因老年人的婚姻变化而消除。

第四，子女不仅要赡养父母，而且要尊敬父母，关心父母，在家庭生活中的各方面给予扶助。当父母年老、体弱、病残时，更应妥善加以照顾，使他们在感情上得到慰藉，愉快地安度晚年。

第五，关于如何追究子女不履行赡养父母的法律责任，需要赡养的父母可以通过有关部门进行调解或者向人民法院提起诉讼。人民法院在处理赡养纠纷时，应当坚持保护老年人的合法权益的原则，通过调解或者判决使子女依法履行赡养义务。对负有赡养义务而拒绝赡养，情节恶劣构成遗弃罪的，应当承担刑事责任。

法条关联

◆《宪法》

第四十九条 婚姻、家庭、母亲和儿童受国家的保护。

夫妻双方有实行计划生育的义务。

父母有抚养教育未成年子女的义务，成年子女有赡养扶助父母的义务。

禁止破坏婚姻自由，禁止虐待老人、妇女和儿童。

◆《民法典》（总则编）

第二十六条 父母对未成年子女负有抚养、教育和保护的义务。

成年子女对父母负有赡养、扶助和保护的义务。

◆《民法典》（婚姻家庭编）

第一千零八十四条 父母与子女间的关系，不因父母离婚而消除。离婚后，子女无论由父或者母直接抚养，仍是父母双方的子女。

离婚后，父母对于子女仍有抚养、教育、保护的权利和义务。

离婚后，不满两周岁的子女，以由母亲直接抚养为原则。已满两周岁的子女，父母双方对抚养问题协议不成的，由人民法院根据双方的具体情况，按照最有利于未成年子女的原则判决。子女已满八周岁的，应当尊重其真实意愿。

第一千零八十五条 离婚后，子女由一方直接抚养的，另一方应当负担部分或者全部抚养费。负担费用的多少和期限的长短，由双方协议；协议不成的，由人民法院判决。

前款规定的协议或者判决，不妨碍子女在必要时向父母任何一方提出超过协议或者判决原定数额的合理要求。

◆《老年人权益保障法》

第十四条 赡养人应当履行对老年人经济上供养、生活上照料和精神上慰藉的义务，照顾老年人的特殊需要。

赡养人是指老年人的子女以及其他依法负有赡养义务的人。

赡养人的配偶应当协助赡养人履行赡养义务。

◆《最高人民法院关于适用〈中华人民共和国婚姻法〉若干问题的解释（三）》

第三条 婚姻关系存续期间，父母双方或者一方拒不履行抚养子女义务，未成年或者不能独立生活的子女请求支付抚养费的，人民法院应予支持。

◆《最高人民法院关于适用〈中华人民共和国婚姻法〉若干问题的解释（一）》

第二十条 婚姻法第二十一条规定的“不能独立生活的子女”，是指尚在校接受高中及其以下学历教育，或者丧失或未完全丧失劳动能力等非因主观原因而无法维持正常生活的成年子女。

第二十一条 婚姻法第二十一条所称“抚养费”，包括子女生活费、教育费、医疗费等费用。

案例评议

刘碧某诉王占某抚养费纠纷案①

◆ **裁判规则**

一审法院认为，父母对未成年子女或者不能独立生活的成年子女有抚养的义务。但获得抚养费的实际权利人是子女，故有权起诉要求给付抚养费的适格原告主体应为子女，而非抚养子女的一方，故刘碧某以自己的名义向王占某起诉主张子女抚养费，属原告主体不适格，裁定驳回刘碧某的起诉。二审法院和再审法院均以此为由驳回上诉和再审。

---

① 一审法院为广东省广州市越秀区人民法院，案号：（2017）粤0104民初23082号；二审法院为广东省广州市中级人民法院，案号：（2018）粤01民终2819号；再审法院为广东省高级人民法院，案号：（2018）粤民申8840号。

◆ **评议**

本案系抚养费纠纷。抚养费是指不直接抚养子女的父或母依照法律规定定期支付子女的生活费、教育费和医疗费等，获得抚养费的实际权利人是子女，而非携带抚养子女的一方。本案中涉案子女王耀某为成年人，具备完全民事行为能力，故应由其作为原告主张权利。因此，刘碧某主张王占某向其支付儿子王耀某自2004年3月至2014年7月间的抚养费主体不适格。

第一千零六十八条　【父母对未成年子女的教育和保护义务】

父母有教育、保护未成年子女的权利和义务。未成年子女造成他人损害的，父母应当依法承担民事责任。

本条来源

《婚姻法》第二十三条规定："父母有保护和教育未成年子女的权利和义务。在未成年子女对国家、集体或他人造成损害时，父母有承担民事责任的义务。"

立法演变

一审稿第八百四十四条规定："父母有保护和教育未成年子女的权利和义务。未成年子女造成他人损害的，父母应当依法承担民事责任。"

二审稿在一审稿基础上并无改动。

征求意见稿在二审稿基础上并无改动。

条文释义

一、概述

本条是关于父母保护和教育未成年子女的规定。

父母对未成年子女的保护和教育义务，通常称为管教权，是父母对未成年子女负有必要保护和教育的义务，也是权利。它是基于教养、保护的人身照顾权，特别是基于教育权而产生的权利。父母行使管教权的目的，是保护和教育子女。未成年子女不听从管教，犯有劣迹时，亲权人在必要范围内采取适当措施，教育子女改恶从善。行使管教权，必须在适当的范围内，以适当的方法为之，以不损伤未成年子女的身心健康为原则，具体方法，可以由亲权人亲自管教，也可以送交行政机关予以行政处罚。严格禁止亲权的滥用，如果采取伤害身体、危害生命、破坏健康的方法为之，构成刑事犯罪，应依法追究父母的刑事责任。

父母未尽对未成年子女的保护教育义务，致使未成年子女侵害他人合法权益造成损害的，应当承担赔偿责任。这种赔偿义务的承担原则，应当依照《民法典》侵权责任编第一千一百八十八条的规定进行。未成年人造成他人损害的，其父母承担替代责任。父母已经尽了监护责任的，即父母对未成年子女造成他人损害无过失的，不能免除父母的民事责任，适当减轻其赔偿责任。未成年子女如果有财产，赔偿费用应当从本人财产中支付，不足部分，仍由其父母承担。

二、具体内容

（一）父母对子女的管教

所谓管教，是指父母按照国家法律和社会公德的要求，采用正确、适当的方法，对子女加以必要的管理、约束，使他们在思想上、品德上得以健康成长。我国《预防未成年人犯罪法》第十四条至第二十条对父母的管教义务作了一系列具体规定，主要包括：

第一，未成年人的父母或者其他监护人和学校应当教育未成年人不得有下列不良行为：（1）旷课、夜不归宿；（2）携带管制刀具；（3）打架斗殴、辱骂他人；（4）强行向他人索要财物；（5）偷窃、故意毁坏财物；（6）参与赌博或者变相赌博；（7）观看、收听色情、淫秽的音像制品、读物等；（8）进入法律、法规规定未成年人不适宜进入的营业性歌舞厅等场所；（9）其他严重违背社会公德的不良行为。

第二，未成年人的父母或者其他监护人和学校应当教育未成年人不得吸烟、酗酒。

第三，未成年人的父母或者其他监护人和学校发现未成年人组织或者参加实施不良行为的团伙的，应当及时予以制止。发现该团伙有违法犯罪行为的，应当向公安机关报告。

第四，未成年人的父母或者其他监护人，不得让不满十六周岁的未成年人脱离监护单独居住。

第五，未成年人的父母或者其他监护人对未成年人不得放任不管，不得迫使其离家出走，放弃监护职责。

法律赋予父母管教未成年子女的权利义务，一方面是为了保障子女的健康成长，另一方面也是为了防止未成年子女损害他人或社会利益。

（二）父母对子女的保护

父母对未成年子女有保护和教育的基本权利和义务。父母是未成年子女的法定监护人和法定代理人，对未成年子女的教育和保护既是父母的权利，又是父母的责任和义务。保护是指父母应防范和排除来自自然界或他人对未成年子女的人身或财产权益的非法侵害，保护未成年子女的人身安全与合法权益。父母对未成年子女的保护义务主要包括以下内容：第一，父母本身不得危害子女的人身安全，侵害未成年子女的财产权益。第二，父母有义务防止和排除来自外界的侵害，当未成年子女的人身和财产权益受到他人不法侵害时，父母为其法定代理人，有义务保护子女，使其免受伤害，保障子女的安全和健康；并有权以法定代理人的身份提起诉讼，请求加害人停止侵害、赔偿损失。当未成年子女被人拐骗、脱离家庭或监护人时，父母有权要求归还子女，请求损害赔偿，并要求司法机关追究拐骗者的刑事责任。

（三）监护人责任

未成年人致害的监护人责任是一种过错推定责任，该责任的成立需要具备下列构成条件：

1. 主体要件。

（1）直接加害主体须为未成年人。未成年人的加害行为或加害举动由未成年人自己实施，而非他人教唆、帮助或利用的行为。若监护人教唆、帮助或利用未成年人实施加害行为或举动，则不能构成监护人责任，而是监护人自身的侵权行为，因为此时未成年人就成为监护人的侵权工具。①

（2）责任主体为监护人。我国现行立法仅承认自然人监护人的责任。监护人之所以要对未成年人侵害承担责任，原因之一在于监护人能够监督、保护未成年人，能够影响未成年人的言行。因此，对于自然人监护人，立法往往强调

① 杨立新：《侵权法论》，人民法院出版社 2005 年版，第 613 页。

监护人与未成年人能够“亲密接触”到。《意大利民法典》第二千零四十八条规定，父亲和母亲对未解除亲权的未成年人、监护人对同他们一起居住的被监护人的不法行为导致的损害承担责任。我国立法也有相关规定，即未成年人的父母离婚或分居，其未成年子女侵害他人权益造成损害的，同该子女共同生活的一方应当承担责任。若由于客观条件的限制，例如未成年人到外地上学、上寄宿学校等，父母与子女的“接触短路”就导致监护义务的履行不能，此时若仍要求监护人承担监护责任不妥。因此，笔者认为未成年人监护人责任中的“监护人”范围应当予以扩展，适当承认基于委托监护成为监护人的可能。

2. 行为要件。

未成年人的加害行为或加害举动具有违法性。违法性的判断采用抽象客观的标准，与侵权责任能力和过错都无关，只要上述行为或举动与一定的法秩序相背离，就意味着该行为或举动具有违法性。

3. 因果关系要件。

监护人责任的构成中，因果关系具有双重性。双重性体现在：未成年人的行为或举动与受害人的损害后果间须有直接因果关系，直接因果关系的存在是未成年人致害责任的必要条件；监护人未尽到监护义务是受害人损害的间接原因，该因果关系是推定的。若监护人能够举证证明因果关系不存在，即即使进行了应有的监管也会发生损害，则监护人应当免予承担监护责任。但就我国的法律体系而言，监护人责任的免责事由不能轻易认定，否则不利于对受害人的保护。

4. 过错要件。

监护人的过错是一种推定的过错，当未成年人的行为或举动造成他人的损害时，就推定监护人没有尽到监护义务，具体表现为疏于教养、疏于监护或者疏于管理。如何理解监护义务，联邦最高普通法院进行了详尽的论述：“对未成年人应有的、必要的监管措施的范围应当根据其年龄、特点和性格来确定。一般而言，必要监管措施的界限以能够向具有正常理解力的父母提出的合理要求为基准。作为一个智力一般、发育正常的儿童，随着年龄的增长，他的智力、心理能力也得以增长；不同儿童的冒险精神也会有不同程度的增加。在这一成长和成熟的过程中，父母对子女的监管方式、范围和程度应当重视。”监护人如何证明自己尽到了监护义务，一般应当考虑未成年人的年龄、性格、所在环境或教育程度的影响，[①] 还需考虑到监护人的知识结构、社会地位等。

就未成年人致害监护人责任形态而言，若致害人无侵权责任能力，即使有财产，也不应承担责任，而由监护人承担单独责任；若监护人没有足够的支付能力，法院可以基于受害人的申请，要求未成年人承担公平责任。若致害人无侵权责任能力，监护人存在免责事由，此时法院也可以基于受害人的申请，衡量致害人及其监护人与受害人双方的经济状况，判定致害人及其监护人承担公平责任。公平责任从总体上能够体现对弱者利益的有效保护，在某些情况下还更能体现公平与正义，更能有效维护社会秩序的稳定。若致害人有侵权责任能力，同时符合侵权责任的其他构成要件，该未成年人就应当承担责任；若承担责任的致害人没有足够的支付能力，才由监护人承担补充责任；若监护人存在免责事由，法院可以基于受害人的申请，要求监护人承担公平责任。

法条关联

◆《宪法》

第四十六条 中华人民共和国公民有受教育的权利和义务。

国家培养青年、少年、儿童在品德、智力、体质等方面全面发展。

第四十九条 婚姻、家庭、母亲和儿童受国家的保护。

夫妻双方有实行计划生育的义务。

父母有抚养教育未成年子女的义务，成年子女有赡养扶助父母的义务。

禁止破坏婚姻自由，禁止虐待老人、妇女和儿童。

◆《民法典》（总则编）

第二十六条 父母对未成年子女负有抚养、教育和保护的义务。

成年子女对父母负有赡养、扶助和保护的义务。

第二十七条 父母是未成年子女的监护人。

未成年人的父母已经死亡或者没有监护能力的，由下列有监护能力的人按顺序担任监护人：

（一）祖父母、外祖父母；

（二）兄、姐；

---

① 杨立新：《侵权法论》，人民法院出版社2005年版，第613页。

（三）其他愿意担任监护人的个人或者组织，但是须经未成年人住所地的居民委员会、村民委员会或者民政部门同意。

第三十四条　监护人的职责是代理被监护人实施民事法律行为，保护被监护人的人身权利、财产权利以及其他合法权益等。

监护人依法履行监护职责产生的权利，受法律保护。

监护人不履行监护职责或者侵害被监护人合法权益的，应当承担法律责任。

因发生突发事件等紧急情况，监护人暂时无法履行监护职责，被监护人的生活处于无人照料状态的，被监护人住所地的居民委员会、村民委员会或者民政部门应当为被监护人安排必要的临时生活照料措施。

◆《民法典》（婚姻家庭编）

第一千零五十八条　夫妻双方平等享有对未成年子女抚养、教育和保护的权利，共同承担对未成年子女抚养、教育和保护的义务。

第一千零八十四条　父母与子女间的关系，不因父母离婚而消除。离婚后，子女无论由父或者母直接抚养，仍是父母双方的子女。

离婚后，父母对于子女仍有抚养、教育、保护的权利和义务。

离婚后，不满两周岁的子女，以由母亲直接抚养为原则。已满两周岁的子女，父母双方对抚养问题协议不成的，由人民法院根据双方的具体情况，按照最有利于未成年子女的原则判决。子女已满八周岁的，应当尊重其真实意愿。

◆《民法典》（侵权责任编）

第一千一百八十八条　无民事行为能力人、限制民事行为能力人造成他人损害的，由监护人承担侵权责任。监护人尽到监护职责的，可以减轻其侵权责任。

有财产的无民事行为能力人、限制民事行为能力人造成他人损害的，从本人财产中支付赔偿费用；不足部分，由监护人赔偿。

第一千一百八十九条　无民事行为能力人、限制民事行为能力人造成他人损害，监护人将监护职责委托给他人的，监护人应当承担侵权责任；受托人有过错的，承担相应的责任。

◆《妇女权益保障法》

第十八条第一款　父母或者其他监护人必须履行保障适龄女性儿童少年接受义务教育的义务。

◆《未成年人保护法》

第三条 未成年人享有生存权、发展权、受保护权、参与权等权利，国家根据未成年人身心发展特点给予特殊、优先保护，保障未成年人的合法权益不受侵犯。

未成年人享有受教育权，国家、社会、学校和家庭尊重和保障未成年人的受教育权。

未成年人不分性别、民族、种族、家庭财产状况、宗教信仰等，依法平等地享有权利。

第十三条 父母或者其他监护人应当尊重未成年人受教育的权利，必须使适龄未成年人依法入学接受并完成义务教育，不得使接受义务教育的未成年人辍学。

◆《预防未成年人犯罪法》

第十条 未成年人的父母或者其他监护人对未成年人的法制教育负有直接责任。学校在对学生进行预防犯罪教育时，应当将教育计划告知未成年人的父母或者其他监护人，未成年人的父母或者其他监护人应当结合学校的计划，针对具体情况进行教育。

第十四条 未成年人的父母或者其他监护人和学校应当教育未成年人不得有下列不良行为：

（一）旷课、夜不归宿；

（二）携带管制刀具；

（三）打架斗殴、辱骂他人；

（四）强行向他人索要财物；

（五）偷窃、故意毁坏财物；

（六）参与赌博或者变相赌博；

（七）观看、收听色情、淫秽的音像制品、读物等；

（八）进入法律、法规规定未成年人不适宜进入的营业性歌舞厅等场所；

（九）其他严重违背社会公德的不良行为。

第十五条 未成年人的父母或者其他监护人和学校应当教育未成年人不得吸烟、酗酒。任何经营场所不得向未成年人出售烟酒。

第二十条 未成年人的父母或者其他监护人对未成年人不得放任不管，不得迫使其离家出走，放弃监护职责。

未成年人离家出走的，其父母或者其他监护人应当及时查找，或者向公安机关请求帮助。

第二十一条　未成年人的父母离异的，离异双方对子女都有教育的义务，任何一方都不得因离异而不履行教育子女的义务。

第二十二条　继父母、养父母对受其抚养教育的未成年继子女、养子女，应当履行本法规定的父母对未成年子女在预防犯罪方面的职责。

第三十四条　本法所称“严重不良行为”，是指下列严重危害社会，尚不够刑事处罚的违法行为：

（一）纠集他人结伙滋事，扰乱治安；

（二）携带管制刀具，屡教不改；

（三）多次拦截殴打他人或者强行索要他人财物；

（四）传播淫秽的读物或者音像制品等；

（五）进行淫乱或者色情、卖淫活动；

（六）多次偷窃；

（七）参与赌博，屡教不改；

（八）吸食、注射毒品；

（九）其他严重危害社会的行为。

第三十五条　对未成年人实施本法规定的严重不良行为的，应当及时予以制止。

对有本法规定严重不良行为的未成年人，其父母或者其他监护人和学校应当相互配合，采取措施严加管教，也可以送工读学校进行矫治和接受教育。

对未成年人送工读学校进行矫治和接受教育，应当由其父母或者其他监护人，或者原所在学校提出申请，经教育行政部门批准。

第三十八条　未成年人因不满十六周岁不予刑事处罚的，责令他的父母或者其他监护人严加管教；在必要的时候，也可以由政府依法收容教养。

第四十九条　未成年人的父母或者其他监护人不履行监护职责，放任未成年人有本法规定的不良行为或者严重不良行为的，由公安机关对未成年人的父母或者其他监护人予以训诫，责令其严加管教。

第五十条　未成年人的父母或者其他监护人违反本法第十九条的规定，让不满十六周岁的未成年人脱离监护单独居住的，由公安机关对未成年人的父母或者其他监护人予以训诫，责令其立即改正。

案例评议

邓远某诉蒋雨某、刘成某财产损害赔偿纠纷案①

◆ **裁判规则**

一审法院认为，蒋文某对火灾后果具有过错。蒋文某系未成年人，被告蒋雨某、刘成某系蒋文某的父母、监护人、法定代理人，依法应对蒋文某的过错承担赔偿责任。最终确定被告蒋雨某、刘成某承担60%的赔偿责任。二审法院维持原判。

◆ **评议**

本案系未成年人侵权造成的财产损害赔偿纠纷。无民事行为能力人、限制民事行为能力人造成他人损害的，由监护人承担侵权责任。本案中，蒋文某作为未成年人玩火导致火灾发生，造成原告的财物损失，根据《民法典》婚姻家庭编第一千零六十八条的规定，其父母作为监护人应当承担侵权责任。

第一千零六十九条　【子女尊重父母的婚姻权利及赡养义务】

子女应当尊重父母的婚姻权利，不得干涉父母离婚、再婚以及婚后的生活。子女对父母的赡养义务，不因父母的婚姻关系变化而终止。

本条来源

《婚姻法》第三十条规定：“子女应当尊重父母的婚姻权利，不得干涉父母再婚以及婚后的生活。子女对父母的赡养义务，不因父母的婚姻关系变化而终止。”

---

① 一审法院为四川省宜宾市翠屏区人民法院，案号：（2019）川1502民初3392号；二审法院为四川省宜宾市中级人民法院，案号：（2019）川15民终1981号。

立法演变

一审稿第八百四十六条规定："子女应当尊重父母的婚姻权利，不得干涉父母离婚、再婚以及婚后的生活。子女对父母的赡养义务，不因父母的婚姻关系变化而终止。"

二审稿在一审稿基础上并无改动。

征求意见稿在二审稿基础上并无改动。

条文释义

本条是关于子女尊重父母婚姻权利的规定。

一、概述

子女应当尊重父母的婚姻权利，不得干涉父母再婚及婚后的生活。子女对父母的赡养义务，不因父母婚姻关系的变化而终止。这是保障老年人婚姻自由的相关规定。若子女干涉父母的婚姻权利，或者子女不尽赡养义务，就构成侵权；暴力干涉老年人婚姻和拒绝赡养老人的子女，情节严重构成犯罪的，应当依法追究其刑事责任。

二、主要内容

（一）老年人的婚姻自由

老年人的婚姻自由受法律保护，子女应当尊重父母的婚姻权利，包括离婚和再婚的自主权利，尤其是不得因一己私利和世俗偏见阻挠、干涉父母再婚。父母是否再婚，与谁结婚应由其自己决定。父母再婚后，子女不得干涉父母婚后的生活，比如子女不得干涉父母选择居所或者依法处分个人财产的权利。

尊重父母婚姻自由，是子女一项法定的义务，应当切实履行，不得违反：

第一，要充分尊重父母自己的意愿以决定自己的婚姻状态。父母的婚姻权利，既包括离婚的权利，又包括丧偶或离婚后再婚的权利。对此，任何人都不得强加干涉，子女不能也不应当例外。作为子女，在父母作出离婚或再婚选择时，应当理解。尤其是再婚，子女要考虑父母对家庭的操劳与付出、对自己的抚养与教育，尊重他们的自主权，使他们的合法而美好的愿望得以实现，不应加以阻拦和干涉。

第二，不应干涉父母再婚以及婚后生活。在现实生活中，应注意不能反对、干涉父母再婚以及婚后的生活。采取暴力、威胁或者其他方法干涉父母再婚特别是丧偶母亲再婚的，是漠视父母婚姻权利的普遍形式。采取诸如干扰父母选择居所，阻挠母亲再嫁时依法继承前夫的遗产，暴力伤害，言语侮辱等妨碍父母的婚姻自由，都属违法行为，应当依法承担法律责任。采取暴力、拘禁、伤害、虐待、遗弃等手段干涉父母的再婚或离婚，情节严重或恶劣构成犯罪的，应当依法追究其刑事责任。

（二）子女对父母的赡养义务

子女对父母的赡养义务不因父母的婚姻关系变化而终止。子女对父母的赡养义务源于彼此之间的血缘关系，只因一方死亡或子女被他人收养而消除，其他任何情况，都不能免除。只要父母因为没有劳动能力或生活困难等而需要赡养，子女就要履行赡养义务，不受父母婚姻关系变化的影响。父母的婚姻关系变化，既包括父母离婚，又包括父母丧偶或离婚后再婚。换句话说，父母子女间的权利义务关系仍然存在，子女不能因父母的婚姻关系发生变化就终止对父母的赡养义务。

法条关联

◆ **《宪法》**

第四十九条 婚姻、家庭、母亲和儿童受国家的保护。

夫妻双方有实行计划生育的义务。

父母有抚养教育未成年子女的义务，成年子女有赡养扶助父母的义务。

禁止破坏婚姻自由，禁止虐待老人、妇女和儿童。

◆ **《民法典》（婚姻家庭编）**

第一千零四十一条 婚姻家庭受国家保护。

实行婚姻自由、一夫一妻、男女平等的婚姻制度。

保护妇女、未成年人、老年人、残疾人的合法权益。

第一千零四十二条 禁止包办、买卖婚姻和其他干涉婚姻自由的行为。禁止借婚姻索取财物。

禁止重婚。禁止有配偶者与他人同居。

禁止家庭暴力。禁止家庭成员间的虐待和遗弃。

第一千零四十六条 结婚应当男女双方完全自愿，禁止任何一方对另一方加以强迫，禁止任何组织或者个人加以干涉。

◆《妇女权益保障法》

第四十四条　国家保护妇女的婚姻自主权。禁止干涉妇女的结婚、离婚自由。

◆《老年人权益保障法》

第二十一条　老年人的婚姻自由受法律保护。子女或者其他亲属不得干涉老年人离婚、再婚及婚后的生活。

赡养人的赡养义务不因老年人的婚姻关系变化而消除。

案例评议

李来某诉张江1、张江2、张江3、张江4赡养纠纷一案①

◆ **裁判规则**

法院认为，子女对父母有赡养扶助的义务，不因父母的婚姻关系变化而终止，子女不履行赡养义务时，无劳动能力或生活困难的父母，有要求子女给付赡养费的权利。对于赡养费的数额，根据李来某的实际需要和各被告的经济能力和赡养现状，酌情确定由被告张江1每月给付赡养费200元、张江2每月给付赡养费100元、张江3每月给付赡养费200元、张江4每月给付赡养费100元。

◆ **评议**

赡养人是指老年人的子女以及其他依法负有赡养义务的人。《民法典》婚姻家庭编第一千零六十九条以及《老年人权益保障法》第二十一条均规定，赡养人的赡养义务不因老年人的婚姻关系变化而消除。本案原告李来某离婚后，虽然没有坚持亲自抚养四位被告，但也在力所能及的范围内履行了一定的抚养义务，现已年满六十五岁，丧失了劳动能力，孤身一人，生活困难。各被告现均已成家立业，并具有劳动能力，作为原告的亲生子女，应当怀着感恩和宽容之心回报母亲的养育之恩，履行相应的赡养义务。

---

① 审理法院为宝鸡市渭滨区人民法院，案号：(2014) 渭滨民初字第01494号。

第一千零七十条 【遗产继承权】

父母和子女有相互继承遗产的权利。

本条来源

《婚姻法》第二十四条规定："夫妻有相互继承遗产的权利。

父母和子女有相互继承遗产的权利。"

立法演变

一审稿第八百四十七条规定："父母和子女有相互继承遗产的权利。"

二审稿在一审稿基础上并无改动。

征求意见稿在二审稿基础上并无改动。

条文释义

本条是关于父母和子女相互享有继承权的规定。

父母和子女有相互继承遗产的权利；父母和子女是第一顺位的法定继承人。在处理父母子女间的继承权问题时，应把握以下四点：

第一，亲生父母与子女之间的关系是自然血亲关系，不论婚生子女、非婚生子女，都有同等的继承权。亲生父母之间婚姻的离异和变化，不影响亲生父母与子女之间的继承权。即使父母离婚，离婚父母与其亲生子女之间仍享有继承权。

第二，收养关系成立后，养子女取得与养父母的亲生子女同等的法律地位，可以继承养父母的遗产，但不能继承其生父母的财产。收养关系解除后，养子女与养父母之间的继承权即行消除，与生父母之间的继承权自行恢复，但成年养子女与生父母之间协商确定不恢复相互间的权利义务关系的除外。

第三，继子女与继父或继母之间形成了抚养关系的，相互有继承权。继子女在继承其继父母财产的同时，仍然有权继承自己生父母的财产。继子女与继父母的亲生子女、养子女在继承上地位相同；继父母与继子女的亲生父母处于相同的法律地位。

第四，有赡养能力的子女未尽赡养义务，遗弃父母或者虐待父母情节严重的，丧失对父母遗产的继承权。遗弃父母或者虐待父母情节不严重，虽不丧失继承权，但在分配父母遗产时，应当少分或不分。

法条关联

◆《民法典》（继承编）

第一千一百二十七条 遗产按照下列顺序继承：

（一）第一顺序：配偶、子女、父母；

（二）第二顺序：兄弟姐妹、祖父母、外祖父母。

继承开始后，由第一顺序继承人继承，第二顺序继承人不继承；没有第一顺序继承人继承的，由第二顺序继承人继承。

本编所称子女，包括婚生子女、非婚生子女、养子女和有扶养关系的继子女。

本编所称父母，包括生父母、养父母和有扶养关系的继父母。

本编所称兄弟姐妹，包括同父母的兄弟姐妹、同父异母或者同母异父的兄弟姐妹、养兄弟姐妹、有扶养关系的继兄弟姐妹。

◆《老年人权益保障法》

第二十二条 老年人对个人的财产，依法享有占有、使用、收益和处分的权利，子女或者其他亲属不得干涉，不得以窃取、骗取、强行索取等方式侵犯老年人的财产权益。

老年人有依法继承父母、配偶、子女或者其他亲属遗产的权利，有接受赠与的权利。子女或者其他亲属不得侵占、抢夺、转移、隐匿或者损毁应当由老年人继承或者接受赠与的财产。

老年人以遗嘱处分财产，应当依法为老年配偶保留必要的份额。

案例评议

吴某1与吴某2继承纠纷案[①]

◆ **裁判规则**

法院认为，吴国某、吴月某、吴某1作为邓春某的亲生子女，吴某2作为

① 审理法院为韶关市武江区人民法院，案号：（2016）粤0203民初1608号。

邓春某的配偶，吴四某作为邓春某的母亲均为邓春某遗产的第一顺序继承人。由于邓春某生前未立遗嘱，对邓春某遗产应按法定继承处理。由于韶关市武江区龙归镇凤田村委会十三队25号面积162.8平方米的国有土地使用权取得于吴某2与邓春某婚姻关系存续期间，应属其二人的夫妻共同财产，由其二人共同共有。继承前应先从中析分出属于被告吴某2所有的份额，剩余份额属邓春某遗产，由原、被告及吴国某、吴月某、吴四某按照法定继承原则予以分割。因此，法院判决：确认原告吴某1享有韶关市武江区龙归镇凤田村委会十三队25号面积162.8平方米的国有土地使用权（证号：曲府国用字（94）第000707号）的40%产权，被告吴某2享有60%产权。

◆ **评议**

本案系遗产继承纠纷。吴某1作为邓春某的儿子，在邓春某去世后，有权继承其遗产。涉案房产系邓春某与吴某2的夫妻婚姻关系存续期间的共同财产，故继承前应先从中析分出属于吴某2所有的份额，剩余份额属邓春某遗产。在邓春某没有遗嘱或遗赠协议的情况下，本案遗产按照法定继承原则予以分割。

第一千零七十一条　【非婚生子女权利】

非婚生子女享有与婚生子女同等的权利，任何组织或者个人不得加以危害和歧视。

不直接抚养非婚生子女的生父或者生母，应当负担未成年子女或者不能独立生活的成年子女的抚养费。

本条来源

《婚姻法》第二十五条规定：“非婚生子女享有与婚生子女同等的权利，任何人不得加以危害和歧视。

不直接抚养非婚生子女的生父或生母，应当负担子女的生活费和教育费，直至子女能独立生活为止。”

立法演变

一审稿第八百四十八条规定：“非婚生子女享有与婚生子女同等的权利，任何组织、个人不得加以危害和歧视。

不直接抚养非婚生子女的生父或者生母，应当负担未成年子女或者不能独立生活的成年子女的抚养费。”

二审稿在一审稿基础上并无改动。

征求意见稿在二审稿基础上并无改动。

条文释义

本条是关于非婚生子女权利的规定。

一、非婚生子女的概念及认定

非婚生子女是指没有婚姻关系的男女所生的子女。确认非婚生子女与母亲的关系，基于“母卵与子宫一体”原则，采用罗马法“谁分娩，谁为母亲”的规则，依生理上的出生分娩事实发生法律上的母子（女）关系。非婚生子女与父亲的关系无法以分娩的事实作出确认，因而确定父亲的身份比证明母亲的身份复杂得多。确立我国的非婚生子女的生父，应当采纳认领主义，并以血缘关系的存在作为认领的基础。

二、非婚生子女的权利

在奴隶社会和封建社会以及资本主义社会的早期，非婚生子女受到歧视。在当代，非婚生子女与婚生子女享有同等的法律地位。这是维护儿童合法权益的基本要求。作为子女，无法选择自己的出身和身份，如果因为出生而为非婚生子女受到歧视，就等于人是生而不平等的，这与现代人权观念完全不相符。当代亲属法研究非婚生子女不是着眼于对非婚生子女权利的限制，而是要根除对非婚生子女的歧视，保障他们享有正常的法律地位，享有同等的人格，其合法权利不受任何侵犯。

实践中，非婚生子女的抚养方式如下：

第一，非婚生子女由生母实际抚养，即与生母共同生活，那么，非婚生子女的生父应负担非婚生子女必要的生活费和教育费的一部或全部，直至子女能独立生活为止。负担多少、负担的方式，应根据非婚生子女的生父和生母的经济状况，先由父母双方协商确定，协商不成，非婚生子女的生父拒绝履行抚养义务的，非婚生子女或其生母可诉讼请求法院以判决的形式强制非婚生子女的生父依法履行抚养义务。

第二，非婚生子女的生母与他人结婚的，若继父愿意负担子女的生活费和教育费的一部或全部的，则生父的抚养费可酌情减少或免除。若继父不愿意负担，则生父应支付的抚养费不能减免。

第三，当非婚生子女的生父母将孩子送与他人收养时，那么孩子与收养人之间形成法律拟制的父母子女关系。此时，非婚生子女由养父母抚养，其与生父母之间的权利义务关系解除，其生父母不再负担抚养义务。

第四，非婚生子女的生父要求子女与其共同生活，即要求实际抚养子女时，可与子女的生母协商解决。协商不成，可请求法院作出处理。法院应根据有利于子女身心健康成长的原则，并考虑双方的具体情况确定由何方抚养。在非婚生子女有识别能力的情况下，还应征求非婚生子女的意见。若法院审查后确定由生父实际抚养非婚生子女，那么，非婚生子女的生母应负担该子女必要的抚养费的一部或全部，直至子女能独立生活为止。

法条关联

◆《民法典》（继承编）

第一千一百二十七条 遗产按照下列顺序继承：

（一）第一顺序：配偶、子女、父母；

（二）第二顺序：兄弟姐妹、祖父母、外祖父母。

继承开始后，由第一顺序继承人继承，第二顺序继承人不继承；没有第一顺序继承人继承的，由第二顺序继承人继承。

本编所称子女，包括婚生子女、非婚生子女、养子女和有扶养关系的继子女。

本编所称父母，包括生父母、养父母和有扶养关系的继父母。

本编所称兄弟姐妹，包括同父母的兄弟姐妹、同父异母或者同母异父的兄弟姐妹、养兄弟姐妹、有扶养关系的继兄弟姐妹。

◆《最高人民法院关于贯彻执行〈中华人民共和国继承法〉若干问题的意见》

19. 被收养人对养父母尽了赡养义务，同时又对生父母扶养较多的，除可依继承法第十条的规定继承养父母的遗产外，还可依继承法第十四条的规定分得生父母的适当的遗产。

20. 在旧社会形成的一夫多妻家庭中，子女与生母以外的父亲的其他配偶之间形成扶养关系的，互有继承权。

21. 继子女继承了继父母遗产的，不影响其继承生父母的遗产。

继父母继承了继子女遗产的，不影响其继承生子女的遗产。

22. 收养他人为养孙子女，视为养父母与养子女的关系的，可互为第一顺序继承人。

◆《未成年人保护法》

第五十二条 人民法院审理继承案件，应当依法保护未成年人的继承权和受遗赠权。

人民法院审理离婚案件，涉及未成年子女抚养问题的，应当听取有表达意愿能力的未成年子女的意见，根据保障子女权益的原则和双方具体情况依法处理。

◆《老年人权益保障法》

第二十二条 老年人对个人的财产，依法享有占有、使用、收益和处分的权利，子女或者其他亲属不得干涉，不得以窃取、骗取、强行索取等方式侵犯老年人的财产权益。

老年人有依法继承父母、配偶、子女或者其他亲属遗产的权利，有接受赠与的权利。子女或者其他亲属不得侵占、抢夺、转移、隐匿或者损毁应当由老年人继承或者接受赠与的财产。

老年人以遗嘱处分财产，应当依法为老年配偶保留必要的份额。

◆《最高人民法院公布10起婚姻家庭纠纷典型案例（山东）》

六、周某与肖某、倪甲等赡养纠纷案

（三）典型意义

赡养扶助义务是子女对父母应尽的法律义务，这里所指的“子女”包括亲生子女和养子女以及形成抚养关系的继子女。婚生子女和非婚生子女在法律地位上是相同的，子女不能以自己对父母的亲疏好恶等看法来选择是否赡养父母，也不能以要赡养亲生父母为由而拒绝赡养养父母……

案例评议

王某男与王某女同居关系子女抚养费纠纷案[①]

◆ **裁判规则**

法院认为，非婚生子女享有与婚生子女同等的权利。不直接抚养非婚生子女的生父或生母，应当负担子女的生活费用和教育费。判令非婚生子王丙由王某男抚养，被告王某女自判决生效之月起每月给付抚养费400元，至非婚生子王丙十八周岁时止。

◆ **评议**

本案系同居关系子女抚养纠纷案。生父母虽然没有办理结婚登记，但所生育子女享有与婚生子女同等的权利，仍然受到法律的保护。本案中原、被告没有办理结婚登记手续即以夫妻名义共同生活并生育一子王丙，至原告起诉时非婚生子王丙已年满两周岁，且一直随原告生活，为了其健康成长，非婚生子王丙由原告抚养为宜。被告作为不直接抚养非婚生子王丙的生母应当给付抚养费。至于抚养费的数额，应根据子女的实际需要、父母双方的负担能力和当地的实际生活水平，综合考虑各方面因素予以确定。

第一千零七十二条　【继父母子女之间权利义务】

继父母与继子女间，不得虐待或者歧视。

继父或者继母和受其抚养教育的继子女间的权利义务关系，适用本法关于父母子女关系的规定。

本条来源

《婚姻法》第二十七条规定："继父母与继子女间，不得虐待或歧视。

继父或继母和受其抚养教育的继子女间的权利和义务，适用本法对父母子女关系的有关规定。"

① 审理法院为芜湖市鸠江区人民法院，案号：（2015）鸠民一初字第01477号。

立法演变

一审稿第八百四十九条规定：“继父母与继子女间，不得虐待或者歧视。

继父或者继母和受其抚养教育的继子女间的权利义务关系，适用法律关于父母子女关系的规定。”

二审稿第八百四十九条将“适用法律”改为“适用本法”。

征求意见稿在二审稿基础上并无改动。

条文释义

本条是关于继父母与继子女权利义务关系的规定。

一、概述

继子女是指丈夫对妻与其前夫所生子女或妻子对夫与其前妻所生子女的称谓，也就是配偶一方对他方与其前配偶所生的子女称为继子女。继父母是指子女对母亲或父亲的后婚配偶的称谓，即继父和继母。继父母子女关系是指因父母一方死亡、他方带子女再行结婚，或者因父母离婚，抚养子女的一方或双方再行结婚，在继父母与继子女间形成的亲属身份关系。

继父母和受其抚养教育的继子女间的权利和义务，适用父母子女间的权利和义务。即父母对子女有抚养教育的义务，父母有管教和保护未成年子女的权利和义务，未成年子女对国家、集体或他人造成损害时，父母有赔偿经济损失的义务；同时，子女对父母有赡养扶助的义务，父母和子女有相互继承遗产的权利等。在继父母与继子女关系中，首要的义务是相互之间不得虐待或者歧视，特别是继父母不得对继子女虐待和歧视。违反这一义务，造成对方损害的，构成侵权行为，严重的甚至构成犯罪行为，应当承担刑事责任。

二、主要内容

继父母和受其抚养的继子女间的权利和义务，主要包括以下四个方面：

第一，继父母对继子女有抚养和教育的义务。继父母不仅要保证继子女的生活所需，而且要保证继子女能接受正常的教育。对于不履行抚养义务的继父母，未成年的继子女或不能独立生活的继子女，有要求其给付抚养费的权利。

第二，继子女对继父母有赡养和扶助的义务。在通常情况下，受继父母抚养成人并独立生活的继子女，应当承担赡养继父母的义务。继子女不履行赡养义务时，无劳动能力的或生活困难的继父母，有要求继子女支付赡养费的权利。

第三，继父母和受其抚养教育的继子女之间有相互继承财产的权利。我国婚姻法、继承法上的子女，包括有抚养关系的继子女；父母，包括有抚养关系的继父母。根据《最高人民法院关于贯彻执行〈中华人民共和国继承法〉若干问题的意见》的规定，继子女继承继父母遗产的，不影响其继承生父母的遗产。继父母继承继子女遗产的，不影响其继承生子女的遗产。同时，该司法解释还对已形成抚养关系的继子女的生子女或养子女作出了可以代位继承的规定。

第四，继父母有教育保护未成年继子女的权利和义务。在未成年继子女对国家、集体或者他人造成损害时，继父母应当承担相应的民事责任。

法条关联

◆《民法典》（婚姻家庭编）

第一千零四十二条 禁止包办、买卖婚姻和其他干涉婚姻自由的行为。禁止借婚姻索取财物。

禁止重婚。禁止有配偶者与他人同居。

禁止家庭暴力。禁止家庭成员间的虐待和遗弃。

◆《民法典》（继承编）

第一千一百二十七条 遗产按照下列顺序继承：

（一）第一顺序：配偶、子女、父母；

（二）第二顺序：兄弟姐妹、祖父母、外祖父母。

继承开始后，由第一顺序继承人继承，第二顺序继承人不继承；没有第一顺序继承人继承的，由第二顺序继承人继承。

本编所称子女，包括婚生子女、非婚生子女、养子女和有扶养关系的继子女。

本编所称父母，包括生父母、养父母和有扶养关系的继父母。

本编所称兄弟姐妹，包括同父母的兄弟姐妹、同父异母或者同母异父的兄弟姐妹、养兄弟姐妹、有扶养关系的继兄弟姐妹。

案例评议

王某诉崔某赡养费纠纷①

◆ 裁判规则

法院认为，继父母与未成年的继子女一起生活，对其进行了抚养教育，则双方之间形成法定的继父母子女关系，这种关系以及由此产生的权利义务关系，不因再婚家庭的解体而自然消灭或者解除。因此，判令2016年11月至2017年11月期间的赡养费，由崔某于判决生效之日起十日内给付王某6500元（500元/月×13个月），自2017年12月开始的赡养费，由崔某每月负担500元，该款于每月的25日前付清。崔某不服提起上诉，二审法院驳回上诉，维持原判。

◆ 评议

继父母和继子女关系是由于父母一方死亡，另一方带子女再婚，或者父母离婚后再婚而形成的。如果此时继父或继母对继子女进行了抚养教育，则双方之间的权利义务适用婚生子女与父母之间权利义务关系的规定。本案中，王某与崔某之母1996年开始共同生活时，崔某仅五周岁，一直随二人共同生活，就读于住所附近的小学，并于2005年3月3日崔某未满十四周岁时将户口迁至渔池村。2012年，王某与崔某之母签订的《协议书》中约定了崔某有义务赡养王某，且该《协议书》在王某与崔某之母离婚时已经得到法院的认定，以上事实足以认定王某与崔某形成了有抚养教育关系的继父子关系。因此，在王某年老生活困难，且无劳动能力时，崔某应当履行其对王某的赡养义务。

第一千零七十三条　【父母或成年子女请求确认亲子关系的权利】

对亲子关系有异议且有正当理由的，父或者母可以向人民法院提起诉讼，请求确认或者否认亲子关系。

对亲子关系有异议且有正当理由的，成年子女可以向人民法院提起诉讼，请求确认亲子关系。

---

① 一审法院为山东省青岛市黄岛区人民法院，案号：（2017）鲁0211民初13711号；二审法院为山东省青岛市中级人民法院，案号：（2018）鲁02民终2456号。

本条来源

无

立法演变

一审稿第八百五十条规定："对亲子关系有异议的，父、母或者成年子女可以向人民法院提起诉讼，请求确认或者否认亲子关系。"

二审稿第八百五十条去掉了第一款中的"成年子女"，增加了第二款"对亲子关系有异议且有正当理由的，成年子女可以向人民法院提起诉讼，请求确认亲子关系。"

征求意见稿在二审稿基础上并无改动。

条文释义

本条是关于否认亲子关系和确认亲子关系的规定。

一、婚生子女与非婚生子女的概念

婚生子女，就是在婚姻关系存续期间受胎或出生的子女。我国婚姻法虽然使用了婚生子女的概念，但均未对婚生子女的概念作出明确的规定，因此在实践中发生一些确认子女婚生性的案例无法可依。在无效婚姻或者可撤销婚姻中受胎或出生的子女是否属于婚生子女？一种观点认为，无效婚姻或者可撤销婚姻自始无效，双方所生的子女应为非婚生子女。但通常认为，《婚姻法》第十二条所规定的自始无效，是指无效或者可撤销婚姻在依法被宣告无效或被撤销时，才确定该婚姻自始不受法律保护。子女如果系在其父母的婚姻依法被宣告无效或被撤销之前受胎或出生的，仍然属于婚姻关系存续期间受胎或出生的子女，应为婚生子女。

非婚生子女是指由没有婚姻关系的男女所生之子女，主要包括无婚姻关系的妇女所生的子女，已婚妇女所生但被法院判决否认婚生推定的子女，已婚妇女所生的不受婚生推定的子女等。非婚生子女的法律地位因时代、国家、宗教、道德、习惯等不同而有所差异。我国法律赋予非婚生子女与婚生子女完全相同的权利和义务，不仅在婚姻法中明确了非婚生子女的法律地位，而且在继承法中也对非婚生子女的继承问题作出了明确的规定。

二、婚生子女的推定

由于在婚姻关系存续期间受胎或出生的子女是否确凿无疑地出自生母的丈夫，难以直接以子女出生的事实加以确认。为了解决这一难题，大多数国家婚姻家庭法基于尊重结婚道德和婚姻制度，维护和巩固因合法婚姻关系建立的家庭、保护子女利益的需要，根据医学上的生育经验，设立了婚生子女的推定制度。

婚生子女的推定是指子女婚生性的法律强制性规定。它与婚生子女的概念是紧密联系的，因此婚生子女的推定应被理解为：子女系生母在婚姻关系存续期间受胎或出生，该子女即被法律推定为生母与生母之夫的婚生子女。因此，只需证明在子女出生或受胎时丈夫与子女的母亲有婚姻关系，且子女是丈夫之妻所生，丈夫的父亲身份便得以确认。

在理解婚生子女的推定时还应把握以下三点：第一，婚生子女的推定不仅是对子女的婚生身份的确定，同时也是对丈夫身份的推定。即受婚生推定的子女既取得婚生子女的法律地位，又能推定其母亲的丈夫为该婚生子女法律上的父亲。第二，在婚生子女的推定中决定父与女关系的主要因素有两个，即婚姻关系和血缘关系，而不是单纯取决于父与子女之间的血缘关系。第三，婚生子女的推定只是一种法律上的推定，可以被客观事实推翻。法律允许利害关系人提出否认之诉，但这种否认须经法院判决确认后方可撤销婚生推定，否认权人自行否认没有法律上的效力。由此，受婚生推定的婚生子女受到法律强有力的保护。

三、亲子关系的否认与确认

（一）否认亲子关系

否认亲子关系，也叫婚生子女否认，是父或者母对推定为婚生子女的婚生性提供否定性证据，推翻婚生性推定的证明，否定其为婚生子女的制度。否认亲子关系的前提是婚生子女推定，即子女系生母在婚姻关系存续期间受胎或出生，该子女被法律推定为生母和生母之夫的子女。即凡是在婚姻关系存续期间女方分娩的子女，就直接认定为婚生子女。婚生子女推定实际上是用婚姻关系存续期间来推定子女的父亲，确定婚生子女身份，而不是靠血缘关系，因此有可能出现错误，可以被客观事实所推翻。法律允许利害关系人提出婚生子女否认之诉，推翻婚生子女推定。父或者母如果确有证据证明婚生子女的非婚生性，即可提出证据，向法院主张否定亲子关系。

婚生子女否认权的构成要件是：（1）婚生子女否认的权利人必须适格；

（2）须有婚生子女的推定；（3）须有否认婚生子女的客观事实。法院审查确认该子女的非婚生性的，即可否定亲子关系，父亲与该子女的权利义务关系不复存在。这种否认一般由丈夫提出，但妻否认其所生子女为其丈夫的婚生子女的，亦不乏其例。

我国婚姻法中虽然有婚生子女这一法律概念，但对于婚生父母子女关系依据何种法律事实而产生却未作规定。司法实践中，实际上早已采用婚生子女推定原则确定婚姻关系中所生子女的父亲。在1956年最高人民法院《关于徐秀梅所生的小孩应如何断定生父问题的复函》中就指出，小孩是在双方婚姻关系继续存在中所生的，男方现主张非其所生，应提出证据证明。男方既提不出任何证据而法院亦无法另找证明方法，在这种情况下，法院只能认为男方的主张不能证明，在这认定下对小孩问题予以判决。这一司法解释明确提出了确认婚生父子女关系的法律原则，即在婚姻关系存续期间所生子女，应认定为夫妻双方的子女，丈夫否认子女非其所生，应负证明责任。这一法律原则实际上就是婚生子女推定原则，至今仍为人民法院所遵循。实践证明，采用婚生子女的推定原则简便易行，对保护当事人的合法权益有重要意义。

（二）确认亲子关系

确认亲子关系，也称为非婚生子女认领，是指生父对于非婚生子女承认为其父而领为自己子女的行为。非婚生子女认领分为：

1. 任意认领。

也称为自愿认领，是生父的单独行为，无须非婚生子女或母之同意，以父的意思表示为足。认领的权利归父享有，其父的家庭其他成员不享有此权利。该权利的性质为形成权，原则上对此权利的行使无任何限制。认领权可直接行使，亦可经法院判决确认其父子或父女关系的存在。

认领权的构成要件如下：一是须为非婚生子女的生父本人认领；二是须为非婚生子女被认领；三是须认领人与被认领人之间有事实上父子或父女关系的存在。

2. 强制认领。

也叫作亲之寻认，是指应被认领人对于应认领而不为认领的生父，向法院请求确定生父关系存在的行为。强制认领适用于生父逃避认领责任，而母及子女要求认领的情形。以国家进行干预，体现了国家的强制力。父不为任意认领时，非婚生子女及其他法定代理人得据事实，诉讼请求其父认领。

强制认领的事实，以与生父有父子关系的事实证据证明为已足。要求认领人提出认领主张后，被告应举出反证证明认领请求不存在事实上的依据，否则即可确认强制认领。

非婚生子女一经认领，即视为婚生子女，产生父亲与子女间的权利义务关系，无论任意认领或强制认领，均与婚生子女相同。经父认领的非婚生子女对于生父的配偶，母之非婚生子女对于生母的配偶，均为姻亲关系，而无父母子女的血亲关系。

四、亲子关系确认或否认的诉讼

（一）亲子关系纠纷的诉讼方式

如果当事人仅对亲子关系的存在与否发生争议，不涉及其他权利义务关系，当事人提起诉讼也只是要求法院确认当事人之间存在亲子关系或者不存在亲子关系，这种亲子关系纠纷的诉讼方式，我们称之为专门诉讼。

如果当事人不但对亲子关系存在与否发生争议，而且基于亲子关系存在与否的事实对某种权利义务关系也发生争议；当事人提起诉讼不仅要求法院确认当事人之间是否存在亲子关系，还要求法院基于亲子关系存在与否的法律事实，判令当事人享受某种法律权利或承担某种法律义务；这种亲子关系纠纷的诉讼方式，我们称之为同时诉讼。

在涉及亲子关系纠纷的案件中，当事人究竟是进行专门诉讼，还是进行同时诉讼，应当因人因事而异。

（二）亲子关系纠纷诉讼的案由和诉讼请求

在最高人民法院公布的《民事案件案由规定》之中并无“亲子关系纠纷”这一案由。如果当事人进行专门诉讼，案由一般确定为“婚姻家庭纠纷”，诉讼请求一般是请求法院确认原告和被告之间存在亲子关系，或者请求法院确认原告和被告之间不存在亲子关系。

如果因为亲子关系纠纷进行同时诉讼，其案由应当根据当事人主张的实体权利义务关系（诉讼请求）进行确定。比如，男方认为女方有婚外情，所生子女并非自己亲生的，向法院提出离婚，案由就应当是“离婚纠纷”。诉讼请求一般是请求法院判令原告和被告离婚，判令被告支付精神损害抚慰金等。原告一般不需要在诉讼请求中请求法院确认其与子女之间不存在亲子关系，只需要在事实和理由中陈述该事实即可。如果女方认可该事实，法院就在判决书中确认这一事实。如果女方不认可，法院就会进行司法鉴定或法律推定。除离婚纠纷可能涉及亲子关系外，继承纠纷、抚养纠纷、赡养纠纷也会经常涉及。

（三）亲子关系纠纷的诉讼主体和管辖法院

在亲子关系纠纷中，如果是单独诉讼，对于谁应当作为原告，谁应当作为被告，我国法律没有明确规定。司法实践中，父亲、母亲、子女都可以单独作为原告提起诉讼，其中的二人也可以成为共同原告提起诉讼。就被告而言，父亲、母亲、子女都可以成为被告，其中的二人也可以成为共同被告。如果是同时诉讼，原告和被告就应当根据具体的权利义务关系进行确定。比如，如果是离婚纠纷，原被告双方就是夫妻双方。如果是抚养纠纷，原告就是未成年子女，被告就是父亲或母亲。就管辖法院而言，由于涉及亲子关系纠纷的案件并非特殊案件，无论是专门诉讼，还是同时诉讼，管辖法院一般按照“原告就被告”的原则确定。

法条关联

◆《最高人民法院关于适用〈中华人民共和国婚姻法〉若干问题的解释（三）》

第二条 夫妻一方向人民法院起诉请求确认亲子关系不存在，并已提供必要证据予以证明，另一方没有相反证据又拒绝做亲子鉴定的，人民法院可以推定请求确认亲子关系不存在一方的主张成立。

当事人一方起诉请求确认亲子关系，并提供必要证据予以证明，另一方没有相反证据又拒绝做亲子鉴定的，人民法院可以推定请求确认亲子关系一方的主张成立。

案例评议

沈某与张某确认亲子关系纠纷案①

◆ **裁判规则**

一审法院认为，沈某与张某之间存在亲子关系，经司法鉴定证明，且有当事人的陈述佐证，足可认定。父母对子女有抚养教育的义务，未成年或不能独

① 一审法院为丹阳市人民法院，案号：（2016）苏1181民初935号，二审法院为江苏省镇江市中级人民法院，案号：（2016）苏11民终2230号。

立生活的子女，有要求父母给付抚养费的权利。因此，判决：1. 沈某与张某之间存在亲子关系；2. 张某自2016年2月起每月承担沈某生活费500元，沈某的医疗费和教育费凭发票由张某承担一半；关于履行问题：（1）已发生的2016年2月至6月的生活费2500元和医疗费1800元，由张某于本判决生效后十日内给付沈某；（2）自2016年7月起的生活费、医疗费和教育费由双方于每季度结算一次，并由张某于每季度的最后一天向沈某给付。张某以无经济能力为由不服提起上诉，二审法院驳回上诉，维持原判。

◆ **评议**

本案系确认亲子关系纠纷案。对于沈某与张某之间是否存在亲子关系，一审法院委托南京医科大学司法鉴定所进行鉴定。该所于2016年5月27日出具司法鉴定意见书，支持张某与沈某之间存在生物学亲子关系。故沈某要求确认其与张某之间存在亲子关系应得到支持。

第一千零七十四条　【祖与孙的抚养赡养义务】

有负担能力的祖父母、外祖父母，对于父母已经死亡或者父母无力抚养的未成年孙子女、外孙子女，有抚养的义务。

有负担能力的孙子女、外孙子女，对于子女已经死亡或者子女无力赡养的祖父母、外祖父母，有赡养的义务。

本条来源

《婚姻法》第二十八条规定："有负担能力的祖父母、外祖父母，对于父母已经死亡或父母无力抚养的未成年的孙子女、外孙子女，有抚养的义务。有负担能力的孙子女、外孙子女，对于子女已经死亡或子女无力赡养的祖父母、外祖父母，有赡养的义务。"

立法演变

一审稿第八百五十一条规定："有负担能力的祖父母、外祖父母，对于父母已经死亡或者父母无力抚养的未成年的孙子女、外孙子女，有抚养的义务。

有负担能力的孙子女、外孙子女，对于子女已经死亡或者子女无力赡养的祖父母、外祖父母，有赡养的义务。”

二审稿在一审稿基础上并无改动。

征求意见稿在二审稿基础上并无改动。

条文释义

一、概述

本条是关于祖父母、外祖父母与孙子女、外孙子女抚养、赡养义务的规定。

祖父母、外祖父母与孙子女、外孙子女之间具有直系血亲关系，因而相互之间负有扶养义务。有负担能力的孙子女、外孙子女对祖父母、外祖父母负有赡养义务，祖父母、外祖父母对未成年的孙子女、外孙子女负有抚养义务。本条规定对祖父母、外祖父母与孙子女、外孙子女之间的扶养义务的规定有所克制，只规定，有负担能力的祖父母、外祖父母，对于父母已经死亡或者父母无力抚养的未成年孙子女、外孙子女，有抚养的义务。同样，有负担能力的孙子女、外孙子女，对于子女已经死亡或者子女无力赡养的祖父母、外祖父母，有赡养的义务。如果一方当事人负担能力不够，或者没有负担能力，对于承担的抚养或者赡养义务可以适当克减，甚至免除。

二、主要内容

（一）祖父母、外祖父母抚养孙子女、外孙子女的条件

1. 孙子女、外孙子女的父母死亡或者父母无力抚养。

死亡包括自然死亡和依法宣告死亡。父母死亡的直接后果是子女居于第一顺序的抚养义务主体消灭。但是，如果是父母一方死亡，则生存一方仍应承担抚养子女的义务。父母无力抚养是指父母不能以自己的收入满足未成年子女（包括亲生子女、养子女以及形成抚养关系的继子女）合理的生活费、教育费和医疗费的需要。父母因身体疾病的原因不能抚养子女的，视为无力抚养。

2. 祖父母、外祖父母有负担能力。

这里的负担能力是指祖父母、外祖父母既具备一定的经济条件，又具备一定的监护能力。只有在祖父母、外祖父母本身具备负担能力时，才有可能对未成年孙子女、外孙子女尽抚养义务，才能保证未成年孙子女、外孙子女的健康成长。如果祖父母、外祖父母自身尚缺乏经济来源或因年迈、疾病等原因行动

不便，则祖父母、外祖父母也不存在对未成年孙子女、外孙子女的抚养义务。

3. 孙子女、外孙子女必须是未成年人。

根据本法的规定，未成年人是指 18 周岁以下的人；已满 16 周岁不满 18 周岁的未成年人，如果能以自己的劳动收入为主要生活来源的，并且其收入能维持当地群众一般生活水平的，视为完全民事行为能力人。也就是说，对于以劳动收入为主要生活来源的 16 周岁以上的未成年人，其祖父母、外祖父母的抚养义务是可以免除的。

在以上三个条件同时具备的情况下，祖父母、外祖父母则必须承担抚养孙子女、外孙子女的义务。适用此条规定时，并不以祖孙之间是否同居一家、共同生活为限。如果祖父母、外祖父母均有负担能力，应将他们视为同一顺序的抚养义务人，由他们共同承担抚养义务。抚养费的负担与给付由祖父母、外祖父母协商确定，协议不成时，由人民法院判决。

对于父母已经死亡或父母无力抚养的、虽已成年但因身体、疾病原因没有劳动能力、不能独立生活的孙子女、外孙子女，祖父母、外祖父母是否应当履行抚养义务呢？目前我国法律对此问题尚无明确规定。在既无劳动能力，又无抚养义务人的双重困境之下，他们基本的生存权益难以得到有效保障，生活势必陷入窘困。也正由于这部分人在法律上找不到对应的抚养义务人，其权益保护势必落空。

（二）孙子女、外孙子女赡养祖父母、外祖父母的条件

1. 祖父母、外祖父母的子女死亡或子女无赡养能力。

祖父母、外祖父母的子女已经死亡（包括自然死亡和依法被宣告死亡），无法再对自己的父母履行赡养义务。这里的“子女死亡”是指所有子女均已死亡；“子女无力抚养”则是指祖父母、外祖父母的子女虽然生存，但由于无经济来源或受身体原因限制，没有赡养父母的能力或不具备赡养父母的条件。如果祖父母、外祖父母有多个子女，一个子女的死亡并不免除其他子女的赡养义务，其他有赡养能力的子女应承担对父母的赡养义务。这时的孙子女、外孙子女并不承担赡养祖父母、外祖父母的义务。

2. 孙子女、外孙子女有负担能力。

这里的“负担能力”应理解为孙子女、外孙子女是完全的民事行为能力人且有能够维持其生活和赡养祖父母、外祖父母的经济收入。如果孙子女、外

孙子女中数人均有负担能力，应根据他们的经济条件共同负担赡养义务。当上述条件具备时，孙子女、外孙子女须对祖父母、外祖父母承担赡养义务。孙子女、外孙子女不得以祖父母、外祖父母未曾抚养过自己为由，拒绝承担赡养义务。至于在不具备上述条件的情形下，祖孙之间自愿照料对方生活的，法律并不干涉。

（三）抚养或赡养的方式

关于抚养或赡养的方式，本法对此没有作专门规定。实践中，抚养或赡养的方式主要有以下两种：一是共同生活抚养或赡养，即被抚养或赡养人与抚养或赡养义务人共同居住在一起，进行直接的抚养或赡养；二是通过给付抚养费或赡养费、探视、扶助等方式完成抚养、赡养义务。抚养或赡养义务人在履行抚养或赡养义务时，往往需要和被抚养或赡养人就抚养或赡养义务的程序、抚养或赡养的具体方式等内容进行协商，达成对当事人均具有约束力的抚养或赡养协议。

如果当事人之间达不成协议，那么，可以请求人民法院通过判决来确定权利和义务。抚养或赡养协议达成后或者人民法院的判决生效后，当事人的经济和生活状况往往会出现一些新的变化，如果仍然要求当事人按照原有的抚养或赡养协议或者判决来执行，可能会使一方当事人利益受到损害，因此当事人需要通过一定的途径来变更抚养或赡养权。所谓变更抚养或赡养权是指抚养或赡养义务人、抚养或赡养权利人以及抚养或赡养程序和方法的变更。当抚养或赡养当事人一方或双方在经济和生活状况发生变化时，抚养或赡养权利人和抚养或赡养义务人都有权要求变更原抚养或赡养协议或者有关抚养或赡养的判决。当事人首先可以在自愿、平等的基础上进行协商，协商不成时，可以向人民法院起诉，来重新确定双方的权利和义务。

本法关于祖孙之间抚养、赡养的规定，彰显了养老育幼的家庭美德。同时，为了确保没有赡养义务人的老年人的合法权益，根据老年人权益保障法的规定，对于无劳动能力、无生活来源、无赡养人和扶养人，或者其赡养人和扶养人确无赡养能力或者扶养能力的城市老年人和农村老年人的生活问题，分别由当地人民政府给予救济或由农村集体经济组织负担“五保”供养。这一规定，无疑更体现了国家对孤寡老人的社会关怀。

案例评议

关某与米某甲、米某乙、米某丙、米某丁以及米某赡养纠纷案[①]

◆ **裁判规则**

一审法院认为，本案被告米某的父亲虽然去世，但其尚有三名子女有能力赡养原告，故裁定驳回原告对被告米某的诉讼请求。关某不服提起上诉，二审法院驳回上诉，维持原判。

◆ **评议**

根据《民法典》婚姻家庭编第一千零七十四条的规定，被赡养人在无任何子女赡养的情况下，可要求有负担能力的孙子女、外孙子女承担赡养义务。本案关某已八十一岁高龄并丧失劳动能力，米某乙、米某丙、米某丁作为关某的子女，应履行赡养义务。米某甲系关某的孙子，在关某的子女米某乙、米某丙、米某丁有能力赡养关某的情况下，米某甲不应承担赡养关某的义务。

第一千零七十五条　【兄姐与弟妹的扶养义务】

有负担能力的兄、姐，对于父母已经死亡或者父母无力抚养的未成年弟、妹，有扶养的义务。

由兄、姐扶养长大的有负担能力的弟、妹，对于缺乏劳动能力又缺乏生活来源的兄、姐，有扶养的义务。

本条来源

《婚姻法》第二十九条规定："有负担能力的兄、姐，对于父母已经死亡或父母无力抚养的未成年的弟、妹，有扶养的义务。由兄、姐扶养长大的有负担能力的弟、妹，对于缺乏劳动能力又缺乏生活来源的兄、姐，有扶养的义务。"

---

① 一审法院为邯郸市复兴区人民法院，案号：(2013）复民初字第556号；二审法院为河北省邯郸市中级人民法院，案号：(2013）邯市民一终字第985号。

立法演变

一审稿第八百五十二条规定："有负担能力的兄、姐，对于父母已经死亡或者父母无力抚养的未成年的弟、妹，有扶养的义务。

由兄、姐扶养长大的有负担能力的弟、妹，对于缺乏劳动能力又缺乏生活来源的兄、姐，有扶养的义务。"

二审稿在一审稿基础上并无改动。

征求意见稿在二审稿基础上并无改动。

条文释义

一、概述

本条是关于兄弟姐妹相互之间扶养义务的规定。

狭义的扶养义务主要是指平辈之间的相互抚养，比如说夫妻之间，兄弟姐妹之间，而并非父母子女之间的抚养关系。广义的扶养包括赡养、扶养以及抚养。

兄弟姐妹包括同胞兄弟姐妹、同父异母或同母异父兄弟姐妹、养兄弟姐妹和继兄弟姐妹。在一般情况下，兄弟姐妹应由他们的父母抚养，因而他们相互之间不发生扶养与被扶养的权利义务关系。但是在特定条件和特定情况下，兄、姐与弟、妹之间会产生有条件的扶养义务。当然，法律对兄弟姐妹间扶养义务的规定，主要是从同胞兄弟姐妹之间的关系来确定的，因为他们是血缘关系最密切的旁系同辈血亲。对于半血缘的同父异母或者同母异父兄弟姐妹，以及没有血缘关系的养兄弟姐妹和继兄弟姐妹，如果符合法律规定的条件和情形，其相互之间也将产生扶养与被扶养的权利义务关系。

二、主要内容

兄弟姐妹是血缘关系最近的旁系血亲，相互之间负有扶养义务。在一方需要扶养时，他方应当尽到扶养义务。本条规定的兄弟姐妹之间的扶养义务也比较克制，只规定有负担能力的兄、姐，对于父母已经死亡或者父母无力抚养的未成年弟、妹，有扶养义务。由兄、姐扶养长大的有负担能力的弟、妹，对于缺乏劳动能力又缺乏生活来源的兄、姐，有扶养义务。可以认为，兄弟姐妹之间相互负有扶养义务，只是要根据自己的负担能力尽到不同程度的扶养义务而已。

（一）兄、姐对弟、妹承担扶养义务的条件

本法规定，有负担能力的兄、姐，对于父母已经死亡或父母无力抚养的未成年的弟、妹有扶养的义务。由兄、姐扶养长大的有负担能力的弟、妹对于缺乏劳动能力又缺乏生活来源的兄、姐，有扶养的义务。依据该规定，兄、姐对弟、妹承担扶养义务的条件有三个：第一，兄、姐要有负担能力，如果兄、姐自身生活难以维系，或者仅仅是能够保障自己的基本生活需要，那么他们对弟、妹就不负有法定的扶养义务；第二，父母已经死亡或父母无力扶养，如果父母有能力扶养，兄、姐对弟、妹就不负有法定的扶养义务；第三，弟、妹尚未成年，如果弟、妹已经年满十八周岁，即使是不能自食其力，兄、姐也没有扶养义务。上述三个条件应同时具备，否则兄、姐对弟、妹的扶养义务就不能成立。

（二）弟、妹对兄、姐承担的扶养义务

弟、妹对兄、姐承担扶养义务的条件也有三个：第一，弟、妹是由兄、姐扶养长大的，如果兄、姐对弟、妹不曾履行扶养义务，弟、妹对兄、姐就不负有法定的扶养义务；第二，弟、妹要有负担能力，如果弟、妹自身生活难以维系，或者仅仅是能够保障自己的基本生活需要，那么他们也不负有扶养兄、姐的法定义务；第三，兄、姐缺乏劳动能力又缺乏生活来源，如果兄、姐只是没有劳动能力但有生活来源，或者兄、姐虽无生活来源但有劳动能力，弟、妹对兄、姐就不存在法定的扶养义务。上述三个条件应同时具备，否则弟、妹对兄、姐的扶养义务就不能成立。

法条关联

◆《民法典》（继承编）

第一千一百二十七条　遗产按照下列顺序继承：

（一）第一顺序：配偶、子女、父母；

（二）第二顺序：兄弟姐妹、祖父母、外祖父母。

继承开始后，由第一顺序继承人继承，第二顺序继承人不继承；没有第一顺序继承人继承的，由第二顺序继承人继承。

本编所称子女，包括婚生子女、非婚生子女、养子女和有扶养关系的继子女。

本编所称父母，包括生父母、养父母和有扶养关系的继父母。

本编所称兄弟姐妹，包括同父母的兄弟姐妹、同父异母或者同母异父的兄弟姐妹、养兄弟姐妹、有扶养关系的继兄弟姐妹。

◆《老年人权益保障法》

第二十三条 老年人与配偶有相互扶养的义务。

由兄、姐扶养的弟、妹成年后，有负担能力的，对年老无赡养人的兄、姐有扶养的义务。

◆**《最高人民法院关于对年老、无子女的人能否按照婚姻法第二十三条类推判决有负担能力的兄弟姐妹承担扶养义务的复函》**

上海市高级人民法院：

你院（81）沪高民督字第54号“关于对年老、无子女的人，能否按照婚姻法第二十三条类推，判决有负担能力的兄弟姐妹承担扶养义务的请示报告”收悉。经研究，基本同意你院的意见。李××过去对其弟妹尽过扶助义务，现年老、丧失劳动能力，又无子女赡养，参照婚姻法有关规定的精神，根据权利义务一致的原则，其弟、妹对李××应承担扶养义务，但不宜用“类推”的提法。在处理中，要依靠李的弟、妹等所在单位组织，对其进行思想教育。并主要根据他们的经济条件，争取调解解决。

此复。

案例评议

齐银某诉齐爱某、齐常某、齐文某、齐树某、齐静某扶养费纠纷案①

◆ **裁判规则**

法院认为，五名被告作为未成年原告的兄、姐，在其父亲死亡，继母黄丰某年老无能力又无其他经济来源的情况下，对原告有扶养义务。随着经济的发展，五名被告原先给付原告的扶养费已不够维持原告的生活。参照2013年度河北省农民人均年消费支出6134元，结合本地农村生活水平及实际情况综合考虑，判决：自本判决书生效之日起，五名被告每人每月给付原告扶养费在原先64元的标准上增加到88元至原告十八周岁止。

---

① 审理法院为磁县人民法院，案号：（2014）磁民初字第558号。

◆ **评议**

有负担能力的兄、姐，对于父母已经死亡或父母无力抚养的未成年的弟、妹，有扶养的义务。广义上的扶养泛指特定亲属之间根据法律的明确规定而存在经济上相互供养、生活上相互扶助照顾的权利义务关系，它囊括了长辈亲属对晚辈亲属的“抚养”，平辈亲属间的“扶养”和晚辈亲属对长辈的“赡养”三种具体形态。狭义上的扶养则专指平辈亲属之间特别是夫妻之间依法发生的经济供养和生活扶助的权利义务关系，以及有负担能力的兄、姐对于父母已经死亡或父母无力抚养的未成年的弟、妹，有扶养的义务。本案中，五名被告作为未成年原告的兄、姐，在其父亲死亡，继母黄丰某年老无能力又无其他经济来源的情况下，对原告有扶养义务。随着经济的发展，五名被告原先给付原告的扶养费已不够维持原告的生活，应结合本地农村生活水平及实际情况综合考虑予以增加。

第四章　离　　婚

本章概要

婚姻的终止是指合法有效的婚姻关系因发生一定的法律事实而归于消灭。离婚是婚姻关系当事人在生存期间解除婚姻关系的法律行为，是终止婚姻关系的原因之一。离婚具有下列特征，第一，离婚必须以有效婚姻关系的存在为前提；第二，离婚原则上不得代理；第三，离婚的实质要件和程序要件都受到法律的限制。

第一千零七十六条　【协议离婚及其内容】

夫妻双方自愿离婚的，应当签订书面离婚协议，并亲自到婚姻登记机关申请离婚登记。

离婚协议应当载明双方自愿离婚的意思表示和对子女抚养、财产以及债务处理等事项协商一致的意见。

本条来源

《婚姻法》第三十一条规定："男女双方自愿离婚的，准予离婚。双方必须到婚姻登记机关申请离婚。婚姻登记机关查明双方确实是自愿并对子女和财产问题已有适当处理时，发给离婚证。"

立法演变

一审稿第八百五十三条规定："男女双方自愿离婚的，准予离婚。

双方应当订立书面离婚协议，并亲自到婚姻登记机关申请离婚登记。

离婚协议书应当载明双方自愿离婚的意思表示以及对子女抚养、财产及债处理等事项协商一致的意见。”

二审稿第八百五十三条将第三款中的“离婚协议书”改为“离婚协议”。

征求意见稿在二审稿基础上并无改动。

条文释义

本条是关于登记离婚的规定。

离婚，也称为婚姻解除，是指夫妻双方生存期间依照法律规定解除婚姻关系的身份法律行为。离婚的意义，在于夫妻双方在其生存期间通过法律行为消灭既存的婚姻关系。离婚的法律特征是：（1）离婚以有效的婚姻关系存在为前提；（2）离婚须是在夫妻双方生存期间进行；（3）离婚须依照法定程序进行；（4）离婚将产生婚姻关系消灭的法律后果。

一、登记离婚的概念及特征

登记离婚，也叫两愿离婚、协议离婚、自愿离婚，是指夫妻双方自愿离婚，并就离婚的法律后果达成协议，经过婚姻登记机关认可即可以解除婚姻关系的一种离婚方式。也就是说，登记离婚要求夫妻双方必须就离婚、子女及财产的有关问题达成书面合意，并共同持有关证件和证明向婚姻登记机关提出离婚申请。

我国登记离婚的特征是：第一，登记离婚的基础是合意，以双方当事人完全自愿并达成书面离婚协议为前提。离婚协议，是婚姻关系当事人表明离婚意愿和具体内容的文书。协议中，应当载明双方自愿离婚的意思表示，以及对子女抚养、财产及债务处理等事项协商一致的意见。第二，登记离婚的性质是协议离婚，即依据当事人的离婚协议，履行必要的程序后，产生离婚的法律后果。第三，登记离婚须进行登记才发生解除婚姻关系的法律效力。第四，登记离婚相对手续简便、节省时间和费用，有利于保护婚姻当事人的隐私，有利于离婚协议的自愿履行。

二、离婚登记的条件

根据本法及《婚姻登记条例》的相关规定，登记离婚必须符合下列条件：

第一，申请离婚登记的当事人必须在中国内地办理过结婚登记、具有合法的夫妻身份。也就是说，登记离婚只接纳合法婚姻的双方当事人，对非法同居者乃至事实婚姻的当事人一概拒之门外。婚姻登记机关在办理离婚登记时要先验明双方的夫妻身份，凡是没有结婚证或夫妻关系证明书，不能确认其夫妻身份的，不予办理离婚登记手续。结婚登记不是在中国内地办理的，其离婚须通过诉讼程序解决。

第二，双方当事人须为完全民事行为能力人。离婚事关婚姻家庭关系的重大变更，是一种重要的民事法律行为，要求当事人须有相应的民事行为能力。一方或双方当事人为限制民事行为能力人或者无民事行为能力人的，婚姻登记管理机关不予受理。对于夫妻一方为无民事行为能力人或限制民事行为能力人的离婚应依诉讼程序，并由其法定代理人代理诉讼。

第三，夫妻双方的离婚合意是真实的、有效的。一方不同意离婚，不能认为是双方自愿离婚；或者一方用虚构事实、隐瞒真相等方法或以精神要挟为手段迫使对方同意离婚的，也不能适用登记离婚。

第四，双方必须对子女的抚养、财产及债务处理达成协议。所谓对子女问题有适当处理，是指对双方离婚后有关子女（主要是未成年的和不具有独立生活能力的子女）的一切问题，都在有利于保护子女合法权益的原则下作了合理的、有切实保障的约定。所谓对财产及债务问题有适当处理，是指在不侵害妇女合法权益的前提下，对夫妻共同财产及债务作合理的分割和处理，对离婚后一方生活困难的以经济帮助作必要的安排。在不侵害国家集体利益及其他公民合法权益的前提下，对共同债务的清偿作出负责的处理，同时还应切实安排好离婚后的住房问题。

符合上述离婚条件的夫妻，双方必须到婚姻登记机关共同提出登记离婚请求，即要求夫妻双方必须同时亲自到登记机关办理离婚登记手续，其他任何人都不得代替。

三、婚姻登记机关

根据我国现行法律的规定，夫妻双方均为中国公民，自愿离婚的，凡是符合法定条件者，都可以通过行政登记程序办理离婚登记。内地居民办理婚姻登记的机关是县级人民政府民政部门或者乡（镇）人民政府，省、自治区、直辖市人民政府可以按照便民原则确定农村居民办理婚姻登记的具体机关。中国公民同外国人，内地居民同香港特别行政区居民、澳门特别行政区居民、台湾地区居民、华侨办理婚姻登记的机关是省、自治区、直辖市人民政府民政部门或者省、自治区、直辖市人民政府民政部门确定的机关。

离婚登记按地域管辖原则进行管辖。内地居民自愿离婚的，男女双方应当共同到一方当事人常住户口所在地的婚姻登记机关办理离婚登记。中国公民同外国人在中国内地自愿离婚的，内地居民同香港居民、澳门居民、台湾居民、华侨在中国内地自愿离婚的，男女双方应当共同到内地居民常住户口所在地的婚姻登记机关办理离婚登记。

四、登记离婚所需的证件和证明

根据本法及《婚姻登记条例》的有关规定，当事人申请登记离婚，应当持下列证件和证明共同到一方当事人常住户口所在地的婚姻登记机关办理离婚登记：本人的户口簿、身份证；本人的结婚证；双方当事人共同签署的离婚协议书。离婚协议书应当载明双方当事人自愿离婚的意思表示以及对子女抚养、财产及债务处理等事项协商一致的意见。办理离婚登记的香港居民、澳门居民、台湾居民、华侨、外国人除应当出具本人的结婚证，双方当事人共同签署的离婚协议书外，香港居民、澳门居民、台湾居民还应当出具本人的有效通行证、身份证，华侨、外国人还应当出具本人的有效护照或者其他有效国际旅行证件。

法条关联

◆《婚姻登记条例》

第十条　内地居民自愿离婚的，男女双方应当共同到一方当事人常住户口所在地的婚姻登记机关办理离婚登记。

中国公民同外国人在中国内地自愿离婚的，内地居民同香港居民、澳门居民、台湾居民、华侨在中国内地自愿离婚的，男女双方应当共同到内地居民常住户口所在地的婚姻登记机关办理离婚登记。

第十一条　办理离婚登记的内地居民应当出具下列证件和证明材料：

（一）本人的户口簿、身份证；

（二）本人的结婚证；

（三）双方当事人共同签署的离婚协议书。

办理离婚登记的香港居民、澳门居民、台湾居民、华侨、外国人除应当出具前款第（二）项、第（三）项规定的证件、证明材料外，香港居民、澳门居民、台湾居民还应当出具本人的有效通行证、身份证，华侨、外国人还应当出具本人的有效护照或者其他有效国际旅行证件。

离婚协议书应当载明双方当事人自愿离婚的意思表示以及对子女抚养、财产及债务处理等事项协商一致的意见。

案例评议

张某某与陈某某变更子女抚养关系纠纷案①

◆ **裁判规则**

法院认为，原、被告在离婚时就婚生子女的抚养问题达成的协议是双方当事人的真实意思表示，且已发生法律效力，双方当事人应自觉履行。原告未提供证据证明被告抚养婚生子女存在不利于孩子身心健康成长的法定情形，不存在变更婚生子女抚养关系的法定正当理由，若对这种抚养关系进行变更，于情于法均不适宜。故驳回张某某要求变更孩子抚养关系的诉讼请求；张某某自2016年8月起可在每月第一个、第三个星期六探视孩子2次。

◆ **评议**

根据《民法典》婚姻家庭编第一千零七十六条的规定，离婚协议是指婚姻双方均表示同意离婚，以及离婚后财产债务如何处理、子女归谁抚养等相关问题达成的共同意思表示协议书。同时，根据《民法典》婚姻家庭编第一千零八十四条的规定，对于子女的抚养权，应本着最有利于未成年子女的原则。本案中，张某某并未提供证据证明陈某某抚养婚生子女存在不利于孩子身心健康成长的法定情形，故在离婚协议已发生法律效力的情况下，其变更抚养权的诉讼请求不会得到支持。

第一千零七十七条　【离婚冷静期的期限及法律效果】

自婚姻登记机关收到离婚登记申请之日起三十日内，任何一方不愿意离婚的，可以向婚姻登记机关撤回离婚登记申请。

前款规定期限届满后三十日内，双方应当亲自到婚姻登记机关申请发给离婚证；未申请的，视为撤回离婚登记申请。

---

① 审理法院为天水市秦州区人民法院，案号：（2016）甘0502民初1659号。

本条来源

无。

立法演变

一审稿第八百五十四条规定："自婚姻登记机关收到离婚登记申请之日起一个月内，任何一方不愿意离婚的，可以向婚姻登记机关撤回离婚申请。

前款规定期间届满一个月内，双方应当亲自到婚姻登记机关申请发给离婚证；未申请的，视为撤回离婚登记申请。"

二审稿第八百五十四条将"一个月内"改为"三十日内"。

征求意见稿在二审稿基础上并无改动。

条文释义

本条是关于离婚冷静期的规定。

一、离婚冷静期制度的实施背景

离婚冷静期，又称离婚熟虑期，是指在离婚自由原则下，婚姻双方当事人申请自愿离婚，在婚姻登记机关收到该申请之日起一定期间内，任何一方都可撤回离婚申请、终结登记离婚程序的冷静思考期间。[①] 从 20 世纪 80 年代开始，中国的离婚率就在一直升高。国家统计局的数据表明，2008 年登记离婚的夫妻有 226.9 万对，2009 年登记离婚的为 246.8 万对，2010 年为 267.8 万对，其后几年此数据一直在增长，一直到 2017 年的 437.4 万对。[②]《2018 年民政事业发展统计公报》显示，2018 年依法办理离婚手续的夫妻共有 446.1 万对，相比 2017 年增长 2.0%，其中登记离婚的 381.2 万对，法院判决、调解离婚的 64.9 万对。

面对我国如今高离婚率的现实情况，2016 年，最高人民法院已经选取了数个基层法院试点，试行离婚冷静期制度，其中包括四川省、山东省、山西省等

① 杨立新、蒋晓华：《对民法典婚姻家庭编草案规定离婚冷静期的立法评估》，载《河南社会科学》2019 年第 6 期。

② 国家统计局官网：2008 年、2009 年、2010 年、2017 年登记离婚数查询。

省份。这些试点法院所提供的资料显示，离婚纠纷中的法官们在结合婚姻具体情况作出判断，决定对当事人适用离婚冷静期后，能够较大比例地成功挽回处于危机中的婚姻家庭。除法院试行外，我国还有一些省市的婚姻登记机构自己尝试对登记离婚的夫妻发出冷静期通知书，或者借办公用具出现故障等理由，拖延为离婚夫妻立即办证，也取得不错的实际成效。

我国1994年颁布的《婚姻登记管理条例》规定了离婚审查期，其中第十六条规定婚姻登记管理机关在收到夫妻双方的离婚申请后，自受理申请之日起的一个月内应当对申请进行审查，符合离婚条件的则予以登记，发放离婚证。此审查期的目的虽然说是审查夫妻是否符合离婚的条件，但从另一个角度说，在此一个月的期间内，婚姻双方当事人可以冷静下来，再次思考离婚与否，并考虑双方婚姻财产与未成年子女的抚养问题。因此，离婚审查期虽然不是民法典草案所提出的离婚冷静期，但也能发挥一定的离婚冷静期的作用。2003年出台的《婚姻登记条例》中，将一个月的离婚审查期的规定删除了，由此大量的离婚案件涌入婚姻登记机关和法院。冲动中要求离婚的夫妻们需要一个冷静期来缓冲自己的情绪，以免草率离婚之后追悔莫及。我国虽然已经采取了设置离婚冷静期试点的措施，但在民法典出台之前，法律规范都没有明确规定离婚冷静期制度，法院和婚姻登记机关在试行此制度时没有明确且统一的法律依据。

二、离婚冷静期的适用规则

本条规定的离婚冷静期的适用规则如下：

第一，双方自愿离婚，亲自到婚姻登记机关申请离婚登记。

第二，符合离婚条件的，暂时不发给离婚证，不马上解除婚姻关系。

第三，离婚冷静期是30天，自婚姻登记机关收到离婚登记申请之日起30日内，任何一方不愿意离婚的，都可以向婚姻登记机关撤回离婚登记申请。

第四，30天的冷静期届满后30日内，双方应当亲自到婚姻登记机关申请发给离婚证，婚姻登记机关应当发给离婚证，即解除婚姻关系。

第五，在后一个30天内，当事人未到婚姻登记机构申请离婚证的，视为撤回离婚登记申请，不发生离婚的后果。

离婚冷静期制度的实施需要特别关注未成年子女的利益。夫妻双方离婚，未成年子女是最大的受害者。为了减少离婚给未成年子女带来的精神和物质方面的负面影响，设置离婚冷静期应该关注儿童利益的最大化，指导当事人帮助未成年子女调整心理，监督当事人妥善安排并承担抚养费，保障子女的物质生活。已经实行离婚冷静期类似制度的国家，都对未成年子女抚养协议作出了特别规定。对此，韩国和英国的经验都值得借鉴。韩国民法规定，有未成年子女的夫妻的离婚熟虑期比没有的要多两个月，且夫妻双方必须签订抚养费承担协议，并有确切专门的法律保障协议的履行。

第一千零七十八条　【协议离婚的处理】

婚姻登记机关查明双方确实是自愿离婚，并已经对子女抚养、财产以及债务处理等事项协商一致的，予以登记，发给离婚证。

本条来源

《婚姻法》第三十一条规定："男女双方自愿离婚的，准予离婚。双方必须到婚姻登记机关申请离婚。婚姻登记机关查明双方确实是自愿并对子女和财产问题已有适当处理时，发给离婚证。"

立法演变

一审稿第八百五十五条规定："婚姻登记机关查明双方确实是自愿离婚，并已对子女抚养、财产及债务处理等事项协商一致的，予以登记，发给离婚证。"

二审稿在一审稿基础上并无改动。

征求意见稿在二审稿基础上并无改动。

条文释义

本条是关于登记离婚程序的规定。

一、登记离婚的程序

离婚登记的程序如下：

（一）申请

当事人申请自愿离婚的，必须双方亲自到一方户口所在地的婚姻登记机关申请离婚登记。申请时应当出具下列证件：（1）户口簿、身份证；（2）本人的结婚证；（3）双方当事人共同签署的离婚协议书。

（二）审查

婚姻登记机关应当对当事人出具的有关材料进行严格审查。审查过程，实际上也是对当事人进行引导、调解和说服教育的过程，使当事人尽可能地进行慎重考虑，挽救那些还有和好可能的夫妻。审查过程中最主要的，是对离婚登记当事人出具的证件、证明材料进行审查，并询问相关情况。审查双方当事人对于离婚是否达成一致意见，有无欺诈、胁迫、弄虚作假等违法现象，对子女安排和财产分割是否合理等。当事人应当提供真实情况，不得隐瞒或者欺骗。

（三）登记

婚姻登记机关经过审查后，对当事人确属自愿离婚，并且已经对子女抚养、财产、债务等问题达成一致处理意见的，经过30天冷静期后，当事人申请离婚证的，应当予以离婚登记，发给离婚证，正式解除双方当事人之间的婚姻关系，其登记的其他事项也同时发生法律效力。

二、离婚登记后当事人的反悔

离婚证是婚姻关系已经合法解除的具有法律效力的文件。在办理离婚登记、领取离婚证之后，当事人如果反悔，要求人民法院给予重新处理的，最高人民法院曾作出批复："男女双方自愿离婚，并对子女和财产问题已有适当处理，领取了离婚证的，其婚姻关系即正式解除，在原婚姻登记机关未撤销离婚登记的情况下，向人民法院提出诉讼的，人民法院不应受理。……告知当事人向原婚姻登记机关申请解决。"并解释这样处理的理由是因为，婚姻登记机关和人民法院既无隶属关系，性质和职责范围又不同，是两个独立的单位，人民法院对于婚姻登记机关作出的发生法律效力的离婚登记应予以尊重。离婚登记后一方反悔，应当向原婚姻登记机关申请解决。由婚姻登记机关根据当事人申请的具体情况和理由，作出相应的处理。人民法院不能直接否定或撤销婚姻登记机关颁发的离婚证。

婚姻法修正后，最高人民法院在相关司法解释中改变了上述解释的规定，根据当事人反悔的内容，应区别不同的情形处理：

第一，当事人就离婚反悔的，即不愿意离婚，要求恢复婚姻关系的，因离婚证对男女双方具有法律约束力，其婚姻关系已经依法解除，如果离婚的男女双方自愿恢复婚姻关系的，应当到婚姻登记机关办理复婚登记。复婚登记适用婚姻登记条例关于结婚登记的规定。如果一方反悔的，应当向原婚姻登记机关申请解决，婚姻登记机关未发现订立离婚协议时存在欺诈、胁迫等情形的，应当依法驳回当事人的请求。

第二，当事人就财产分割问题反悔，请求变更或者撤销财产分割协议的，人民法院应当受理。离婚协议中关于财产分割的条款或者当事人因离婚就财产分割达成的协议，对男女双方具有法律约束力。男女双方协议离婚后一年内就财产分割问题反悔，请求变更或者撤销财产分割协议的，人民法院应当受理。人民法院审理后，未发现订立财产分割协议时存在欺诈、胁迫等情形的，应当依法驳回当事人的诉讼请求。

第三，当事人就子女抚养问题反悔，请求变更或者撤销子女抚养协议的，人民法院应当受理。人民法院审理后，未发现订立子女抚养协议时存在欺诈、胁迫等情形，或者不具有变更子女抚养的正当理由的，应当依法驳回当事人的诉讼请求。

由于离婚证是婚姻登记机关签发的证明婚姻关系有效解除的法律文书。若离婚后离婚证遗失或损毁的，当事人可以持户口簿、身份证向原办理婚姻登记的机关或者一方当事人常住户口所在地的婚姻登记机关申请补领。婚姻登记机关对当事人的婚姻登记档案进行查证，确认属实的，应当为当事人补发离婚证。

法条关联

◆《婚姻登记条例》

第九条　因胁迫结婚的，受胁迫的当事人依据婚姻法第十一条的规定向婚姻登记机关请求撤销其婚姻的，应当出具下列证明材料：

（一）本人的身份证、结婚证；

（二）能够证明受胁迫结婚的证明材料。

婚姻登记机关经审查认为受胁迫结婚的情况属实且不涉及子女抚养、财产及债务问题的，应当撤销该婚姻，宣告结婚证作废。

◆《最高人民法院关于适用〈中华人民共和国婚姻法〉若干问题的解释（二）》

第八条　离婚协议中关于财产分割的条款或者当事人因离婚就财产分割达成的协议，对男女双方具有法律约束力。

当事人因履行上述财产分割协议发生纠纷提起诉讼的，人民法院应当受理。

第九条 男女双方协议离婚后一年内就财产分割问题反悔，请求变更或者撤销财产分割协议的，人民法院应当受理。

人民法院审理后，未发现订立财产分割协议时存在欺诈、胁迫等情形的，应当依法驳回当事人的诉讼请求。

◆《最高人民法院关于离婚时协议一方不负担子女抚养费，经过若干时间他方提起要求对方负担抚养费的诉讼，法院如何处理的复函》

新疆维吾尔自治区高级人民法院：

你院1981年6月6日关于处理抚养纠纷中两个问题的请示收悉。

第一个问题。据你院来文所述，男女当事人在民政部门登记离婚，对孩子抚养问题，当时以一方抚养孩子，另一方不负担抚养费达成协议，过若干时间（如一、两年）后，抚养孩子的一方以新婚姻法第三十条为依据，向法院提起要求对方负担抚养费用的诉讼，另一方则据原协议拒绝这种要求，人民法院应如何处理？

我们认为：根据婚姻法第二十九条“父母与子女间的关系，不因父母离婚而消除。离婚后，子女无论由父方或母方抚养，仍是父母双方的子女”。“离婚后，父母对子女仍有抚养和教育的权利和义务。”和第三十条“关于子女生活费和教育费的协议或判决，不妨碍子女在必要时向父母任何一方提出超过协议或判决原定数额的合理要求”的规定，抚养孩子的一方向法院提起要求对方负担抚养费用的诉讼，人民法院应予受理，并根据原告申述的理由，经调查了解双方经济情况有无变化，子女的生活费和教育费是否确有增加的必要，从而作出变更或维持原协议的判决。

第二个问题。当事人邓森，因双方和孩子的情况发生了较大变化，要求改变原来对孩子抚养费部分的判决。我们同意你院的下述意见：即“邓森所提不是基于对原判不服的申诉，而是依据新情况提出诉讼请求。”因此，可由你院发交基层法院作新案处理。

此复

案例评议

何某与沈阳市皇姑区民政局撤销离婚登记纠纷案[①]

◆ **裁判规则**

一审法院认为，沈阳市皇姑区民政局在受理何某与第三人的离婚登记时，提交的资料以及审查程序均符合《婚姻登记条例》的要求，驳回何某要求确认离婚登记行为违法的请求。何某对一审判决不服提起上诉，二审法院认为何某与第三人自愿达成离婚合意，按法律规定到沈阳市皇姑区民政局处办理了离婚登记、签订了离婚协议、申请离婚登记声明书等离婚相关材料，且何某一审当庭已经自认系到现场亲自签名，故沈阳市皇姑区民政局对于何某的离婚登记并无不当，驳回上诉。

◆ **评议**

《婚姻登记条例》第十一条第一款规定，内地居民办理离婚登记时应持（1）本人的户口簿、身份证；（2）本人的结婚证；（3）双方当事人共同签署的离婚协议书。同时，该条例第十三条规定，婚姻登记机关应当对离婚登记当事人出具的证件、证明材料进行审查并询问相关情况。对当事人确属自愿离婚，并已对子女抚养、财产、债务等问题达成一致处理意见的，应当当场予以登记，发给离婚证。本案中，沈阳市皇姑区民政局具有办理离婚登记的法定职权，何某和第三人仇某亲自到民政局办理离婚登记，且提供了符合《婚姻登记条例》第十一条规定的离婚登记所需材料，沈阳市皇姑区民政局也按照《婚姻登记条例》第十三条的要求履行了审查程序。故沈阳市皇姑区民政局对于何某和仇某的离婚登记并无不当。

---

① 一审法院为沈阳市和平区人民法院，案号：（2015）沈和行初字第41号；二审法院为辽宁省沈阳市中级人民法院，案号：（2015）沈中行终字第476号。

第一千零七十九条　【调解及诉讼离婚】

夫妻一方要求离婚的，可以由有关组织进行调解或者直接向人民法院提起离婚诉讼。

人民法院审理离婚案件，应当进行调解；如果感情确已破裂，调解无效的，应当准予离婚。

有下列情形之一，调解无效的，应当准予离婚：

（一）重婚或者与他人同居；

（二）实施家庭暴力或者虐待、遗弃家庭成员；

（三）有赌博、吸毒等恶习屡教不改；

（四）因感情不和分居满二年；

（五）其他导致夫妻感情破裂的情形。

一方被宣告失踪，另一方提起离婚诉讼的，应当准予离婚。

经人民法院判决不准离婚后，双方又分居满一年，一方再次提起离婚诉讼的，应当准予离婚。

本条来源

《婚姻法》第三十二条规定："男女一方要求离婚的，可由有关部门进行调解或直接向人民法院提出离婚诉讼。

人民法院审理离婚案件，应当进行调解；如感情确已破裂，调解无效，应准予离婚。

有下列情形之一，调解无效的，应准予离婚：

（一）重婚或有配偶者与他人同居的；

（二）实施家庭暴力或虐待、遗弃家庭成员的；

（三）有赌博、吸毒等恶习屡教不改的；

（四）因感情不和分居满二年的；

（五）其他导致夫妻感情破裂的情形。

一方被宣告失踪，另一方提出离婚诉讼的，应准予离婚。"

立法演变

一审稿第八百五十六条规定："男女一方要求离婚的，可由有关部门进行调解或者直接向人民法院提起离婚诉讼。

人民法院审理离婚案件，应当进行调解；如感情确已破裂，调解无效，应准予离婚。

有下列情形之一，调解无效的，应准予离婚：

（一）重婚或者与他人同居的；

（二）实施家庭暴力或者虐待、遗弃家庭成员的；

（三）有赌博、吸毒等恶习屡教不改的；

（四）因感情不和分居满二年的；

（五）其他导致夫妻感情破裂的情形。

一方被宣告失踪，另一方提起离婚诉讼的，应准予离婚。

经人民法院判决不准离婚后，又分居满一年，一方再次提起离婚诉讼的，应准予离婚。"

二审稿第八百五十六条将"应准予离婚"改为"应当准予离婚"。

征求意见稿同二审稿规定。

条文释义

本条是关于调解及诉讼离婚的规定。

一、诉讼离婚的概念及特点

诉讼离婚，也叫裁判离婚，是指夫妻一方当事人基于法定离婚原因，向人民法院提起离婚诉讼，人民法院依法通过调解或判决而解除当事人之间的婚姻关系的离婚方式。

诉讼离婚的特点如下：第一，诉讼离婚是对双方有争议的离婚案件进行裁判，确认双方解除婚姻关系。第二，诉讼离婚是典型的合并之诉。离婚诉讼决不是仅仅对离婚进行审理，还要对由于离婚而引起的其他法律后果进行审理，例如子女抚养、财产分割、经济扶助、子女探望，甚至还有离婚损害赔偿问题等。第三，诉讼离婚实行调解先置程序。法官在审理离婚案件时，须依照职权进行调解，在审理中也更多地实行职权主义，这样才能够适应离婚诉讼的特殊性。

二、诉讼离婚的适用范围及程序

（一）离婚诉讼的适用范围

离婚诉讼的适用范围如下：（1）夫妻一方要求离婚，另一方不同意离婚的；（2）夫妻双方都愿意离婚，但在子女抚养、财产及债务处理等事项不能达成协议的；（3）夫妻双方都愿意离婚，并对子女抚养、财产分割等离婚后果达成协议，但未依法办理结婚登记手续或未依法在中国内地办理结婚登记的。另外，对于符合登记离婚条件的协议离婚，如果当事人基于某种原因不愿意进行离婚登记的，也可以适用诉讼离婚。

诉讼离婚的一般程序是：起诉和答辩；调解，离婚案件未经调解，法院不能直接作出离婚判决；判决，对于调解无效的离婚案件，人民法院应当依法判决。

（二）调解

调解分为诉讼外调解和诉讼内调解。

1. 诉讼外调解。

本法规定，离婚纠纷，既可以在诉讼前由有关部门进行诉讼外调解，又可以不经调解直接向人民法院提出诉讼，通过诉讼方式解决。

诉讼外调解又称诉讼前调解，是指由婚姻当事人所在单位、群众团体、居民或村民委员会、人民调解委员会等部门主持，在自愿合法的基础上，当事人就继续保持或解除婚姻关系及其连带的法律问题达成协议的纠纷解决方式。诉讼外调解并非离婚诉讼的前置程序，是否进行诉前调解，应当坚持当事人自愿原则，当事人可以不经调解直接向人民法院起诉。人民法院不得以未经有关部门调解而拒绝受理；有关部门也不能强迫当事人接受调解，或妨碍当事人就离婚问题向人民法院提出诉讼。经调解达成离婚协议的，当事人仍然要到婚姻登记机关办理离婚登记，以解除婚姻关系。

诉讼外调解的结果如下：（1）调解和好，消除纠纷，继续保持婚姻关系；（2）通过调解双方达成离婚协议，并就子女抚养、财产分割等问题达成一致意见，双方应根据相应的法律规定，到婚姻登记管理机关办理登记离婚；（3）调解无效，一方仍然坚决要求离婚，另一方坚持不离或者双方虽同意离婚但对子女抚养、财产分割等问题仍有争议，由婚姻当事人一方向人民法院提起离婚诉讼，由人民法院审理。

2. 诉讼内调解。

诉讼内调解是在人民法院审判人员的主持下，由离婚当事人自愿协商，达成协议，解决离婚纠纷的一种方法，其目的在于防止当事人草率离婚，以及在双方当事人不能和解时，有助于平和、妥善地处理离婚所涉及的各方面的问题，即使调解和好不成，双方还是坚持离婚的，也可以调解离婚。另外，调解离婚有助于解决财产和子女问题，由此而达成的调解离婚协议，双方当事人一般都能自觉履行。当然，通过调解达成协议，必须双方当事人自愿，不得强迫；且需注意，调解也不是无原则的，而应本着合法的原则进行，调解协议的内容不得违反法律规定。

经过调解，会出现三种可能：（1）双方互谅互让，重归于好。对于调解和好的离婚案件，人民法院可以不制作调解书，但应将调解和好的协议内容记入笔录，由双方当事人、审判人员、书记员签名或者盖章。（2）双方达成离婚协议，包括双方同意离婚，妥善安排子女的抚养、合理分割夫妻共同财产等。人民法院应当按照协议的内容制作调解书。调解书应写明诉讼请求、案件的事实和调解结果，并由审判人员、书记员署名，加盖人民法院的印章。离婚调解书经双方当事人签收后具有法律效力。（3）调解无效，包括双方就是否离婚或者子女抚养、财产分割等方面达不成协议，在这种情况下，离婚诉讼程序继续进行。

三、诉讼离婚的法定事由

离婚法定事由分为基本事由和具体事由。判决离婚的基本事由是夫妻感情确已破裂，其含义是：夫妻之间感情已不复存在，已经不能期待夫妻双方有和好的可能。离婚的具体事由是：

（一）重婚或与他人同居的

重婚分为法律上的重婚和事实上的重婚，有配偶者又与他人登记结婚的，是法律上的重婚；虽未登记但确与他人以夫妻名义同居生活的，为事实上的重婚。根据我国《刑法》和最高人民法院《关于〈婚姻登记管理条例〉施行后发生的以夫妻名义非法同居的重婚案件是否以重婚罪定罪处罚的批复》的规定，已登记结婚的一方与他人又登记结婚或与他人以夫妻名义同居生活的，应认定为重婚行为并予以法律制裁。

为了规避上述法律，有时已登记结婚的一方在与他人婚外同居时，既不去登记结婚，也不以夫妻名义，但持续、稳定地共同居住，针对这种情况，婚姻法特别规定“禁止有配偶者与他人同居”。也就是说，事实上的重婚和有配偶者与他人同居之间最大的区别就在于是否以夫妻名义同居生活，如果双方以夫妻名义同居生活，则构成事实上的重婚；如果双方没有以夫妻名义同居生活，则不属于刑法予以处罚的范围，而属于婚姻法禁止的行为。

（二）实施家庭暴力或虐待、遗弃家庭成员

实施家庭暴力是指行为人以殴打、捆绑、残害、强行限制人身自由以及其他手段，给对方配偶以及家庭成员的身体、精神等方面造成损害后果的行为。虐待是指经常故意地折磨、摧残家庭成员，使其在精神上、身体上遭受巨大痛苦，蒙受损失的行为。持续性、经常性的家庭暴力，也构成虐待。家庭暴力一般表现为积极的行为，而虐待既包括积极的行为，如打骂、禁闭、捆绑等，又包括消极的不作为行为，如禁止饮食，有病不予治疗等。遗弃是指对于年老、年幼、患病或者其他原因没有独立生活能力的人负有赡养、抚养、扶养义务而拒绝扶养的行为。遗弃是以不作为的方式出现的，是负有扶养义务的家庭成员而拒不履行扶养义务的行为，该不作为致使家庭成员的合法权益遭受侵害。遗弃家庭成员的行为人为夫妻一方，但受害人不限于其配偶，也包括其他家庭成员。本法不但在“一般规定”章中明令禁止虐待、遗弃家庭成员，而且还在其他章节的相关条文中规定了这一违法行为的法律后果和法律责任。因实施家庭暴力或虐待、遗弃家庭成员导致离婚的，无过错方有权在离婚诉讼中请求损害赔偿。

（三）有赌博、吸毒等恶习屡教不改的

因一方染上恶习，屡教不改，严重影响了家庭共同生活的正常进行，严重挫伤了夫妻感情，所以本法将其作为离婚的法定理由。该条款为例示性规范，除明确列举的赌博、吸毒恶习外，还应包括其他会严重危害夫妻感情的恶习，诸如酗酒、嫖娼、卖淫、淫乱等。本条所指的“赌博、吸毒”并非一般的赌博、吸毒等行为，而是已成恶习并屡教不改。虽然有赌博、吸毒等行为，但只是偶尔为之，没有成瘾，或者虽然曾有赌博、吸毒等恶习，但已经教育改正的，不适用本条规定。

（四）因感情不和分居满二年的

分居是指配偶双方拒绝在一起共同生活，互不履行夫妻义务的行为。法律上的分居包含主观和客观两个要素：在主观上，配偶确有分居的愿望，拒绝在一起共同生活；在客观上，配偶的夫妻共同生活完全废止。判断共同生活是否废止的标准是，夫妻一方是否为他方提供婚姻服务和夫妻双方是否以夫妻身份共享婚姻生活。即使夫妻双方住在同一屋檐下，但并未过着同一家庭生活，也构成客观上的分居。但单纯的客观事实状态并不足以表明夫妻间已处于分居状态。比如，夫妻因从事职业或商业需要，因出差、学习、治疗疾病等客观原因而分开生活，并非主观上愿意分居，不属于法律意义上的分居。

（五）其他导致夫妻感情破裂的情形，该条款为兜底性条款

离婚是一种复杂的社会现象，造成夫妻感情破裂的原因多种多样，法律不可能一一列举，因此该兜底条款的设置非常有必要。参照最高人民法院有关司法解释的规定及其审判实践经验，其他导致夫妻感情破裂的情形，主要包括以下七个方面：第一，一方婚后患有性病、艾滋病等法定传染性疾病的，或一方有生理缺陷，或因其他原因不能发生性行为，且难以治愈的。第二，婚前缺乏了解，草率结婚，婚后未建立起夫妻感情，难以共同生活的。第三，婚前隐瞒了精神病，婚后久治不愈，或者婚前知道对方患有精神病而与其结婚，或一方在夫妻共同生活期间患精神病，久治不愈的。第四，双方办理结婚登记后，未同居生活，无和好可能的。第五，一方与他人通奸、非法同居，经教育仍无悔改表现，无过错一方起诉离婚，或者过错方起诉离婚，对方不同意离婚，经批评教育、处分，或在人民法院判决不准离婚后，过错方又起诉离婚，确无和好可能的。第六，一方被依法判处长期徒刑，或其违法、犯罪行为严重伤害夫妻感情的。第七，其他难以维持夫妻共同生活的情形，诸如双方性格不合、志趣不投，难以继续共同生活。

另外还有两种可以判决离婚的情形：第一，一方被宣告失踪，另一方提起离婚诉讼的，应当准予离婚。第二，经人民法院判决不准离婚后，又分居满一年，一方再次提起离婚诉讼的，应当准予离婚。“分居满一年”即从夫妻最后一次分居之日起已经持续分居一年以上。分居期间不得累加，如果夫妻因感情不和多次分居，但因暂时和好而恢复共同生活的，不能将前后几次的分居期间相加，而应从起诉离婚前的最后一次分居之日起连续不间断满一年以上。在起诉以前婚姻当事人已连续分居一年的举证责任由原告方承担。

法条关联

◆《民法典》（婚姻家庭编）

第一千零四十二条 禁止包办、买卖婚姻和其他干涉婚姻自由的行为。禁止借婚姻索取财物。

禁止重婚。禁止有配偶者与他人同居。

禁止家庭暴力。禁止家庭成员间的虐待和遗弃。

第一千零九十一条 有下列情形之一，导致离婚的，无过错方有权请求损害赔偿：

（一）重婚；

（二）与他人同居；

（三）实施家庭暴力；

（四）虐待、遗弃家庭成员；

（五）有其他重大过错。

◆《最高人民法院关于适用〈中华人民共和国婚姻法〉若干问题的解释（三）》

第八条 无民事行为能力人的配偶有虐待、遗弃等严重损害无民事行为能力一方的人身权利或者财产权益行为，其他有监护资格的人可以依照特别程序要求变更监护关系；变更后的监护人代理无民事行为能力一方提起离婚诉讼的，人民法院应予受理。

第九条 夫以妻擅自中止妊娠侵犯其生育权为由请求损害赔偿的，人民法院不予支持；夫妻双方因是否生育发生纠纷，致使感情确已破裂，一方请求离婚的，人民法院经调解无效，应依照婚姻法第三十二条第三款第（五）项的规定处理。

◆《最高人民法院关于适用〈中华人民共和国婚姻法〉若干问题的解释（一）》

第一条 婚姻法第三条、第三十二条、第四十三条、第四十五条、第四十六条所称的“家庭暴力”，是指行为人以殴打、捆绑、残害、强行限制人身自由或者其他手段，给其家庭成员的身体、精神等方面造成一定伤害后果的行为。持续性、经常性的家庭暴力，构成虐待。

第二条 婚姻法第三条、第三十二条、第四十六条规定的“有配偶者与他人同居”的情形，是指有配偶者与婚外异性，不以夫妻名义，持续、稳定地共同居住。

第二十二条 人民法院审理离婚案件，符合第三十二条第二款规定“应准予离婚”情形的，不应当因当事人有过错而判决不准离婚。

◆《民事诉讼法》

第九十三条 人民法院审理民事案件，根据当事人自愿的原则，在事实清楚的基础上，分清是非，进行调解。

第九十四条 人民法院进行调解，可以由审判员一人主持，也可以由合议庭主持，并尽可能就地进行。

人民法院进行调解，可以用简便方式通知当事人、证人到庭。

第九十五条 人民法院进行调解，可以邀请有关单位和个人协助。被邀请的单位和个人，应当协助人民法院进行调解。

第九十六条 调解达成协议，必须双方自愿，不得强迫。调解协议的内容不得违反法律规定。

第九十七条 调解达成协议，人民法院应当制作调解书。

调解书应当写明诉讼请求、案件的事实和调解结果。调解书由审判人员、书记员署名，加盖人民法院印章，送达双方当事人。

调解书经双方当事人签收后，即具有法律效力。

第九十八条 下列案件调解达成协议，人民法院可以不制作调解书：

（一）调解和好的离婚案件；

（二）调解维持收养关系的案件；

（三）能够即时履行的案件；

（四）其他不需要制作调解书的案件。

对不需要制作调解书的协议，应当记入笔录，由双方当事人、审判人员、书记员签名或者盖章后，即具有法律效力。

第九十九条 调解未达成协议或者调解书送达前一方反悔的，人民法院应当及时判决。

◆《最高人民法院关于人民法院民事调解工作若干问题的规定》

第四条 当事人在诉讼过程中自行达成和解协议的，人民法院可以根据当事人的申请依法确认和解协议制作调解书。双方当事人申请庭外和解的期间，不计入审限。

当事人在和解过程中申请人民法院对和解活动进行协调的，人民法院可以委派审判辅助人员或者邀请、委托有关单位和个人从事协调活动。

第六条 在答辩期满前人民法院对案件进行调解，适用普通程序的案件在当事人同意调解之日起15天内，适用简易程序的案件在当事人同意调解之日起7天内未达成调解协议的，经各方当事人同意，可以继续调解。延长的调解期间不计入审限。

第十二条 调解协议具有下列情形之一的，人民法院不予确认：

（一）侵害国家利益、社会公共利益的；

（二）侵害案外人利益的；

（三）违背当事人真实意思的；

（四）违反法律、行政法规禁止性规定的。

第十七条 当事人就部分诉讼请求达成调解协议的，人民法院可以就此先行确认并制作调解书。

当事人就主要诉讼请求达成调解协议，请求人民法院对未达成协议的诉讼请求提出处理意见并表示接受该处理结果的，人民法院的处理意见是调解协议的一部分内容，制作调解书的记入调解书。

第十八条 当事人自行和解或者经调解达成协议后，请求人民法院按照和解协议或者调解协议的内容制作判决书的，人民法院不予支持。

◆《最高人民法院关于人民法院审理离婚案件如何认定夫妻感情确已破裂的若干具体意见》

10. 一方好逸恶劳、有赌博等恶习，不履行家庭义务、屡教不改，夫妻难以共同生活的。

案例评议

邬某1与尹某1离婚纠纷案①

◆ 裁判规则

原、被告经人介绍认识并自主自愿结合，婚后育有一女，有一定的感情基础。夫妻感情虽已产生裂痕，但并未导致夫妻感情完全破裂，未达到离婚条件。故对原告邬某1要求离婚的诉讼请求，不予支持。

① 审理法院为寻乌县人民法院，案号：（2019）赣0734民初1400号。

◆ **评议**

诉讼离婚应以夫妻感情破裂为法定条件。而判断夫妻感情是否确已破裂，应当从婚姻基础、婚后感情、离婚原因、夫妻关系的现状和有无和好的可能等方面综合分析。本案中，审理法院结合原、被告的陈述及庭审查明的事实，认为双方仍有和好可能，夫妻感情尚未完全破裂，故原告的离婚请求依法不应支持。

第一千零八十条 【婚姻关系的解除】

完成离婚登记，或者离婚判决书、调解书生效，即解除婚姻关系。

本条来源

无。

立法演变

一审稿第八百五十七条规定："完成离婚登记，或者离婚判决书、调解书生效，即解除婚姻关系。"

二审稿在一审稿基础上并无改动。

征求意见稿在二审稿基础上并无改动。

条文释义

本条是关于婚姻关系解除时间的规定。

离婚的法律后果是解除当事人之间现存的婚姻关系。确定婚姻关系解除的时间是：第一，登记离婚是完成离婚登记，即离婚的请求登记在婚姻登记机关的登记簿上发生解除婚姻关系的效果。第二，诉讼离婚，是在法院作出判决书或者调解书，且在判决书或者调解书发生法律效力时，婚姻关系正式解除。

法条关联

◆《民事诉讼法》

第二百零二条 当事人对已经发生法律效力的解除婚姻关系的判决、调解书，不得申请再审。

案例评议

翁某某与王某某、刘某某民间借贷纠纷案①

◆ **裁判规则**

一审法院认为，被告刘某某与被告王某某已于1994年8月18日协议离婚，本案借款发生在离婚之后，原告无法证明该借款为两名被告共同所用，故判决本案借款由被告刘某某偿还，驳回原告翁某某对被告王某某的诉讼请求。

翁某某以刘某某与王某某形式上没有完成离婚登记的手续为由提起上诉。二审法院认为，原审法院向黄岩区人民政府东城街道办事处调取的王某某和刘某某的《离婚调解协议书》以及《离婚登记申请书》等可以确认被上诉人王某某与原审被告刘某某已离婚的事实。遂驳回上诉，维持原判。

◆ **评议**

《婚姻登记条例》第十条第一款规定，"内地居民自愿离婚的，男女双方应当共同到一方当事人常住户口所在地的婚姻登记机关办理离婚登记"，离婚登记完成即双方解除婚姻关系。本案中，针对原告的质疑，原审法院依法向黄岩区人民政府东城街道办事处调取的王某某和刘某某的《离婚调解协议书》上加盖东城街道办事处政法办公室公章，《离婚登记申请书》上载明了离婚登记号，确认二被告已于1994年8月18日办理了离婚登记，婚姻关系解除。

第一千零八十一条 【军人配偶要求离婚】

现役军人的配偶要求离婚，应当征得军人同意，但是军人一方有重大过错的除外。

① 一审法院为台州市黄岩区人民法院，案号：（2013）台黄商初字第74号；二审法院为浙江省台州市中级人民法院，案号：（2013）浙台商终字第376号。

本条来源

《婚姻法》第三十三条规定："现役军人的配偶要求离婚，须得军人同意，但军人一方有重大过错的除外。"

立法演变

一审稿第八百五十八条规定："现役军人的配偶要求离婚，应当征得军人同意，但是军人一方有重大过错的除外。"

二审稿在一审稿基础上并无改动。

征求意见稿在二审稿基础上并无改动。

条文释义

本条是关于现役军人配偶要求离婚的限制性规定。

一、对军婚实行特殊保护的立法例

对军人婚姻实行特殊保护是党和国家的一贯政策。早在《中华苏维埃共和国婚姻法》中就规定："红军战士之妻要求离婚，须得其夫同意。"抗日战争时期颁布的《晋察冀边区婚姻条例》中规定："抗日军人之配偶，非于抗日军人生死不明逾 4 年后，不得为离婚之请求。"1950 年婚姻法中明确规定："现役革命军人与家庭有通讯关系的，其配偶提出离婚，须得革命军人的同意。"1980 年婚姻法在确立婚姻自由原则的同时，再次规定："现役军人的配偶要求离婚，须得军人同意。"1997 年公布的国防法规定："国家采取有效措施保护现役军人的荣誉、人格尊严，对现役军人的婚姻实行特别保护。"同年公布的刑法也对破坏军婚罪作了规定。这充分说明，对军人婚姻实行特别保护，是党和国家的一贯政策，并作为有关军人婚姻立法遵循的重要原则，这项政策和原则至今没有改变。

现役军人的配偶要求离婚，须得军人同意，有不妥之处。有专家认为，该条规定不符合婚姻自由的原则，特别是军人一方有家庭暴力等重大过错时，其配偶要求离婚还须该军人同意，更不合理，可将该条款进行修改，增加"但军人一方有重大过错的除外"。2001 年婚姻法修正案对此予以完善。

二、本条的适用

（一）本条适用的主体

本条规定适用的主体是现役军人和现役军人的配偶。

第一，现役军人是指有军籍的人，包括在中国人民解放军服现役、具有军籍和军衔的军官、士兵。具体包括：现役军官，被任命为排级以上职务或者初级以上专业技术职务，并授予相应军衔的现役军人。军士长、专业军士，均属于士官、志愿兵役制士兵。军士长是指被任命担任基层行政或者专业技术领导管理职务的现役士兵。专业军士是指服现役满五年以上，自愿继续服现役，经批准担任专业技术工作的现役士兵。军士、兵，在中国人民解放军被授予上士、中士、下士，以及上等兵、列兵军衔的义务兵役制士兵。他们中间的绝大多数由于年龄尚幼，不具备结婚的年龄条件，因此一般不适用本条的规定。中国人民武装警察部队虽然不属于中国人民解放军的编制序列，但是在婚姻问题上仍按现役军人婚姻问题处理。现役军人不包括：一是在军事单位中未取得军籍的职工；二是退役军人，包括复员军人、转业军人、退伍军人、离休军人以及退役的革命伤残军人；三是在地方担任某种军事职务的人员，如不属于军队编制的在武装部工作的干部、编入民兵组织或者经过登记的预备役士兵。

第二，现役军人的配偶是指同现役军人履行了结婚登记手续，并领取结婚证的非军人一方。

（二）本条适用的例外

第一，双方都是现役军人，不是该条调整的对象。本条的立法目的是以一定方式限制军人配偶的离婚请求的实现，从而对军人一方的意愿予以特别支持。如果双方都是现役军人，不管由谁首先提出离婚诉讼，若要适用本条的规定，则必然会妨害另一方军人的利益，有违该条保护军人婚姻的立法目的。

第二，现役军人向非军人主动提出离婚的，按一般离婚纠纷处理。中国人民解放军总政治部于1980年发布了《关于军队贯彻执行〈中华人民共和国婚姻法〉的暂行规定》，该文件中规定：“现役军人提出离婚，应持严肃慎重的态度，要不违反法令，不败坏道德。申请离婚者须经所在单位团以上政治机关同意，并出具证明，方可到地方婚姻登记机关登记离婚，或向人民法院提出离婚诉讼。”

（三）需征得军人同意的例外

军人一方的重大过错包括重婚或者与他人同居的，实施家庭暴力或虐待、遗弃家庭成员的，有赌博、吸毒恶习屡教不改的，其他重大过错如强奸妇女、奸淫幼女、嫖娼等违法犯罪行为的。法院审理这类案件应当遵守的规则是：现役军人的配偶提出离婚诉讼请求的，必须征得军人一方的同意，才可以判决离婚。现役军人不同意离婚的，原则上不能判决准予离婚。现役军人有重大过错，非军人一方请求离婚的，其权利不受限制，法院应当根据是否具有法律规定的离婚理由作出判决。

法条关联

◆《最高人民法院关于适用〈中华人民共和国婚姻法〉若干问题的解释（一）》

第二十三条 婚姻法第三十三条所称的“军人一方有重大过错”，可以依据婚姻法第三十二条第二款前三项规定及军人有其他重大过错导致夫妻感情破裂的情形予以判断。

案例评议

闫某与魏某离婚纠纷案①

◆ **裁判规则**

一审法院认为，被告魏某系现役军人，因其表示不同意离婚，故对原告要求离婚的诉讼请求不予支持。闫某不服一审判决，以魏某隐瞒年龄、身体八级伤残的事实，并对上诉人及其母亲存在家庭暴力，有偷窃、在外与其他女人关系暧昧，存在重大过错的人品问题为由提起上诉。二审法院以闫某关于魏某存在重大过错没有证据支持为由，驳回上诉，维持原判。

◆ **评议**

《国防法》第五十九条第一款、第二款规定：“军人应当受到全社会的尊重。国家采取有效措施保护现役军人的荣誉、人格尊严，对现役军人的婚姻实行特别保护。”对于破坏军人婚姻，造成军人家庭破裂或者其他严重后果的，可依据《刑法》第二百五十九条第一款“明知是现役军人的配偶而与之同居或者结婚的，处三年以下有期徒刑或拘役”之规定，追究其刑事责任。

---

① 一审法院为河北省唐山市开平区人民法院，案号：(2014) 开民初字第180号；二审法院为河北省唐山市中级人民法院，案号：(2014) 唐民一终字第513号。

第一千零八十二条　【男方提出离婚的限制与除外情形】

女方在怀孕期间、分娩后一年内或者终止妊娠后六个月内，男方不得提出离婚；但是，女方提出离婚或者人民法院认为确有必要受理男方离婚请求的除外。

本条来源

《婚姻法》第三十四条规定："女方在怀孕期间、分娩后一年内或中止妊娠后六个月内，男方不得提出离婚。女方提出离婚的，或人民法院认为确有必要受理男方离婚请求的，不在此限。"

立法演变

一审稿第八百五十九条规定："女方在怀孕期间、分娩后一年内或者中止妊娠后六个月内，男方不得提出离婚，但是女方提出离婚或者人民法院认为确有必要受理男方离婚请求的除外。"

二审稿在一审稿基础上并无改动。

征求意见稿在二审稿基础上并无改动。

条文释义

本条限制了男方的离婚请求权。

一、本条制定的目的

1980 年《婚姻法》第二十七条规定："女方在怀孕期间和分娩后一年内，男方不得提出离婚。女方提出离婚的，或人民法院认为确有必要受理男方离婚请求的，不在此限。"这项规定是对保护妇女、儿童身心健康的特别规定，它在一定条件下限制了男方提出离婚的请求权。在修改婚姻法的讨论中，有学者提出，终止妊娠对妇女的身心健康都有很大的影响，妇女在此期间应受到法律的特别保护。而且，妇女权益保障法对此问题已作了规定。为此，立法机关在原条文的基础上，增加了"女方在终止妊娠后六个月内，男方不得提出离婚"的内容。

为了照顾女方怀孕期间和分娩后一年内或终止妊娠后六个月内的特殊情况，保护胎儿、婴儿的健康、维护妇女的身心健康，上述限制完全合理。对于女方怀孕期间、分娩后一年内或终止妊娠后六个月内，一方面胎儿或婴儿正处在发育阶段，正需要父母的合力抚育；另一方面妇女也需要身心的康复，如果此时男方提出离婚请求，对妇女的精神刺激过重，既影响妇女的身体健康，也不利于胎儿或婴儿的保育。在上述期间内禁止男方提出离婚，不仅出于事实上的需要，也是社会道德的要求。法律不仅要保护胎儿和婴儿，同时也要保护妇女。为了保护妇女和子女的正当利益，法律禁止男方在此时提出离婚请求是完全必要的。本条限制了男方程序意义上的诉权，该种限制是为了保护妇女和子女的合法权益。禁止特定时期男方提出离婚请求是必要的。男方在上述期间提出离婚请求的，人民法院直接判决驳回原告的诉讼请求，而不是判决不准离婚。在上述期间经过之后，男方再提出离婚诉讼请求的，应当依法审理。

二、对男方离婚诉权的限制性规定及其例外

根据本法的规定，男方在下列三种情形下不得提出离婚：第一，女方在怀孕期间。如果原审人民法院判决离婚时，未发现女方怀孕，女方自己发现并提出上诉，应撤销原判决，驳回男方离婚请求。第二，女方在分娩后一年内。所谓分娩，特指胎儿脱离母体作为独自存在的个体的这段时期和过程。只要女方有分娩的事实，无论婴儿是否活着出生，也不论出生后婴儿是否死亡，均应受一年期间的限制。第三，女方终止妊娠后六个月内。终止妊娠包括自然流产和人工流产。《妇女权益保障法》第四十五条作了同样的规定。

如果男方在此期间提起离婚诉讼，人民法院不予受理。如果在起诉时不知道女方已经怀孕，或者人民法院在受理男方离婚请求后才发现女方处于上述期间的，由人民法院直接驳回男方的离婚请求，而不是判决不准离婚。如果人民法院在判决离婚时未发现女方已经怀孕，以后在上诉审理期间发现女方怀孕的，在查明属实后，二审法院应当撤销原判决，驳回男方的离婚请求，不必发回原审法院重新审理。因此，本条限制的是男方程序意义上的诉权，这一限制只是时间上的限制，而非剥夺男方的离婚请求权。在上述法定期间经过之后，男方仍有权请求离婚。

对男方离婚诉权的限制性规定有两种例外情况：女方在此期间提出离婚，不受此限制；人民法院认为确有必要受理男方的离婚请求。所谓“确有必要”，根据审判实践，主要指以下几种情况：第一，男方有确凿证据证明女方婚后主动与他人发生性关系而怀孕的。包括女方婚后卖淫、与他人通奸、姘居或重婚而怀孕的。第二，女方怀孕期间或分娩后一年内，男方生命受到女方威胁或其合法权益受到女方严重侵害的。第三，女方婚前患有不宜结婚的疾病，婚后经治不愈或不宜生育的。

法条关联

◆《妇女权益保障法》

第四十五条 女方在怀孕期间、分娩后一年内或者终止妊娠后六个月内，男方不得提出离婚。女方提出离婚的，或者人民法院认为确有必要受理男方离婚请求的，不在此限。

◆《深圳市中级人民法院关于婚姻家庭纠纷案件的裁判指引》

为了正确审理婚姻家庭纠纷案件，统一全市法院对此类案件的办案标准和裁判尺度，根据《中华人民共和国婚姻法》以及相关司法解释的规定，结合审判实践，制定本裁判指引：

一、女方婚前与他人发生性关系，婚后怀孕期间男方提出离婚的，不属于《婚姻法》第34条规定的“确有必要受理男方离婚请求”的范围。

二、原审法院在未发现女方怀孕时判决离婚，宣判后女方发现怀孕提起上诉，二审法院经审查不存在确有必要受理情形的，应撤销原判，裁定驳回男方的起诉。

三、请求宣告婚姻无效仅限于已办理结婚登记的婚姻，当事人就事实婚姻申请宣告无效的，人民法院不予受理，告知其按离婚程序处理。

案例评议

李某某诉史某离婚纠纷案①

◆ 裁判规则

法院认为原告起诉时间在被告终止妊娠后六个月内，故裁定驳回原告的诉讼请求。

◆ 评议

《民法典》婚姻家庭编第一千零八十二条及《妇女权益保障法》第四十五

① 审理法院为淅川县人民法院，案号：（2015）淅老民初字第101号。

条都规定，女方在怀孕期间、分娩后一年内或者终止妊娠后六个月内，男方不得提出离婚。本案诉讼距离被告2015年7月终止妊娠不足六个月，故原告的诉讼请求不应得到支持。但也要注意到，对于同类案例，有些法院以“属于在一定期限内不得起诉的案件”为由，直接裁定驳回起诉。

第一千零八十三条　【复婚】

离婚后，男女双方自愿恢复婚姻关系的，应当到婚姻登记机关重新进行结婚登记。

本条来源

《婚姻法》第三十五条规定：“离婚后，男女双方自愿恢复夫妻关系的，必须到婚姻登记机关进行复婚登记。”

立法演变

一审稿第八百六十条规定：“离婚后，男女双方自愿恢复婚姻关系的，应当到婚姻登记机关进行复婚登记。”

二审稿第八百六十条将“进行复婚登记”改为“重新进行结婚登记”。

征求意见稿在二审稿基础上并无改动。

条文释义

一、复婚的概念

本条是关于复婚登记的规定。

复婚是指已离婚的男女双方自愿恢复夫妻关系，到婚姻登记机关办理登记手续，重新确立婚姻关系的行为。婚姻关系当事人在离婚后，自愿恢复婚姻关系申请复婚的，应当向婚姻登记机关提出申请。结婚登记机关依照有关结婚登记的程序进行登记，重新进行结婚登记后，发给结婚证。对于复婚登记是否需要经过冷静期，法律没有规定，一般认为复婚登记不必受到30天冷静期的限制，审查符合复婚条件的，应当发给结婚证。

二、复婚的程序

申请复婚的程序如下：

第一，申请。要求结婚登记的男女双方持所需证件共同到一方常住户口的区、县级市民政局（或镇人民政府）的婚姻登记机关提出申请。男女双方需要出具下列证件和证明：户口证明；居民身份证或者军人（含武装警察）身份证件；所在单位、居（村）委员会或者部队团以上政治机关出具的婚姻状况证明；离过婚的，还应持离婚证件。

第二，填写声明书。双方当事人亲自到婚姻登记机关提出申请，各填写一份《申请复婚登记声明书》，双方当事人必须在婚姻登记员面前亲自在《申请复婚登记声明书》中“声明人”一栏签名或按指印。

第三，审核登记。婚姻登记机关对双方提交的证件、声明进行审查，符合复婚登记条件的，准予登记。审理复婚登记手续后，将原离婚证或法院判决书（或调解书）撤销，发给复婚登记证，才能发生法律效力。

第四，发放复婚登记证。办理复婚登记手续后，要将原离婚证或法院判决书（或调解书）撤销，发给复婚登记证，才能发生法律效力，申请复婚登记的当事人从取得结婚证起恢复夫妻关系。

若当事人离婚后未重新进行结婚登记径直同居，此时婚姻关系具有何种效力呢？根据相关规定，中国公民在中国境内结婚、离婚、复婚的必须依照规定进行登记。因此，对于离婚后未重新办理结婚登记而又同居，法律不承认其婚姻效力，这种同居将产生的法律后果为：第一，法律不承认他们之间是合法的婚姻关系；第二，由于未重新登记，相互之间没有继承对方遗产的权利和相互扶养的义务。

法条关联

◆**《婚姻登记条例》**

第十四条 离婚的男女双方自愿恢复夫妻关系的，应当到婚姻登记机关办理复婚登记。复婚登记适用本条例结婚登记的规定。

◆**《民政部关于印发〈婚姻登记工作规范〉的通知》**

第四十三条 申请复婚登记的，当事人填写《申请结婚登记声明书》，婚姻登记机关按照结婚登记程序办理。

案例评议

于雪某诉北京市怀柔区民政局撤销《结婚证》行政纠纷案[①]

◆ **裁判规则**

法院认为，原告与第三人离婚后决定重新共同生活时，应到被告处办理复婚登记手续，而二人却未向被告详细说明情况，错误地在补发婚姻登记证审查处理表和申请补领婚姻登记证声明书上签了字。被告在实施行政行为时亦未尽到审慎审查义务，向原告和第三人补发了《结婚证》。因该《结婚证》与（2014）怀民初字第04324号民事调解书相悖，故应予撤销。法院判决撤销被告北京市怀柔区民政局于2014年11月6日向原告于雪某和第三人颁发的BJ110116－2014－001608号《结婚证》。

◆ **评议**

依据《民法典》婚姻家庭编第一千零八十四条和《婚姻登记条例》第十四条的规定，离婚的男女双方自愿恢复夫妻关系的，应当到婚姻登记机关办理复婚登记。本案中，原告于雪某和第三人将办理复婚手续错误地申请成补发结婚证，被告怀柔民政局也未尽到审慎审查义务，导致了因该《结婚证》与（2014）怀民初字第04324号民事调解书相悖，应予撤销。

第一千零八十四条　【离婚后子女的抚养】

父母与子女间的关系，不因父母离婚而消除。离婚后，子女无论由父或者母直接抚养，仍是父母双方的子女。

离婚后，父母对于子女仍有抚养、教育、保护的权利和义务。

离婚后，不满两周岁的子女，以由母亲直接抚养为原则。已满两周岁的子女，父母双方对抚养问题协议不成的，由人民法院根据双方的具体情况，按照最有利于未成年子女的原则判决。子女已满八周岁的，应当尊重其真实意愿。

① 审理法院为北京市怀柔区人民法院，案号：（2015）怀行初字第59号。

本条来源

《婚姻法》第三十六条规定："父母与子女间的关系，不因父母离婚而消除。离婚后，子女无论由父或母直接抚养，仍是父母双方的子女。

离婚后，父母对于子女仍有抚养和教育的权利和义务。

离婚后，哺乳期内的子女，以随哺乳的母亲抚养为原则。哺乳期后的子女，如双方因抚养问题发生争执不能达成协议时，由人民法院根据子女的权益和双方的具体情况判决。"

立法演变

一审稿第八百六十一条规定："父母与子女间的关系，不因父母离婚而消除。离婚后，子女无论由父或者母直接抚养，仍是父母双方的子女。

离婚后，父母对于子女仍有抚养、教育和保护的权利和义务。

离婚后，不满两周岁的子女，以由母亲直接抚养为原则。已满两周岁的子女，如双方因抚养问题发生争执不能达成协议时，由人民法院根据双方的具体情况，按照最有利于未成年子女的原则判决。"

二审稿第八百六十一条将"如双方因抚养问题发生争执不能达成协议时"改成"父母双方因抚养问题发生争执不能达成协议的"。

征求意见稿第一千零八十四条将"父母双方因抚养问题发生争执不能达成协议的"改成"父母双方对抚养问题协议不成的"。

条文释义

一、离婚对父母子女关系的影响

婚姻关系是男女两性基于自愿而依法缔结，婚姻关系依法成立，亦可依法解除。亲生父母子女关系基于血缘关系成立，这种血缘关系客观存在，不因父母离婚而消除。离婚后，亲生子女无论由父或母直接抚养，仍是父母双方的子女。养父母离婚，只发生解除养父母之间的婚姻关系的效力，并不产生终止养父母与养子女之间的收养关系的效力。养父母离婚后，养子女仍是双方的养子女。所以，离婚只能解除父母之间的婚姻关系，不会也不可能消除父母子女之间的身份和血缘关系，婚姻法关于父母子女之间权利义务的规定仍然适用，不因父母离婚而受到影响。

继父母与继子女之间的关系因继父母与生父母结婚而形成，继父或继母和受其抚养教育的继子女之间的权利和义务，适用婚姻法对父母子女关系的有关规定。生父与继母或生母与继父离婚时，对曾受继父母抚养教育的子女，继父或继母不同意继续抚养的，应由生父母抚养，即继父母与继子女之间已经形成的权利义务关系因此消除；如果继父与生母或继母与生父离婚，继父或继母同意继续抚养继子女，并取得生父母同意的，则继父母与继子女之间已形成的权利义务关系不变。对于受继父母长期抚养教育成年的继子女，其与继父或继母由于已经形成了法律拟制的直系血亲关系，因此不能因继父母的离婚而自然解除。

二、离婚后子女的直接抚养

监护是对未成年人和不能辨认自己行为或不能完全辨认自己行为的成年人的人身、财产及其他合法权益进行监督和保护的一种民事法律制度。父母离婚虽然不能消除父母与子女之间的关系，但抚养子女的方式会发生变化，即由双方共同直接抚养转化为由一方单独直接抚养。因此，夫妻离婚通常会涉及由谁直接抚养未成年子女的问题，这往往成为离婚诉讼中争执较多且难以解决的焦点，直接关系到子女的健康成长及其合法权益的保护。一般而言，处理离婚后子女抚养问题，应坚持有利于子女身心健康、保障子女的合法权益的原则，结合父母双方的抚养能力和抚养条件等具体情况综合作出判断。

离婚后子女直接抚养的规则是：不满两周岁的子女，以由母亲直接抚养为原则。但如果出现下列特殊情况，也可由父亲直接抚养。这些特殊情况包括：第一，哺乳的母亲患有久治不愈的传染性疾病或其他严重疾病，子女不宜与其共同生活的。母亲患有久治不愈的传染性疾病，可能将病传染给孩子，不利于其健康成长，母亲患有其他严重疾病，如癌症、精神病等，可能影响甚至丧失直接抚养能力，此时由父方直接抚养更有利于婴儿健康成长。如果母亲只是患有一般性疾病，经过治疗，不久就会痊愈，则不影响由其直接抚养。但是，如果父亲也患有久治不愈的传染性疾病或其他严重疾病的，则应根据双方病情的轻重选择相对较轻、更利于子女健康成长的一方直接抚养。第二，母亲有抚养条件不尽抚养义务，而父方要求子女随其生活的。母亲有抚养条件不尽抚养义务，尽管属于遗弃行为，应受到法律的制裁，但其既然不尽抚养义务，要强迫她直接抚养，其对孩子也不可能出于真心尽力照顾，因而会不利于孩子的成长。如果父方要求子女随其生活的，可以允许。第三，因其他原因，子女确实无法随母方生活的。在现实生活中，母方可能因为工作、学习方面的原因，如在野外工作、出国留学，或者染有吸毒、赌博、卖淫等恶习，或者出走下落不明等，而无法或者难以妥善照顾小孩，致使子女无法随母方生活，从维护子女的利益出发，应当由父方直接抚养。第四，双方协商由父方直接抚养。父母双方协议两周岁以下子女随父方生活，并对子女健康成长无不利影响的，可予准许。

三、离婚后子女的优先直接抚养

对两周岁以上的未成年子女，父方和母方均要求对其直接抚养，处理原则是协商解决，发生争议的，人民法院根据最有利于子女的原则和双方的具体情况判决。一般而言，一方有下列情形之一的，可予优先考虑：已做绝育手术或因其他原因丧失生育能力的；子女随其生活时间较长，改变生活环境对子女健康成长明显不利的；无其他子女，而另一方有其他子女的；子女随其生活，对子女成长有利，而另一方患有久治不愈的传染性疾病或其他严重疾病，或者有其他不利于子女身心健康的情形，不宜与子女共同生活的。

对于上述情形，理论上称之为绝对优先直接抚养条件，即父母一方所具有的优先直接抚养的条件。谁具有优先直接抚养条件，谁就有优先直接抚养权。父母一方享有绝对直接抚养权，即可据此确定子女由其直接抚养。但是，如果父母双方都有上述绝对优先条件，如父方做了绝育手术，已经丧失生育能力，但其长期在外经商；子女长期随母生活，改变生活环境对子女健康成长明显不利，从而发生父母双方绝对优先直接抚养条件的冲突，此时，就应考虑相对优先直接抚养的条件。

四、离婚后子女优先直接抚养的相对条件

若父方与母方直接抚养子女的条件基本相同，双方均要求子女与其共同生活，但子女单独随祖父母或外祖父母共同生活多年，且祖父母或外祖父母要求并且有能力帮助子女照顾孙子女或外孙子女的，可作为子女随父或随母生活的优先条件予以考虑。这种情形，将祖父母、外祖父母的条件作为父母优先直接抚养子女的条件考虑，属于相对优先直接抚养条件，其与绝对优先直接抚养条件不同，只在父方与母方直接抚养子女的条件基本相同，且双方均要求子女与其共同生活时适用。

法条关联

◆《宪法》

第四十九条　婚姻、家庭、母亲和儿童受国家的保护。

夫妻双方有实行计划生育的义务。

父母有抚养教育未成年子女的义务，成年子女有赡养扶助父母的义务。禁止破坏婚姻自由，禁止虐待老人、妇女和儿童。

◆《民法典》（总则编）

第二十六条　父母对未成年子女负有抚养、教育和保护的义务。

成年子女对父母负有赡养、扶助和保护的义务。

◆《预防未成年人犯罪法》

第二十一条　未成年人的父母离异的，离异双方对子女都有教育的义务，任何一方都不得因离异而不履行教育子女的义务。

◆《涉及家庭暴力婚姻案件审理指南》

第六十五条　征求未成年子女的意见

人民法院在判决由哪一方直接抚养未成年子女前，应当依法征求未成年子女的意见。但是，有下列情形之一的，未成年子女的意见只能作为参考因素：

1. 未成年人属于限制行为能力的人，其认知水平的发展还不成熟，不能正确判断什么对自己最有利；

2. 未成年子女害怕、怨恨但同时又依恋加害人。暴力家庭中的未成年子女可能在害怕、怨恨加害人对家庭成员施暴的同时，又需要加害人的关爱，因此存在较强的感情依恋。这种依恋之所以产生，是因为受害人的人身安全取决于施暴人的好恶。不违背施暴人的意愿，符合其最大利益。这种状况被心理学家称为“斯德哥尔摩综合征”，或者“心理创伤导致的感情纽带”。

3. 强者（权威）崇拜。人类对强者或权威的崇拜，使尚不能明辨是非的未成年人可能对家庭中的强者（施暴人）怀有崇拜的心理，误认为自己与受害人一起生活没有安全感，因而选择与加害人一起生活。

法官应当在综合考虑其他因素的基础上，做出真正最有利于未成年子女的判决。

◆《最高人民法院关于人民法院审理离婚案件处理子女抚养问题的若干具体意见》

3. 对两周岁以上未成年的子女，父方和母方均要求随其生活，一方有下列情形之一的，可予优先考虑：

（1）已做绝育手术或因其他原因丧失生育能力的；

（2）子女随其生活时间较长，改变生活环境对子女健康成长明显不利的；

（3）无其他子女，而另一方有其他子女的；

（4）子女随其生活，对子女成长有利，而另一方患有久治不愈的传染性疾病或其他严重疾病，或者有其他不利于子女身心健康的情形，不宜与子女共同生活的。

案例评议

张某某与曾某甲变更抚养关系、抚养费纠纷案①

◆ **裁判规则**

法院认为，婚生女曾某乙一直跟随原告在新疆学习生活，并由原告承担了婚生女的全部抚养费用，被告应承担而未支付的婚生女的抚养费应予支付。婚生女长期跟随原告一起生活，为不改变其婚生女的生活学习环境，婚生女跟随原告一起生活更有利于婚生女的成长。故判决变更婚生女曾某乙的抚养关系改为由原告张某某直接抚养，被告曾某甲每月承担婚生女曾某乙抚养费500元；并于本判决生效后10日内支付原告张某某垫付的抚养费。

◆ **评议**

离婚后，父母对子女仍有抚养和教育的权利和义务。

第一千零八十五条　【离婚后子女抚养费的负担】

离婚后，子女由一方直接抚养的，另一方应当负担部分或者全部抚养费。负担费用的多少和期限的长短，由双方协议；协议不成的，由人民法院判决。

前款规定的协议或者判决，不妨碍子女在必要时向父母任何一方提出超过协议或者判决原定数额的合理要求。

① 审理法院为汉寿县人民法院，案号：（2015）汉民初字第1101号。

本条来源

《婚姻法》第三十七条规定："离婚后，一方抚养的子女，另一方应负担必要的生活费和教育费的一部或全部，负担费用的多少和期限的长短，由双方协议；协议不成时，由人民法院判决。

关于子女生活费和教育费的协议或判决，不妨碍子女在必要时向父母任何一方提出超过协议或判决原定数额的合理要求。"

立法演变

一审稿第八百六十二条规定："离婚后，一方直接抚养的子女，另一方应负担抚养费的一部或者全部，负担费用的多少和期限的长短，由双方协议；协议不成时，由人民法院判决。

关于子女抚养费的协议或者判决，不妨碍子女在必要时向父母任何一方提出超过协议或者判决原定数额的合理要求。"

二审稿第八百六十二条将"另一方应负担抚养费的一部或者全部"改成"另一方应当负担部分或者全部抚养费"；将"关于子女抚养费的协议或者判决"改成"前款规定的协议或者判决"。

征求意见稿在二审稿基础上并无改动。

条文释义

本条是关于未成年子女抚养费的规定。

一、子女抚养费的确定方式

离婚后，父母对子女仍有抚养和教育的权利和义务。一方抚养子女，另一方应负担子女抚养费的一部或全部。抚养费包括子女生活费、教育费、医疗费等费用。不直接抚养子女的父或母负担抚养费的多少和期限的长短，由双方协议；协议不成的，由人民法院判决。因此，确定子女抚养费的承担有父母双方协议和人民法院判决两种方式。

（一）父母双方协商

父母通过平等自愿协商，就抚养费负担的数额、期限、支付方式等达成明确、具体的协议，以不损害子女的合法权益为原则。为了防止父母双方损害子女的利益，婚姻登记机关或人民法院应当认真根据双方的经济状况、能力、子女的需要、当地的生活、教育水平等进行审查，如果协议不利于子女的，就不应准许。

（二）法院判决

双方协议不成，或者协议不予准许时，由人民法院从保护子女合法权益、有利于子女健康成长出发，根据子女的实际需要、父母双方的负担能力和当地的实际生活水平，依法作出判决。

二、子女抚养费数额的计算

确定子女抚养费的基本方法，是根据子女的实际需要、父母双方的负担能力、当地实际生活水平等，确定具体的抚育费数额。具体的方法是：第一，有固定收入的，抚养费一般可按其月总收入的20%至30%的比例给付。负担两个以上子女的抚养费的，比例可以适当提高。第二，无固定收入的，抚养费的数额可依据当年收入或同行业平均收入，参照上述比例确定。无固定收入的，如农民，可以按年收入的比例确定，每年支付一次；个体工商业者、摊贩等，既可按年收入确定，也可以按同行业平均收入，按比例计算确定月给付数额。有特殊情况的，可适当提高或降低上述比例。

三、子女抚养费的给付期限

子女抚养费的给付期限，由双方当事人协议，协议不成的，由人民法院判决确定。子女抚养费给付的期限一般至子女十八周岁时止。如果子女满十六周岁不满十八周岁，能够以其劳动收入作为主要生活来源，就视为完全民事行为能力人，当其能以自己的劳动收入维持当地一般生活水平时，父母也可以停止给付抚养费，让其独立依靠自己的劳动收入维持生活。

对于不能独立生活的成年子女，父母又有给付能力的，父母仍应负担必要的抚养费。所谓“不能独立生活的成年子女”，是指尚在校接受高中及其以下学历教育，或者丧失或未完全丧失劳动能力等非因主观原因而无法维持正常生活的成年子女。父母对成年子女给付抚养费的法定条件如下：第一，成年子女因尚在校接受高中及其以下学历教育，或者丧失或未完全丧失劳动能力等非因主观原因而无法维持正常生活而需要被抚养。第二，父母具备负担能力，即父母在维持自己的生活外还有承担抚养义务的给付能力。如果父母因负担抚养义务即不能维持自己的生活，则不负担给付抚养费的义务。

四、子女抚养费的增加

离婚时对子女抚养费的确定，是以离婚当时子女的实际需要、父母双方的负担能力以及当地的实际生活水平为标准的。但是，随着物价上涨，生活、学习费用提高，子女患病或者遭受意外伤害，以及父母经济能力改变，收入改变等，可能导致子女所需实际费用的增加。为了保障子女正常生活、学习所必需的费用，无疑需要根据各种条件的变化对子女抚养费重新作出调整。因此，离婚时关于子女生活费和教育费的协议或判决，不妨碍子女在必要时向父母任何一方提出超过协议或判决原定数额的合理要求。

子女在必要时要求父母增加抚养费，是其一项重要权利。父母双方对于增加抚养费的请求，应当协商解决，协议不成时，子女可以向人民法院提起诉讼。子女要求增加抚养费有下列情形之一，父或母有给付能力的，应予支持：原定抚养费的数额不足以维持当地实际生活水平的；因子女患病、上学，实际需要已超过原定数额的；有其他正当理由应当增加的。

法条关联

◆**《最高人民法院关于适用〈中华人民共和国婚姻法〉若干问题的解释（一）》**

第二十一条　婚姻法第二十一条所称“抚养费”，包括子女生活费、教育费、医疗费等费用。

◆**《最高人民法院关于人民法院审理离婚案件处理子女抚养问题的若干具体意见》**

10. 父母双方可以协议子女随一方生活并由抚养方负担子女全部抚育费。但经查实，抚养方的抚养能力明显不能保障子女所需费用，影响子女健康成长的，不予准许。

◆**《最高人民法院关于离婚时协议一方不负担子女抚养费，经过若干时间他方提起要求对方负担抚养费的诉讼，法院如何处理的复函》**

新疆维吾尔自治区高级人民法院：

你院1981年6月6日关于处理抚养纠纷中两个问题的请示收悉。

第一个问题。据你院来文所述，男女当事人在民政部门登记离婚，对孩子抚养问题，当时以一方抚养孩子，另一方不负担抚养费达成协议，过若干时间（如一、两年）后，抚养孩子的一方以新婚姻法第三十条为依据，向法院提起要求对方负担抚养费用的诉讼，另一方则据原协议拒绝这种要求，人民法院应如何处理？

我们认为：根据婚姻法（1980年婚姻法——笔者注）第二十九条“父母与子女间的关系，不因父母离婚而消除。离婚后，子女无论由父方或母方抚养，仍是父母双方的子女。”“离婚后，父母对子女仍有抚养和教育的权利和义务。”第三十条“关于子女生活费和教育费的协议或判决，不妨碍子女在必要时向父母任何一方提出超过协议或判决原定数额的合理要求”的规定，抚养孩子的一方向法院提起要求对方负担抚养费用的诉讼，人民法院应予受理，并根据原告申述的理由，经调查了解双方经济情况有无变化，子女的生活费和教育费是否确有增加的必要，从而作出变更或维持原协议的判决。

第二个问题。当事人邓森，因双方和孩子的情况发生了较大变化，要求改变原来对孩子抚养费部分的判决。我们同意你院的下述意见：即“邓森所提不是基于对原判不服的申诉，而是依据新情况提出诉讼请求。”因此，可由你院发交基层法院作新案处理。

案例评议

廖某1与廖某2抚养费纠纷案[①]

◆ **裁判规则**

法院认为，原告法定代理人曾某与被告廖某2签署的《离婚协议》系双方真实意思表示，对双方具有约束力，被告廖某2按约定不需要支付抚养费，故原告要求被告支付从2011年8月9日起至起诉之日即2014年5月28日止期间的抚养费于法无据，不予支持。对于原告要求被告支付其起诉后的抚养费，考虑到现距离曾某与被告廖某2离婚时将近三年的时间，其间物价指数、人均消费性支出等均有所上涨，原告廖某1已就读小学一年级，学习生活费用也将增多，由原告的母亲一人承担抚养费确实压力较大，为保障原告生活学习所需费用，不影响其健康成长，结合廖某2、曾某的收入情况和本地的生活水平等因素，判令被告廖某2于2014年6月起每月28日前向原告廖某1支付抚养费500元，至原告年满十八周岁为止。

---

① 审理法院为重庆市长寿区人民法院，案号：(2014) 长法民初字第02854号。

◆ **评议**

父母离婚后对子女仍有抚养和教育的权利和义务。即使存在关于子女生活费和教育费的协议或判决，但存在下列情形之一的，子女仍可以要求增加抚养费：（1）原定抚养费数额不足以维持当地实际生活水平的；（2）子女因患病、上学，实际需要超过原定数额的；（3）有其他正当理由要求增加的。本案中，廖某1的情形符合上列情形之一，故可以起诉要求廖某2增加抚养费，但应根据廖某2的工作、收入的实际状况以及支付能力考虑具体数额。

第一千零八十六条 【离婚后的子女探望权】

离婚后，不直接抚养子女的父或者母，有探望子女的权利，另一方有协助的义务。

行使探望权利的方式、时间由当事人协议；协议不成的，由人民法院判决。

父或者母探望子女，不利于子女身心健康的，由人民法院依法中止探望；中止的事由消失后，应当恢复探望。

本条来源

《婚姻法》第三十八条规定："离婚后，不直接抚养子女的父或母，有探望子女的权利，另一方有协助的义务。

行使探望权利的方式、时间由当事人协议；协议不成时，由人民法院判决。

父或母探望子女，不利于子女身心健康的，由人民法院依法中止探望的权利；中止的事由消失后，应当恢复探望的权利。"

立法演变

一审稿第八百六十三条规定："离婚后，不直接抚养子女的父或者母，有探望子女的权利，另一方有协助的义务。

行使探望权利的方式、时间由当事人协议；协议不成时，由人民法院判决。

父或者母探望子女，不利于子女身心健康的，由人民法院依法中止探望的权利；中止的事由消失后，应当恢复探望的权利。”

二审稿第八百六十三条将“协议不成时”改成“协议不成的”。

征求意见稿第一千零八十六条将“应当恢复探望的权利”改成“应当恢复探望”。

条文释义

本条是关于不直接抚养子女的父或者母享有探望权的规定。

一、探望权的概念

探望权是指夫妻离婚后，不直接抚养子女的父或母有权对子女进行探望的权利。直接抚养子女的一方有协助非直接抚养的一方行使探望权的义务。探望权与直接抚养权相对，与直接抚养权同时产生，并依直接抚养权的确定而确定。父母离婚后，子女由一方直接抚养，抚养方就成为子女的监护人，非直接抚养方的监护权就受到一定限制，因而非直接抚养子女的父或母享有对子女的探望权。

探望权不仅可以满足父或母对子女的关心、抚养和教育的情感需要，保持和子女的往来，及时、充分地了解子女的生活、学习情况，更好地对子女进行抚养教育，还可以增加子女和非直接抚养方的沟通与交流，减轻子女的家庭破碎感，有利于子女的健康成长。

二、探望权的行使

（一）探望权的权利主体

探望权的权利主体为未直接抚养子女的父母一方。根据婚姻法的规定，父母与子女之间的关系不因父母离婚而消除。父母离婚后仍有抚养和教育子女的权利和义务。而离婚后与子女分居的一方如要履行法定的抚养、教育子女的义务，除承担抚养费外，探视子女就成为基本的途径。

（二）探望权的义务主体

探望权的义务主体是直接抚养子女的一方，该方负有不妨碍对方行使探望权的义务和协助的义务。为了保障非直接抚养子女一方的探望权的实现，必须要求直接抚养子女的一方予以协助，这种协助义务一般包括：本着方便探望人探望的原则，与非直接抚养一方协商合理探望的时间、地点、方式等，或按照人民法院的裁判协助探望。

（三）探望权行使的方式

探望既包括会面，如直接会面、短期地共同生活在一起，也包括交往，如互通书信、互通电话等。以探望的时间长短为标准可分为看望式探望和逗留式探望。所谓看望式探望，是指非直接抚养一方在约定或判决确定的时间内到一定地点探视、看望子女。所谓逗留式探望，则是指在约定或判决确定的时间内，由探望人领走并按时送回子女。前者方式灵活，但探望时间较短；后者时间较长，有利于对子女的了解和交流，但要求较高，如探望人要有一定的居住生活条件，应有较为充足的时间等。

本法规定，行使探望权利的方式、时间由当事人协议；协议不成的，由人民法院判决。据此，对于离婚后不直接抚养子女的父或母行使探望的时间、方式问题，有两种确定方式，即父母协商和法院判决。按照协议优先原则，首先应由父母共同协商确定探望子女的时间和方式。在具体协商时，应本着有利于子女的身心健康的原则进行。直接抚养方拒不协商或者虽经协商但不能就探望方式、时间达成协议，引起纠纷的，探望权人可以向人民法院提出请求，由人民法院依法作出判决，确定探望的时间和方式。即使人民法院作出的生效的离婚判决中未涉及探望权，当事人就探望权问题单独提起诉讼的，人民法院也应予受理。

三、探望权的中止

探望权的中止是指因发生一定的法定事由，致使探望权不宜继续行使，而由人民法院依法暂时停止探望权的行使。探望权是离异父母依法享有的法定权利，不得任意阻碍、限制甚至剥夺。但是，如果行使探望权不利于子女的身心健康，有的甚至严重损害子女的利益时，就应对其探望权的行使给予必要的限制。因此，本法规定，父或母探望子女，不利于子女身心健康的，由人民法院依法中止探望的权利；中止事由消失后，应当恢复探望的权利。

（一）中止事由

探望权中止的法定事由，婚姻法并未具体列举，而是概括地规定为不利于子女身心健康。“不利于子女身心健康”的情形主要有：（1）探望权人是无民事行为能力人或者限制民事行为能力人；（2）探望权人患有严重传染性疾病或者其他严重疾病，可能危及子女健康的；（3）探望权人在行使探望权时对子女有侵权行为或者犯罪行为，损害子女利益的；（4）探望权人与子女感情严重恶化，子女坚决拒绝探望的；（5）其他不利于子女身心健康的情形。探望权中止的事由是“不利于子女的身心健康”，若父母之间关系恶化，或探望权人未及时给付抚养费等，都不能成为中止探望权的理由。

（二）中止及恢复

未成年子女、直接抚养子女的父或母及其他对未成年子女负担抚养、教育义务的法定监护人，有权向人民法院提出中止探望权的请求。中止探望权须经人民法院裁定，其他任何机关、个人包括父母双方都不能中止未直接抚养子女的一方探望子女的权利。当事人在履行生效判决、裁定或者调解书的过程中，请求中止行使探望权的，人民法院在征询双方当事人意见后，认为需要中止行使探望权的，依法作出裁定。当探望权中止的事由消失后，探望权予以恢复，人民法院应当根据当事人的申请通知其恢复探望权的行使。

四、探望权判决的执行

探望权判决的执行非常重要。科罗拉多州法律规定，执行探视判决的，法院可以进行听证或要求当事人寻求调解。有监护权的一方不允许有探视权的一方探视，情节轻微的，法院可以增加判决内容或执行条件，以保证对将来探视权利的执行。对拒不执行判决、具有蔑视法庭情况的，可以处以罚款或监禁，也可以在规定的时间内变更或取消监护权。根据我国民事诉讼法的规定，诉讼参与人或者其他人拒不履行人民法院已经发生法律效力的判决、裁定的，人民法院可以根据情节轻重予以罚款、拘留；构成犯罪的依法追究刑事责任。因此，对无故拒绝一方探望子女的当事人，情节严重的，可以依照民事诉讼法以及其他法律的规定处罚。

法条关联

◆《最高人民法院关于适用〈中华人民共和国婚姻法〉若干问题的解释（一）》

第二十四条 人民法院作出的生效的离婚判决中未涉及探望权，当事人就探望权问题单独提起诉讼的，人民法院应予受理。

第二十五条 当事人在履行生效判决、裁定或者调解书的过程中，请求中止行使探望权的，人民法院在征询双方当事人意见后，认为需要中止行使探望权的，依法作出裁定。中止探望的情形消失后，人民法院应当根据当事人的申请通知其恢复探望权的行使。

第二十六条　未成年子女、直接抚养子女的父或母及其他对未成年子女负担抚养、教育义务的法定监护人，有权向人民法院提出中止探望权的请求。

案例评议

童亚某与毛杨某探望权纠纷案[①]

◆ **裁判规则**

法院认为，夫妻离婚后，不直接抚养子女的父或母，依法享有对未与之共同生活的子女进行探视、看望、交往的权利，另一方有协助的义务。原告要求探望婚生子的诉讼请求，于法有据，判令自本判决生效之月起，原告童亚某每月探望儿子毛某二次，探望方式为：毛某上学期间，原告于每月第一周和第三周的周五至毛某就读学校接走毛某，周六下午18时前将毛某送回被告毛杨某住处；毛某放假期间，原告于每月第一周和第三周的周六上午9时到被告毛杨某住处接走毛某，当日下午18时前将毛某送回被告住处；被告毛杨某应协助原告童亚某行使该探望权。

◆ **评议**

父母与子女的关系不因父母离婚而消除，即使父母离婚，也应让孩子享受到完整的父爱与母爱，故《民法典》婚姻家庭编第一千零八十六条第一款规定，“离婚后，不直接抚养子女的父或者母，有探望子女的权利，另一方有协助的义务”。本案中，原、被告离婚时，未能对孩子行使探望权的方式和时间达成一致，法院判决也未涉及，故当事人可另行提起探望权之诉。

第一千零八十七条　【离婚时夫妻共同财产的处理】

离婚时，夫妻的共同财产由双方协议处理；协议不成的，由人民法院根据财产的具体情况，按照照顾子女、女方和无过错方权益的原则判决。

对夫或者妻在家庭土地承包经营中享有的权益等，应当依法予以保护。

---

① 审理法院为衢州市柯城区人民法院，案号：（2020）浙0802民初17号。

本条来源

《婚姻法》第三十九条规定："离婚时，夫妻的共同财产由双方协议处理；协议不成时，由人民法院根据财产的具体情况，照顾子女和女方权益的原则判决。

夫或妻在家庭土地承包经营中享有的权益等，应当依法予以保护。"

立法演变

一审稿第八百六十五条规定："离婚时，夫妻的共同财产由双方协议处理；协议不成时，由人民法院根据财产的具体情况，照顾子女、女方和无过错方权益的原则判决。

夫或者妻在家庭土地承包经营中享有的权益等，应当依法予以保护。"

二审稿第八百六十五条将"协议不成时"改成"协议不成的"。

征求意见稿第一千零八十七条将"照顾子女"改成"按照照顾子女"；将"夫或者妻在家庭土地承包经营中享有的权益等"改成"对夫或者妻在家庭土地承包经营中享有的权益等"。

条文释义

本条是关于离婚时夫妻共同财产分割的规定。

一、夫妻共同财产的分割方式

夫妻共同财产的分割是指离婚时依法将夫妻共同财产划分为各自的个人财产。本法规定，离婚时，夫妻的共同财产由双方协议处理；协议不成时，由人民法院根据财产的具体情况，照顾子女、女方和无过错方权益的原则判决。

（一）协议分割

离婚时，对于夫妻共同财产的分割，应当由夫妻双方协商解决。协商解决，是承认和尊重共有人的财产共有权的必然结果，体现了财产分割的私法属性，也是意思自治原则的具体体现。协议分割便于财产的归属尽快落实，并利于婚姻纠纷的彻底解决。因此，只要夫妻共同财产分割协议是双方真实的意思表示，内容合法并未损害子女的利益，即应予以承认。

（二）判决分割

如果双方不愿协商或者协商不成的，由人民法院依法判决。夫妻共同财产是在婚姻关系存续期间通过夫妻双方共同协力创造积累的婚姻物化果实，凝聚了双方的情感、智慧和心血，在离婚时能否作出公平、合理、适当的分割，直接关系到当事人双方的切身利益。根据本法的规定，人民法院审理离婚案件对夫妻共同财产的处理，应当坚持男女平等，保护子女和女方的权益，照顾无过错方，有利生产、方便生活的原则，合情合理地予以分割。

二、夫妻共同财产分割的原则

人民法院在审理离婚案件，分割夫妻共同财产时，应当遵循以下原则：

第一，男女平等原则。男女平等原则既贯穿在本法的精神中，又是人民法院处理婚姻家庭案件的办案指南。该原则体现在离婚财产分割上，就是夫妻双方有平等地分割共同财产的权利，平等地承担共同债务的义务。

第二，照顾子女、女方和无过错方利益原则。这里的“照顾”，既可以在财产份额上对女方适当多分，也可以在财产种类上将某项生活特别需要的财产，比如住房，分配给女方。同时，在分割夫妻共同财产时，要特别注意保护未成年人的合法财产权益。

第三，有利生产，方便生活原则。在离婚分割共同财产时，不应损害财产效用、性能和经济价值。在对共同财产中的生产资料进行分割时，应尽可能分给需要该生产资料、能更好发挥该生产资料效用的一方；在对共同财产中的生活资料进行分割时，要尽量满足个人从事专业或职业需要，以发挥物的使用价值。不可分物按实际需要和有利发挥效用原则归一方所有，分得方应依公平原则，按离婚时的实际价值给另一方相应的补偿。

第四，权利不得滥用原则。离婚分割夫妻共同财产时不得把属于国家、集体和他人所有的财产当作夫妻共同财产进行分割，不得借分割夫妻共同财产的名义损害他人合法利益。

第五，夫妻一方所有的财产在共同生活中消耗、毁损、灭失的，另一方不予补偿。这既是司法实践经验的总结，也符合夫妻关系和婚姻生活本质的要求，有利于避免不必要的纠纷。

第六，若男女双方协议离婚后一年内就财产分割问题反悔，请求变更或者撤销财产分割协议的，法院应当受理；法院审理后，未发现订立财产分割协议时存在欺诈、胁迫等情形的，应当依法驳回当事人的诉讼请求。

法条关联

◆《妇女权益保障法》

第四十八条 夫妻共有的房屋，离婚时，分割住房由双方协议解决；协议不成的，由人民法院根据双方的具体情况，按照照顾子女和女方权益的原则判决。夫妻双方另有约定的除外。

夫妻共同租用的房屋，离婚时，女方的住房应当按照照顾子女和女方权益的原则解决。

◆《最高人民法院关于人民法院审理离婚案件处理财产分割问题的若干具体意见》

人民法院审理离婚案件对夫妻共同财产的处理，应当依照《中华人民共和国婚姻法》、《中华人民共和国妇女权益保障法》及有关法律规定，分清个人财产、夫妻共同财产和家庭共同财产，坚持男女平等，保护妇女、儿童的合法权益，照顾无过错方，尊重当事人意愿，有利生产、方便生活的原则，合情合理地予以解决。根据上述原则，结合审判实践，提出如下具体意见：

1. 夫妻双方对财产归谁所有以书面形式约定的，或以口头形式约定，双方无争议的，离婚时应按约定处理。但规避法律的约定无效。

2. 夫妻双方在婚姻关系存续期间所得的财产，为夫妻共同财产，包括：

（1）一方或双方劳动所得的收入和购置的财产；

（2）一方或双方继承、受赠的财产；

（3）一方或双方由知识产权取得的经济利益；

（4）一方或双方从事承包、租赁等生产、经营活动的收益；

（5）一方或双方取得的债权；

（6）一方或双方的其他合法所得。

3. 在婚姻关系存续期间，复员、转业军人所得的复员费、转业费，结婚时间10年以上的，应按夫妻共同财产进行分割。复员军人从部队带回的医药补助费和回乡生产补助费，应归本人所有。

4. 夫妻分居两地分别管理、使用的婚后所得财产，应认定为夫妻共同财产。在分割财产时，各自分别管理、使用的财产归各自所有。双方所分财产相差悬殊的，差额部分，由多得财产的一方以与差额相当的财产抵偿另一方。

5. 已登记结婚，尚未共同生活，一方或双方受赠的礼金、礼物应认定为夫妻共同财产，具体处理时应考虑财产来源、数量等情况合理分割。各自出资购置、各自使用的财物，原则上归各自所有。

6. 一方婚前个人所有的财产，婚后由双方共同使用、经营、管理的，房屋和其他价值较大的生产资料经过 8 年，贵重的生活资料经过 4 年，可视为夫妻共同财产。

7. 对个人财产还是夫妻共同财产难以确定的，主张权利的一方有责任举证。当事人举不出有力证据，人民法院又无法查实的，按夫妻共同财产处理。

8. 夫妻共同财产，原则上均等分割。根据生产、生活的实际需要和财产的来源等情况，具体处理时也可以有所差别。属于个人专用的物品，一般归个人所有。

9. 一方以夫妻共同财产与他人合伙经营的，入伙的财产可分给一方所有，分得入伙财产的一方对另一方应给予相当于入伙财产一半价值的补偿。

10. 属于夫妻共同财产的生产资料，可分给有经营条件和能力的一方。分得该生产资料的一方对另一方应给予相当于该财产一半价值的补偿。

11. 对夫妻共同经营的当年无收益的养殖、种植业等，离婚时应从有利于发展生产、有利于经营管理考虑，予以合理分割或折价处理。

12. 婚后 8 年内双方对婚前一方所有的房屋进行过修缮、装修、原拆原建，离婚时未变更产权的，房屋仍归产权人所有，增值部分中属于另一方应得的份额，由房屋所有权人折价补偿另一方；进行过扩建的，扩建部分的房屋应按夫妻共同财产处理。

13. 对不宜分割使用的夫妻共有的房屋，应根据双方住房情况和照顾抚养子女方或无过错方等原则分给一方所有。分得房屋的一方对另一方应给予相当于该房屋一半价值的补偿。在双方条件等同的情况下，应照顾女方。

14. 婚姻存续期间居住的房屋属于一方所有，另一方以离婚后无房居住为由，要求暂住的，经查实可据情予以支持，但一般不超过两年。

无房一方租房居住经济上确有困难的，享有房屋产权的一方可给予一次性经济帮助。

15. 离婚时一方尚未取得经济利益的知识产权，归一方所有。在分割夫妻共同财产时，可根据具体情况，对另一方予以适当的照顾。

16. 婚前个人财产在婚后共同生活中自然毁损、消耗、灭失，离婚时一方要求以夫妻共同财产抵偿的，不予支持。

17. 夫妻为共同生活或为履行抚养、赡养义务等所负债务，应认定为夫妻共同债务，离婚时应当以夫妻共同财产清偿。

下列债务不能认定为夫妻共同债务，应由一方以个人财产清偿：

（1）夫妻双方约定由个人负担的债务，但以逃避债务为目的的除外。

（2）一方未经对方同意，擅自资助与其没有抚养义务的亲朋所负的债务。

（3）一方未经对方同意，独自筹资从事经营活动，其收入确未用于共同生活所负的债务。

（4）其他应由个人承担的债务。

18. 婚前一方借款购置的房屋等财物已转化为夫妻共同财产的，为购置财物借款所负债务，视为夫妻共同债务。

19. 借婚姻关系索取的财物，离婚时，如结婚时间不长，或者因索要财物造成对方生活困难的，可酌情返还。

对取得财物的性质是索取还是赠与难以认定的，可按赠与处理。

20. 离婚时夫妻共同财产未从家庭共同财产中析出，一方要求析产的，可先就离婚和已查清的财产问题进行处理，对一时确实难以查清的财产的分割问题可告知当事人另案处理；或者中止离婚诉讼，待析产案件审结后再恢复离婚诉讼。

21. 一方将夫妻共同财产非法隐藏、转移拒不交出的，或非法变卖、毁损的，分割财产时，对隐藏、转移、变卖、毁损财产的一方，应予以少分或不分。具体处理时，应把隐藏、转移、变卖、毁损的财产作为隐藏、转移、变卖、毁损财产的一方分得的财产份额，对另一方的应得的份额应以其他夫妻共同财产折抵，不足折抵的，差额部分由隐藏、转移、变卖、毁损财产的一方折价补偿对方。对非法隐藏、转移、变卖、毁损夫妻共同财产的一方，人民法院可依照《中华人民共和国民事诉讼法》第一百零二条的规定进行处理。

22. 属于事实婚姻的，其财产分割适用本意见。属于非法同居的，其财产分割按最高人民法院《关于人民法院审理未办结婚登记而以夫妻名义同居生活案件的若干意见》的有关规定处理。

◆《最高人民法院关于适用〈中华人民共和国婚姻法〉若干问题的解释（二）》

第十六条 人民法院审理离婚案件，涉及分割夫妻共同财产中以一方名义在有限责任公司的出资额，另一方不是该公司股东的，按以下情形分别处理：

（一）夫妻双方协商一致将出资额部分或者全部转让给该股东的配偶，过半数股东同意、其他股东明确表示放弃优先购买权的，该股东的配偶可以成为该公司股东；

（二）夫妻双方就出资额转让份额和转让价格等事项协商一致后，过半数股东不同意转让，但愿意以同等价格购买该出资额的，人民法院可以对转让出资所得财产进行分割。过半数股东不同意转让，也不愿意以同等价格购买该出资额的，视为其同意转让，该股东的配偶可以成为该公司股东。

用于证明前款规定的过半数股东同意的证据，可以是股东会决议，也可以是当事人通过其他合法途径取得的股东的书面声明材料。

第十七条 人民法院审理离婚案件，涉及分割夫妻共同财产中以一方名义在合伙企业中的出资，另一方不是该企业合伙人的，当夫妻双方协商一致，将其合伙企业中的财产份额全部或者部分转让给对方时，按以下情形分别处理：

（一）其他合伙人一致同意的，该配偶依法取得合伙人地位；

（二）其他合伙人不同意转让，在同等条件下行使优先受让权的，可以对转让所得的财产进行分割；

（三）其他合伙人不同意转让，也不行使优先受让权，但同意该合伙人退伙或者退还部分财产份额的，可以对退还的财产进行分割；

（四）其他合伙人既不同意转让，也不行使优先受让权，又不同意该合伙人退伙或者退还部分财产份额的，视为全体合伙人同意转让，该配偶依法取得合伙人地位。

第二十一条 离婚时双方对尚未取得所有权或者尚未取得完全所有权的房屋有争议且协商不成的，人民法院不宜判决房屋所有权的归属，应当根据实际情况判决由当事人使用。

当事人就前款规定的房屋取得完全所有权后，有争议的，可以另行向人民法院提起诉讼。

◆《最高人民法院关于贯彻执行〈中华人民共和国民法通则〉若干问题的意见（试行）》

43. 在夫妻关系存续期间，一方从事个体经营或者承包经营的，其收入为夫妻共有财产，债务亦应以夫妻共有财产清偿。

案例评议

李某与赵某离婚后财产纠纷案①

◆ **裁判规则**

一审法院认为，李某与赵某签订的《离婚协议书》中第三条关于夫妻间70000元的债务，产生于赵某的哥哥殴打他人应承担的民事赔偿责任，不宜认定该债务属于夫妻共同生活所负的债务，故双方在《离婚协议书》中关于债权债务的约定显失公平。判决撤销李某与赵某于2014年11月20日签订的《离婚协议书》中第三条关于债权债务的约定。二审法院认为，该协议是在李某自愿的情况下签订，李某知道70000元债务是如何形成的，不存在重大误解。《离婚协议书》中约定70000元债务，由赵某和李某各承担一半，即35000元，并不存在显失公平的情形，判决撤销原审判决，驳回李某的诉讼请求。

◆ **评议**

本案系离婚后财产纠纷案。对于夫妻共同财产在离婚时的分割，依据《民法典》婚姻家庭编第一千零八十七条的规定，以双方协议为先。本案中，赵某与李某在民政局签订的《离婚协议书》的初稿是在湖北省丹江口市六里坪镇法律服务所签订，对于70000元债务由其二人各承担35000元，以上事实足以证明不存在李某被胁迫或重大误解，或显失公平的情况下，《离婚协议书》系各方当事人自愿签订，对双方均具有法律约束力。

第一千零八十八条　【离婚时的经济补偿请求权】

夫妻一方因抚育子女、照料老年人、协助另一方工作等负担较多义务的，离婚时有权向另一方请求补偿，另一方应当给予补偿。具体办法由双方协议；协议不成的，由人民法院判决。

① 一审法院为湖北省十堰市茅箭区人民法院，案号：（2015）鄂茅箭民一初字第00308号；二审法院为湖北省十堰市中级人民法院，案号：（2015）鄂十堰中民四终字第00213号。

本条来源

《婚姻法》第四十条规定："夫妻书面约定婚姻关系存续期间所得的财产归各自所有，一方因抚育子女、照料老人、协助另一方工作等付出较多义务的，离婚时有权向另一方请求补偿，另一方应当予以补偿。"

立法演变

一审稿第八百六十六条规定："一方因抚育子女、照料老人、协助另一方工作等付出较多义务的，离婚时有权向另一方请求补偿，另一方应当予以补偿。具体办法由双方协议；协议不成时，由人民法院判决。"

二审稿第八百六十六条将"一方因抚育子女"改成"夫妻一方因抚育子女"；将"照料老人"改成"照料老年人"；将"协议不成时"改成"协议不成的"。

征求意见稿在二审稿基础上并无改动。

条文释义

本条规定了离婚经济补偿制度。

本法规定，夫妻一方因抚育子女、照料老人、协助另一方工作等付出较多义务的，离婚时有权向另一方请求补偿，另一方应当予以补偿。这是现行法所确立的离婚经济补偿制度。

补偿请求权是离婚时由多付出义务的一方向另一方提出补偿请求的权利。该权利的产生对于夫妻一方从事家务劳动或协助工作予以了正确的评价。家务劳动是指不能直接产生经济效益的、为满足家庭成员的生活需要所从事的劳动，包括料理家务、抚养子女、照料老人等。家务劳动虽然不能直接创造经济价值，但可以节约家庭的支出，从而间接地增加家庭的财富。不管是共同财产制，还是分别财产制，从事家务劳动的一方对配偶婚后所得财产享有共有权，家务劳动与社会劳动具有同等价值。

补偿请求权的行使时间限于离婚时，该权利可以行使，也可以放弃。该权利行使的条件如下：第一，一方在家庭生活中付出较多义务，是指在婚姻关系存续期间，夫妻一方比另一方付出的抚育子女、照料老人、协助另一方工作等义务更多，对家庭的建设贡献较大。第二，双方婚姻关系已经解除，是发生经济补偿责任的必要条件。如果没有发生离婚的事实，不发生经济补偿义务。第三，由付出较多义务的一方提出进行经济补偿的请求。

经济补偿的数额，应当由双方协商解决。协商不成的，向法院起诉，由人民法院判决。人民法院判决时，应考虑请求权人付出义务的大小，请求权人因此受到损失和另一方从中受益的情况，综合确定。具体来说，应斟酌以下因素：第一，一方付出义务的多少。付出义务的多少是确定补偿数额的主要因素。这种根据付出家务劳动的强度和时间、协助对方工作的多少来确定补偿数额，实际上就是将家务劳动和协助工作的价值货币化、有形化。为此，可以将向市场购买同等工作量的家务劳动所需要的价格、雇用他人需要花费多少成本作为参考因素。第二，少付出义务一方因之获得的利益。获得的利益不仅包括显性的、有形的财产价值，如收入、购置的房产等，而且包括隐性的、无形的可期待性利益，如文凭、执照、专业职称、尚未获得利益的知识产权等。在确定补偿数额时，既应考虑少付出义务的一方因而获得的有形财产价值，更应考虑因之获得的无形的可期待财产利益的价值。

法条关联

◆《妇女权益保障法》

第四十七条 妇女对依照法律规定的夫妻共同财产享有与其配偶平等的占有、使用、收益和处分的权利，不受双方收入状况的影响。

夫妻书面约定婚姻关系存续期间所得的财产归各自所有，女方因抚育子女、照料老人、协助男方工作等承担较多义务的，有权在离婚时要求男方予以补偿。

◆《涉及家庭暴力婚姻案件审理指南》

第五十七条 家务劳动的平等对待

在家务劳动、抚育子女、照料老人等方面付出较多的当事人，在财产分割时可以适当予以照顾或补偿。

案例评议

闫相某与王跃某同居关系子女抚养纠纷案①

◆ **裁判规则**

法院认为，本案按同居关系子女抚养纠纷进行审理。原、被告在同居期间共生育一儿一女，原告要求抚养女儿不违反法律规定，应予支持，但原告从2011年4月外出期间，两个孩子一直由被告抚养，原告对孩子未尽到抚养义务，应给予被告一定的补偿。判决原、被告所生儿子王某甲由被告王跃某抚养，女儿王某乙由原告闫相某抚养，双方互不承担抚养费。原告闫相某于本判决生效后十日内补偿被告王跃某6000元。

◆ **评议**

父母对未成年子女负有共同抚养义务，若一方离家外出期间而免除其对未成年子女的法定抚养义务，对独自抚养未成年子女长大成人的另一方来说显然不公平，也不符合社会基本的公序良俗。本案中，原告离家外出三年，对两个孩子未尽到抚养义务，被告独自将两个孩子抚养成人，所以原告应当给予被告补偿。

第一千零八十九条　【离婚时夫妻共同债务的清偿】

离婚时，夫妻共同债务应当共同偿还。共同财产不足清偿或者财产归各自所有的，由双方协议清偿；协议不成的，由人民法院判决。

本条来源

《婚姻法》第四十一条规定："离婚时，原为夫妻共同生活所负的债务，应当共同偿还。共同财产不足清偿的，或财产归各自所有的，由双方协议清偿；协议不成时，由人民法院判决。"

① 审理法院为宜阳县人民法院，案号：（2014）宜民六初字第97号。

立法演变

一审稿第八百六十七条规定："离婚时，夫妻共同债务，应当共同偿还。共同财产不足清偿或者财产归各自所有的，由双方协议清偿；协议不成时，由人民法院判决。"

二审稿在一审稿基础上并无改动。

征求意见稿在二审稿基础上并无改动。

条文释义

本条是关于夫妻共同债务清偿方法的规定。

一、夫妻共同债务的概念及范围

夫妻共同债务是指夫妻一方或双方在婚姻关系存续期间，为维持婚姻家庭共同生活或者为共同生产、经营活动所负的债务。夫妻共同债务具有两个基本特征：（1）须产生于双方婚姻关系存续期间，即双方结婚之日起至离婚时止的期间。（2）须用于夫妻共同生活或共同生产、经营活动，包括履行抚养、赡养义务等。符合上述条件，不论是以夫妻一方或者双方的名义所负的债务，都属于共同债务。反之，如果债务不是发生在婚姻关系存续期间，或者虽然发生在婚姻关系存续期间，但不是用于共同生活或共同生产经营的，都不属于共同债务，而是夫妻一方的个人债务。

根据最高人民法院的相关意见，下列债务不能认定为夫妻共同债务，应由一方以个人财产清偿：（1）夫妻双方约定由个人负担的债务，但以逃避债务为目的的除外。（2）一方未经对方同意，擅自资助与其没有抚养义务的亲朋所负的债务。（3）一方未经对方同意，独自筹资从事经营活动，其收入确未用于共同生活所负的债务。审判实践中，对夫妻关系存续期间一方从事合法经营造成亏损或双方从事非法经营造成亏损，或者虽由一方进行非法经营，但另一方明知而不反对的债务，一律作为夫妻共同债务加以认定，但对一方从事非法经营，配偶的另一方并不知情或事先已明确表示反对的债务，一般认定为个人债务。（4）其他应由个人承担的债务。一方非为共同生活所需而负担的债务，原则上应由其个人财产偿还。根据本法的相关规定，一方的婚前财产、遗嘱或赠与合同中确定只归夫或妻一方的财产为一方个人财产以及一方因个人不合理的开支，如赌博、吸毒、酗酒所负债务，或夫妻分居期间所负的债务等也认定为个人债务。

为共同生活所负的债务，包括因购置家庭生活用品、支付家庭生活开支所负的债务；修建、购买、装修房屋所负的债务；为履行抚养教育子女、赡养扶助父母等义务所负的债务；夫妻一方或双方为治疗疾病所负的债务；从事双方同意的文化教育、文娱体育活动所负的债务；以及其他在日常家庭生活中发生的债务。为共同生产、经营所负的债务，包括双方共同从事个体工商业、农村承包经营所负的债务；双方共同从事投资或者其他金融证券交易活动所负的债务；经双方同意由一方经营且收入用于共同生活所负的债务；夫妻一方用夫妻共同财产投资，以个人名义从事生产、经营活动，或虽由一方独自筹资但收益用于共同生活所负的债务等。

二、夫妻共同债务的推定

夫妻一方在婚姻关系存续期间，以个人名义所负债务是否用于婚后家庭共同生活，债权人难以知晓。无论是约定共同制，还是法定共同制，原则上为夫妻共同生活所欠的债务，无论是否夫妻共同所为，他方是否认可，均应推定为共同债务。为保障债权人的合法权益，基于夫妻婚姻关系的连带性，应当推定夫妻一方在婚姻关系存续期间以个人名义所负债务为夫妻共同债务。

在认定夫妻共同债务时，应注意下列三点：第一，夫妻双方在婚姻关系存续期间以双方名义所负债务，应当认定为夫妻共同债务。第二，夫妻一方在婚姻关系存续期间以个人名义所负债务，应当按夫妻共同债务处理。但夫妻一方能够证明债权人与债务人明确约定为个人债务，或者能够证明债权人在债权债务关系成立时知道夫妻对婚姻关系存续期间所得的财产约定归各自所有的，即债权人明知夫妻约定实行分别财产制的，夫或妻一方对外所负的债务应认定为其个人债务，以夫或妻一方所有的财产清偿。第三，债权人就一方婚前所负个人债务向债务人的配偶主张权利的，人民法院不予支持。但债权人能够证明所负债务用于婚后家庭共同生活的除外。

三、离婚时夫妻共同债务的清偿

婚姻关系终结时，夫妻债务清偿应遵循的原则是共同债务以共同财产清偿，个人债务以个人财产偿还。这就涉及共同债务和个人债务的界定问题，不同的财产制度有不同的划分。对于非共同生活所负债务，凡经双方事先认可的，也应由双方共同清偿。凡为个人需要而支付的费用或负担债务，应由本人以其个人财产清偿，他方无代偿义务。若夫妻间实行完全分别财产制，在没有共同财产的情况下，为夫妻共同生活所负债务应由双方协议清偿，协议不成时，由法院参照共同财产制下的同类问题处理。

夫妻共同债务是法定连带债务，在司法实践中必须明确离婚时共同债务清偿的效力，以保护债权人的合法权益。

第一，对于已届清偿期的共同债务由共同财产偿还，夫妻共同债务因清偿而消灭。共同财产清偿债务后剩下的部分，由双方分割。

第二，双方共同财产不足清偿，或者财产归各自所有的，或离婚时尚未到期的共同债务，一方或双方不愿意提前清偿，则由双方协议确定各自所应承担共同债务的份额。在此情形下，双方的债务清偿协议除经债权人同意并免除其连带责任外，仅具有对内的效力，不过是双方约定各自分担的债务份额，并不因此而产生对外的效力。离婚后，对于债权人而言，该项债务仍为连带债务，债权人仍有权就夫妻共同债务向男女双方主张权利。

第三，双方协议不成时，由人民法院判决。法院根据双方的经济状况、经济能力及照顾女方和直接抚养子女一方的原则，判决双方按一定比例承担债务或者让具有较强经济能力的一方单独承担债务。在此情形下，法院判决确定的是双方各自分担的债务份额，也仅具有对内效力，并不能因此而认为法院的判决具有将连带债务变更为按份债务的确定力。人民法院的判决书、裁定书、调解书已经对夫妻财产分割问题作出处理的，债权人仍有权就夫妻共同债务向男女双方主张权利。

第四，一方就共同债务承担连带清偿责任后，有权基于离婚协议或者人民法院的法律文书向另一方主张追偿，此即连带债务人间的求偿权。

法条关联

◆《最高人民法院关于适用〈中华人民共和国婚姻法〉若干问题的解释（二）》

第二十四条 债权人就婚姻关系存续期间夫妻一方以个人名义所负债务主张权利的，应当按夫妻共同债务处理。但夫妻一方能够证明债权人与债务人明确约定为个人债务，或者能够证明属于婚姻法第十九条第三款规定情形的除外。

夫妻一方与第三人串通，虚构债务，第三人主张权利的，人民法院不予支持。

夫妻一方在从事赌博、吸毒等违法犯罪活动中所负债务，第三人主张权利的，人民法院不予支持。

第二十五条　当事人的离婚协议或者人民法院的判决书、裁定书、调解书已经对夫妻财产分割问题作出处理的，债权人仍有权就夫妻共同债务向男女双方主张权利。

一方就共同债务承担连带清偿责任后，基于离婚协议或者人民法院的法律文书向另一方主张追偿的，人民法院应当支持。

◆《最高人民法院关于审理涉及夫妻债务纠纷案件适用法律有关问题的解释》

第一条　夫妻双方共同签字或者夫妻一方事后追认等共同意思表示所负的债务，应当认定为夫妻共同债务。

第二条　夫妻一方在婚姻关系存续期间以个人名义为家庭日常生活需要所负的债务，债权人以属于夫妻共同债务为由主张权利的，人民法院应予支持。

第三条　夫妻一方在婚姻关系存续期间以个人名义超出家庭日常生活需要所负的债务，债权人以属于夫妻共同债务为由主张权利的，人民法院不予支持，但债权人能够证明该债务用于夫妻共同生活、共同生产经营或者基于夫妻双方共同意思表示的除外。

◆《最高人民法院关于依法妥善审理涉及夫妻债务案件有关问题的通知》

各省、自治区、直辖市高级人民法院，解放军军事法院，新疆维吾尔自治区高级人民法院生产建设兵团分院：

家事审判工作是人民法院审判工作的重要内容。在家事审判工作中，正确处理夫妻债务，事关夫妻双方和债权人合法权益的保护，事关婚姻家庭稳定和市场交易安全的维护，事关和谐健康诚信经济社会建设的推进。为此，最高人民法院审判委员会第1710次会议讨论通过《最高人民法院关于适用〈中华人民共和国婚姻法〉若干问题的解释（二）的补充规定》，对该司法解释第二十四条增加规定了第二款和第三款。2017年2月28日，最高人民法院公布了修正的《最高人民法院关于适用〈中华人民共和国婚姻法〉若干问题的解释（二）》。为依法妥善审理好夫妻债务案件，现将有关问题通知如下：

一、坚持法治和德治相结合原则。在处理夫妻债务案件时，除应当依照婚姻法等法律和司法解释的规定，保护夫妻双方和债权人的合法权益，还应当结合社会主义道德价值理念，增强法律和司法解释适用的社会效果，以达到真正化解矛盾纠纷、维护婚姻家庭稳定、促进交易安全、推动经济社会和谐健康发展的目的。

二、保障未具名举债夫妻一方的诉讼权利。在审理以夫妻一方名义举债的案件中，原则上应当传唤夫妻双方本人和案件其他当事人本人到庭；需要证人出庭作证的，除法定事由外，应当通知证人出庭作证。在庭审中，应当按照《最高人民法院关于适用〈中华人民共和国民事诉讼法〉的解释》的规定，要求有关当事人和证人签署保证书，以保证当事人陈述和证人证言的真实性。未具名举债一方不能提供证据，但能够提供证据线索的，人民法院应当根据当事人的申请进行调查取证；对伪造、隐藏、毁灭证据的要依法予以惩处。未经审判程序，不得要求未举债的夫妻一方承担民事责任。

三、审查夫妻债务是否真实发生。债权人主张夫妻一方所负债务为夫妻共同债务的，应当结合案件的具体情况，按照《最高人民法院关于审理民间借贷案件适用法律若干问题的规定》第十六条第二款、第十九条规定，结合当事人之间关系及其到庭情况、借贷金额、债权凭证、款项交付、当事人的经济能力、当地或者当事人之间的交易方式、交易习惯、当事人财产变动情况以及当事人陈述、证人证言等事实和因素，综合判断债务是否发生。防止违反法律和司法解释规定，仅凭借条、借据等债权凭证就认定存在债务的简单做法。

在当事人举证基础上，要注意依职权查明举债一方作出有悖常理的自认的真实性。对夫妻一方主动申请人民法院出具民事调解书的，应当结合案件基础事实重点审查调解协议是否损害夫妻另一方的合法权益。对人民调解协议司法确认案件，应当按照《最高人民法院关于适用〈中华人民共和国民事诉讼法〉的解释》要求，注重审查基础法律关系的真实性。

四、区分合法债务和非法债务，对非法债务不予保护。在案件审理中，对夫妻一方在从事赌博、吸毒等违法犯罪活动中所负的债务，不予法律保护；对债权人知道或者应当知道夫妻一方举债用于赌博、吸毒等违法犯罪活动而向其出借款项，不予法律保护；对夫妻一方以个人名义举债后用于个人违法犯罪活动，举债人就该债务主张按夫妻共同债务处理的，不予支持。

五、把握不同阶段夫妻债务的认定标准。依照婚姻法第十七条、第十八条、第十九条和第四十一条有关夫妻共同财产制、分别财产制和债务偿还原则以及有关婚姻法司法解释的规定，正确处理夫妻一方以个人名义对外所负债务问题。

六、保护被执行夫妻双方基本生存权益不受影响。要树立生存权益高于债权的理念。对夫妻共同债务的执行涉及到夫妻双方的工资、住房等财产权益，甚至可能损害其基本生存权益的，应当保留夫妻双方及其所扶养家属的生活必需费用。执行夫妻名下住房时，应保障生活所必需的居住房屋，一般不得拍卖、变卖或抵债被执行人及其所扶养家属生活所必需的居住房屋。

七、制裁夫妻一方与第三人串通伪造债务的虚假诉讼。对实施虚假诉讼的当事人、委托诉讼代理人和证人等，要加强罚款、拘留等对妨碍民事诉讼的强制措施的适用。对实施虚假诉讼的委托诉讼代理人，除依法制裁外，还应向司法行政部门、律师协会或者行业协会发出司法建议。对涉嫌虚假诉讼等犯罪的，应依法将犯罪的线索、材料移送侦查机关。

以上通知，请遵照执行。执行中有何问题，请及时报告我院。

◆《最高人民法院关于办理涉夫妻债务纠纷案件有关工作的通知》

《最高人民法院关于审理涉及夫妻债务纠纷案件适用法律有关问题的解释》（以下简称《解释》），已自2018年1月18日起施行，为依法平等保护各方当事人合法权益，现就有关工作通知如下：

一、正在审理的一审、二审案件，适用《解释》的规定。

二、已经终审的案件，甄别时应当严格把握认定事实不清、适用法律错误、结果明显不公的标准。比如，对夫妻一方与债权人恶意串通坑害另一方，另一方在毫不知情的情况下无端背负巨额债务的案件等，应当依法予以纠正。再审案件改判引用法律条文时，尽可能引用婚姻法第十七条、第四十一条等法律。

三、对于符合改判条件的终审案件，要加大调解力度，尽可能消化在再审审查阶段或者再审调解阶段。案件必须改判的，也要尽量做好当事人服判息诉工作。

四、对于符合上述改判条件的终审案件，也可由执行部门尽量通过执行和解等方式，解决对利益严重受损的配偶一方权益保护问题。

案例评议

由某与陈某离婚后财产纠纷案[①]

◆ **裁判规则**

法院认为，被告在双方婚姻关系存续期间购买的保险，具有财产价值，属于夫妻共同财产，至双方离婚时，该保险合同的现金价值为42824.85元，应以此作为分割的价值依据。因该保险合同的被保险人为被告，故该合同归被告所有，被告应给付原告该保险合同价值的一半的折价款，经计算为21412.42元。原告母亲沙某确实通过其银行账户代被告支付了两笔保险费共计12184元，沙某陈述其并没有赠与给原、被告款项的意愿，应当作为原、被告的夫妻共同债务予以偿还。考虑到沙某系原告母亲，故该笔款项由原告进行偿还，被告须给付原告6092元。因此，判决：（1）中国平安人寿保险股份有限公司P0755×××××号保险合同归被告陈某所有，被告给付原告由某该保险合同现金价值折价款21412.42元；（2）夫妻共同债务12184元由原告偿还，被告给付原告6092元。

◆ **评议**

《民法典》婚姻家庭编第一千零六十四条第一款规定，夫妻双方共同签字或者夫妻一方事后追认等共同意思表示所负的债务，以及夫妻一方在婚姻关系存续期间以个人名义为家庭日常生活需要所负的债务，属于夫妻共同债务。本案中，被告在双方婚姻关系存续期间购买的保险，属于夫妻共同财产，由此产生的债务也应为夫妻共同债务，应由原、被告共同偿还。

第一千零九十条　【离婚经济帮助】

离婚时，如果一方生活困难，有负担能力的另一方应当给予适当帮助。具体办法由双方协议；协议不成的，由人民法院判决。

---

① 审理法院为大连市沙河口区人民法院，案号：（2018）辽0204民初4474号。

本条来源

《婚姻法》第四十二条规定："离婚时，如一方生活困难，另一方应从其住房等个人财产中给予适当帮助。具体办法由双方协议；协议不成时，由人民法院判决。"

立法演变

一审稿第八百六十八条规定："离婚时，如一方生活困难，有负担能力的另一方应当给予适当帮助。具体办法由双方协议；协议不成的，由人民法院判决。"

二审稿在一审稿基础上并无改动。

征求意见稿在二审稿基础上并无改动。

条文释义

本条规定了离婚时的经济帮助。

一、经济帮助的概念及性质

经济帮助是指夫妻离婚时，因一方生活确有困难，经双方协议或法院判决，由有条件的一方从其个人财产中给予另一方适当资助的制度。经济帮助既不以一方付出更多的义务为先决条件，也不以一方是否有过错为必要，而是以一方在离婚时存在生活困难为前提，故与离婚经济补偿制度以及离婚损害赔偿制度都不相同。过错方只要符合相应的条件，也可以提出经济帮助的要求。

经济帮助不同于夫妻间的扶养义务。夫妻间相互扶养的义务以婚姻关系存续为条件，随着婚姻关系的终止而终止。离婚时一方对另一方的困难帮助，以夫妻解除婚姻关系为前提，以一方生活存在困难为条件，有条件的一方有义务帮助另一方。因此，经济帮助不是夫妻之间互相扶养义务的继续和延伸，而是婚姻法上对离婚时生活困难的一方予以经济保障的救助措施。

二、经济帮助的适用条件

离婚时一方给予另一方经济帮助是有条件的，这些条件相互联系，构成一个有机结合的整体，缺一不可。

第一，一方必须存在生活困难。生活困难是指在分割夫妻共同财产后，依靠个人财产和离婚时分得的财产无法维持当地基本生活水平。主要包括：一方有残疾或患有重大疾病，完全或大部分丧失劳动能力，又没有其他生活来源；一方因客观原因失业且收入低于本市城镇居民最低生活保障线；其他生活特别困难的情形。判断离婚当事人是否存在生活困难，应当以在分割夫妻共同财产后，其财产是否能维持其基本生活为标准。

第二，一方必须是在离婚时存在生活困难。即这种经济帮助具有严格的时间界限，仅仅限于离婚之时。如果离婚时一方不存在生活困难，而离婚后才发生生活困难，另一方已无给予经济帮助的义务。

第三，另一方须具有给予适当帮助的经济能力。一方存在生活困难，另一方没有提供帮助所必要的经济能力，如自己的生活也存在困难，或者只能勉强维持生活，即不负担给予经济帮助的义务。适当帮助的具体办法由双方当事人协议；协议不成的，由人民法院根据生活困难一方的实际需要和另一方的经济能力等具体情况判定，帮助的内容既可以是房屋的所有权或使用权等实物形式，也可以是金钱。

三、经济帮助的执行

经济帮助的具体执行方法有双方协议，协议不成的，由人民法院判决。人民法院在判决时，应查明双方的财产状况、经济条件、谋生能力、受帮助方的生活困难程度、帮助方的负担能力等因素，结合当地的一般生活水准及双方婚姻关系存续期间的生活水平，确定一方给予另一方的适当帮助。

离婚时，若一方年轻、有劳动能力，只是生活暂时有困难的，另一方可给予短期的或一次性的帮助。结婚多年，一方年老病残、失去劳动能力而又无生活来源的，另一方应在居住和生活等方面给予适当的安排，在经济上可视具体情况，给予一次性帮助或长期的帮助。离婚时，一方以个人财产中的住房对生活困难者进行帮助的形式，可以是房屋的居住权或者房屋的所有权。在执行帮助期间，受资助一方另行结婚或经济收入足以维持生活时，对已经确定的帮助费尚未执行或者未全部执行的，帮助一方即可停止给付。原定经济帮助执行完毕后，受帮助方要求对方继续给予帮助的，人民法院一般不予支持。

法条关联

◆《最高人民法院关于适用〈中华人民共和国婚姻法〉若干问题的解释（一）》

第二十七条 婚姻法第四十二条所称“一方生活困难”，是指依靠个人财产和离婚时分得的财产无法维持当地基本生活水平。

一方离婚后没有住处的，属于生活困难。

离婚时，一方以个人财产中的住房对生活困难者进行帮助的形式，可以是房屋的居住权或者房屋的所有权。

◆《广东省高级人民法院关于审理婚姻案件若干问题的指导意见》

23.《婚姻法》第四十二条所称的“生活困难”，是指在离婚时夫妻一方个人的收入和全部的财产不足以维持最近时期的基本生活。主要包括：

（1）一方有残疾或患有重大疾病，完全或大部分丧失劳动能力，又没有其他生活来源；

（2）一方因客观原因失业且收入低于本市城镇居民最低生活保障线；

（3）其他生活特别困难的情形。

“适当帮助”的具体办法，由双方当事人协议；协议不成时，由人民法院根据生活困难一方的实际需要和另一方的经济能力等具体情况判定，帮助的内容既可以是房屋的所有权或使用权等实物形式，也可以是金钱。

案例评议

方某与单某离婚纠纷案①

◆ **裁判规则**

一审法院认为，原、被告夫妻感情确已破裂，应当准予离婚。鉴于被告身患疾病，生活有一定困难，原告负有夫妻之间相互扶助的法定义务，应对被告进行相应的经济帮助。被告本人有部分养老金，尚有四个子女，可以对其进行赡养，酌定原告对被告生活的经济帮助数额以人民币5000元为宜。因此，判决：（1）准许原告方某与被告单某离婚。（2）原告方某付给被告单某一次性经济帮助人民币5000元，于判决生效后十日内付清。

被告方某不服一审判决提起上诉，二审法院经审理，驳回上诉。

◆ **评议**

夫妻之间有相互扶助的法定义务，所谓“一方生活困难”是指“依靠个人

① 一审法院为平度市人民法院，案号：（2015）平民一初字第2027号；二审法院为山东省青岛市中级人民法院，案号：（2015）青民五终字第2037号。

财产和离婚时分得的财产无法维持当地基本生活水平，一方离婚后没有住所的，属于生活困难”。就本案而言，虽然被告居住在养老机构，但已投农村养老保险，有部分养老金可领取，尚有四个子女可以对其进行赡养，并非我国婚姻法中规定的生活困难的情形。

第一千零九十一条　【无过错方请求离婚损害赔偿的情形】

有下列情形之一，导致离婚的，无过错方有权请求损害赔偿：

（一）重婚；

（二）与他人同居；

（三）实施家庭暴力；

（四）虐待、遗弃家庭成员；

（五）有其他重大过错。

本条来源

《婚姻法》第四十六条规定：“有下列情形之一，导致离婚的，无过错方有权请求损害赔偿：

（一）重婚的；

（二）有配偶者与他人同居的；

（三）实施家庭暴力的；

（四）虐待、遗弃家庭成员的。”

立法演变

一审稿第八百六十九条规定：“有下列情形之一，导致离婚的，无过错方有权请求损害赔偿：

（一）重婚的；

（二）与他人同居的；

（三）实施家庭暴力的；

（四）虐待、遗弃家庭成员的；

（五）有其他重大过错的。”

二审稿在一审稿基础上并无改动。

征求意见稿第一千零九十一条将“重婚的”改成“重婚”；将“与他人同居的”改成“与他人同居”；将“实施家庭暴力的”改成“实施家庭暴力”；将“虐待、遗弃家庭成员的”改成“虐待、遗弃家庭成员”；将“有其他重大过错的”改成“有其他重大过错”。

条文释义

本条规定了无过错方离婚损害赔偿制度。

一、离婚损害赔偿的概念及特征

离婚损害赔偿是指夫妻一方因为过错实施法律规定的违法行为，妨害婚姻关系和家庭关系，导致夫妻离婚，过错方应当承担的侵权损害赔偿责任。离婚过错损害赔偿的法律特征是：由于离婚而发生的损害赔偿；基于过错而发生的损害赔偿；侵害对方配偶的权利而造成婚姻关系损害的损害赔偿；发生在婚姻领域中的侵权损害赔偿。

二、离婚损害赔偿责任的构成要件

离婚损害赔偿责任的构成要件如下：

（一）行为具有违法性

一是重婚，二是与他人同居，三是实施家庭暴力，四是虐待、遗弃家庭成员，五是有其他重大过错。实施上述违法行为的主体是有过错的配偶。这些行为侵害他人的权利，行为人违反了这些权利中的法定义务，具有违法性。

（二）有损害事实

包括重婚、与他人同居，侵害对方配偶的配偶权；实施家庭暴力、虐待、遗弃，侵害配偶的身体权、健康权，受害人受到的损害包括人身损害和精神损害，并最终导致了夫妻离婚的法律后果。离婚是该请求权的必要条件，没有离婚的事实，就不存在离婚损害赔偿责任。

（三）行为与损害间存在因果关系

违法行为（重婚、与他人同居、实施家庭暴力、虐待或者遗弃）造成配偶权、身体权或者健康权、亲权或者亲属权等损害；配偶权、身体权或者健康权、亲权或者亲属权的损害造成婚姻关系破裂的损害。

（四）一方存在过错

本条增加了“有其他重大过错的”违法行为作为兜底条款，不仅扩大了离婚过错损害赔偿责任的适用范围，而且有利于救济受到损害一方的合法权益。过错是指具有侵权责任能力的人实施行为时对行为性质以及可能造成的损害结果的心理态度，该心理态度为法和社会道德所否认。过错具有下列特征：第一，过错兼含心理和法律双重构成要素，是受法律否定的普通心理现象在法律上的反映。过错在法律领域内分为“故意”和“过失”两种基本表现形态，这两种形态与普通心理学领域内的“蓄意”和“无意”相对。第二，过错依附于法律而存在。第三，过错具有主观性，但该主观性并不影响过错的可认识性。过错一旦通过行为表现出来，产生了一定的后果，那么它就不再受行为人意志的控制，而是客观存在、不能予以否认的。只有通过分析行为人意志支配下的行为和结果，才能够透过现象发现本质，确切认识行为人是否存在过错及准确地认定过错的程度。

三、我国离婚损害赔偿之诉的制度框架

本条及最高人民法院三部婚姻法司法解释中的相关规定构建起了我国离婚损害赔偿之诉的制度框架。

（一）离婚损害赔偿请求权的行使

离婚损害赔偿请求权不同于一般的侵权损害赔偿请求权，由婚姻法专门作出规定，是婚姻法赋予无过错方离婚时所享有的权利。因此，适格的原告必须是无过错的一方配偶，而适格的被告则是有过错的一方配偶。尽管实践中也曾经出现过能否将受到损害的未成年子女及其他家庭成员作为请求权人，将造成离婚的第三者作为义务人，从而赋予其相应的诉讼主体资格的争论，但根据《最高人民法院关于适用〈中华人民共和国婚姻法〉若干问题的解释（一）》第二十九条的规定，我国离婚损害赔偿之诉的适格当事人只限于配偶双方，再无扩大解释的空间。

该请求权行使的权利主体和义务主体均为法律特定。权利主体仅限于无过错方，即由与过错方存在有效婚姻关系的配偶一方提出损害赔偿的请求。无过错方没有提出请求，人民法院在处理离婚案件时不能主动干预、处理。因此，该权利专属于无过错方，权利行使与否只能由权利人自己决定。子女、无效婚姻及可撤销婚姻中的“配偶”等因一方过错行为受到损害的，不能适用离婚损害赔偿，只能适用侵权责任编的相关规定。义务主体仅限于有过错方。只有与无过错方形成有效婚姻关系的配偶才是赔偿义务主体，其他人不属于离婚损害赔偿的义务主体。

（二）离婚损害赔偿之诉的启动方式

尽管最高人民法院将离婚之诉和离婚损害赔偿之诉都视为离婚纠纷，适用同一种案由。但从诉的要素（当事人、诉讼理由和诉讼标的）的角度看，离婚之诉和离婚损害赔偿之诉是两个独立的诉。但由于起诉情形的不同（过错方抑或无过错方作为原告提起离婚之诉），在诉讼要件、诉的合并类型和审理程序上亦存在不同的规则，尤其是离婚损害赔偿之诉的启动比较复杂。

首先，需要区分协议离婚和诉讼离婚，根据《最高人民法院关于适用〈中华人民共和国婚姻法〉若干问题的解释（二）》第二十七条的规定，协议离婚后，无过错方可以在办理离婚登记手续一年内提起离婚损害赔偿之诉。其次，对于诉讼离婚的情形，需要区分离婚之诉的原告是过错方还是无过错方，根据《最高人民法院关于适用〈中华人民共和国婚姻法〉若干问题的解释（一）》第三十条第一项的规定，无过错方是离婚之诉原告的，必须同时提起离婚损害赔偿请求，不能在离婚之诉以后再单独提起离婚损害赔偿之诉。最后，过错方是离婚之诉原告的，需要根据无过错方提出离婚损害赔偿的时间来确定诉讼程序，根据《最高人民法院关于适用〈中华人民共和国婚姻法〉若干问题的解释（一）》第十条第二项、第三项的规定，无过错方在离婚之诉一审时提出赔偿请求的，法院可以合并审理；无过错方在离婚之诉二审时才提出赔偿请求的，人民法院应当进行调解，调解不成的，告知其在离婚后一年内另行起诉；无过错方未在离婚之诉中提出赔偿请求的，可以在离婚后一年内单独提起离婚损害赔偿之诉。

法条关联

◆《最高人民法院关于适用〈中华人民共和国婚姻法〉若干问题的解释（三）》

第十七条 夫妻双方均有婚姻法第四十六条规定的过错情形，一方或者双方向对方提出离婚损害赔偿请求的，人民法院不予支持。

◆《最高人民法院关于适用〈中华人民共和国婚姻法〉若干问题的解释（二）》

第一条 当事人起诉请求解除同居关系的，人民法院不予受理。但当事人请求解除的同居关系，属于婚姻法第三条、第三十二条、第四十六条规定的

"有配偶者与他人同居"的，人民法院应当受理并依法予以解除。

当事人因同居期间财产分割或者子女抚养纠纷提起诉讼的，人民法院应当受理。

第二十七条 当事人在婚姻登记机关办理离婚登记手续后，以婚姻法第四十六条规定为由向人民法院提出损害赔偿请求的，人民法院应当受理。但当事人在协议离婚时已经明确表示放弃该项请求，或者在办理离婚登记手续一年后提出的，不予支持。

◆**《最高人民法院关于适用〈中华人民共和国婚姻法〉若干问题的解释（一）》**

第一条 婚姻法第三条、第三十二条、第四十三条、第四十五条、第四十六条所称的"家庭暴力"，是指行为人以殴打、捆绑、残害、强行限制人身自由或者其他手段，给其家庭成员的身体、精神等方面造成一定伤害后果的行为。持续性、经常性的家庭暴力，构成虐待。

第二条 婚姻法第三条、第三十二条、第四十六条规定的"有配偶者与他人同居"的情形，是指有配偶者与婚外异性，不以夫妻名义，持续、稳定地共同居住。

第二十九条 承担婚姻法第四十六条规定的损害赔偿责任的主体，为离婚诉讼当事人中无过错方的配偶。

人民法院判决不准离婚的案件，对于当事人基于婚姻法第四十六条提出的损害赔偿请求，不予支持。

在婚姻关系存续期间，当事人不起诉离婚而单独依据该条规定提起损害赔偿请求的，人民法院不予受理。

第三十条 人民法院受理离婚案件时，应当将婚姻法第四十六条等规定中当事人的有关权利义务，书面告知当事人。在适用婚姻法第四十六条时，应当区分以下不同情况：

（一）符合婚姻法第四十六条规定的无过错方作为原告基于该条规定向人民法院提起损害赔偿请求的，必须在离婚诉讼的同时提出。

（二）符合婚姻法第四十六条规定的无过错方作为被告的离婚诉讼案件，如果被告不同意离婚也不基于该条规定提起损害赔偿请求的，可以在离婚后一年内就此单独提起诉讼。

（三）无过错方作为被告的离婚诉讼案件，一审时被告未基于婚姻法第四十六条规定提出损害赔偿请求，二审期间提出的，人民法院应当进行调解，调解不成的，告知当事人在离婚后一年内另行起诉。

◆《最高人民法院公布49起婚姻家庭纠纷典型案例》

二、王某诉江某离婚案

……

（三）典型意义

……我国婚姻法明确禁止家庭暴力，规定配偶一方对另一方实施家庭暴力，经调解无效的应准予离婚，因实施家庭暴力导致离婚的，无过错方在离婚时有权请求损害赔偿……

◆《涉及家庭暴力婚姻案件审理指南》

第二条 家庭暴力的定义

家庭暴力作为国际领域普遍关注的一个社会问题，相关国际公约对其作了界定。尽管家庭暴力受害人并不限于妇女，有些情况下男性和儿童也会成为受害人，但是，由于针对妇女的家庭暴力最为普遍、最为严重，所以相关国际公约和其他国际文件对针对妇女的家庭暴力的界定通常只表述为针对妇女的暴力。

《联合国消除对妇女的暴力行为宣言》（1993）第一条规定，“对妇女的暴力行为”系指对妇女造成或可能造成身心方面或性方面的伤害或痛苦的任何基于性别的暴力行为，包括威胁进行这类行为、强迫或任意剥夺自由，而不论其发生在公共生活还是私人生活中。

联合国秘书长《关于侵害妇女的一切形式的暴力行为的深入研究》（2006）指出，基于性别的针对妇女的暴力行为是指“因为是女性而对她施加暴力或者特别影响到妇女的暴力，包括施加于身体、心理或性的伤害或痛苦或威胁施加这类行为，强迫和其他剥夺自由的行为。基于暴力的行为损害或阻碍妇女依照一般国际或人权公约享受人权和基本自由，符合联合国《消除对妇女的暴力行为宣言》第一条的规定”。

最高人民法院关于适用《中华人民共和国婚姻法》若干问题的解释（一）（2001）第一条规定：“家庭暴力是指行为人以殴打、捆绑、残害、强行限制人身自由或者其他手段，给其家庭成员的身体、精神等方面造成一定伤害后果的行为。持续性、经常性的家庭暴力，构成虐待。”

鉴于本指南旨在指导涉及家庭暴力的婚姻家庭案件的审理，所以本指南中的家庭暴力，是指发生在家庭成员之间，主要是夫妻之间，一方通过暴力或胁迫、侮辱、经济控制等手段实施侵害另一方的身体、性、精神等方面的人身权利，以达到控制另一方的目的的行为。

第三条 家庭暴力的类型

根据有关国际公约、国外立法例以及被普遍认可的学界理论研究成果，家庭暴力包括身体暴力、性暴力、精神暴力和经济控制四种类型。

1. 身体暴力是加害人通过殴打或捆绑受害人、或限制受害人人身自由等使受害人产生恐惧的行为；

2. 性暴力是加害人强迫受害人以其感到屈辱、恐惧、抵触的方式接受性行为，或残害受害人性器官等性侵犯行为；

3. 精神暴力是加害人以侮辱、谩骂、或者不予理睬、不给治病、不肯离婚等手段对受害人进行精神折磨，使受害人产生屈辱、恐惧、无价值感等作为或不作为行为；

4. 经济控制是加害人通过对夫妻共同财产和家庭收支状况的严格控制，摧毁受害人自尊心、自信心和自我价值感，以达到控制受害人的目的。

案例评议

杨某与王某1离婚后财产纠纷案①

◆ **裁判规则**

一审法院认为，杨某主张未分割的夫妻共同财产3492068.37元中仅有97885元在之前的离婚诉讼中未申请查询，因此该97885元应认定是双方离婚时未涉及的财产，予以分割。本着照顾女方和子女权益的原则并考虑到王某1在婚姻关系存续期间与他人发生婚外情并发生两性关系，存在一定的过错，故在财产分割时杨某可多分，判决杨某分得8万元，王某1分得17885元。至于杨某诉讼请求的损害赔偿金30万元的问题，王某1虽然具有在婚姻关系存续期间与他人发生婚外情并发生两性关系等过错，但尚不能证实王某1在婚姻关系存

① 一审法院为徐州市云龙区人民法院，案号：（2016）苏0303民初1698号；二审法院为江苏省徐州市中级人民法院，案号：（2017）苏03民终6776号；再审法院为江苏省徐州市中级人民法院，案号：（2018）苏03民申619号。

续期间存在“与他人同居的”的情形，因此杨某以此为由要求损害赔偿证据不足，不予支持。遂判决：(1) 王某1于判决生效之日起十日内，支付杨某8万元。(2) 驳回杨某其他诉讼请求。

杨某不服提起上诉，二审法院认为，杨某起诉要求分割的夫妻共同财产492068.37元系由王某1的淮海农商银行、交通银行、建设银行、工商银行各一个账户和农业银行的两个账户以及江苏银行的一个账户中取款数额总和组成。在离婚诉讼案件中，除江苏银行的一个账户外，其余6个账户均包括在内，原审法院对此进行了调查，双方当事人对子女抚养、房屋分割、财产给付达成了协议，因此原审法院对于杨某起诉要求分割夫妻共同财产3492068.37元的诉讼请求所作出的判决并无不当，依法予以维持。根据二审中调取的新证据查明，王某1“在××小区及铁路××宿舍刘某租住的房屋内留宿并发生两性关系，保持不正当两性关系长达五年之久。在两人保持情人关系期间，刘某曾两次流产，造成恶劣影响”。上述事实给杨某带来了财产损害和非财产损害，最终导致王某1与杨某离婚，符合婚姻法所规定的离婚损害赔偿制度的构成要件。故对杨某的该项诉讼请求应予支持；考虑到加害人的经济负担能力，过错方侵害的手段、场合等具体情节，以及造成的社会影响程度，结合本地的经济发展状况综合分析，宜判决王某1给予杨某10万元的损害赔偿金较为妥当。判决：(1) 维持徐州市云龙区人民法院（2016）苏0303民初1698号民事判决第一项，即王某1于本判决生效之日起十日内，支付杨某8万元；(2) 撤销徐州市云龙区人民法院（2016）苏0303民初1698号民事判决第二项，即驳回杨某其他诉讼请求；(3) 王某1于本判决生效之日起十日内，给付杨某损害赔偿金10万元；驳回杨某高于支持部分的诉讼请求。

杨某请求再审本案并依据《婚姻法》第四十七条的规定对新发现的被申请人王某隐匿、转移财产再次分割。再审法院认为，双方当事人对于财产分配事宜已处理完毕，驳回再审申请。

◆ 评议

离婚纠纷中的“过错”是指夫妻一方违反法律规定的忠诚义务，或者对配偶一方实施侵权行为，导致配偶一方受到不同程度损害的行为。《民法典》婚姻家庭编第一千零九十一条具体规定了离婚损害赔偿的情形。本案中，王某1

与他人保持不正当两性关系长达五年之久。在两人保持情人关系期间，刘某曾两次流产，造成恶劣影响，杨某作为离婚案件的被告，而且是无过错方，有权要求王某1承担离婚损害赔偿。

第一千零九十二条　【隐藏、变卖、毁损夫妻共同财产或伪造债务行为的处理规则】

夫妻一方隐藏、转移、变卖、毁损、挥霍夫妻共同财产，或者伪造夫妻共同债务企图侵占另一方财产的，在离婚分割夫妻共同财产时，对该方可以少分或者不分。离婚后，另一方发现有上述行为的，可以向人民法院提起诉讼，请求再次分割夫妻共同财产。

本条来源

《婚姻法》第四十七条规定："离婚时，一方隐藏、转移、变卖、毁损夫妻共同财产，或伪造债务企图侵占另一方财产的，分割夫妻共同财产时，对隐藏、转移、变卖、毁损夫妻共同财产或伪造债务的一方，可以少分或不分。离婚后，另一方发现有上述行为的，可以向人民法院提起诉讼，请求再次分割夫妻共同财产。

人民法院对前款规定的妨害民事诉讼的行为，依照民事诉讼法的规定予以制裁。"

立法演变

一审稿第八百七十条规定："一方隐藏、转移、变卖、毁损夫妻共同财产，或者伪造债务企图侵占另一方财产的，在离婚分割夫妻共同财产时，对隐藏、转移、变卖、毁损夫妻共同财产或者伪造债务的一方，可以少分或者不分。离婚后，另一方发现有上述行为的，可以向人民法院提起诉讼，请求再次分割夫妻共同财产。"

二审稿第八百七十条将"一方"改成"夫妻一方"；在"毁损"后加入了"挥霍"；将"伪造债务"改成"伪造夫妻共同债务"。

征求意见稿第一千零九十二条将“对隐藏，转移，变卖，毁损，挥霍夫妻共同财产或者伪造夫妻共同债务的一方”改成“对该方”。

条文释义

本条规定了妨害夫妻共同财产分割行为的处理规则。

一、妨害夫妻共同财产分割侵权行为的构成

夫妻共同财产主要是指夫妻双方在婚姻关系存续期间所得的财产。依据本法第一千零六十二条的规定，夫妻共同财产包括：（1）工资、奖金、劳务报酬；（2）生产、经营、投资的收益；（3）知识产权的收益；（4）继承或赠与所得的财产，但遗嘱或赠与合同中确定只归一方的财产除外；（5）其他应当归共同所有的财产。另外，本法第一千零六十五条还规定了夫妻双方可以约定婚姻关系存续期间所得的财产以及婚前财产归夫妻共同所有或部分归共同所有。夫妻对共同财产，有平等的处理权。所谓平等的处理权，是指夫妻在处分共同财产时，应当平等协商，取得一致意见，任何一方不得违背他方的意志，擅自处理。特别是对共有财产作较大的处分时，如出卖、赠与等更应征得他方的同意，否则就侵犯了另一方对共有财产的所有权。

根据有关司法解释的规定，在共同共有关系存续期间，部分共有人擅自处分共有财产的，一般认定无效。如果对其他共有人造成损失，由擅自处分共有财产的人赔偿。因此，离婚时隐藏、转移、变卖、毁损、挥霍夫妻共同财产，或伪造债务企图侵占另一方财产的行为，构成侵权。该种侵权行为的构成要件如下：

第一，违法行为。妨害共同财产分割的违法行为主要表现为隐藏、转移、变卖、毁损、挥霍夫妻共同财产，或伪造债务。隐藏是指将财产藏匿起来，不让他人发现，使另一方无法获知财产的所在从而无法控制。转移是指私自将财产移往他处，或将资金取出移往其他账户，脱离另一方的掌握。变卖是指将财产折价卖给他人。毁损是指采用打碎、拆卸、涂抹等破坏性手段使物品失去原貌，失去或者部分失去原来具有的使用价值和价值。挥霍是指豪奢，任意浪费财物。伪造债务是指制造内容虚假的债务凭证，包括合同、欠条等，并将所涉共同财产据为己有。

第二，主观上存在故意或恶意，过失不构成该种侵权行为。故意是侵权过错的主要表现形态，反映了行为人的主观恶性，是一种应当受到严厉制裁的心理状态。恶意是故意心态中的恶劣者，恶意的过错程度明显大于一般故意。对于故意，欧洲民法典侵权行为法草案第3：101条规定，行为人追求损害的发生或知道损害会发生或者很可能会发生，而不顾其是否发生，就构成故意。《美国侵权法重述（第二次）》第八条也规定了故意的概念：故意在本重述中是指行为人期望其行为导致某种损害后果的发生，或者行为人相信其期望的结果相当确定地将要发生。恶意是指行为人明知有某种与其表象相反的事实存在，而故意据其表象，蓄意地、有目的地采取恶劣的手段实施侵害他人合法权益的行为。过失则是，行为人由于疏忽或者懈怠而未尽合理注意义务的，并不是未尽合理注意义务造成损害的才是过失，只要未尽合理注意义务而行为就是过失。①

第三，侵权人有侵占另一方财产的目的。侵权人之所以实施上述行为，就是要将本应属于夫妻共同财产的部分财产据为己有。

二、妨害共同财产分割侵权行为的处理

对隐藏、转移、变卖、毁损、挥霍夫妻共同财产，或伪造债务的一方，在分割夫妻共同财产时，可以少分或不分。一方隐藏、转移、变卖、毁损、挥霍夫妻共同财产或伪造债务企图侵占他方财产，侵犯了另一方对共有财产的所有权，应承担相应的法律责任。

离婚时夫妻共同财产原则上应均等分割。“可以少分或者不分”的夫妻共同财产，主要是指被隐藏、转移、变卖、毁损、挥霍的或者伪造的债务侵占的那一部分财产，而不是夫妻共同财产的全部。对少分的具体份额或比例以及在何种情况下可以不分，法律并没有明确规定，只是规定了“可以”少分或者不分。法院在审判实践中，应当根据违法行为的情节和案件的具体情况作出处理。该规定同婚姻家庭编中规定的在分割共同财产时应照顾子女和女方权益的原则并不矛盾。照顾子女、女方权益原则的确定，是由我国目前妇女的经济能力和男子仍有一定差距的国情决定的，同时也是宪法关于保护妇女、儿童合法权益原则在民法典婚姻家庭编中的具体体现。当然，在现实生活中，也不排除有女方实施上述违法行为的可能；如果出现，也应当依照本条的规定处理。

---

① 杨立新：《中国民法典人格权法编和侵权行为法编专家研讨会讨论综述》，载杨立新民法网，http：//www. yanglx. com/dispnews. asp？ id＝152。

若离婚案件已审理终结，人民法院有关财产分割的调解书、判决书已发生法律效力后，又发现有隐藏、转移、变卖、毁损、挥霍或伪造债务侵占另一方财产行为的，另一方可以向法院提起诉讼，请求再次分割。在离婚案件审理过程中，这部分共同财产由于被一方隐藏、转移、变卖、毁损，或伪造债务所侵占而未能发现，因而法院也未能将其作为夫妻共同财产予以分割。任何一方未经另一方同意而擅自予以隐藏、转移、变卖、毁损，或通过伪造债务等非法手段将夫妻共同财产据为己有的，都是对另一方财产所有权的侵害，是一种侵权行为。在进行再次分割时，关于对隐藏、转移、变卖、毁损、挥霍夫妻共同财产或伪造债务的一方可以少分或者不分的原则仍应适用。

法条关联

◆《最高人民法院关于进一步深化家事审判方式和工作机制改革的意见（试行）》

44. 对于涉及财产分割问题的离婚纠纷案件，人民法院在向当事人送达受理案件通知书和应诉通知书时，应当同时送达《家事案件当事人财产申报表》。

当事人应当在举证期限届满前填写《家事案件当事人财产申报表》，全面、准确地申报夫妻共同财产和个人财产的有关状况。

人民法院应当明确告知当事人不如实申报财产应承担的法律后果。对于拒不申报或故意不如实申报财产的当事人，除在分割夫妻共同财产时可依法对其少分或者不分外，还可对当事人予以训诫；情形严重者，可记入社会征信系统或从业诚信记录；构成妨碍民事诉讼的，可以采取罚款、拘留等强制措施。

◆《最高人民法院关于适用〈中华人民共和国婚姻法〉若干问题的解释（三）》

第四条 婚姻关系存续期间，夫妻一方请求分割共同财产的，人民法院不予支持，但有下列重大理由且不损害债权人利益的除外：

（一）一方有隐藏、转移、变卖、毁损、挥霍夫妻共同财产或者伪造夫妻共同债务等严重损害夫妻共同财产利益行为的；

（二）一方负有法定扶养义务的人患重大疾病需要医治，另一方不同意支付相关医疗费用的。

◆《最高人民法院关于适用〈中华人民共和国婚姻法〉若干问题的解释（一）》

第三十一条 当事人依据婚姻法第四十七条的规定向人民法院提起诉讼，

请求再次分割夫妻共同财产的诉讼时效为两年，从当事人发现之次日起计算。

◆《北京市高级人民法院关于审理婚姻纠纷案件若干疑难问题的参考意见》

三十八、【共同债务与个人债务区分标准】

符合《婚姻法司法解释二》第二十四条规定情形的，应推定为按夫妻共同债务处理。但同时存在以下情形的，可根据具体案情认定构成个人债务。

(1) 夫妻双方主观上不具有举债的合意且客观不分享该债务所带来的利益；

(2) 债务形成时，债权人无理由相信该债务是债务人夫妻共同意思表示或为债务人的家庭共同利益而成立。

三十九、【因侵权产生债务的性质】

夫妻一方因侵权行为致人损害产生的债务，一般认定为一方个人债务。但该侵权行为系因家庭劳动、经营等家事活动产生或其收益归家庭使用的，应认定为夫妻共同债务。

四十、【大额债务凭据的认定】

离婚诉讼中对于夫妻一方出具无证据表明另一方事先知晓的大额债务凭据，并据以要求认定夫妻共同债务的，人民法院应根据案情结合债权人债务人双方关系、转款记录、借款时家庭财务情况等对债务真实性及性质进行判断。

四十一、【生效判决书所确定债务的认定】

离婚诉讼中，夫妻一方出具的确定婚姻关系存续期间一方所欠债务的生效法律文书，并据以主张该债务为夫妻共同债务的。如法律文书主文中对债务属于共同债务还是个人债务性质有明确认定，依该认定确定；如法律文书主文未对债务性质进行认定，则可根据本文件第三十八条对债务性质进行认定。

四十二、【债权确定时间与性质认定】

婚前一方享有的确定可以实现的债权，婚后实际取得的，应认定为婚前财产；婚姻关系存续期间发生并确定可以实现的债权，离婚后实际取得的，应认定为婚内财产。

第八部分　救助措施与法律责任

四十六、【婚内人身损害赔偿】

婚姻存续期间，夫妻一方因家暴等行为造成另一方人身损害的，受害方可以依《中华人民共和国侵权责任法》向侵权方主张人身损害赔偿；受害方取得人身损害赔偿后，有权在离婚诉讼中依据《婚姻法》四十六条主张离婚损害赔偿。

四十七、【离婚转移夫妻共同财产的损害赔偿】

离婚时，一方隐藏、转移、变卖、毁损夫妻共同财产的，可依《婚姻法》第四十七条少分或不分夫妻共同财产；造成损失的，另一方在离婚诉讼中可主张赔偿损失。

四十八、【擅自将夫妻共同财产赠与第三人的处理】

婚姻关系存续期间，夫妻一方未经另一方许可将大额共同财物赠与第三人的，另一方可主张请求确认该赠与行为无效，返还财物；或在离婚诉讼中就该赠与行为主张损害赔偿。

案例评议

王某、何某离婚后财产纠纷案①

◆ 裁判规则

一审法院认为，被告王某在龙腾快客公司的股权，是在婚后取得的，属于原、被告的夫妻共同财产，应依法予以分割。关于原告主张 2011—2016 年累计 20 万元归原告个人所有一节，原告虽主张存在 20 万元，但未能提供足以证明该事实存在的相关证据，因此原告可待数额确定并发放时，另行主张权利。判决被告王某持有的龙腾快客公司的股权，由原告何某和被告王某各分得二分之一。

何某和王某均不服一审判决，提起上诉。二审法院认为，涉案股权的出资来源于夫妻共同财产，2012 年 2 月 9 日，王某起诉要求与何某离婚，2 月 16 日，便将股权转让给了案外人高丽某，该转让行为已经生效法律文书认定无效，据此认为王某在离婚诉讼期间擅自转让股权的行为属变卖夫妻共同财产，在分割共同财产上王某应少分或不分。判决：（1）撤销鞍山市铁西区人民法院（2016）辽 0303 民初 355 号民事判决；（2）王某持有的龙腾快客公司的股权，归何某所有。

王某提起再审，再审法院认为原二审对于股权分割问题的处理并无不当，应予维持。

---

① 一审法院为鞍山市铁西区人民法院，案号：（2016）辽 0303 民初 355 号；二审法院为辽宁省鞍山市中级人民法院，案号：（2016）辽 03 民终 2401 号；再审法院为辽宁省鞍山市中级人民法院，案号：（2019）辽 03 民再 13 号。

◆ **评议**

根据《民法典》婚姻家庭编第一千零九十二条的规定，恶意转移夫妻共同财产，在分割时应少分或不分。本案中，王某在离婚诉讼期间擅自转让股权的行为属变卖夫妻共同财产，应当承担相应的法律后果。

第五章 收 养

本章概要

收养制度是调整收养关系的成立、生效和终止的各种法律规范的总和，收养的目的是形成拟制血亲关系。收养制度具有相对独立性，因为拟制血亲关系在形成和终止的原因、效力所及的范围上与自然血亲关系存在差别。但是因收养而产生的拟制血亲是婚姻家庭关系的重要内容，因此收养制度是婚姻家庭制度的组成部分。

第一节 收养关系的成立

第一千零九十三条 【被收养人的条件】

下列未成年人，可以被收养：

（一）丧失父母的孤儿；

（二）查找不到生父母的未成年人；

（三）生父母有特殊困难无力抚养的子女。

本条来源

《收养法》第四条规定："下列不满十四周岁的未成年人可以被收养：

（一）丧失父母的孤儿；

（二）查找不到生父母的弃婴和儿童；

（三）生父母有特殊困难无力抚养的子女。"

立法演变

一审稿第八百七十二条规定："下列未成年人，可以被收养：

（一）丧失父母的孤儿；

（二）查找不到生父母的儿童；

（三）生父母有特殊困难无力抚养的子女。"

二审稿第八百七十二条将"儿童"修改为"未成年人"。

征求意见稿同二审稿。

条文释义

本条是关于被收养人条件的规定。

收养是指自然人领养他人的子女为自己的子女，依法创设拟制血亲亲子关系的身份法律行为。依收养身份法律行为创设的收养关系，就是拟制血亲的亲子关系，是基于收养行为的法律效力而发生的身份法律关系。这种拟制血亲的亲子关系，具有与自然血亲同样内容的权利义务关系。在收养的身份法律行为中，当事人分别是收养人、被收养人和送养人。收养人为养父或养母，被收养人为养子或养女，送养人是抚养被收养人的生父母或者其他人。

一、收养的法律特征

1. 收养是一种民事法律行为。收养不仅关系到当事人的利益，也涉及社会的整体利益，因此各国法律都对收养行为以及收养关系进行规范和调整。收养的成立、有效，除要求当事人符合法律规定的条件外，还必须履行法定的程序。

2. 收养是变更亲属身份和权利义务关系的行为。收养行为成立后，收养人与被收养人之间产生父母子女之间的身份关系和权利义务关系，被收养人与其生父母之间的身份关系和权利义务随之消灭。但被收养人与生父母及其亲属之间的血缘关系依然存在，关于禁止近亲结婚的法规对他们仍有约束力。

3. 收养只能发生在非直系血亲和没有血缘关系的人之间。收养的目的是确立父母子女之间的权利义务关系，因此收养行为只能发生在旁系血亲的长辈和晚辈之间或者发生在不具有任何血缘关系的人之间。

4. 收养关系是一种拟制血亲关系。通过收养使养父母与养子女之间产生如同亲生父母子女之间的权利义务关系，所以也叫"准血亲"，即法律拟制的血亲关系。拟制血亲关系不同于自然血亲，它可以依法产生，也可以依法解除。

二、收养的基本原则

（一）有利于未成年人的抚养和成长的原则

保障未成年人的健康成长是实行收养制度的首要目的。为了保证被收养的未成年人的健康成长，收养人应当具有抚养教育被收养人的能力。同时，严禁借收养名义买卖儿童。

（二）保障被收养人和收养人合法权益的原则

收养关系涉及收养人和被收养人双方的利益，保障被收养人和收养人合法权益的原则体现在我国民法典中，如被收养人一般应为处于特殊生活状态下的未成年人；收养人一般需年满三十周岁，无子女或者只有一名子女，并且具备抚养教育被收养人的能力；生父母送养子女，须双方共同送养；收养人、送养人要求保守收养秘密的，其他人应当尊重其意愿，不得泄露。

（三）平等自愿的原则

收养关系属于民事法律关系的范畴，收养关系也必须遵循平等自愿原则。平等自愿原则体现在我国民法典中，如收养人收养与送养人送养，须双方自愿；收养八周岁以上未成年人的，应当征求被收养人的同意。

（四）不得违背社会公德的原则

收养行为不仅关系到当事人的切身利益，而且还直接涉及社会公共利益，所以，有必要从维护社会公德的立场，对收养子女的行为加以必要的制约。不得违背社会公德的原则体现在我国民法典中，如无配偶者收养异性子女的，收养人与被收养人的年龄应当相差四十周岁以上。因养子女成年后虐待、遗弃养父母而解除收养关系的，养父母可以要求养子女补偿收养期间支出的抚养费。

（五）不得违背计划生育的法律和法规的原则

收养行为与计划生育关系极为密切，收养当事人之间的收养行为不得与法律、法规中的计划生育规定相违背。

本条款中的“未成年人”指十八周岁以下的人。未成年人作为被收养人的，应具备以下条件：

1. 丧失父母的孤儿。孤儿是指其父母死亡或者人民法院宣告其父母死亡的未成年人，为使其有一个温暖幸福的家，满足其健康成长的需要，准许符合收养条件的人予以收养。

2. 查找不到生父母的未成年人。查找不到生父母的未成年人，多是被亲生父母主观故意丢弃的婴儿、儿童，对于这类婴儿、儿童，除社会福利机构予以收养外，鼓励有收养条件的人收养，且不受收养人有子女的限制。

3. 生父母有特殊困难无力抚养的未成年子女。生父母有特殊困难多指因自身经济、身体能力等，不能满足未成年的正常发育需要，符合这类情形的未成年人可以被收养。具体判断生父母是否有特殊困难，应当根据当事人的具体情况认定。

三、成年人收养引入的合理性

从我国的现行立法看，我国的收养仅限于未成年人收养，成年人收养未予规定。在立法例看，英国、俄罗斯等国家禁止成年收养；德国、瑞士、美国等则认可成年人收养。《德国民法典》第一千七百六十七条第一款就其适用条件作出了较为抽象概括的规定：成年人可以被收养为子女，但该收养在风俗上是正当的为限；在收养人和待收养人之间已形成亲子关系的，尤其必须认为该收养在风俗上是正当的。《瑞士民法典》则就成年人收养的适用条件作出了较为具体的规定。美国的成年人收养更普遍，程序更简单。大多数州立法对养父母的年龄没有限制，双方只需签署一份领养申请即可完成收养程序。而未成年人收养，收养人必须得到孩子生父或生母的许可。

有学者认为，现行立法明确将被收养人限定为“未成年人”，拒绝认可成年人收养制度，这种做法欠妥，在民法典中引入成年人收养制度有其合理性：①第一，满足老年人的实际需要，解决人口老龄化引发的社会问题。对无子女的老人（尤其是失独老人）而言，收养成年人较之收养未成年人更具有现实意义，更有利于收养人获得生活照料、精神慰藉及完整家庭这三个方面需要的满足。虽然需要收养子女的人们也可以通过与他人签订遗赠扶养协议来实现“老有所养”，但是这毕竟不能形成亲属关系，遗赠扶养协议替代不了成年人收养制度。因为当事人订立遗赠扶养协议，并不会导致身份关系的变化；而在成年人收养的情形，当事人之间要形成拟制的血亲关系。第二，可以实现对被收养人（尤其是有身心疾病的被收养人）的照顾。成年人收养还可以发挥照顾被收养人的功能。实践中，患有身心疾病的人可能没有父母、兄弟姐妹等可以对其进行照顾的人。如果爱心人士希望照顾这些患有身心疾病的人，而且，希望在他

① 周友军：《我国民法典编纂中收养制度的完善》，载《广东社会科学》2019 年第 4 期。

们之间形成拟制血亲关系，法律也应当提供途径。对此，《瑞士民法典》第二百六十六条第一款规定，如果被收养人由于身体或精神上的痼疾需要长期照顾，而收养人至少已照顾满五年的，就可以进行成年收养。这一立法例值得借鉴。第三，与我国传统上的“立嗣”习俗相吻合。立嗣，又称过继，指无子的人为了传宗接代，将他人的儿子立为自己的嗣子。立嗣是我国长期以来的做法，具有深厚的社会基础。而成年人收养可以在相当程度上实现“立嗣”的现代化。第四，有助于解决家族企业的传承问题。在日本，成年人收养还有助于实现家族企业的传承。在我国，也存在大量的家族企业，通过成年人收养解决其传承问题，也是可以考虑的一种重要途径。

根据收养对象的不同，收养可区分为未成年人收养与成年人收养两种类型。现代收养法的指导原理是遵循最有利于被收养人的原则为出发点，因为当被收养人为未成年人时，他们需要得到养亲的抚养和教育。而他们自身又缺乏自我保护能力，这就要求收养法保护并促进养子女的利益。如被收养人已成年，除非无谋生能力或者有其他特殊原因，实无出养的必要。尤其是成年子女趁其生父母年老体弱、生活有困难之际，出养为他人子女，逃避赡养义务，是违背收养制度本质目的的。因此，现代收养立法的趋势，以收养未成年人为原则，收养成年人为例外。

法条关联

◆《民法典》（婚姻家庭编）

第一千零九十九条 收养三代以内旁系同辈血亲的子女，可以不受本法第一千零九十三条第三项、第一千零九十四条第三项和第一千一百零二条规定的限制。

华侨收养三代以内旁系同辈血亲的子女，还可以不受本法第一千零九十八条第一项规定的限制。

第一千一百零三条 继父或者继母经继子女的生父母同意，可以收养继子女，并可以不受本法第一千零九十三条第三项、第一千零九十四条第三项、第一千零九十八条和第一千一百条第一款规定的限制。

◆《家庭寄养管理办法》

第二十五条 符合收养条件、有收养意愿的寄养家庭，可以依法优先收养被寄养儿童。

◆《因工死亡职工供养亲属范围规定》

第四条 领取抚恤金人员有下列情形之一的，停止享受抚恤金待遇：

……

（四）被他人或组织收养的；

……

案例评议

聂某与劳某、杨某收养关系纠纷案①

◆ **裁判规则**

法院认为，本案属于收养关系纠纷。聂某与劳某、杨某系在平等、自愿基础上签订的《收养协议》，是双方当事人的真实意思表示，该协议的内容没有违反法律的强制性规定，合法有效，应受法律保护。聂某与被收养人之间的收养关系成立，依法应受法律保护。聂某请求劳某、杨某立即协同聂某前往民政部门办理收养登记手续，理据充分，本院予以支持。

◆ **评议**

本案系收养关系纠纷，收养人与送养人签订了《收养协议》《小孩送养协议书》，在协议中明确送养被收养人的原因系生父母有特殊困难无力抚养被收养人。根据《民法典》婚姻家庭编第一千零九十三条的规定，生父母有特殊困难无力抚养子女，子女作为未成年人可以被收养。

第一千零九十四条 【送养人的条件】

下列个人、组织可以作送养人：

（一）孤儿的监护人；

（二）儿童福利机构；

（三）有特殊困难无力抚养子女的生父母。

---

① 审理法院为开平市人民法院，案号：（2016）粤0783民初281号。

本条来源

《收养法》第五条规定："下列公民、组织可以作送养人：

（一）孤儿的监护人；

（二）社会福利机构；

（三）有特殊困难无力抚养子女的生父母。"

立法演变

一审稿第八百七十三条规定："下列个人、组织可以作送养人：

（一）孤儿的监护人；

（二）儿童福利机构；

（三）有特殊困难无力抚养子女的生父母。"

二审稿同上。

征求意见稿同上。

条文释义

本条是关于送养人适格条件的规定。

送养人是指依法将被收养人送养的人，即被收养人的生父母、监护人、社会福利机构等。根据民法典的规定，孤儿的监护人、儿童福利机构、有特殊困难无力抚养子女的生父母可以作为送养人。

送养人的适格条件：

一、孤儿的监护人可以作送养人

根据《民法典》总则编第二十七条第二款的规定，未成年人的父母已经死亡或者没有监护能力的，未成年人的祖父母、外祖父母、兄、姐，以及经未成年人住所地的居民委员会、村民委员会或者民政部门同意的愿意担任监护人的个人或者组织，可以按顺序担任未成年人的监护人。本条中"孤儿的监护人"是指当未成年人父母死亡或者人民法院宣告其父母死亡时，依法可以担任未成年人的监护人的个人或组织。上述个人或组织在担任未成年人监护人期间，符合法律规定送养条件的，可以依法送养被监护的未成年人。

监护人送养未成年孤儿的，须征得有抚养义务的人同意。有抚养义务的人不同意送养、监护人不愿意继续履行监护职责的，应当按照民法典的相关规定变更监护人。这是对孤儿的监护人送养孤儿时的限制性规定。

二、儿童福利机构可以作送养人

儿童福利机构是指民政部门设立的，主要收留抚养由民政部门担任监护人的未满十八周岁儿童的机构。儿童福利机构包括按照事业单位法人登记的儿童福利院、设有儿童部的社会福利院等。儿童福利机构收留抚养下列儿童：无法查明父母或者其他监护人的儿童；父母死亡或者宣告失踪且没有其他依法具有监护资格的人的儿童；父母没有监护能力且没有其他依法具有监护资格的人的儿童；人民法院指定由民政部门担任监护人的儿童；法律规定应当由民政部门担任监护人的其他儿童。儿童福利机构应当坚持儿童利益最大化，依法保障儿童的生存权、发展权、受保护权、参与权等权利，不断提高儿童生活、医疗、康复和教育水平。儿童福利机构及其工作人员不得歧视、侮辱、虐待儿童。

根据《未成年人保护法》第四十三条的规定，县级以上人民政府及其民政部门应当根据需要设立救助场所，对流浪乞讨等生活无着未成年人实施救助，承担临时监护责任；公安部门或者其他有关部门应当护送流浪乞讨或者离家出走的未成年人到救助场所，由救助场所予以救助和妥善照顾，并及时通知其父母或者其他监护人领回。对孤儿、无法查明其父母或者其他监护人的以及其他生活无着的未成年人，由民政部门设立的儿童福利机构收留抚养。儿童福利机构可以接受未成年人救助保护机构委托，收留抚养民政部门承担临时监护责任的儿童。儿童福利机构应当与未成年人救助保护机构签订委托协议。儿童福利机构、未成年人救助机构及其工作人员应当依法履行职责，不得虐待、歧视未成年人。

对于符合条件、适合送养的儿童，儿童福利机构依法安排送养。送养儿童前，儿童福利机构应当将儿童的智力、精神健康、患病及残疾状况等重要事项如实告知收养申请人。在我国，除上述机构外，其他任何机构不得送养上述弃儿或孤儿。但对于那些由生父母自费送到儿童福利机构寄养的残疾儿童，福利机构无权将他们送养。

三、有特殊困难无力抚养子女的生父母可以作送养人

由生父母送养子女的，除“有特殊困难无力抚养子女”这个前提条件外，还规定如下限制：

第一，生父母有特殊困难，均无力抚养子女。抚养未成年子女是父母双方的法定义务。在一般情况下，父母只要一方有抚养能力，就不允许通过送养转移抚养子女的义务。

第二，生父母送养子女，须双方共同送养。通常情况下不允许生父母单方送养子女。对于非婚生子女，也应由其生父母共同送养。生父母一方下落不明或查找不到的可以单方送养。但是，应当经过适当的查找或通知形式。

第三，在配偶一方死亡后，如果另一方要求送养未成年子女，死亡一方的父母有优先抚养的权利，送养须先征求死亡一方父母的意见，若他们愿意并有能力抚养该孙子女或外孙子女时，另一方就不得将其送养。这是因为孙子女、外孙子女与祖父母、外祖父母血缘关系近，而且生活感情联系密切，收养后有利于未成年人的成长。

综上，明确送养人和送养意愿非常有必要。生父母有特殊困难无力抚养的子女由生父母作为送养人；生父母均不具备完全民事行为能力且对被收养人有严重危害可能的，由被收养人的监护人作为送养人；社会散居孤儿由其监护人作为送养人；社会散居孤儿的监护人依法变更为社会福利机构的，可以由社会福利机构送养。送养人可以向民政部门提出送养意愿。民政部门可以委托社会福利机构代为接收送养意愿。

法条关联

◆《民法典》（总则编）

第二十六条　父母对未成年子女负有抚养、教育和保护的义务。

成年子女对父母负有赡养、扶助和保护的义务。

第二十七条　父母是未成年子女的监护人。

未成年人的父母已经死亡或者没有监护能力的，由下列有监护能力的人按顺序担任监护人：

（一）祖父母、外祖父母；

（二）兄、姐；

（三）其他愿意担任监护人的个人或者组织，但是须经未成年人住所地的居民委员会、村民委员会或者民政部门同意。

◆《中国公民收养子女登记办法》

第六条 送养人应当向收养登记机关提交下列证件和证明材料：

（一）送养人的居民户口簿和居民身份证（组织作监护人的，提交其负责人的身份证件）；

（二）收养法规定送养时应当征得其他有抚养义务的人同意的，并提交其他有抚养义务的人同意送养的书面意见。

社会福利机构为送养人的，并应当提交弃婴、儿童进入社会福利机构的原始记录，公安机关出具的捡拾弃婴、儿童报案的证明，或者孤儿的生父母死亡或者宣告死亡的证明。

……

◆《儿童福利机构管理办法》

第二条 本办法所称儿童福利机构是指民政部门设立的，主要收留抚养由民政部门担任监护人的未满18周岁儿童的机构。

儿童福利机构包括按照事业单位法人登记的儿童福利院、设有儿童部的社会福利院等。

第三条 国务院民政部门负责指导、监督全国儿童福利机构管理工作。

县级以上地方人民政府民政部门负责本行政区域内儿童福利机构管理工作，依照有关法律法规和本办法的规定，对儿童福利机构进行监督和检查。

第四条 儿童福利机构应当坚持儿童利益最大化，依法保障儿童的生存权、发展权、受保护权、参与权等权利，不断提高儿童生活、医疗、康复和教育水平。

儿童福利机构及其工作人员不得歧视、侮辱、虐待儿童。

第七条 鼓励自然人、法人或者其他组织通过捐赠、设立公益慈善项目、提供志愿服务等方式，参与儿童福利机构相关服务。

第九条 儿童福利机构应当收留抚养下列儿童：

（一）无法查明父母或者其他监护人的儿童；

（二）父母死亡或者宣告失踪且没有其他依法具有监护资格的人的儿童；

（三）父母没有监护能力且没有其他依法具有监护资格的人的儿童；

（四）人民法院指定由民政部门担任监护人的儿童；

（五）法律规定应当由民政部门担任监护人的其他儿童。

第二十六条 对于符合条件、适合送养的儿童，儿童福利机构依法安排送养。送养儿童前，儿童福利机构应当将儿童的智力、精神健康、患病及残疾状况等重要事项如实告知收养申请人。

对于符合家庭寄养条件的儿童，儿童福利机构按照《家庭寄养管理办法》的规定办理。

第二十七条 出现下列情形，儿童福利机构应当为儿童办理离院手续：

（一）儿童父母或者其他监护人出现的；

（二）儿童父母恢复监护能力或者有其他依法具有监护资格的人的；

（三）儿童父母或者其他监护人恢复监护人资格的；

（四）儿童被依法收养的；

（五）儿童福利机构和未成年人救助保护机构签订的委托协议期满或者被解除的；

（六）其他情形应当离院的。

第二十八条 出现本办法第二十七条第（一）项情形的，儿童福利机构应当根据情况登记保存公安机关出具的打拐解救儿童送还通知书，儿童确属于走失、被盗抢或者被拐骗的结案证明，人民法院撤销宣告失踪或者宣告死亡的判决书，以及能够反映原监护关系的材料等。

出现本办法第二十七条第（二）项情形的，儿童福利机构应当登记保存儿童原户籍所在地乡镇人民政府（街道办事处）提交的父母恢复监护能力或者有其他依法具有监护资格的人的情况报告。

出现本办法第二十七条第（三）项情形的，儿童福利机构应当登记保存人民法院恢复监护人资格的判决书。

出现本办法第二十七条第（一）项至第（三）项情形的，儿童福利机构还应当登记保存父母、其他监护人或者其他依法具有监护资格的人提交的户口簿、居民身份证复印件等证明身份的材料以及民政部门离院意见等材料。

出现本办法第二十七条第（四）项情形的，儿童福利机构应当登记保存收养登记证复印件、民政部门离院意见等材料。

出现本办法第二十七条第（五）项情形的，儿童福利机构应当登记保存儿童福利机构和未成年人救助保护机构签订的委托协议或者解除委托协议的相关材料。

第二十九条 儿童离院的，儿童福利机构应当出具儿童离院确认书。

第三十条 由民政部门担任监护人的儿童年满18周岁后，儿童福利机构应当报请所属民政部门提请本级人民政府解决其户籍、就学、就业、住房、社会保障等安置问题，并及时办理离院手续。

第三十一条 儿童福利机构收留抚养的儿童正常死亡或者经医疗卫生机构救治非正常死亡的，儿童福利机构应当取得负责救治或者正常死亡调查的医疗卫生机构签发的《居民死亡医学证明（推断）书》；儿童未经医疗卫生机构救治非正常死亡的，儿童福利机构应当取得由公安司法部门按照规定及程序出具的死亡证明。

儿童福利机构应当及时将儿童死亡情况报告所属民政部门，并依法做好遗体处理、户口注销等工作。

第五十一条 本办法所称未成年人救助保护机构是指未成年人（救助）保护中心和设有未成年人救助保护科（室）的救助管理站。

◆《民政部关于规范生父母有特殊困难无力抚养的子女和社会散居孤儿收养工作的意见》

各省、自治区、直辖市民政厅（局）：

为规范生父母有特殊困难无力抚养的子女和社会散居孤儿（以下简称两类儿童）的收养工作，切实维护被收养儿童的合法权益，根据《中华人民共和国收养法》及《中国公民收养子女登记办法》、《外国人在中华人民共和国收养子女登记办法》及相关规定，现就两类儿童收养提出如下意见：

一、坚持两类儿童收养工作原则

收养应当有利于被收养未成年人的抚养、成长。要落实儿童利益最佳的原则，把“一切为了孩子”的要求贯穿于收养工作始终，让儿童回归家庭，得到父母的关爱和良好的教育。要坚持国内收养优先的原则，鼓励、支持符合条件的国内家庭收养，研究创制亲属收养的政策措施，积极引导国内家庭转变收养观念，帮助大龄和残疾儿童实现国内收养。同时，积极稳妥地开展涉外收养工作。要遵循平等自愿的原则，充分尊重被收养人和送养人的意愿，切实维护其合法权益。对送养年满十周岁以上未成年人的，要征得其本人同意。告知送养人送养的权利义务，让其知晓送养后的法律后果，方便其行使选择权利。他人不得诱使或强迫监护人送养。要坚持依法登记的原则，强化对收养登记工作人员的管理约束，不断增强法律意识，提高依法办事能力，严格依法依规办理收养登记。

二、明确送养人和送养意愿

生父母有特殊困难无力抚养的子女由生父母作为送养人。生父母均不具备完全民事行为能力且对被收养人有严重危害可能的，由被收养人的监护人作为送养人。社会散居孤儿由其监护人作为送养人。社会散居孤儿的监护人依法变更为社会福利机构的，可以由社会福利机构送养。送养人可以向民政部门提出送养意愿。民政部门可以委托社会福利机构代为接收送养意愿。

三、严格规范送养材料

提交送养材料时，送养人可以直接向县级以上人民政府民政部门提交，也可以由受委托的社会福利机构转交。受委托的社会福利机构应当协助送养人按照要求提交送养证明材料。

送养人应当提交下列证件和证明材料：本人及被收养人的居民身份证和居民户口簿或公安机关出具的户籍证明，《生父母或监护人同意送养的书面意见》（见附件 1），并根据下列情况提交相关证明材料。

（一）生父母作为送养人的，应当提交下列证明材料：

1. 生父母有特殊困难无力抚养子女的证明；

2. 生父母与当地卫生和计划生育部门签订的计划生育协议。

生父母有特殊困难无力抚养的证明是指生父母所在单位或者村（居）委会根据下列证件、证明材料之一出具的能够确定生父母有特殊困难无力抚养的相关证明：

（1）县级以上医疗机构出具的重特大疾病证明；

（2）县级残疾人联合会出具的重度残疾证明；

（3）人民法院判处有期徒刑或无期徒刑、死刑的判决书。

生父母确因其他客观原因无力抚养子女的，乡镇人民政府、街道办事处出具的有关证明可以作为生父母有特殊困难无力抚养的证明使用。

（二）如生父母一方死亡或者下落不明的，送养人还应当提交下列证明：

1. 死亡证明、公安机关或者其他有关机关出具的下落不明的证明；

2. 经公证的死亡或者下落不明一方的父母不行使优先抚养权的书面声明（见附件 2）。

（三）生父母以外的监护人作为送养人的，应当提交下列证明材料：

1. 生父母的死亡证明或者人民法院出具的能够证明生父母双方均不具备完全民事行为能力的文书；

2. 监护人所在单位或村（居）委会出具的监护人实际承担监护责任的证明；

3. 其他有抚养义务的人（祖父母、外祖父母、成年兄姐）出具的经公证的同意送养的书面意见（见附件3）。

生父母均不具备完全民事行为能力的，还应当提交生父母所在单位、村（居）委会、医疗机构、司法鉴定机构或者其他有权机关出具的生父母对被收养人有严重危害可能的证明。

（四）涉外送养的，送养人还应当提交下列材料：

1. 被收养人照片；

2. 县级以上医疗机构出具的被收养人体检报告；

3. 被收养人成长报告。

体检报告参照《关于社会福利机构涉外送养若干规定》（民发〔2003〕112号）办理。被收养人成长报告应全面、准确地反映儿童的情况，包括儿童生父母简要情况、儿童成长发育情况、生活习惯、性格爱好等。7岁以上儿童的成长报告应着重反映儿童心理发育、学习、与人交往、道德品行等方面的情况。

四、依法办理收养登记

（一）中国公民收养两类儿童登记。

中国公民收养两类儿童登记的办理，按照《中国公民收养子女登记办法》及相关规定执行。

（二）外国人收养两类儿童登记。

外国人收养两类儿童登记的办理，由省级人民政府民政部门对送养人提交的涉外送养材料进行审查，认为符合法律规定的，填写《生父母有特殊困难无力抚养的子女和社会散居孤儿涉外送养审查意见表》（见附件），并向中国儿童福利和收养中心报送，同时附两套上述涉外送养材料的复制件以及被收养人照片。

中国儿童福利和收养中心为被收养人选择到外国收养人后，向省级人民政府民政部门发出《涉外送养通知》，由省级人民政府民政部门书面通知送养人，或者由受委托的社会福利机构代为转交送养人。

送养人接到书面通知后，省级人民政府民政部门和受委托的社会福利机构，应当积极协助送养人做好交接工作，并指导送养人将收养人的情况如实告诉7周岁以上被收养人，帮助送养人做好被收养人的心理辅导。

受委托的社会福利机构可在自身条件允许时，应当事人一方要求，指定人员陪同送养人和被收养人办理收养登记。

外国人收养两类儿童的其他事宜参照《关于社会福利机构涉外送养若干规定》（民发〔2003〕112号）执行。

五、做好两类儿童收养工作的相关要求

各级人民政府民政部门要加强对受托社会福利机构指导督促，做好宣传引导工作，依法保障两类儿童收养工作的健康开展。要切实加强对被收养人的身份审核。受委托的社会福利机构要对被收养人和送养人的情况进行实地调查走访，重点了解是否符合两类儿童的送养条件，注意做好调查笔录、材料保存等工作，严防弄虚作假。有条件的地方可通过政府购买服务、引入社会工作者等方式开展收养评估工作，对被收养人和送养人的情况进行了解把握。各级人民政府民政部门要加强对送养证明材料的审查，依法办理收养登记。

附件1

生父母或监护人同意送养的书面意见

本人　　，身份证号：　　，是（儿童姓名）（性别，　　年　　月日生，身份证号　　　　）的监护人，与该儿童是

关系。按照《中华人民共和国收养法》第十一条的规定，我自愿将上述儿童送养（包括涉外送养）。并做出声明如下：本人自愿送养该儿童，并未受到任何威胁、强迫；本人知道此收养将建立养父母与被收养儿童间永久性的父母子女关系；本人知道出具该书面意见的后果，特别是收养将导致（儿童姓名）与本人的法律关系终止的后果。

下列内容由声明人亲笔抄录：本人保证已完全知晓、理解并同意上述声明，并永久性地放弃我作为监护人的所有权利。本人承诺严格遵守该书面意见规定的事项，绝不反悔。

声明人（签字）：

年　　月　　日

附件2

死亡或下落不明一方的父母不行使优先抚养权的书面声明

本人　　，身份证号：　　　，是（□死亡□下落不明）一方的父亲/母亲。本人知悉（孙子女/外孙子女姓名）

将被其父亲/母亲（姓名）送养。按照《中华人民共和国收养法》第十八条的规定，本人不对（儿童姓名）行使优先抚养权，同意将该儿童送养。

下列内容由声明人亲笔抄录：本人保证已完全知晓、理解并同意上述声明，并永久性放弃我优先抚养（儿童姓名）

的权利。本人承诺严格遵守该书面意见规定的事项，绝不反悔。

特此声明。

声明人（签字）：

年　　月　　日

附件3

其他有抚养义务的人同意送养的书面意见

本人　　，身份证号：　　，是（儿童姓名）（性别，　　年　　月　　日生，身份证号：　　　　）的（亲属关系）。按照《中华人民共和国婚姻法》第二十八和二十九条的规定，本人是上述儿童的其他有抚养义务的人。按照《中华人民共和国收养法》第十三条“监护人送养未成年孤儿的，需征得有抚养义务人的同意”及《中国公民收养子女登记办法》第六条第一款第（二）项、《外国人在中华人民共和国收养子女登记办法》第五条第二款第（四）项的规定，同意将其送养。

下列内容由声明人亲笔抄录：本人保证已完全知晓、理解并同意上述声明，本人承诺严格遵守该书面意见规定的事项，绝不反悔。

特此声明。

声明人（签字）：

年　　月　　日

案例评议

欧某甲、龙某与彭某、张某甲、欧某乙、第三人张某乙等解除收养关系纠纷案[①]

◆ 裁判规则

法院认为，欧某甲、龙某与欧某乙没有到民政部门办理收养关系登记，所以本案的收养关系并未成立。彭某、张某甲夫妇不符合法定送养人的条件，该送养行为无效。彭某、张某甲作为欧某乙的父母负有抚养和教育的法定义务，而自2002年12月31日起，欧某乙由欧某甲和龙某抚养照顾，而欧某甲和龙某并没有抚养照顾欧某乙的法定义务，虽然收养行为无法律效力，但欧某甲和龙某夫妇事实上抚养了欧某乙达十三年之久，故彭某和张某甲夫妇应向欧某甲和龙某夫妇支付代为抚养期间的抚养费用。欧某甲和龙某夫妇的其他诉讼请求不予支持。

◆ 评议

本案系收养关系纠纷，根据《民法典》婚姻家庭编第一千一百零五条第一款的规定，收养应当向县级以上人民政府民政部门登记。收养关系自登记之日起成立。本案中，彭某和张某甲不符合送养人的条件，其送养行为无效。虽然欧某乙的户口登记在欧某甲和龙某的户口簿中，但欧某甲和龙某未在民政部门办理收养登记，收养关系不成立。虽然收养行为无法律效力，但欧某甲和龙某夫妇事实上抚养了欧某乙达十三年之久，因此彭某和张某甲应向欧某甲和龙某夫妇支付代为抚养期间的抚养费用。

第一千零九十五条　【监护人送养未成年人的情形】

未成年人的父母均不具备完全民事行为能力且可能严重危害该未成年人的，该未成年人的监护人可以将其送养。

---

① 一审法院为三穗县人民法院，案号：（2018）黔2624民初1027号；二审法院为贵州省黔东南苗族侗族自治州中级人民法院，案号：（2019）黔26民终547号。

本条来源

《收养法》第十二条规定："未成年人的父母均不具备完全民事行为能力的，该未成年人的监护人不得将其送养，但父母对该未成年人有严重危害可能的除外。"

立法演变

一审稿第八百七十四条规定："未成年人的父母均不具备完全民事行为能力的，该未成年人的监护人不得将其送养，但是父母对该未成年人有严重危害可能的除外。"

二审稿同上。

征求意见稿第一千零九十五条对语序进行了调整，将"可能严重危害该未成年人的"的送养条件前置。

条文释义

本条规定了监护人送养的限制性条件。

一、未成年人父母均不具备完全民事行为能力

这里的"不具备完全民事行为能力"是指无民事行为能力或者限制民事行为能力的成年人。其中，无民事行为能力的成年人是指不能辨认自己行为的精神病人。限制民事行为能力的成年人是指不能完全辨认自己行为的精神病人。

二、可能严重危害该未成年人

关于"可能严重危害"如何认定的问题，《最高人民法院、最高人民检察院、公安部、民政部关于依法处理监护人侵害未成年人权益行为若干问题的意见》明确规定，本意见所称监护侵害行为，是指父母或者其他监护人性侵害、出卖、遗弃、虐待、暴力伤害未成年人，教唆、利用未成年人实施违法犯罪行为，胁迫、诱骗、利用未成年人乞讨，以及不履行监护职责严重危害未成年人身心健康等行为。处理监护侵害行为，应当遵循未成年人最大利益原则，充分考虑未成年人身心特点和人格尊严，给予未成年人特殊、优先的保护。对于监护侵害行为，任何组织和个人都有权劝阻、制止或者举报。

我国未成年人保护法也对父母应当依法履行的监护职责和抚养义务予以明

确规定，父母或者其他监护人应当创造良好、和睦的家庭环境，依法履行对未成年人的监护职责和抚养义务。禁止对未成年人实施家庭暴力，禁止虐待、遗弃未成年人，禁止溺婴和其他残害婴儿的行为，不得歧视女性未成年人或者有残疾的未成年人。父母或者其他监护人应当关注未成年人的生理、心理状况和行为习惯，以健康的思想、良好的品行和适当的方法教育和影响未成年人，引导未成年人进行有益身心健康的活动，预防和制止未成年人吸烟、酗酒、流浪、沉迷网络以及赌博、吸毒、卖淫等行为。

综上，如果未成年父母均不具备完全民事行为能力且出现上述侵害未成年人行为的情况，未成年人的监护人可以将其送养。

案例评议

隆某甲与龙某甲、杨某甲、杨某乙、龙某乙变更抚养权纠纷案[①]

◆ 裁判规则

法院认为，被告龙某甲、杨某甲生育隆某甲时均系未成年人，不具备完全民事行为能力，未被证实存在严重危害隆某甲的可能，其任意一方监护人均不得擅自将隆某甲送养，且送养未经县级人民政府部门登记，原告隆某乙与隆某甲的收养关系不成立。因被告杨某甲尚未成年，由其父母杨某乙、龙某乙代为抚养，被告龙某甲已成年，监护责任由龙某甲自行履行。判令：非婚生子隆某甲由被告龙某甲、杨某乙、龙某乙共同抚养。

◆ 评议

根据《民法典》婚姻家庭编第一千零九十五条的规定，未成年人的父母不具有民事行为能力且可能危害该未成年人的，才符合送养人的条件。本案双方的送养和收养的行为均不具有法律效力，被告龙某甲、杨某甲均是限制民事行为能力人，依法不具备收养法规定的送养人条件，原告未经依法办理收养登记擅自收养原、被告生育的男孩，因此被告送养孩子的行为无效，原告的收养关系依法不成立。

① 审理法院为花垣县人民法院，案号：(2015) 花民初字第725号。

第一千零九十六条　【监护人送养孤儿的处理规则】

监护人送养孤儿的，应当征得有抚养义务的人同意。有抚养义务的人不同意送养、监护人不愿意继续履行监护职责的，应当依照本法第一编的规定另行确定监护人。

本条来源

《收养法》第十三条规定："监护人送养未成年孤儿的，须征得有抚养义务的人同意。有抚养义务的人不同意送养、监护人不愿意继续履行监护职责的，应当依照《中华人民共和国民法通则》的规定变更监护人。"

立法演变

一审稿第八百七十五条规定："监护人送养孤儿的，应当征得有抚养义务的人同意。有抚养义务的人不同意送养、监护人不愿意继续履行监护职责的，应当依照总则编的规定变更监护人。"

二审稿第八百七十五条在"总则编"前增加"本法"，将"变更监护人"改为"另行确定监护人"。

征求意见稿同二审稿。

条文释义

一、法定抚养义务人的范围

法定抚养义务人是指依照相关立法的规定负有抚养未成年人义务的人。

1. 父母。

父母对子女有抚养教育的义务，若父母不履行抚养义务，未成年或不能独立生活的子女，有要求父母给付抚养费的权利。

2. 继父母。

继父或继母和受其抚养教育的继子女之间的权利和义务，适用民法典婚姻家庭编中对父母子女关系的有关规定。可见，继父母对未成年的继子女有抚养的义务。

3. 养父母。

国家保护合法的收养关系。养父母和养子女间的权利和义务，适用民法典婚姻对父母子女关系的有关规定。若收养人不履行抚养义务，有虐待、遗弃等侵害未成年养子女合法权益行为的，送养人有权要求解除养父母与养子女间的收养关系。

4. 祖父母、外祖父母。

有负担能力的祖父母、外祖父母，对于父母已经死亡或父母无力抚养的未成年的孙子女、外孙子女，有抚养的义务。只有这两种情况之一出现时，祖父母、外祖父母才有法定抚养义务。

二、监护人送养孤儿的条件

监护人送养孤儿，需要具备下列条件：（1）该孤儿有监护人，并在监护人的监护之下，是被监护人；（2）将其送养是出于保护孤儿权益的需要；（3）监护人送养被监护的孤儿须征得有抚养义务的人的同意，即有负担能力的祖父母、外祖父母和兄、姐的同意。

有抚养义务人的同意是指在监护人送养其所监护的未成年人时，须征得有抚养义务的人的同意。孤儿的监护人可以是其祖父母、外祖父母和成年的兄、姐等近亲属，也可以是经批准的关系密切的其他亲属、朋友或社会组织。其中，孤儿的祖父母、外祖父母和成年的兄、姐是在民法典婚姻家庭编上对未成年孤儿负有抚养义务的人。这些有抚养义务的人（近亲属）一般与孤儿之间存在亲密的感情联系，监护人未经其同意将孤儿送人收养是对这些近亲属的权益的侵犯，也不利于子女的成长。因而，在存在其他有抚养义务人的前提下，为了保护未成年人的合法权益以及保障孤儿近亲属的权益，监护人送养未成年孤儿的，要经过其他有抚养义务人的同意。如果有抚养义务人不同意送养，而监护人又不愿意继续履行监护职责的，应当撤销其监护人资格，变更其他有监护资格的亲属、朋友或社会组织为监护人。并不是有抚养义务人不同意送养则监护人便一律不得送养，如果监护人有特殊困难无力抚养被监护人，而有抚养义务的人亦无力抚养，在这种情况下，为了未成年子女的利益应当准许监护人送养。

法条关联

◆《民法典》（婚姻家庭编）

第一千零六十七条 父母不履行抚养义务的，未成年子女或者不能独立生活的成年子女，有要求父母给付抚养费的权利。

成年子女不履行赡养义务的，缺乏劳动能力或者生活困难的父母，有要求成年子女给付赡养费的权利。

第一千零六十八条 父母有教育、保护未成年子女的权利和义务。未成年子女造成他人损害的，父母应当依法承担民事责任。

第一千零七十二条 继父母与继子女间，不得虐待或者歧视。

继父或者继母和受其抚养教育的继子女间的权利义务关系，适用本法关于父母子女关系的规定。

第一千零七十四条 有负担能力的祖父母、外祖父母，对于父母已经死亡或者父母无力抚养的未成年孙子女、外孙子女，有抚养的义务。

有负担能力的孙子女、外孙子女，对于子女已经死亡或者子女无力赡养的祖父母、外祖父母，有赡养的义务。

第一千零七十五条 有负担能力的兄、姐，对于父母已经死亡或者父母无力抚养的未成年弟、妹，有扶养的义务。

由兄、姐扶养长大的有负担能力的弟、妹，对于缺乏劳动能力又缺乏生活来源的兄、姐，有扶养的义务。

第一千一百一十一条 自收养关系成立之日起，养父母与养子女间的权利义务关系，适用本法关于父母子女关系的规定；养子女与养父母的近亲属间的权利义务关系，适用本法关于子女与父母的近亲属关系的规定。

养子女与生父母以及其他近亲属间的权利义务关系，因收养关系的成立而消除。

◆**《中国公民收养子女登记办法》**

第六条第三款 监护人为送养人的，并应当提交实际承担监护责任的证明，孤儿的父母死亡或者宣告死亡的证明，或者被收养人生父母无完全民事行为能力并对被收养人有严重危害的证明。

◆**《最高人民法院关于贯彻执行〈中华人民共和国民法通则〉若干问题的意见》**

20. 监护人不履行监护职责，或者侵害了被监护人的合法权益，民法通则第十六条、第十七条规定的其他有监护资格的人或者单位向人民法院起诉，要求监护人承担民事责任的，按照普通程序审理；要求变更监护关系的，按照特别程序审理；既要求承担民事责任，又要求变更监护关系的，分别审理。

案例评议

陈某1、邸某等与王某等抚养纠纷案[①]

◆ **裁判规则**

法院认为，两个被抚养人陈某2、陈某3父母双亡，现跟随其祖父母即两个原告生活。两个原告年事已高且不能自理，亦无能力承担对两个被抚养人的监护义务。被告裴某作为两个被抚养人的外祖母对两个被抚养人亦有抚养、教育和保护的义务。判令：被抚养人陈某2、陈某3自本判决生效之日起由被告裴某抚养。

◆ **评议**

根据《民法典》婚姻家庭编第一千零九十六条的规定，监护人送养孤儿必须征得抚养义务人同意。《民法典》婚姻家庭编第一千零七十四条和第一千零七十五条则规定了扶养义务人的范围。本案中，两个被抚养人的父母均过世，原、被告作为被抚养人的祖父母和外祖父母均有抚养的义务。现原告因年事已高且不能自理，亦无能力承担对两个被抚养人的监护义务，作为被抚养人的外祖父母应履行监护人职责。

第一千零九十七条　【共同送养与单方送养】

生父母送养子女，应当双方共同送养。生父母一方不明或者查找不到的，可以单方送养。

本条来源

《收养法》第十条规定："生父母送养子女，须双方共同送养。生父母一方不明或者查找不到的可以单方送养。

有配偶者收养子女，须夫妻共同收养。"

---

① 审理法院为枣强县人民法院，案号：(2019) 冀1121民初1246号。

立法演变

一审稿第八百七十六条规定："生父母送养子女，应当双方共同送养。生父母一方不明或者查找不到的，可以单方送养。"

二审稿第八百七十六条在"不明"前增加"身份"。

征求意见稿第一千零九十七条去掉"身份"，同一审稿。

条文释义

一、共同送养的概念

共同送养是指生父母送养子女须以双方同意为前提，生父或生母送养时，另一方明知而不表示反对的，应视为同意。本法第二十六条第一款、第二十七条第一款规定：父母对未成年子女负有抚养、教育和保护的义务；父母是未成年人子女的监护人。由于父母双方共同负有抚养教育的义务，因此送子女给他人收养时，必须双方同意才有效。单方把子女送给他人收养，实际上是侵犯和剥夺他方亲权的行为，所以本法不允许父母单方送养。但若生父母一方不明或查找不到的，另一方可以单方送养。

《民法典》婚姻家庭编第一千零八十四条第一款规定，父母与子女间的关系，不因父母离婚而消除。离婚后，子女无论由父或母直接抚养，仍是父母双方的子女。夫妻离婚后，直接抚养子女的一方不经另一方当事人同意，擅自把子女送人收养，这也是对他方亲权的侵犯和剥夺，其送养行为是无效的。

若非婚生子女的生父母双方都已明确，非婚生子女的父母也应共同送养；若非婚生子女的生父母一方（一般是生父）不明，则无须共同送养。因此，收养法中所指须共同送养子女的"生父母"，包括有婚姻关系的父母和已离婚的父母，以及非婚生子女的父母。但生父母一方不明或查找不到的，另一方可以单方送养。

二、生父母作为送养人的条件

（一）生父母有特殊困难，均无力抚养子女

抚养未成年子女是父母双方的法定义务。在一般情况下，父母只要一方有抚养能力，就不允许通过送养转移抚养子女的义务。即使是无抚养能力的父母一方，也无权免去有抚养能力一方的抚养义务，将子女送给他人收养。

（二）生父母送养子女，须双方共同送养

通常情况下不允许生父母单方送养子女。对于非婚生子女，也应由其生父母共同送养。生父母一方下落不明或查找不到的可以单方送养，但必须按照法律程序向相关部门申请宣告失踪或宣告死亡。

（三）配偶一方死亡

配偶一方死亡后，如果另一方要求送养未成年子女，死亡一方的父母有优先抚养的权利，即送养须先征求死亡一方父母的意见。若他们愿意并有能力抚养该孙子女或外孙子女时，另一方就不得将其送养。

法条关联

◆《民法典》(婚姻家庭编)

第一千零八十四条 父母与子女间的关系，不因父母离婚而消除。离婚后，子女无论由父或者母直接抚养，仍是父母双方的子女。

离婚后，父母对于子女仍有抚养、教育、保护的权利和义务。

离婚后，不满两周岁的子女，以由母亲直接抚养为原则。已满两周岁的子女，父母双方对抚养问题协议不成的，由人民法院根据双方的具体情况，按照最有利于未成年子女的原则判决。子女已满八周岁的，应当尊重其真实意愿。

第一千一百一十一条 自收养关系成立之日起，养父母与养子女间的权利义务关系，适用本法关于父母子女关系的规定；养子女与养父母的近亲属间的权利义务关系，适用本法关于子女与父母的近亲属关系的规定。

养子女与生父母以及其他近亲属间的权利义务关系，因收养关系的成立而消除。

◆《中国公民收养子女登记办法》

第六条第四款 生父母为送养人的，并应当提交与当地计划生育部门签订的不违反计划生育规定的协议；有特殊困难无力抚养子女的，还应当提交其所在单位或者村民委员会、居民委员会出具的送养人有特殊困难的证明。其中，因丧偶或者一方下落不明由单方送养的，还应当提交配偶死亡或者下落不明的证明；子女由三代以内同辈旁系血亲收养的，还应当提交公安机关出具的或者经过公证的与收养人有亲属关系的证明。

案例评议

蒲某某与周某、陈某某抚养纠纷案①

◆ **裁判规则**

法院认为，周某在将其与蒲某某所生女儿周某彤交由他人抚养时，未经蒲某某同意，且陈某某在收养后亦未按规定进行登记，故该收养不符合法律规定，现蒲某某主张对女儿周某彤的抚养权于法有据，本院予以支持。

◆ **评议**

本案系收养关系纠纷，根据《民法典》婚姻家庭编第一千零九十七条的规定，生父母送养子女，应当双方共同送养。本案中，周某在将其与蒲某某所生女儿周某彤交由他人抚养时，未经蒲某某同意，且陈某某在收养后亦未按规定进行登记，故该收养不符合法律规定，应为无效，蒲某某的诉讼请求应予支持。

第一千零九十八条　【收养人条件】

收养人应当同时具备下列条件：

（一）无子女或者只有一名子女；

（二）有抚养、教育和保护被收养人的能力；

（三）未患有在医学上认为不应当收养子女的疾病；

（四）无不利于被收养人健康成长的违法犯罪记录；

（五）年满三十周岁。

本条来源

《收养法》第六条规定：“收养人应当同时具备下列条件：

（一）无子女；

（二）有抚养教育被收养人的能力；

① 一审法院为西安市新城区人民法院，案号：（2014）新民初字第00851号；二审法院为陕西省西安市中级人民法院，案号：（2014）西中民少终字第00022号。

（三）未患有在医学上认为不应当收养子女的疾病；

（四）年满三十周岁。”

立法演变

一审稿第八百七十七条规定：“收养人应当同时具备下列条件：

（一）无子女或者只有一名子女；

（二）有抚养、教育和保护被收养人的能力；

（三）未患有在医学上认为不应当收养子女的疾病；

（四）年满三十周岁。”

二审稿第八百七十七条增加一项“（四）无不利于被收养人健康成长的违法犯罪记录”。

征求意见稿同二审稿。

条文释义

本条是关于收养人条件的规定。

收养人的条件，即个人收养他人子女时所必须具备的条件。本法规定，收养人应具备以下条件：

第一，无子女或只有一名子女。这里所说的无子女，包括未婚者无子女，已婚者尚无子女以及因欠缺生育能力而不可能有子女等各种情形。在解释上，子女既包括婚生子女，也包括非婚生子女和拟制血亲的子女（如形成实际抚养关系的继子女、养子女）。但收养孤儿、残疾未成年人或者儿童福利机构抚养的找不到生父母的未成年人，可以不受“无子女”及“只能收养一名子女”等规定的限制。

第二，有抚养、教育和保护被收养人的能力。第一，收养人应当具备完全民事行为能力；第二，收养人要有抚养、教育被收养人的能力，包括有抚养和教育被收养人的经济条件、身体条件和教育能力，能够履行父母的职责，使被收养的未成年人健康成长。经济条件是指有足够和稳定的经济来源；健康条件是指必须没有影响被收养人成长的精神病或其他严重疾病；教育能力是指收养人有引导教育被收养人健康成长的能力。因此，衡量是否具有抚养教育被收养人的能力时，不能仅考虑收养人的经济负担能力，还要考虑在思想品德、健康状况等方面有无抚养教育能力。例如，品德恶劣、行为不端致不堪为人父母的，因患精神病而丧失民事行为能力的，有其他情形不利于被收养人健康成长的，均应认为抚养教育能力的欠缺。我们认为，在处理具体问题时，收养人的能力的要求，一般应不低于对监护人的监护能力的要求。

第三，未患有在医学上认为不应当收养子女的疾病。这既是为保障养子女的身体健康，也是收养人抚育养子女的前提条件。如果养父母身患传染病，极易将疾病传染给养子女，危害养子女的身体健康；如果养父母患有严重疾病，生活不能自理，也不能履行抚育子女的义务。

第四，无不利于被收养人健康成长的违法犯罪记录。例如，曾经有犯性侵、伤害、虐待、遗弃等犯罪或者违法行为的，不得收养子女。

第五，年满三十周岁。法律对收养人的最低年龄作上述规定，是出于对收养关系的性质和生育时间的考虑。三十周岁以下的人，生育子女的机会尚多，不必急于收养他人子女作为自己的子女。到达相当年龄后再收养子女，能够更好地承担养父母的职责。基于我国的人口现状和人口政策，规定年满三十周岁始得收养子女也是比较适宜的。“年满三十周岁”是包括三十周岁本数在内。夫妻共同收养，则必须双方都年满三十周岁。但无配偶者收养异性子女，收养人与被收养人的年龄应当相差四十周岁以上。

法条关联

◆《民法典》（婚姻家庭编）

第一千一百零二条 无配偶者收养异性子女的，收养人与被收养人的年龄应当相差四十周岁以上。

案例评议

梁某甲、高某与梁某乙、梁某丙收养关系纠纷案①

◆ **裁判规则**

法院认为，梁某乙夫妻与梁某甲夫妻虽然对被收养人的收养达成口头协议并为被收养人办理了户口登记，但梁某乙夫妻不符合收养人的法定条件，梁某乙夫妻对被

① 审理法院为邢台市桥西区人民法院，案号：（2013）西民初字第1629号。

收养人的收养行为无法律效力。因此，对梁某甲夫妻主张的诉讼请求，本院予以支持。

◆ **评议**

本案系收养关系纠纷，《民法典》婚姻家庭编第一千零九十八条规定了收养人必须具备的法定条件。本案中，梁某甲夫妻与梁某乙夫妻达成口头收养协议时，梁某乙夫妻已经有两个子女，不符合收养人的条件，收养行为无效。

第一千零九十九条　【三代以内旁系同辈血亲的收养】

收养三代以内旁系同辈血亲的子女，可以不受本法第一千零九十三条第三项、第一千零九十四条第三项和第一千一百零二条规定的限制。

华侨收养三代以内旁系同辈血亲的子女，还可以不受本法第一千零九十八条第一项规定的限制。

本条来源

《收养法》第七条规定："收养三代以内同辈旁系血亲的子女，可以不受本法第四条第三项、第五条第三项、第九条和被收养人不满十四周岁的限制。

华侨收养三代以内同辈旁系血亲的子女，还可以不受收养人无子女的限制。"

立法演变

一审稿第八百七十八条规定："收养三代以内同辈旁系血亲的子女，可以不受本法第八百七十二条第三项、第八百七十三条第三项和第八百八十条规定的限制。

华侨收养三代以内同辈旁系血亲的子女，还可以不受本法第八百七十七条第一项规定的限制。"

二审稿同上。

征求意见稿同上。

条文释义

本条是关于收养三代以内旁系同辈血亲子女的规定。

我国以血亲之间的世代来计算亲属关系远近。世代计算法一辈为一代，在计算直系血亲时，以己身为一代，然后由己身向上或向下数，向上数至父母为二代，数至祖父母为三代；向下数至子女为二代，数至孙子女为三代，依此类推。在计算旁系血亲时须根据旁系血亲之间的同源关系确定世代，同源于父母的为两代以内旁系血亲，同源于祖父母、外祖父母的，为三代以内旁系血亲，依此类推。

所谓三代以内旁系血亲是指同源于祖父母、外祖父母（与己身相对而言）的旁系血亲。无论辈分是否相同，只要同源于祖父母、外祖父母的旁系血亲，都是三代以内的旁系血亲。辈分相同的有兄弟姐妹、堂兄弟姐妹、表兄弟姐妹；辈分不同的有伯、叔、姑与侄子，舅、姨与外甥子女。超出这个范围，就不属于三代以内旁系血亲了。“三代以内旁系同辈血亲的子女”是指亲兄弟姐妹的子女、堂兄弟姐妹的子女、表兄弟姐妹的子女。在我国，收养三代以内旁系同辈血亲的子女，一般称为“过继”，多是本家族内的近亲属照顾无子女近亲属的一种举措，条件比较宽松，可以不受《民法典》婚姻家庭编第一千零九十三条第三项即被送养人是“生父母有特殊困难无力抚养子女”、第一千零九十四条第三项关于送养人为“有特殊困难无力抚养子女的生父母”和第一千一百零二条之一关于“有配偶者收养子女，应当夫妻共同收养”规定的限制。

具体而言主要体现在以下两个方面：第一，父母不一定有特殊困难无力抚养子女，有抚养能力的也可以送养其子女。第二，无配偶者收养异性子女的，不受收养人与被收养人须相差四十周岁的限制。本法对于华侨收养三代以内旁系同辈血亲的规定更宽松，除不受上面所列举的两项条件的限制外，还可以不受《民法典》婚姻家庭编第一千零九十八条第一项关于收养人“无子女或者只有一名子女”规定的限制，即作为收养人的华侨即使有子女，且不止一个子女，也可以作为收养人。

法条关联

◆《中国公民收养子女登记办法》

第十四条 华侨以及居住在香港、澳门、台湾地区的中国公民在内地收养子女的，申请办理收养登记的管辖以及所需要出具的证件和证明材料，按照国务院民政部门的有关规定执行。

案例评议

谢某1、谢某2继承纠纷案①

◆ **裁判规则**

本案经一审、二审以及再审，法院均认为，虽然因历史原因，谢某甲与谢某乙、谢某3、谢某4、谢某6未办理收养公证或登记手续，但是谢某甲与谢某乙、谢某3、谢某4、谢某6长期共同生活得到了亲友们的认可。谢某甲将谢某乙、谢某3、谢某4、谢某6抚养、教育至成年，谢某乙、谢某3、谢某4、谢某6成年后对谢某甲亦尽了子女应尽的赡养扶助、生养死葬的义务，双方之间形成事实上的收养关系。虽然谢某乙的父亲、母亲、继母均有工作单位，谢某乙、谢某3、谢某4、谢某6不符合生父母有特殊困难无力抚养的子女，但四人的父亲与谢某甲系三代以内旁系同辈血亲关系，故谢某甲收养谢某乙、谢某3、谢某4、谢某6并未违反法律规定。法院依法驳回谢某1、谢某2的诉讼请求、上诉讼请求和再审申请。

◆ **评议**

《民法典》婚姻家庭编第一千零九十九条放宽了收养三代以内旁系同辈血亲的子女的限制。所谓“旁系血亲”，是指具有间接关系的亲属，即非直系血亲而在血源上和自己同一源的血亲。“三代以内旁系同辈血亲”是指兄弟姐妹和第三代堂、表兄弟姐妹。“三代以内旁系同辈血亲的子女”，则是指兄弟姐妹的子女和第三代堂、表兄弟姐妹的子女，即侄子女、外甥、外甥女和第四代的堂侄子女、表侄子女、表外甥、表外甥女。收养这些孩子，就可以不受“生父母有特殊困难无力扶养”以及“年龄应当相差四十周岁”的限制。本案中，谢某甲原系谢某乙、谢某3、谢某4、谢某6的伯父，谢某甲收养他们属于收养三代以内旁系同辈血亲的子女，故双方之间的收养关系成立。

① 二审法院为柳州市中级人民法院，案号：（2016）桂02民终9号；再审法院为广西壮族自治区高级人民法院，案号：（2017）桂民申1015号。

第一千一百条　【收养人数的限制及例外情形】

无子女的收养人可以收养两名子女；有子女的收养人只能收养一名子女。

收养孤儿、残疾未成年人或者儿童福利机构抚养的查找不到生父母的未成年人，可以不受前款和本法第一千零九十八条第一项规定的限制。

本条来源

《收养法》第八条规定："收养人只能收养一名子女。

收养孤儿、残疾儿童或者社会福利机构抚养的查找不到生父母的弃婴和儿童，可以不受收养人无子女和收养一名的限制。"

立法演变

一审稿第八百七十九条规定："无子女的收养人可以收养两名子女；有一名子女的收养人只能收养一名子女。

收养孤儿、残疾儿童或者儿童福利机构抚养的查找不到生父母的儿童，可以不受前款和本法第八百七十七条第一项规定的限制。"

二审稿第八百七十九条将"残疾儿童"改变为"残疾未成年人"，将"查找不到生父母的儿童"变为"查找不到生父母的未成年人"，并改变对应条款。

征求意见稿同二审稿。

条文释义

本条对收养人收养子女的数量进行了限制，限制收养子女的数量，是为了防止因收养子女过多，而发生无法全面照顾被收养人，以及损害被收养人利益的情形，同时也是为了防止发生借收养而拐卖人口的情形。虽然，本条规定了数量限制，但收养孤儿、残疾未成年人或者儿童福利机构抚养的查找不到生父母的未成年人，可以不受数量的限制。

针对收养人以及被收养人的身份属性，将收养子女的数量分为以下三类：

第一，无子女的收养人可以收养两名子女。此处的收养人仅指个人。所谓“无子女”包括无婚生子女、无非婚生子女、无养子女、无继子女等。收养人虽有子女，但在收养子女之前已经死亡或宣告死亡的，应当认定为无子女。应当注意的是，收养人有子女，但离异时，子女随另一方生活的，不应认定为无子女。收养人无子女，且符合本法规定的其他各项收养条件的，可以收养两名子女。

第二，有一名子女的收养人只能收养一名子女。此处的收养人仅指个人。所谓“有一名子女”包括有一名婚生子女、非婚生子女、养子女或继子女等。收养人有一名子女，且符合本法规定的其他各项收养条件的，只能收养一名子女。

第三，被收养人是孤儿、残疾未成年人、儿童福利机构抚养的查找不到生父母的未成年人的，收养人收养子女时可以不受数量的限制。孤儿、残疾未成年人、儿童福利机构抚养的查找不到生父母的未成年人处于社会弱势地位，国家鼓励符合条件的收养人可以不受数量限制地收养他们，这对其身心健康发展有着重要意义。

案例评议

景某甲、赵某某与景某乙解除收养关系纠纷案①

◆ 裁判规则

法院认为，首先，两个原告在收养被告之前已经育有两名子女，并不符合收养法中关于收养人的条件；其次，从户口登记簿上可以看出，被告落户原告处时已年满二十周岁，亦不符合收养法中关于被收养人的条件；最后，原被告双方在形成收养事实后并未到当地民政部门进行收养登记，也不符合收养法中关于收养关系成立的形式要件。两个原告和被告均不符合法律规定的收养人和被收养人的条件，故双方之间形成的事实收养关系并不能得到法律的保护，该收养行为无法律效力。解除收养关系的前提是存在合法有效的收养关系，故两个原告要求解除收养关系的主张，缺乏法律和事实依据，不予支持。判决驳回原告景某甲、赵某某的诉讼请求。

◆ 评议

根据《民法典》婚姻家庭编第一千一百条关于收养人收养子女数量的规

① 审理法院为广州市荔湾区人民法院，案号：(2014) 穗荔法民一初字第486号。

定，本案原告在收养被告时已有两名子女，明显不符合收养条件，故其与被告之间的收养关系无效。

第一千一百零一条　【共同收养】

有配偶者收养子女，应当夫妻共同收养。

本条来源

《收养法》第十条规定：“生父母送养子女，须双方共同送养。生父母一方不明或者查找不到的可以单方送养。

有配偶者收养子女，须夫妻共同收养。”

立法演变

一审稿第八百八十一条规定：“有配偶者收养子女，应当夫妻共同收养。配偶一方为无民事行为能力人或者被宣告失踪的，可以单方收养。”

二审稿同上。

征求意见稿同上。

条文释义

本条是关于有配偶者应当共同收养的规定。

一、共同收养原则的意义

共同收养是指有配偶者收养子女，必须夫妻共同收养。本法规定，收养人应当抚养、教育和保护被收养人，因此共同收养有助于被收养人权益的保护。如果允许单方收养，不仅对子女不利，也会影响夫妻关系和睦，因此我国收养法确立了夫妻共同收养的原则。共同收养原则，对夫妻和睦、保护被收养人利益具有重要意义。

第一，共同收养对夫妻和睦具有重要意义。对被收养人进行抚养教育，是已婚当事人夫妻双方的责任和义务，只有经夫妻双方同意，收养才能成立。如果允许单方收养，不仅对养子女不利，也会影响夫妻关系和睦。我国民法典确立了夫妻共同收养的原则，对维护夫妻关系和睦具有重要意义。夫妻关系和睦，一方面给被收养人营造了健康的生活环境，另一方面也填补了被收养人的情感缺憾，让其心灵的创伤得到一定的治愈。

第二，共同收养对保护被收养人具有重要意义。现实生活中，被收养人无论是在物质上还是心灵上都或多或少地受到过伤害，抚平他们的创伤，需要收养人给予其更多的关爱。如果夫妻双方，一方同意收养，另一方不同意收养，双方在争吵过程中极有可能作出伤害被收养人利益的行为，给被收养人造成二次伤害。本法确立了夫妻共同收养的原则，就是希望被收养人能够得到养父母双方的关爱，能够在温馨、和谐的生活环境中健康成长。

有配偶者收养子女，应当夫妻共同收养。其一，收养时，夫妻双方必须取得收养子女的合意。夫妻共同收养子女的，应当一同到收养登记机关办理收养登记手续；一方因故不能前往的，应当书面委托另一方办理，委托书应当经过村民委员会或居民委员会证明或经过公证。夫妻一方在收养时虽未明确表示同意，但在收养后的长期共同生活中，已形成了事实上的收养关系的，应予承认。夫或妻一方收养子女，另一方始终不同意的，只承认与收养一方的收养关系有效。其二，原为无配偶者收养，收养人收养后再婚的，如果配偶表示愿意收养，履行了必要的手续后，形成夫妻双方共同收养；如果配偶表示不愿意收养的，则只能认定为单方收养。

二、共同收养的例外

共同收养是法律的强制性规定，夫妻双方不能通过协议予以变更。如果夫妻一方希望收养子女，另一方虽不愿意收养子女但表示不反对，该方亦不得单独收养子女。但夫妻一方收养对方的子女，即继父或继母收养继子女时，因对方与其子女之间已有亲子关系，故不必共同收养。本法规定生父母送养子女时须共同送养，但生父母一方不明或查找不到时，另一方可以单方送养。但本法并未明文规定夫妻一方查找不到，另一方可以单方收养子女。正如生父母一方不明或查找不到使共同送养变得不可能一样，如果夫妻一方查找不到，则共同收养也变得不可能，在此情况下，以不可能得到的共同收养为条件限制其进行收养明显不公。因此，只要这种单方收养对养子女并无不利，应予以准许。具体而言：其一，继父或继母收养继子女时，因对方与其子女之间已有亲子关系，故不必共同收养。其二，夫妻一方查找不到或因不具有行为能力不能表意的，如果单方收养对养子女并无不利，可以准许另一方单方收养。

法条关联

◆《中国公民收养子女登记办法》

第四条 收养关系当事人应当亲自到收养登记机关办理成立收养关系的登记手续。

夫妻共同收养子女的，应当共同到收养登记机关办理登记手续；一方因故不能亲自前往的，应当书面委托另一方办理登记手续，委托书应当经过村民委员会或者居民委员会证明或者经过公证。

◆《外国人在中华人民共和国收养子女登记办法》

第八条 外国人来华收养子女，应当亲自来华办理登记手续。夫妻共同收养的，应当共同来华办理收养手续；一方因故不能来华的，应当书面委托另一方。委托书应当经所在国公证和认证。

◆《外国人在中华人民共和国收养子女实施办法》

第八条第三款 夫妻共同收养的，一方因故不能来华办理手续时，可以书面委托另一方。委托书应当公证和认证。

◆《最高人民法院关于人民法院审理离婚案件处理子女抚养问题的若干具体意见》

14.《中华人民共和国收养法》施行前，夫或妻一方收养的子女，对方未表示反对，并与该子女形成事实收养关系的，离婚后，应由双方负担子女的抚育费；夫或妻一方收养的子女，对方始终反对的，离婚后，应由收养方抚养该子女。

案例评议

陈某甲与高某甲离婚纠纷案①

◆ **裁判规则**

法院认为，其夫妻感情确已破裂，准予离婚。高某乙明确表示愿意随父亲生活，故确定婚生子高某乙由高某甲抚养。陈某甲收养陈某乙的行为无效。高某甲对陈某乙依法无抚养义务，不承担抚养费。

◆ **评议**

本案虽系离婚纠纷，但其中涉及收养关系问题，就收养关系而论，根据

① 审理法院为正宁县人民法院，案号：（2014）正民初字第826号。

《民法典》婚姻家庭编第一千一百零一条的规定，有配偶者收养子女，应当夫妻共同收养。本案中，陈某甲收养陈某乙时未经高某乙同意，且未办理收养登记手续，故其收养行为无效。

第一千一百零二条　【无配偶者收养异性子女的限制】

无配偶者收养异性子女的，收养人与被收养人的年龄应当相差四十周岁以上。

本条来源

《收养法》第九条规定：“无配偶的男性收养女性的，收养人与被收养人的年龄应当相差四十周岁以上。”

立法演变

一审稿第八百八十条规定：“无配偶者收养异性子女的，收养人与被收养人的年龄应当相差四十周岁以上。”

二审稿第八百八十一条之一在“无配偶者收养异性子女的”后增加了“或者有配偶者依据前条规定单方收养异性子女的”。

征求意见稿第一千一百零二条删去“或有配偶者依据前条规定单方收养异性子女的”，同一审稿。

条文释义

本条是关于收养异性子女的特别规定。

这样规定的目的在于维护收养关系的伦理性，保护被收养人的合法权益，避免借收养名义而违背社会公德的不良行为。本条的关键词，即无配偶者、异性子女、相差四十周岁以上，通过解读这三个关键词，将更有利于理解本条的规定，避免因收养无效给收养人和被收养人带来不必要的伤害。

本法以收养人是否有配偶为标准，规定了收养异性子女的年龄限制，具体分为以下两类：

第一，有配偶者在收养异性子女时，收养人与被收养人不受年龄的限制，但收养人和被收养人必须符合法律规定的其他收养条件，否则收养关系亦不成立。

第二，无配偶者在收养异性子女时，收养人与被收养人受年龄的限制。无配偶者的收养人是指因未婚、离婚或丧偶等原因单身而有抚养能力的成年人。无配偶者既包括无配偶的男性，也包括无配偶的女性，出于对被收养人合法权益的保护，无配偶的男性收养女婴和女童，无配偶的女性收养男婴和男童，均应当相差四十周岁以上。“四十周岁以上”包括四十周岁的本数在内。

案例评议

顾某与张某、奚某解除收养关系纠纷案[①]

◆ **裁判规则**

法院认为，送养人顾某1、徐某1并非顾某的亲生父母，且收养时张某为无配偶男性，与被收养人顾某之间年龄相差不满四十周岁，故张某的收养行为违反了法律规定。顾某要求分割其拆迁安置权益，本院予以支持。但因顾某与赵某之间收养关系无效，顾某的其他诉讼请求不予支持。

◆ **评议**

本案系解除收养关系纠纷，根据《民法典》婚姻家庭编第一千零九十四条的规定，孤儿的监护人，儿童福利机构，有特殊困难无力抚养子女的生父母可以作送养人。又根据《民法典》婚姻家庭编第一千一百零二条的规定，无配偶者收养异性子女的，收养人与被收养人的年龄应当相差四十周岁以上。本案中，送养人顾某1、徐某1并非顾某的亲生父母，且收养时张某为无配偶男性，与被收养顾某之间年龄相差不满四十周岁，故张某的收养行为违反了法律规定，应为无效。顾某所主张的其应享有的相关拆迁安置权益建立在其与张某之间收养关系合法有效的基础，现张某与顾某之间的收养关系无效，顾某的诉讼请求无法得到支持。

---

① 一审法院为常州市武进区人民法院，案号：（2014）武民初字第935号。再审法院为常州市武进区人民法院，案号：（2015）武民申字第5号。

第一千一百零三条 【收养继子女的特别规定】

继父或者继母经继子女的生父母同意，可以收养继子女，并可以不受本法第一千零九十三条第三项、第一千零九十四条第三项、第一千零九十八条和第一千一百条第一款规定的限制。

本条来源

《收养法》第十四条规定："继父或者继母经继子女的生父母同意，可以收养继子女，并可以不受本法第四条第三项、第五条第三项、第六条和被收养人不满十四周岁以及收养一名的限制。"

立法演变

一审稿第八百八十二条规定："继父或者继母经继子女的生父母同意，可以收养继子女，并可以不受本法第八百七十二条第三项、第八百七十三条第三项、第八百七十七条和第八百七十九条第一款规定的限制。"

二审稿同上。

征求意见稿同上。

条文释义

本条是关于继父或者继母收养继子女的规定。

我国有关继父母与继子女关系的规定，是存在较多问题的，其中最大的问题就是对形成抚养关系的判断没有准确的标准，因而确定发生法律上的父母子女权利义务关系难度较大。由于抚养关系的判断难度较大，当生母（父）先于继父（母）死亡时，或继父（母）与继子女在日常生活相处时，往往会因双重权利、义务界限的不明确而发生继父（母）对继子女推诿责任的纠纷。为避免纠纷的发生，最好的办法，就是继父或者继母对继子女进行收养确立收养关系，发生父母子女的权利义务关系，没有确立收养关系的，就不发生父母子女的权利义务关系。

一、作为被收养人的继子女应具备的基本条件

继子女是指现存的婚姻关系中妻与前夫或夫与前妻所生的子女，继子女与继父母之间的关系是因生父母的婚姻状况变化而产生的，因此继子女被收养为养子女必须具备以下基本条件：（1）被收养人的生父母离婚或一方死亡；（2）被收养人的生父母一方或双方再婚；（3）再婚的另一方有收养继子女的意愿；（4）被收养人的生父母不论是自愿离婚还是判决、调解离婚，均应明确表示愿意送养；（5）八周岁以上的被收养人必须明确表示愿意被收养为养子女；（6）被收养人的生父或生母作为送养人应与收养人就收养子女问题达成协议。

二、继父或者继母对继子女收养的放宽条件

继父或者继母经过继子女的生父母同意的，可以收养继子女为养子女，并不受《民法典》婚姻家庭编第一千零九十三条第三项、第一千零九十四条第三项、第一千零九十八条和第一千一百条第一款规定的限制。本条放宽了继父或者继母对继子女的收养条件，但收养时必须经继子女生父母的同意。继子女的生父母同意收养的，继父或继母可以不受以下内容的限制：（1）被收养人可以不是生父母有特殊困难无力抚养的子女；（2）作为送养人的生父或生母可以不是有特殊困难无力抚养子女的父母；（3）作为收养人的继父或继母可以不受无子女或者只有一名子女的限制；（4）作为收养人的继父或继母可以不受有抚养、教育和保护被收养人的能力的限制；（5）作为收养人的继父或继母可以不受未患有在医学上认为不应当收养子女的疾病的限制；（6）作为收养人的继父或继母可以不受无不利于被收养人健康成长的违法犯罪记录的限制；（7）作为收养人的继父或继母可以不受年满三十周岁的限制。

案例评议

陈某甲、陈某乙诉方家村民组承包地征收补偿费用分配纠纷案[①]

◆ **裁判规则**

法院认为，陈某甲、陈某乙作为彭某的继子女，已经办理了合法的收养登记证，该收养关系应受到国家保护。办理合法的收养登记后，陈某甲、陈某乙的户口迁入方家村民组处，陈某甲、陈某乙应当取得方家村民组的集体经济组

① 审理法院为韶山市人民法院，案号：（2015）韶民一初字第156号。

织成员资格。陈某甲、陈某乙要求方家村民组支付青苗及土地补偿费8880元的诉求，应予支持。

◆ **评议**

本案系承包地征收补偿费用分配纠纷，根据《民法典》婚姻家庭编第一千一百零三条的规定，继父或者继母经继子女的生父母同意，可以收养继子女，并可以不受本法第一千零九十三条第三项、第一千零九十四条第三项、第一千零九十八条和第一千一百条第一款规定的限制。本案中，陈某甲、陈某乙作为彭某的继子女，已经办理了合法的收养登记证，收养关系成立。自户口迁入方家村民组处起，陈某甲、陈某乙便取得方家村民组的集体经济组织成员资格，二人有权要求方家村民组支付青苗及土地补偿费。

第一千一百零四条 【收养自愿原则】

收养人收养与送养人送养，应当双方自愿。收养八周岁以上未成年人的，应当征得被收养人的同意。

本条来源

《收养法》第十一条规定："收养人收养与送养人送养，须双方自愿。收养年满十周岁以上未成年人的，应当征得被收养人的同意。"

立法演变

一审稿第八百八十三条规定："收养人收养与送养人送养，应当双方自愿。收养八周岁以上未成年人的，应当征得被收养人的同意。"

二审稿同上。

征求意见稿同上。

条文释义

本条是关于当事人合意收养的规定。

收养与送养，是民法上的身份协议，收养人与送养人有权利选择是否成立该身份协议的自由，只有依自己真实意愿订立的收养协议才可能发生预期的法律效力，而非基于自己真实意愿订立的收养协议，当事人有权撤销。在收养时，法律赋予了收养人和送养人签订收养协议的自由，同时又规定了“收养人收养与送养人送养，应当双方自愿”的限制条件，目的是避免一方采取胁迫、欺诈等手段，损害另一方以及被收养人的合法权益。

构成收养合意，应当具备以下条件：

第一，双方自愿。收养人收养与送养人送养须双方自愿，意思表示一致。收养与送养，是民法上的身份协议，收养合意应当按照合同成立的条件要求。在收养问题上，收养人和送养人的意思表示必须真实、自愿、一致，才能构成合意。

第二，须经八周岁以上的被送养人同意。收养未满八周岁的未成年人，不必经过本人的同意。收养年满八周岁以上的未成年人，应当征得被收养人的同意。八周岁以上的未成年人是限制民事行为能力人，具有一定的识别能力和民事行为能力，是否接受被收养的事实，改变自己的身份关系，应当征得本人的同意。他（她）的同意，不构成收养的意思表示，但他（她）的不同意，构成收养合意的法律障碍，收养人和送养人即使达成收养合意，但由于有被收养人不同意的法律障碍，使其收养合意无效。

案例评议

孙某与刘某、张某确认收养合同无效纠纷案①

◆ **裁判规则**

法院认为，收养人孙某不具有抚养、教育被收养人的能力，送养人刘某、张某亦不具备送养的条件。被收养人在双方签订收养协议时，已年满十周岁，签订协议时应征得被收养人的同意，且该协议未在相关部门履行登记手续，故双方签订的《收养协议》不符合收养法的规定，该协议应确认为无效。

◆ **评议**

本案系确认收养合同无效纠纷，根据《民法典》婚姻家庭编第一千一百零四条的规定，收养八周岁以上未成年人的，应当征得被收养人的同意。本案中，

① 审理法院为汝阳县人民法院，案号：(2015) 汝民初字第489号。

孙某与刘某、张某签订《收养协议》时，被收养人已满八周岁，因此确立收养关系时，应当征得被收养人的同意。

第一千一百零五条　【收养关系的成立】

收养应当向县级以上人民政府民政部门登记。收养关系自登记之日起成立。

收养查找不到生父母的未成年人的，办理登记的民政部门应当在登记前予以公告。

收养关系当事人愿意签订收养协议的，可以签订收养协议。

收养关系当事人各方或者一方要求办理收养公证的，应当办理收养公证。

县级以上人民政府民政部门应当依法进行收养评估。

本条来源

《收养法》第十五条规定："收养应当向县级以上人民政府民政部门登记。收养关系自登记之日起成立。

收养查找不到生父母的弃婴和儿童的，办理登记的民政部门应当在登记前予以公告。

收养关系当事人愿意订立收养协议的，可以订立收养协议。

收养关系当事人各方或者一方要求办理收养公证的，应当办理收养公证。"

立法演变

一审稿第八百八十四条规定："收养应当向县级以上人民政府民政部门登记。收养关系自登记之日起成立。未办理收养登记的，应当补办登记。

收养查找不到生父母的儿童的，办理登记的民政部门应当在登记前予以公告。

收养关系当事人愿意订立收养协议的，可以订立收养协议。

收养关系当事人各方或者一方要求办理收养公证的，应当办理收养公证。"

二审稿第八百八十四条将第二款中“儿童”修改为“未成年人”。

征求意见稿同二审稿。

条文释义

本条是关于收养关系成立形式要件的规定。

收养关系成立的形式要件是指收养关系成立所需要的程序性的必要条件。收养登记是收养的形式要件，必须具备。收养协议和收养公证是出于当事人的意愿和要求而进行的程序，不具有强制的意义。

一、收养登记

收养各方当事人达成收养合意，须经过收养登记，才能实现变更当事人之间身份关系的效果。故收养登记具有对收养合意的确认、国家承认收养行为，以及当事人身份关系变更的公示等效力。

（一）收养登记机关

收养登记机关，即接受收养关系当事人的申请，对其申请书及有关材料进行审查，并最终办理收养登记的机关。我国收养法规定，收养登记机关是县级以上人民政府民政部门。收养法根据收养的各种不同情形，具体规定了办理收养登记的管辖机关：

1. 收养社会福利机构抚养的查找不到生父母的弃婴、儿童和孤儿的，在社会福利机构所在地的收养登记机关办理登记。

2. 收养非社会福利机构抚养的查找不到生父母的弃婴、儿童的，在弃婴和儿童发现地的收养登记机关办理登记。

3. 收养生父母有特殊困难无力抚养的子女或者由监护人监护的孤儿的，在被收养人生父母或者监护人常住户口所在地（组织作为监护人的，在该组织所在地）的登记机关办理登记。

4. 收养三代以内旁系同辈血亲的子女，以及继父或者继母收养继子女的，在被收养人生父或生母常住户口所在地的收养登记机关办理登记。

（二）收养登记的程序

收养登记的具体程序有：一是申请，二是审查，三是登记。经审查，对符合条件的准予收养登记，发给收养登记证，收养关系自登记之日起成立。对不符合规定的条件的，则不予登记，并对当事人说明理由。

1. 申请。收养关系当事人应当亲自到收养登记机关办理成立收养关系的登记手续，并向收养登记机关提交申请书和有关材料。

2. 审查和公告。收养登记机关收到收养登记申请书及有关材料后，应当自次日起三十日内进行审查。审查包括形式审查与实质审查两个方面。形式审查是指收养登记机关对申请办理收养登记所提交的证明材料的真实性、合法性要进行全面的审查；实质审查是指审查收养当事人是否符合收养法规定的收养关系成立的条件以及审查当事人的身份、行为能力和意思表示是否真实。对于收养查找不到生父母的弃婴、儿童的，办理登记的民政部门应当在登记前予以公告。自公告之日起满六十日，弃婴、儿童的生父母或者其他监护人未认领的，视为查找不到生父母的弃婴、儿童。公告期间不计算在登记办理期限内。

3. 登记。收养登记机关对收养的申请、所提交的证明材料进行审查后，对证明材料齐全有效、符合收养条件的，准予登记，发给收养登记证，收养关系自登记之日起成立；对不符合收养法规定条件的，不予登记，并对当事人说明理由。

（三）申请材料的提交

收养人和送养人提交的申请材料不同。

1. 一般收养申请材料的提交。

一般收养申请材料是指普通的收养人（即没有被放宽条件限制的收养人）应当向收养登记机关提交的收养申请书和相关证件、证明材料。其中应当提交的证件、证明材料包括：（1）收养人的居民户口簿和居民身份证；（2）由收养人所在单位或者村民委员会、居民委员会出具的本人婚姻状况、有无子女和抚养教育被收养人的能力等情况的证明；（3）县级以上医疗机构出具的未患有在医学上不应当收养子女的疾病的身体健康检查证明。

应当注意的是，虽然收养人收养孤儿、残疾儿童或者社会福利机构抚养的查找不到生父母的弃婴和儿童，可以不受收养人无子女的限制，但该收养人仍应提交一般收养申请材料。其中，收养社会福利机构抚养的查找不到生父母的弃婴、儿童的，还应当提交收养人经常居住地计划生育部门出具的收养人生育情况证明；而收养非社会福利机构抚养的查找不到生父母的弃婴、儿童的，收养人还应当提交收养人经常居住地计划生育部门出具的收养人无子女的证明和公安机关出具的捡拾弃婴、儿童报案的证明。收养孤儿、残疾儿童，收养人只要提交一般收养申请材料即可。

2. 特殊收养申请材料的提交。

特殊收养申请材料是指放宽了条件限制的收养人应当向收养登记机关提交的收养申请书和相关证件、证明材料。这里所指的放宽了条件限制的收养人并不包括只放宽了“无子女”条件的收养人（即孤儿、残疾儿童或者社会福利机构抚养的查找不到生父母的弃婴和儿童的收养人），仅指继父或继母作为收养人收养继子女的情形。收养继子女的，可以只提交居民户口簿、居民身份证和收养人与被收养人生父或者生母结婚的证明。

应当明确的是，一般收养申请材料与特殊收养申请材料分别适用于不同的收养人而由收养人根据法律规定选择提交的材料，特殊收养申请材料并不是特殊收养人（放宽了条件限制的收养）在提交了一般申请材料后额外提交的材料，特殊收养人仅需向收养登记机关提交特殊收养申请材料即可。至于对三代以内旁系同辈血亲的子女的收养，虽然作为特殊收养形式并得到法律对其各方面条件限制的放宽，但收养人除了是华侨可以免受“无子女”的限制外，并没有得到其他任何放宽限制，所以该收养人仍需向收养登记机关提交一般收养申请材料。

3. 送养人提交的材料。

送养人提交的材料是指送养人应当向收养登记机关提交的相关证件和证明材料。送养人提交的材料中必须包括送养人的居民户口簿和居民身份证（组织作为监护人的，提交其负责人的身份证件）；收养法规定送养时应当征得其他有抚养义务的人同意送养的书面意见。此外，根据送养人的情况不同，送养人提交的材料也不同。

社会福利机构为送养人的，应当提交弃婴、儿童进入社会福利机构的原始记录，公安机关出具的捡拾弃婴、儿童报案的证明或者孤儿的生父母死亡或者宣告死亡的证明。监护人为送养人的，应当提交实际承担监护职责的证明，孤儿的生父母死亡或者宣告死亡的证明，或者被收养人生父母无民事行为能力或者限制民事行为能力并对被收养人有严重危害的证明。生父母为送养人的，应当提交与当地计划生育部门签订的不违反计划生育规定的协议；有特殊困难无力抚养子女的，还应当提交其所在单位或者村民委员会、居民委员会出具的送养人有特殊困难的证明。其中，因丧偶或者一方下落不明由单方送养的，还应当提交配偶死亡或者下落不明的证明；子女由三代以内旁系同辈血亲收养的，还应当提交公安机关出具的或者经过公证的与收养人有亲属关系的证明。被收养人是残疾儿童的，应当提交县级以上医疗机构出具的该儿童的残疾证明。

二、收养协议

收养关系当事人愿意订立收养协议的，可以订立收养协议。收养协议是收养关系当事人之间订立的书面协议。由于被收养人一般是未成年人，所以收养协议一般是由送养人和收养人之间订立的。根据收养的情况不同，签署收养协议的当事人也不同：当生父母作为送养人的，由有特殊困难无力抚养子女的生父母与收养人共同签署；生父母将自己的子女送养给三代以内旁系同辈血亲作为养子女时，由生父母与其旁系同辈血亲共同签署；继父母收养继子女时，由继父或继母与子女的生父母共同签署；丧失父母的孤儿的近亲属（即监护人）作为送养人时，由孤儿的近亲属与收养人共同签署。如果成年子女的生父母已经死亡，即在无人担当送养人的情况下，可以由该成年子女与收养人作为收养协议的当事人，共同订立、签署收养协议。

由于收养法以收养登记为收养关系的成立要件，只要当事人办理了收养登记，收养关系即依法成立。因而，收养协议并非收养成立的必备形式，属于法定形式要件之外的选择性形式，是否订立收养协议，不影响收养的效力。尽管本法规定，签订收养协议由当事人自愿进行。笔者认为，收养协议是收养合意的书面表现形式，是对当事人收养合意的文字反映。实施收养行为应当首先签署收养协议，然后才能进行收养登记。

三、收养公证

订立收养协议后，当事人一方或者双方主张进行公证的，应当进行公证。该公证证明的是收养协议的合法性，而不是证明其他。

收养公证是指公证机关经收养关系当事人申请，依法对已办理登记的收养关系予以公证。是否办理收养公证由收养关系当事人自主决定，如果他们要求办理公证，应当办理收养公证，即使只有一方当事人要求办理公证，也应当办理收养公证。为了保证收养是出于当事人的真实意图，当事人必须亲自到有管辖权的收养公证机关办理公证手续，不得委托他人代为办理。如果夫妻共同收养子女，应当共同到收养公证机关办理登记手续：一方因故不能亲自前往的，应当书面委托办理收养公证手续，委托书应当经过公证。夫妻共同作为收养关系中收养人一方，作为身份行为不得代理原则的例外，一方可以书面委托另一方办理登记手续，但该委托书应具备一定条件方可。

收养公证机构是指接受收养关系当事人的申请，对当事人的收养关系予以审查，并最终办理收养公证及其他相关公证的机关。《公证程序规则》规定，办理收养公证的具体管辖机关是收养人或被收养人住所地的公证处。而办理收养登记、涉外收养登记以及涉外收养公证的管辖机关都仅是被收养人住所地的有权机关，应当注意不要忽略收养人住所地的公证机关的管辖权。收养人的住所地往往容易确定，但被收养人的情形比较复杂，如何确定被收养人的住所地可以参照《中国公民收养子女登记办法》第三条的规定："收养社会福利机构抚养的查找不到生父母的弃婴、儿童和孤儿的，在社会福利机构所在地的收养登记机关办理登记。收养非社会福利机构抚养的查找不到生父母的弃婴和儿童的，在弃婴和儿童发现地的收养登记机关办理登记。收养生父母有特殊困难无力抚养的子女或者由监护人监护的孤儿的，在被收养人生父母或者监护人常住户口所在地（组织作为监护人的，在该组织所在地）的收养登记机关办理登记。收养三代以内同辈旁系血亲的子女，以及继父或者继母收养继子女的，在被收养人生父或者生母常住户口所在地的收养登记机关办理登记。"社会福利机构所在地、弃婴和儿童的发现地、被收养人生父母或者监护人常住户口所在地可视为被收养人住所地。

四、收养评估

收养评估是通过专业人员对收养家庭的收养动机、婚姻状况、经济能力、身心状况及道德品行等进行调查评估，对收养家庭作出客观、公正的评价。评估结论是各区民政部门审核收养申请家庭是否具备收养条件的重要依据。

收养评估，包括收养能力评估、融合期调查和收养后回访。收养能力评估是指对有收养意愿的当事人（以下简称收养申请人）抚养教育被收养人的能力进行评估，主要包括对收养申请人个人和家庭基本状况、收养动机目的和养育安排、收养申请人提交的证件和证明材料情况等进行全面调查，从而对收养申请人及其共同生活的家庭成员抚养教育被收养人的能力作出综合评定。融合期调查是指在收养登记办理前，对收养关系当事人融合情况进行评估，主要包括对被收养人与收养申请人及其家庭成员共同生活、相处和情感交融等情况、收养申请人履行临时监护职责情况、对被收养人的照料抚育情况和（被）收养意愿等进行调查评估。收养后回访是指收养登记办理后，对收养人与被收养人共同生活的情况进行评估，主要包括收养人对被收养人的养育教育情况、被收养人健康成长和受教育情况、双方情感交融情况等进行调查评估。

根据《山东省收养评估办法》的相关规定，收养评估工作可以由收养登记机关委托的第三方机构或者收养登记机关开展，评估对象是收养申请人及其共同生活的家庭成员。第三方评估机构应当具备以下条件：具有法人资格；业务范围包含社会调查或评估，或具有开展政府部门委托的收养评估项目经验；聘有6名以上从事评估工作的专职工作人员；应当具备的其他条件。

法条关联

◆《民法典》（合同编）

第四百六十四条　合同是民事主体之间设立、变更、终止民事法律关系的协议。

婚姻、收养、监护等有关身份关系的协议，适用有关该身份关系的法律规定；没有规定的，可以根据其性质参照适用本编规定。

◆《居民身份证法》

第十四条　有下列情形之一的，公民应当出示居民身份证证明身份：

……

（三）婚姻登记、收养登记；

……

◆《电子签名法》

第三条　民事活动中的合同或者其他文件、单证等文书，当事人可以约定使用或者不使用电子签名、数据电文。

当事人约定使用电子签名、数据电文的文书，不得仅因为其采用电子签名、数据电文的形式而否定其法律效力。

前款规定不适用下列文书：

（一）涉及婚姻、收养、继承等人身关系的；

……

◆《公证法》

第十一条　根据自然人、法人或者其他组织的申请，公证机构办理下列公证事项：

……

（六）婚姻状况、亲属关系、收养关系；

……

第二十六条 自然人、法人或者其他组织可以委托他人办理公证，但遗嘱、生存、收养关系等应当由本人办理公证的除外。

◆《中国公民办理收养登记的若干规定》

第三条 办理收养登记的机关，是县级以上人民政府的民政部门。

收养查找不到生父母的弃婴和儿童，在弃婴和儿童发现地收养登记机关办理收养登记。

收养社会福利机构抚养的孤儿，在社会福利机构所在地收养登记机关办理收养手续。

◆《中国公民收养子女登记办法》

第二条 中国公民在中国境内收养子女或者协议解除收养关系的，应当依照本办法的规定办理登记。

办理收养登记的机关是县级人民政府民政部门。

第四条 收养关系当事人应当亲自到收养登记机关办理成立收养关系的登记手续。

夫妻共同收养子女的，应当共同到收养登记机关办理登记手续；一方因故不能亲自前往的，应当书面委托另一方办理登记手续，委托书应当经过村民委员会或者居民委员会证明或者经过公证。

第五条 收养人应当向收养登记机关提交收养申请书和下列证件、证明材料：

（一）收养人的居民户口簿和居民身份证；

（二）由收养人所在单位或者村民委员会、居民委员会出具的本人婚姻状况和抚养教育被收养人的能力等情况的证明，以及收养人出具的子女情况声明；

（三）县级以上医疗机构出具的未患有在医学上认为不应当收养子女的疾病的身体健康检查证明。

收养查找不到生父母的弃婴、儿童的，并应当提交收养人经常居住地计划生育部门出具的收养人生育情况证明；其中收养非社会福利机构抚养的查找不到生父母的弃婴、儿童的，收养人还应当提交下列证明材料：

（一）收养人经常居住地计划生育部门出具的收养人无子女的证明；

（二）公安机关出具的捡拾弃婴、儿童报案的证明。

收养继子女的，可以只提交居民户口簿、居民身份证和收养人与被收养人生父或者生母结婚的证明。

对收养人出具的子女情况声明，登记机关可以进行调查核实；

第六条　送养人应当向收养登记机关提交下列证件和证明材料：

（一）送养人的居民户口簿和居民身份证（组织作监护人的，提交其负责人的身份证件）；

（二）收养法规定送养时应当征得其他有抚养义务的人同意的，并提交其他有抚养义务的人同意送养的书面意见。

社会福利机构为送养人的，并应当提交弃婴、儿童进入社会福利机构的原始记录，公安机关出具的捡拾弃婴、儿童报案的证明，或者孤儿的生父母死亡或者宣告死亡的证明。

监护人为送养人的，并应当提交实际承担监护责任的证明，孤儿的父母死亡或者宣告死亡的证明，或者被收养人生父母无完全民事行为能力并对被收养人有严重危害的证明。

生父母为送养人的，并应当提交与当地计划生育部门签订的不违反计划生育规定的协议；有特殊困难无力抚养子女的，还应当提交送养人有特殊困难的声明。其中，因丧偶或者一方下落不明由单方送养的，还应当提交配偶死亡或者下落不明的证明。对送养人有特殊困难的声明，登记机关可以进行调查核实；子女由三代以内同辈旁系血亲收养的，还应当提交公安机关出具的或者经过公证的与收养人有亲属关系的证明。

被收养人是残疾儿童的，并应当提交县级以上医疗机构出具的该儿童的残疾证明。

第七条　收养登记机关收到收养登记申请书及有关材料后，应当自次日起30日内进行审查。对符合收养法规定条件的，为当事人办理收养登记，发给收养登记证，收养关系自登记之日起成立；对不符合收养法规定条件的，不予登记，并对当事人说明理由。

收养查找不到生父母的弃婴、儿童的，收养登记机关应当在登记前公告查找其生父母；自公告之日起满60日，弃婴、儿童的生父母或者其他监护人未认领的，视为查找不到生父母的弃婴、儿童。公告期间不计算在登记办理期限内。

◆《外国人在中华人民共和国收养子女登记办法》

第十二条 收养关系当事人办理收养登记后，各方或者一方要求办理收养公证的，应当到收养登记地的具有办理涉外公证资格的公证机构办理收养公证。

◆《外国人在中华人民共和国收养子女实施办法》

第八条第一款、第二款 外国收养人确定收养对象后，应当与送养人订立书面协议。

书面协议订立后，收养关系当事人应当亲自到被收养人户籍所在地的县级以上地方人民政府民政部门办理收养登记。

◆《收养登记工作规范》

第十三条 受理收养登记申请的条件是：

（一）收养登记机关具有管辖权；

（二）收养登记当事人提出申请；

（三）当事人持有的证件、证明材料符合规定。

收养人和被收养人应当提交2张2寸近期半身免冠合影照片。送养人应当提交2张2寸近期半身免冠合影或者单人照片，社会福利机构送养的除外。

第十四条 收养登记员受理收养登记申请，应当按照下列程序进行：

（一）区分收养登记类型，查验当事人提交的证件和证明材料、照片是否符合此类型的要求；

（二）询问或者调查当事人的收养意愿、目的和条件，告知收养登记的条件和弄虚作假的后果；

（三）见证当事人在《收养登记申请书》（附件1）上签名；

（四）将当事人的信息输入计算机应当用程序，并进行核查；

（五）复印当事人的身份证件、户口簿。单身收养的应当复印无婚姻登记记录证明、离婚证或者配偶死亡证明；夫妻双方共同收养的应当复印结婚证。

第十五条 《收养登记申请书》的填写：

（一）当事人“姓名”：当事人是中国公民的，使用中文填写；当事人是外国人的，按照当事人护照上的姓名填写；

（二）“出生日期”：使用阿拉伯数字，按照身份证件上的出生日期填写为“××××年××月××日”；

（三）“身份证件号”：当事人是内地居民的，填写公民身份号码；当事人是香港、澳门、台湾居民中的中国公民的，填写香港、澳门、台湾居民身份证号，并在号码后加注“（香港）”、“（澳门）”或者“（台湾）”；当事人是华侨的，填写护照号；当事人是外国人的，填写护照号。

证件号码前面有字符的，应当一并填写；

（四）“国籍”：当事人是内地居民、华侨以及居住在香港、澳门、台湾地区的中国公民的，填写“中国”；当事人是外国人的，按照护照上的国籍填写；

（五）“民族”、“职业”和“文化程度”，按照《中华人民共和国国家标准》填写；

（六）“健康状况”填写“健康”、“良好”、“残疾”或者其他疾病；

（七）“婚姻状况”填写“未婚”、“已婚”、“离婚”、“丧偶”；

（八）“家庭收入”填写家庭年收入总和；

（九）“住址”填写户口簿上的家庭住址；

（十）送养人是社会福利机构的，填写“送养人情况（1）”，经办人应当是社会福利机构工作人员。送养人是非社会福利机构的，填写“送养人情况（2）”，“送养人和被收养人关系”是亲属关系的，应当写明具体亲属关系；不是亲属关系的，应当写明“非亲属”。

收养非社会福利机构抚养的查找不到生父母的儿童的，送养人有关内容不填；

（十一）“被收养后改名为”填写被收养人被收养后更改的姓名。未更改姓名的，此栏不填；

（十二）被收养人“身份类别”分别填写“孤儿”、“社会福利机构抚养的查找不到生父母的儿童”、“非社会福利机构抚养的查找不到生父母的儿童”、“生父母有特殊困难无力抚养的子女”、“继子女”。收养三代以内同辈旁系血亲的子女，应当写明具体亲属关系；

（十三）继父母收养继子女的，要同时填写收养人和送养人有关内容。单身收养后，收养人结婚，其配偶要求收养继子女的；送养人死亡或者被人民法院宣告死亡的，送养人有关内容不填；

（十四）《收养登记申请书》中收养人、被收养人和送养人（送养人是社会福利机构的经办人）的签名必须由当事人在收养登记员当面完成；

当事人没有书写能力的，由当事人口述，收养登记员代为填写。收养登记员代当事人填写完毕后，应当宣读，当事人认为填写内容无误，在当事人签名处按指纹。当事人签名一栏不得空白，也不得由他人代为填写、代按指纹。

第十六条 收养登记员要分别询问或者调查收养人、送养人、年满10周岁以上的被收养人和其他应当询问或者调查的人。

询问或者调查的重点是被询问人或者被调查人的姓名、年龄、健康状况、经济和教育能力、收养人、送养人和被收养人之间的关系、收养的意愿和目的。特别是对年满10周岁以上的被收养人应当询问是否同意被收养和有关协议内容。

询问或者调查结束后，要将笔录给被询问人或者被调查人阅读。被询问人或者被调查人要写明“已阅读询问（或者调查）笔录，与本人所表示的意思一致（或者调查情况属实）”，并签名。被询问人或者被调查人没有书写能力的，可由收养登记员向被询问或者被调查人宣读所记录的内容，并注明“由收养登记员记录，并向当事人宣读，被询问人（被调查人）在确认所记录内容正确无误后按指纹。”然后请被询问人或者被调查人在注明处按指纹。

第十七条 收养查找不到生父母的弃婴、弃儿的，收养登记机关应当根据《中国公民收养子女登记办法》第七条的规定，在登记前公告查找其生父母（附件2）。

公告应当刊登在收养登记机关所在地设区的市（地区）级以上地方报纸上。公告要有查找不到生父母的弃婴、弃儿的照片。办理公告时收养登记员要保存捡拾证明和捡拾地派出所出具的报案证明。派出所出具的报案证明应当有出具该证明的警员签名和警号。

第十八条 办理内地居民收养登记和华侨收养登记，以及香港、澳门、台湾居民中的中国公民的收养登记，收养登记员收到当事人提交的申请书及有关材料后，应当自次日起30日内进行审查。对符合收养条件的，为当事人办理收养登记，填写《收养登记审查处理表》（附件3），报民政局主要领导或者分管领导批准，并填发收养登记证。

办理涉外收养登记，收养登记员收到当事人提交的申请书及有关材料后，应当自次日起7日内进行审查。对符合收养条件的，为当事人办理收养登记，填写《收养登记审查处理表》，报民政厅（局）主要领导或者分管领导批准，并填发收养登记证。

第十九条　《收养登记审查处理表》和收养登记证由计算机打印，未使用计算机进行收养登记的，应当使用蓝黑、黑色墨水的钢笔或者签字笔填写。

第二十条　《收养登记审查处理表》的填写：

（一）“提供证件情况”：应当对当事人提供的证件、证明材料核实后填写“齐全”；

（二）“审查意见”：填写“符合收养条件，准予登记”；

（三）“主要领导或者分管领导签名”：由批准该收养登记的民政厅（局）主要领导或者分管领导亲笔签名，不得使用个人印章或者计算机打印；

（四）“收养登记员签名”：由办理该收养登记的收养登记员亲笔签名，不得使用个人印章或者计算机打印；

（五）“收养登记日期”：使用阿拉伯数字，填写为：“××××年××月××日”。填写的日期应当与收养登记证上的登记日期一致；

（六）“承办机关名称”：填写承办单位名称；

（七）“收养登记证字号”填写式样为“（XXXX）AB收字YYYYY”（AB为收养登记机关所在省级和县级或者市级和区级的行政区域简称，XXXX为年号，YYYYY为当年办理收养登记的序号）；

（八）“收养登记证印制号”填写颁发给当事人的收养登记证上印制的号码。

第二十一条　收养登记证的填写按照《民政部办公厅关于启用新式〈收养登记证〉的通知》（民办函〔2006〕203号）的要求填写。

收养登记证上收养登记字号、姓名、性别、国籍、出生日期、身份证件号、住址、被收养人身份、更改的姓名，以及登记日期应当与《收养登记申请书》和《收养登记审查处理表》中相应项目一致。

无送养人的，“送养人姓名（名称）”一栏不填。

第二十二条　颁发收养登记证，应当在当事人在场时按照下列步骤进行：

（一）核实当事人姓名和收养意愿；

（二）告知当事人领取收养登记证后的法律关系以及父母和子女的权利、义务；

（三）见证当事人本人亲自在附件3上的“当事人领证签名或者按指纹”一栏中签名；当事人没有书写能力的，应当按指纹。

“当事人领证签名或者按指纹”一栏不得空白，不得由他人代为填写、代按指纹；

（四）将收养登记证颁发给收养人，并向当事人宣布：取得收养登记证，确立收养关系。

第二十三条 收养登记机关对不符合收养登记条件的，不予受理，但应当向当事人出具《不予办理收养登记通知书》（附件4），并将当事人提交的证件和证明材料全部退还当事人。对于虚假证明材料，收养登记机关予以没收。

◆《国务院对民政部〈关于做好收养登记工作急需解决的几个问题的请示〉的批复》

一、关于民政部门是否专门设立收养登记机构问题，可由各地人民政府根据本地的实际情况自行研究确定；确需增加的专职工作人员，可在现有编制内调剂解决，先把工作抓起来，待中央编委和各级政府在研究、部署中央和地方机构改革时通盘考虑。

二、关于所需经费问题。民政部所需的经常性的行政开支和一次性的专项开办经费，请民政部先在今年的部长基金中安排，下一步机构改革时，请财政部重新核定，列入经常性的行政开支；地方民政部门所需经费，可同意民政部、财政部的意见，通过收取登记管理费予以解决。

三、关于各地扩（建）儿童福利院问题，可由民政部、国家计委联合发一通知，督促各级政府重视这一工作。

◆《司法部关于贯彻执行〈中华人民共和国收养法〉若干问题的意见》

3. 公证机构办理收养或解除收养关系公证，应按《公证暂行条例》和《公证程序规则（试行）》的规定办理，要重点审查当事人的身份、行为能力和意思表示是否真实，收养登记证或解除收养关系证明是否系有权机关签发。公证机构发现登记证内容违反收养法的，应当拒绝公证。

夫妻共同收养，一方因故不能亲自到场，另一方到场并提交经过公证的配偶的委托书的，视为亲自到场。

◆《北京市高级人民法院关于审理婚姻纠纷案件若干疑难问题的参考意见》

十二、【婚前财产形态变化】

双方对婚前个人财产归属没有约定的，该财产不因婚姻关系的持续或因财产存在形态的变化而转化为夫妻共同财产。

十三、【“孳息”、“自然增值”范围的界定】

《婚姻法司法解释三》第五条中的“孳息”、“自然增值”一般应理解为未经经营或投资行为所得之“孳息”、“自然增值”。

个人所有的古董、黄金、股票、债券、房屋等财产婚后自然增值部分应为个人财产，但上述财产婚后因经营或投资行为而产生的升值增值利益部分，应认为属于《婚姻法》第十七条和《最高人民法院关于适用〈中华人民共和国婚姻法〉若干问题的解释（二）》（以下简称《婚姻法司法解释二》）第十一条规定，一方经营或以个人财产投资取得的收益，应为共同财产。

十四、【因伤获得的保险金、残疾赔偿金性质】

夫妻关系存续期间一方因身体受到伤害而获得的保险金（本人为受益人）应为一方个人财产；夫妻关系存续期间获得的残疾赔偿金应为一方个人财产。

十五、【买断工龄款的性质与分割】

离婚案件涉及分割买断工龄款可参照《婚姻法司法解释二》第十四条关于军人所得复员费、自主择业费的规定予以处理。

十六、【财产约定的特殊形式】

夫妻间无书面财产约定，但双方均认可或有证据足以表明存在财产约定合意的，应认定财产约定成立。

十七、【婚姻关系存续期间能否提起财产约定之诉】

婚姻关系存续期间，当事人不起诉离婚而单独提起夫妻财产约定的履行、变更、撤销、确认无效等诉讼，人民法院应予受理。

十八、【夫妻财产约定对外效力】

《婚姻法》第十九条第三款中“第三人知道该约定”应理解为第三人在债权债务关系成立时对已存在的夫妻财产约定知晓。

债权债务关系成立之后夫妻间财产制度及债务承担安排的约定、变更，损害债权人利益的，对债权人不生效力。

案例评议

郭某、陈某与贾某、甄某收养关系纠纷案①

◆ **裁判规则**

法院认为，郭某、陈某的送养行为及被告的收养行为均不符合法律规定，且没有办理相应的登记，双方的收养关系无效。郭某、陈某作为孩子的亲生父母有抚养女儿的权利和义务。贾某、甄某作为孩子的实际抚养人，在孩子出生后即实际抚养，对贾某、甄某的物质付出，郭某、陈某应当承担补偿的责任，但本案中贾某、甄某没有对此进行主张，本院在此不再处理，贾某、甄某如主张可另行进行诉讼。

◆ **评议**

本案系收养关系纠纷，根据《民法典》婚姻家庭编第一千零九十四条第三项的规定，有特殊困难无力抚养子女的生父母可以作为送养人。又根据《民法典》婚姻家庭编第一千一百零五条第一款的规定，收养应当向县级以上人民政府民政部门登记。收养关系自登记之日起成立。本案中，双方未就孩子的收养向民政部门办理相应的登记，收养关系不成立。

第一千一百零六条　【收养后的户口登记】

收养关系成立后，公安机关应当按照国家有关规定为被收养人办理户口登记。

本条来源

《收养法》第十六条规定："收养关系成立后，公安机关应当按照国家有关规定为被收养人办理户口登记。"

立法演变

一审稿第八百八十五条规定："收养关系成立后，公安部门应当依照国家有

① 审理法院为虞城县人民法院，案号：（2018）豫1425民初4528号。

关规定为被收养人办理户口登记。”

二审稿同上。

征求意见稿同上。

条文释义

本条是关于收养后的户口登记的规定。

收养关系成立后，需要为被收养人办理户口登记或者迁移手续的，由收养人持收养登记证到户口登记机关按照国家有关规定办理。户口登记机关是各地的公安部门，公安部门应当依照国家有关规定为被收养人办理户口登记。

我国目前仍然在实行户籍制度，经过登记的人口才发给户口簿，承认其户籍。送养人和收养人达成收养合意，经过收养登记后，就形成了养父母与养子女的关系，养子女成为养父母的近亲属和家庭成员。对此，公安部门应当依照国家有关规定，为被收养人办理户口登记，原来有户籍的，办理户口迁移手续；原来没有户籍的，直接办理户口登记。

法条关联

◆**《户口登记条例》**

第十九条 公民因结婚、离婚、收养、认领、分户、并户、失踪、寻回或者其他事由引起户口变动的时候，由户主或者本人向户口登记机关申报变更登记。

◆**《中国公民收养子女登记办法》**

第八条 收养关系成立后，需要为被收养人办理户口登记或者迁移手续的，由收养人持收养登记证到户口登记机关按照国家有关规定办理。

◆**《华侨以及居住在港澳台地区的中国公民办理收养登记的管辖以及所需出具证明材料规定》**

第二条 华侨以及居住在香港、澳门、台湾地区的中国公民在内地收养子女的，应当到被收养人常住户口所在地的直辖市、设区的市、自治州人民政府民政部门或者地区（盟）行政公署民政部门申请办理收养登记。

◆**《外国人在中华人民共和国收养子女登记办法》**

第九条 外国人来华收养子女，应当与送养人订立书面收养协议。协议一式三份，收养人、送养人各执一份，办理收养登记手续时收养登记机关收存一份。

书面协议订立后，收养关系当事人应当共同到被收养人常住户口所在地的省、自治区、直辖市人民政府民政部门办理收养登记。

案例评议

张某诉上海市某局虹口分局公安行政审批行为案①

◆ **裁判规则**

法院认为，张某与张美某之间的收养关系，民政部门进行了收养登记，并颁发收养登记证，从法律上确认了收养关系的存在。现上海市某局虹口分局认为张某不属于弃婴，不仅否认了上海市某局虹口分局新港路派出所的弃婴证明，而且实际上也否认了张某与张美某之间的收养关系，从而变相否认了民政部门出具的收养登记证的效力。收养关系的确认属于民政部门的职权，而非公安机关的职权。上海市某局虹口分局否认民政部门出具的有效法律证明的做法，属于超越法定职权的行为。再者，即使收养行为不符合法律规定，也应由人民法院确认无效。此外，公安机关在办理户口登记时依法进行审核，首先应在自己的职权范围内进行审核，而不应超越职权进行审核，以代替其他行政机关的行政管理职权。因此，收养人张美某依法为张某进行户口申报，上海市某局虹口分局不予批准缺乏事实和法律依据。法院判决撤销上海市某局虹口分局于2010年5月14日作出的（虹）0010022号户口类审批意见决定；判决上海市某局虹口分局于本判决生效之日起四十日内重新作出审批决定。上海市某局虹口分局不服一审判决，提起上诉，二审法院驳回上海市某局虹口分局的上诉，维持原判。

◆ **评议**

根据《民法典》婚姻家庭编第一千一百零六条的规定，收养关系成立后，公安机关应当依照国家有关规定为被收养人办理户口登记。本案中，张美某收养张某并在民政局办理了收养登记手续。之后，张美某向上海市某局虹口分局

---

① 一审法院为上海市虹口区人民法院，案号：（2010）虹行初字第70号；二审法院为上海市第二中级人民法院，案号：（2011）沪二中行终字第32号。

提出办理户口登记的申请，上海市某局虹口分局在收到张美某的申请后，以张某不是弃婴为由，不予审批。根据“谁主张谁举证”原则，上海市某局虹口分局在没有证据证明张某不是弃婴，收养关系不符合法律规定的情况下，其主张缺乏事实和法律依据，故上海市某局虹口分局作出的户口类审批意见决定应予撤销。

第一千一百零七条　【亲属、朋友的抚养】

孤儿或者生父母无力抚养的子女，可以由生父母的亲属、朋友抚养；抚养人与被抚养人的关系不适用本章规定。

本条来源

《收养法》第十七条规定：“孤儿或者生父母无力抚养的子女，可以由生父母的亲属、朋友抚养。

抚养人与被抚养人的关系不适用收养关系。”

立法演变

一审稿第八百八十六条规定：“孤儿或者生父母无力抚养的子女，可以由生父母的亲属、朋友抚养。

抚养人与被抚养人的关系不适用收养关系。”

二审稿第八百八十六条将“不适用收养关系”修改为“不适用本章规定”。

征求意见稿同二审稿。

条文释义

本条是关于生父母的亲属、朋友抚养其子女的规定。

丧失父母的孤儿或生父母无力抚养的子女，都在一定程度上陷入生存和成长的困境，如果这些未成年人的生父母的亲属、朋友愿意对其进行抚养，这对未成年人的健康成长有利，也对国家后备劳动力的培养有利。因此，本法规定，孤儿或者生父母无力抚养的子女，可以由生父母的亲属、朋友抚养。抚养关系是指孤儿或者生父母无力抚养的子女由生父母的亲属、朋友抚养而形成了抚养人与被抚养人的关系，这种关系不适用收养关系。对孤儿或者生父母无力抚养的子女，除该未成年人的祖父母、外祖父母、成年的兄、姐等近亲属外，其他人没有抚养义务，但如果他们自愿抚养的，为了有利于未成年人的健康成长，法律允许他们对其抚养，而没有任何条件的限制。

收养与抚养是不同的法律行为，其不产生父母子女的权利义务关系，抚养人与被抚养人的关系不适用收养的相关规定。收养是变更人身权利义务关系的重要民事法律行为，而抚养是指未成年人有的亲属或其他人对未成年人承担供养、保护和教育的责任。收养关系与抚养关系也是不同的法律关系。收养关系反映的是收养人与被收养人之间的父母子女关系。收养关系成立后，收养人与被收养人之间就形成了生父母子女间的权利义务关系，而且被收养人与生父母及亲属间的权利义务关系因收养关系的成立而消除。父母子女关系主要有四个方面的内容：一是父母对子女有抚养教育的义务，抚养是指父母从物质上、经济上对子女的养育和照料，教育是指父母在思想、品德、学业等方面对子女的全面培养；二是父母有管教和保护未成年子女的权利和义务，当未成年子女对国家、集体或他人造成损害时，父母有赔偿经济损失的义务；三是子女对父母有赡养扶助的义务；四是父母子女有相互继承遗产的权利。

如上所述，抚养关系反映的是抚养人与被抚养人之间的不以建立父母子女关系为目的的供养关系，即抚养人与被抚养人之间原有的人身关系不因抚养关系的成立而发生变化，双方不产生父母子女间的权利与义务。这种抚养关系，有的是基于法律规定的权利义务关系而建立的，有的是基于当事人之间的自愿而形成的。这种抚养关系不同于收养关系，它并不割断子女与生父母及其他亲属间的身份关系，也不在抚养人与被抚养人之间形成拟制血亲即养父母子女关系，所以，双方的关系不适用收养关系。当然，如果生父母及其亲属、朋友是以建立收养关系为目的，又符合收养条件且办理收养登记的，则可以形成收养关系；即使该亲属、朋友对该子女已为一段时间的抚养，如果他们后来又希望建立收养关系，并符合收养条件且办理收养登记的，亦可形成收养关系。但这已不是一般意义上的抚养了。

案例评议

彭某、苏某与陈某、某保险公司机动车交通事故责任纠纷案[①]

◆ **裁判规则**

法院认为，彭某、苏某与死者苏某甲不仅是姑姑（父）与侄女关系，也是事实上的抚养人与被抚养人关系。苏某、彭某有权以死者苏某甲的被抚养人的身份主张相关赔偿，而且系唯一可以主张相关赔偿的权利人。

◆ **评议**

本案系机动车交通事故责任纠纷，根据《民法典》婚姻家庭编第一千一百零七条的规定，孤儿或者生父母无力抚养的子女，可以由生父母的亲属、朋友抚养；抚养人与被抚养人的关系不适用本章规定。本案中，彭某、苏某与死者苏某甲是事实上的抚养人与被抚养人关系，苏某、彭某有权以死者苏某甲的被抚养人的身份主张相关赔偿。

第一千一百零八条　【祖父母、外祖父母优先抚养权】

配偶一方死亡，另一方送养未成年子女的，死亡一方的父母有优先抚养的权利。

本条来源

《收养法》第十八条规定："配偶一方死亡，另一方送养未成年子女的，死亡一方的父母有优先抚养的权利。"

立法演变

一审稿第八百八十七条规定："配偶一方死亡，另一方送养未成年子女的，死亡一方的父母有优先抚养的权利。"

---

① 一审法院为上饶市信州区人民法院，案号：（2016）赣1102民初3191号；二审法院为江西省上饶市中级人民法院，案号：（2017）赣11民终680号。

二审稿同上。

征求意见稿同上。

条文释义

本条是关于祖父母、外祖父母优先抚养权的规定。

一、优先抚养权的概念及其构成条件

所谓优先抚养权，是指配偶一方死亡的，另一方配偶送养未成年子女时，死亡一方配偶的父母有优先于其他收养人取得抚养权的权利，即祖父母、外祖父母有优先抚养权。这主要是鉴于祖父母、外祖父母不仅与未成年孙子女、外孙子女有血缘关系，双方感情较亲近，而且双方在婚姻法上有权利义务关系，同时考虑到祖父母、外祖父母由于对死者的眷念而对未成年的孙子女、外孙子女十分爱怜，由他们抚养不仅合情合理，也有利于未成年子女的健康成长。构成优先抚养权必须同时满足以下三个方面：优先抚养权人必须是死亡一方的父母；生存一方配偶作为送养人送养其未成年子女；被抚养人只能是丧失父母中一方的未成年子女。

优先抚养权是一种特定的权利义务关系，其权利义务主体者是特定的，除死亡一方配偶的父母外，其他任何亲属包括生存一方配偶的父母都不是优先抚养权的权利主体。但是，如果有优先抚养权人本身不具有抚养教育未成年人的能力，又不同意送养的，根据收养应当有利于被收养人的抚养、成长原则，生父或生母可以送养。

二、优先抚养权的放弃和丧失

优先抚养权是一项民事权利，权利人可以放弃。一般来说，它可以分为明示放弃和默示放弃。所谓“明示放弃”，是指优先抚养权人在送养人送养子女时，明确地表示不抚养。所谓“默示放弃”，是指优先抚养人明知送养人在送养其未成年子女，既不作出优先抚养的主动、明白、直接的表示，又不阻止他人收养，据此推定为优先抚养权人放弃优先抚养权。

虽然法律赋予祖父母或者外祖父母享有优先抚养权，但是如果由祖父母或者外祖父母抚养未成年子女，将会对未成年人健康成长产生重大不利后果的，则祖父母或者外祖父母可能丧失未成年子女的优先抚养权，具体情况如下：优先抚养权人曾经虐待或者将来有可能虐待被抚养人；优先抚养权人不具备基本的抚养能力，例如优先抚养权人年岁已高且又身体多病等情况。

三、优先抚养权的效力

一般来说，祖父母或者外祖父母一经行使优先抚养权，则具有对抗送养人和收养人收养合意的效力，收养人和送养人的收养合意即不再生效，未成年子女由其祖父母或者外祖父母抚养。

夫妻一方死亡后，另一方将子女送他人收养，若该收养行为对子女的健康成长并无不利，又办理了合法收养手续的（即已办理了收养登记的），其他有监护资格的人（包括有优先抚养权的祖父母、外祖父母）不得以收养未经其同意而主张收养关系无效。也就是说，有优先抚养权的人并不能通过仅表示不同意生父（母）的送养行为而阻止收养的有效成立，他们只能在收养关系合法建立之前行使其优先抚养权来对抗；如果生父或生母已将子女送他人收养，并依法办理了收养手续，有优先抚养权的祖父母、外祖父母不得以其未同意将该子女送他人收养而主张收养关系无效。

案例评议

邢某甲、王某甲与蒋某某变更抚养关系纠纷案[①]

◆ 裁判规则

法院认为，蒋某某是邢某乙、邢某丙的法定监护人，有法定的抚养义务，虽其能力有限，经济收入较低，但其仍有能力抚养一个孩子，故对邢某甲、王某甲要求变更两个孩子抚养权的诉讼请求，本院不予支持。但因蒋某某经济收入确实较低，没有能力同时抚养两个孩子，并且有将孩子送养的事实存在，而邢某甲、王某甲是邢某乙、邢某丙的爷爷、奶奶，且两个孩子与邢某甲、王某甲一起生活过，有感情基础，加之邢某甲、王某甲身体状况良好，有一定的经济收入，可以维持和照顾好一个小孩的生活，同时鉴于女孩随母亲生活更利于其身心健康成长，故邢某丙由蒋某某继续抚养较为适宜，而邢某乙由邢某甲、王某甲抚养较为适宜。

◆ 评议

本案系变更抚养权关系纠纷。对未成年人的抚养问题应该从有利于未成年

---

① 审理法院为凤凰县人民法院，案号：（2017）湘3123民初269号。

人的身心健康，保障未成年人的合法权益出发，并结合抚养人的抚养能力和抚养条件等具体情况进行处理。而未成年人的父母是未成年人的法定监护人，在其父母没有能力或者未履行监护义务时，未成年人的祖父母、外祖父母可以担任未成年人的监护人。本案中，蒋某某因经济收入较低，无力抚养两个小孩，将邢某丙送养他人，按照法律规定，邢某甲、王某甲有优先抚养权，但是考虑到女孩随母亲生活更利于其身心健康成长，故邢某丙由蒋某某继续抚养较为适宜，而邢某乙由邢某甲、王某甲抚养较为适宜。

第一千一百零九条　【涉外收养】

外国人依法可以在中华人民共和国收养子女。

外国人在中华人民共和国收养子女，应当经其所在国主管机关依照该国法律审查同意。收养人应当提供由其所在国有权机构出具的有关其年龄、婚姻、职业、财产、健康、有无受过刑事处罚等状况的证明材料，并与送养人签订书面协议，亲自向省、自治区、直辖市人民政府民政部门登记。

前款规定的证明材料应当经收养人所在国外交机关或者外交机关授权的机构认证，并经中华人民共和国驻该国使领馆认证，但是国家另有规定的除外。

本条来源

《收养法》第二十一条规定："外国人依照本法可以在中华人民共和国收养子女。

外国人在中华人民共和国收养子女，应当经其所在国主管机关依照该国法律审查同意。收养人应当提供由其所在国有权机构出具的有关收养人的年龄、婚姻、职业、财产、健康、有无受过刑事处罚等状况的证明材料，该证明材料应当经其所在国外交机关或者外交机关授权的机构认证，并经中华人民共和国驻该国使领馆认证。该收养人应当与送养人订立书面协议，亲自向省级人民政府民政部门登记。

收养关系当事人各方或者一方要求办理收养公证的，应当到国务院司法行政部门认定的具有办理涉外公证资格的公证机构办理收养公证。”

立法演变

一审稿第八百八十八条规定：“外国人依法可以在中华人民共和国收养子女。

外国人在中华人民共和国收养子女，应当经其所在国主管机关依照该国法律审查同意。收养人应当提供由其所在国有权机构出具的有关收养人的年龄、婚姻、职业、财产、健康、有无受过刑事处罚等状况的证明材料，该证明材料应当经其所在国外交机关或者外交机关授权的机构认证，并经中华人民共和国驻该国使领馆认证。该收养人应当与送养人订立书面协议，亲自向省级人民政府民政部门登记。”

二审稿第八百八十八条将“收养人的年龄”修改为“其年龄”。

征求意见稿同二审稿。

条文释义

本条是关于外国人在中国收养子女的规定。

一、涉外收养的概念及分类

涉外收养分为广义的涉外收养和狭义的涉外收养。前者是指收养行为的当事人一方是外国人或者本国公民之间收养子女的行为地在外国。后者仅指外国人在中华人民共和国境内收养中国子女的情形，即涉外收养关系的三方当事人（被收养人、送养人、收养人）仅收养人一方为外国人，如果是夫妻共同收养子女的，仅夫妻一方为外国人即为涉外收养；涉外收养的行为地是在中华人民共和国境内。由于我国的法律法规所规制的涉外收养行为仅涉及外国人在中华人民共和国境内收养中国子女的情形，对于外国人在外国收养中国子女、外国人在中国收养外国子女、中国人在外国收养子女（包括中国子女和外国子女）以及中国人在境内收养外国人子女的情形没有明确的规定。对于我国法律法规没有规定的涉外收养的几种情形，无论是在收养成立的条件、收养的效力，还是收养成立的程序上都无法直接套用我国法律法规中对于外国人在中国境内收养中国子女的规定。对于这些涉外收养，应按照相关的国际私法规则予以处理。

外国人依法可以在中华人民共和国收养子女，对于符合收养条件的外国人，不得否认或者人为设置障碍。

二、涉外收养的实质要件

涉外收养的实质要件，即指涉外收养当事人应当具备的条件。收养法规定，外国人可以依法在中华人民共和国收养子女。因此，外国人在华收养子女必须具备收养法所规定的条件。根据《外国人在中华人民共和国收养子女登记办法》的规定，外国人在华收养子女，应当符合中国有关收养法律的规定，并应当符合收养人所在国有关收养的法律规定。可见，外国人在华收养子女的条件是比较严格的，之所以这样规定是为了防止涉外收养关系在中国或收养人所在国一国内被确认有效，而在另一国却不被法律认可的矛盾局面发生，以维持收养关系的稳定，保护收养关系当事人的合法权益。此外，这样也可以防止收养人故意规避本国法律。

三、涉外收养的程序

外国人在中国收养子女，要经过特别的收养程序：

第一，外国人所在国主管机关依照该国法律审查同意。外国人在华收养子女，应当符合我国法律的规定，并不得违背其经常居住地国的法律。

第二，外国人应当提供由其所在国有权机构出具的有关其年龄、婚姻、职业、财产、健康、有无受过刑事处罚等状况的证明材料。该材料应当经其所在国外交机关或者外交机关授权的机构认证，并经中华人民共和国驻该国使领馆认证。

根据《外国人在中华人民共和国收养子女实施办法》之规定，外国人在华收养子女，须由该国政府或者其委托的收养组织向中国政府委托的收养组织转交收养申请并提交收养人的家庭情况报告和证明。收养人的申请、家庭情况报告和证明是指经其经常居住地国公证机构或者公证人公证，并经其经常居住地国外交部或者外交部授权的机构及我国驻该国使馆或者领馆认证的下列文件：收养申请书；出生证明；婚姻状况证明；职业、经济收入和财产状况证明；身体健康检查证明；有无受过刑事处罚的证明；收养人经常居住地国主管机关同意其收养子女的证明；家庭情况报告，包括收养申请人身份、收养的合格性和适当性、家庭状况和病史、收养动机以及适合于照顾儿童的特点。

第三，外国人应当与送养人订立书面协议，亲自向省、自治区、直辖市人民政府民政部门登记，经过该级人民政府民政部门的登记，才能确立收养关系。办理收养登记时，收养人和送养人应当分别提供有关材料。收养人应当提供的材料包括中国收养组织签发的收养人可以来华收养子女的通知书；本人的身份证件和照片；收养人与送养人达成的书面协议。送养人应当提供的材料包括：本人的居民身份证、户口簿、被收养人的照片；中国收养组织同意送养人送养子女的文件。收养登记机关经过审核，对符合规定的，应当自收养登记申请之日起三日内予以登记，发给收养登记证书。

法条关联

◆《涉外民事关系法律适用法》

第二十八条　收养的条件和手续，适用收养人和被收养人经常居所地法律。收养的效力，适用收养时收养人经常居所地法律。收养关系的解除，适用收养时被收养人经常居所地法律或者法院地法律。

◆《外国人在中华人民共和国收养子女登记办法》

第七条　中国收养组织对外国收养人的收养申请和有关证明进行审查后，应当在省、自治区、直辖市人民政府民政部门报送的符合收养法规定条件的被收养人中，参照外国收养人的意愿，选择适当的被收养人，并将该被收养人及其送养人的有关情况通过外国政府或者外国收养组织送交外国收养人。外国收养人同意收养的，中国收养组织向其发出来华收养子女通知书，同时通知有关的省、自治区、直辖市人民政府民政部门向送养人发出被收养人已被同意收养的通知。

第十条　收养关系当事人办理收养登记时，应当填写外国人来华收养子女登记申请书并提交收养协议，同时分别提供有关材料。

收养人应当提供下列材料：

（一）中国收养组织发出的来华收养子女通知书；

（二）收养人的身份证件和照片。

送养人应当提供下列材料：

（一）省、自治区、直辖市人民政府民政部门发出的被收养人已被同意收养的通知；

（二）送养人的居民户口簿和居民身份证（社会福利机构作送养人的，为其负责人的身份证件）、被收养人的照片。

◆《跨国收养方面保护儿童及合作公约》

第四条 原住国的主管机关只有在确认符合下列条件的情况下，才能进行本公约范围内的收养：

（一）确认该儿童适于被收养；

（二）在充分考虑了在原住国内安置该儿童的可能性后，确认跨国收养符合儿童的最佳利益；

（三）确保：

1. 已与须经其同意方可进行收养的个人、机构和机关，进行了必要的协商，且上述个人、机构和机关已被适当告知其同意收养的后果，特别是收养是否终止儿童与其出生家庭的法律关系；

2. 上述个人、机构和机关已经自主地按符合要求的法律形式表示了同意，该项同意应以书面方式作出或经书面证明；

3. 该项同意不是因给付了任何形式的报酬或补偿而获得，且没有被撤回；

4. 在要求征得母亲同意的情况下，该项同意是在儿童出生后作出；

（四）考虑到儿童年龄和成熟程度，确保：

1. 在要求征得儿童同意的情况下，已与该儿童商议并适当告知其收养的后果和其同意收养的后果；

2. 儿童的愿望和意见已给予考虑；

3. 在要求征得儿童同意的情况下，儿童已自主地按符合要求的法律形式表示了同意，该项同意应以书面形式作出或经书面证明；

4. 此项同意不是因给付了任何形式的报酬或补偿而获得。

第五条 收养国的主管机关只有在符合下列条件的情况下，才能进行本公约范围内的收养：

（一）确认预期养父母符合条件并适于收养儿童；

（二）确保已与预期养父母协商；

（三）确认该儿童已经或将要被批准进入该国并长期居住。

第二十三条

一、经收养发生国主管机关证明的根据本公约所进行的收养，其他缔约国应依法给予承认。该证明应指明按照第十七条第（三）项达成协议的中央机关及达成协议的时间。

二、每一缔约国应在签署、批准、接受、核准或加入本公约时，将本国有权出具该证明的机关名称和职能以及任何对该指定机关的修改通知公约保存机关。

第一千一百一十条 【保守收养秘密】

收养人、送养人要求保守收养秘密的，其他人应当尊重其意愿，不得泄露。

本条来源

《收养法》第二十二条规定：“收养人、送养人要求保守收养秘密的，其他人应当尊重其意愿，不得泄露。”

立法演变

一审稿第八百八十九条规定：“收养人、送养人要求保守收养秘密的，其他人应当尊重其意愿，不得泄露。”

二审稿同上。

征求意见稿同上。

条文释义

本条是关于保守收养秘密的规定。

收养和送养以及被收养，都涉及身份关系的改变，属于隐私的范畴。隐私权是指自然人享有的私人生活安宁与私人信息秘密依法受到保护，不被他人非法侵扰、知悉、收集、利用和公开的一种人格权，而且权利主体对他人在何种程度上可以介入自己的私生活，对自己的隐私是否向他人公开以及公开的人群范围和程度等具有决定权。

根据隐私权的特征，就国内外学者的通说，隐私权的内容包括：隐私隐瞒权是指权利主体对自己的隐私进行隐瞒，不为人所知的权利；隐私利用权是指自然人对自己的隐私权积极利用，以满足自己精神，物质等方面需要的权利；隐私维护权是指隐私权主体对自己的隐私权所享有的维护其不可侵犯性，在受到非法侵犯时可以寻求公力与私力救济；隐私支配权是指公民对自己的隐私有权按照自己的意愿进行支配。

我国法律赋予收养人、送养人是否选择秘密收养被收养人的权利，即收养人、送养人可以选择公开收养的方式收养被收养人，也可以选择秘密收养的方式收养被收养人。公开收养是指收养当事人不要求保守秘密，可以公示收养行为的收养方式。秘密收养是指当事人要求保守收养秘密，不公示收养行为以及不得暴露养子女身世的收养方式。如果收养人、送养人要求保守收养秘密的，其他人应当尊重其意愿，不得泄露。本条款之所以这样规定，其目的是防止泄露收养和送养以及被收养的隐私，稳定收养关系，给被收养人营造一个幸福、安宁的家庭环境，促使其健康成长。

案例评议

刘某甲、邹某某诉孙某甲、张某甲、孙某乙、刘某乙侵权损害赔偿纠纷案①

◆ **裁判规则**

法院认为，原告主张解除收养关系的原因是被告孙某甲、张某甲、孙某乙泄露了收养秘密，但对于是谁泄露了收养秘密缺少证据证实。为此，对原告要求判令被告孙某甲、张某甲、孙某乙赔偿抚养费损失及精神损害抚慰金的诉讼请求无法支持。判令：解除原告刘某甲、邹某某与被告刘某乙之间的收养关系；被告刘某乙于判决书生效之日起十日内赔偿原告抚养费损失50000元。

◆ **评议**

收养涉及人身关系，属于个人隐私，而隐私权是自然人享有的对其个人的、与他人及社会利益无关的个人信息、私人活动和私有领域进行支配的一种人格权，该权利依法受保护。但就本案而言，原告没有证据证明被告刘某乙知晓其被收养是其他三个被告所为，故对其主张无法支持。

---

① 审理法院为沈丘县人民法院，案号：（2014）沈民初字第1481号。

第二节　收养的效力

第一千一百一十一条　【收养的效力】

自收养关系成立之日起，养父母与养子女间的权利义务关系，适用本法关于父母子女关系的规定；养子女与养父母的近亲属间的权利义务关系，适用本法关于子女与父母的近亲属关系的规定。

养子女与生父母以及其他近亲属间的权利义务关系，因收养关系的成立而消除。

本条来源

《收养法》第二十三条规定："自收养关系成立之日起，养父母与养子女间的权利义务关系，适用法律关于父母子女关系的规定；养子女与养父母的近亲属间的权利义务关系，适用法律关于子女与父母的近亲属关系的规定。

养子女与生父母及其他近亲属间的权利义务关系，因收养关系的成立而消除。"

立法演变

一审稿第八百九十条规定："自收养关系成立之日起，养父母与养子女间的权利义务关系，适用法律关于父母子女关系的规定；养子女与养父母的近亲属间的权利义务关系，适用法律关于子女与父母的近亲属关系的规定。

养子女与生父母及其他近亲属间的权利义务关系，因收养关系的成立而消除。"

二审稿第八百九十条将"适用法律"修改为"适用本法"。

征求意见稿同二审稿。

条文释义

一、收养的分类

收养按其效力不同可分为完全收养和不完全收养。完全收养是指收养成立后，养子女与其生父母及其近亲属之间的权利义务关系完全消除，只与养父母之间发生父母子女关系。这种收养一般只允许收养未成年人。当今世界各国单纯采取完全收养的国家并不多，我国是典型代表。不完全收养是指收养成立后，养子女不但与养父母发生父母子女关系，而且与其生父母仍保留一定的权利义务关系，这种收养既适用于成年人的收养，也适用于未成年人的收养。为满足不同收养人、送养人的需要，大部分国家同时设有完全收养与不完全收养两种制度，只采用完全收养或者不完全收养制度的国家较少。现代各国收养法基于有利于被收养的未成年人的最大利益原则，对收养未成年人大多采用完全收养制度，只有少数国家仍保留不完全收养制度。

我国收养法采取的是完全收养制，即收养关系成立后，被收养人与养父母之间产生父母子女之间的权利义务关系，被收养人与养父母的近亲属之间产生近亲属关系；而被收养人与生父母及其他近亲属之间的权利义务关系因收养关系的成立而消除。

二、有效收养行为的法律后果

收养的法律后果是指收养关系成立后被收养人（养子女）与养父母、生父母之间具有什么样的身份和权利义务关系。具体表现在：收养关系成立后，被收养人与养父母及其近亲属之间因收养所产生的身份和权利义务关系，以及被收养人与生父母及其他近亲属之间原来的权利义务关系因收养而发生变更（消灭）。这种法律后果表现为收养的拟制效力和消除效力：

1. 收养的拟制效力。亦称为收养的积极效力，是指收养依法创设新的亲属身份关系及其权利义务的效力。收养的拟制效力不仅及于养父母和养子女以及养子女所出的晚辈直系血亲，同时及于养父母的血亲：（1）对养父母与养子女的拟制效力，主要体现在自收养关系成立之日起，养父母与养子女之间发生父母子女之间的权利义务关系。（2）对养子女与养父母的近亲属的拟制效力，养子女与养父母的近亲属之间的权利义务关系，是养亲子关系在法律上的延伸。收养对养子女与养父母的近亲属的拟制效力，表现为养子女与养父母的近亲属以及养父母与养子女的近亲属之间发生的拟制效力，取得亲属的身份，发生权利义务关系。具体是：养子女与养父母的父母发生祖孙的身份和权利义务；养子女与养父母的子女之间，取得兄弟姐妹的身份，发生兄弟姐妹的权利义务；养父母对于养子女所出的晚辈直系血亲，也取得祖孙的身份，发生祖孙的权利义务关系。

2. 收养的消除效力。这是指收养依法消灭原有的亲属身份关系及其权利义务的效力。收养的解销效力是养子女与生父母之间的权利义务完全消灭。(1) 对养子女与生父母的解销效力。收养关系生效，其养子女与生父母之间身份消灭，他们之间的权利义务同时消灭。(2) 对养子女与生父母以外的其他近亲属的解销效力。收养关系生效，养子女与生父母以外的其他近亲属之间的身份消灭，他们之间的权利义务关系也消灭。养子女与生父母的父母不再存在祖孙之间的权利义务关系，与生父母的子女之间不再存在兄弟姐妹之间的权利义务关系。这种解销效力，消灭的仅仅是法律意义上的父母子女关系，而不是自然意义上的父母子女关系。养子女与生父母之间基于出生而具有的直接血缘联系是客观存在的，不能通过法律手段加以改变。法律关于禁婚亲的规定仍然适用于养子女与生父母及其近亲属。

三、养子女与养父母之间的权利义务关系

养子女与养父母之间的权利义务关系，自收养关系成立之日起，适用法律关于父母子女关系的规定。

民法典婚姻家庭编关于父母子女关系的规定有：父母有教育、保护未成年人子女的权利和义务，禁止家庭成员间的虐待和遗弃，父母不履行抚养义务的，未成年子女或者不能独立生活的成年子女，有要求父母给付抚养费的权利。成年子女不履行赡养义务的，缺乏劳动能力或者生活困难的父母，有要求成年子女给付赡养费的权利；未成年子女造成他人损害的，父母应当依法承担民事责任；父母和子女有相互继承遗产的权利。

婚姻家庭编又明确指出，养父母与养子女间的权利和义务适用民法典对父母子女关系的有关规定。可见，养子女对于养父母来说如同亲生子女一般，他们拥有父母子女之间一切的法定权利和义务。养父母与养子女是一种拟制的血亲关系。养父母不得以养子女非亲生为由对其歧视或不抚养教育，养子女也不得对养父母不履行赡养扶助的义务，任何人不得剥夺养父母子女之间的法定继承权，养子女对于养父母以及养父母对于养子女都是第一顺序的法定继承人。

四、养子女与养父母的近亲属间的权利义务关系

养子女与养父母的近亲属间的权利义务关系，自收养关系成立之日起，适用法律关于子女与父母的近亲属关系的规定。

并不是所有的亲属之间都具有法定的权利义务关系，除父母子女关系外，只有祖孙之间、兄弟姐妹之间才有法定的权利义务关系。因此，养子女与养父母的近亲属间的权利义务关系仅限于与养父母的父母（养祖父母）和养父母的子女（包括亲生子女、养子女，即养兄弟姐妹）之间的权利义务关系。民法典规定，有负担能力的祖父母、外祖父母，对于父母已经死亡或者父母无力抚养的未成年孙子女、外孙子女，有抚养的义务。有负担能力的孙子女、外孙子女，对于子女已经死亡或者子女无力赡养的祖父母、外祖父母，有赡养的义务。有负担能力的兄、姐，对于父母已经死亡或者父母无力抚养的未成年弟、妹，有扶养的义务。由兄、姐扶养长大的有负担能力的弟、妹，对于缺乏劳动能力又缺乏生活来源的兄、姐，有扶养的义务。养祖孙、养兄弟姐妹之间亦同。

值得注意的是，仅夫妻一方为收养人时，例如独身者收养子女后才结婚，夫妻共同收养后一方死亡而配偶再婚时，养父母之配偶即为养子女的继父（母）。继父（母）的子女是养子女的继兄弟姐妹，根据民法典继承编的规定，同父同母的兄弟姐妹、养兄弟姐妹、同父异母的兄弟姐妹或同母异父的兄弟姐妹、形成扶养关系的继兄弟姐妹相互之间是第二顺序的继承人，可以推定他们相互之间负有民法典继承编上的权利义务关系。所以，如果养子女与继父（母）的子女之间没有扶养关系则不存在权利义务关系；即使是养父母与继父（母）所生的子女，仍是养子女的继兄弟姐妹，而不能成为同父异母或同母异父的兄弟姐妹，如果他们之间没有形成扶养关系亦不存在权利义务关系。

五、养子女与生父母及其他近亲属间权利义务关系

养子女与生父母及其他近亲属间权利义务关系，因收养关系的成立而消除。我国民法典对收养的效力采取完全收养制，收养关系一经成立，养子女即完全融入养父母的家庭，同时与其生父母及其他亲属断绝一切权利义务关系。收养法这样规定的目的在于稳定收养关系，有利于养子女与养父母及其近亲属间建立亲密和睦的家庭关系。

自收养关系成立之日起，生父母对已送养给他人的子女不再承担抚养教育的义务，也不再享有要求被送养子女赡养扶助的权利，相互间不能以法定继承人的身份继承遗产；养子女与祖父母、外祖父母及兄弟姐妹间原有的权利义务关系也因收养成立而消除。但应当注意的是，收养关系的成立虽然消除了养子女与生父母及其他近亲属间的权利义务关系，但他们之间原本客观存在的自然血缘关系不会因收养而消除，仍是自然血亲，因此婚姻法关于禁止直系血亲和三代以内旁系血亲结婚的规定仍然适用。

实践中，有的生父母将子女送给他人收养后还经常去看望子女，有碍收养关系的稳定，养父母可以予以制止。生父母是没有这种探视的权利的，如果其不听收养人的劝阻而导致收养关系无法继续存续下去的，生父母要承担相应的民事责任。

法条关联

◆《民法典》（婚姻家庭编）

第一千零六十七条　父母不履行抚养义务的，未成年子女或者不能独立生活的成年子女，有要求父母给付抚养费的权利。

成年子女不履行赡养义务的，缺乏劳动能力或者生活困难的父母，有要求成年子女给付赡养费的权利。

第一千零六十八条　父母有教育、保护未成年子女的权利和义务。未成年子女造成他人损害的，父母应当依法承担民事责任。

第一千零七十条　父母和子女有相互继承遗产的权利。

◆《最高人民法院关于贯彻执行〈中华人民共和国继承法〉若干问题的意见》

关于法定继承部分

19. 被收养人对养父母尽了赡养义务，同时又对生父母扶养较多的，除可依继承法第十条的规定继承养父母的遗产外，还可依继承法第十四条的规定分得生父母的适当的遗产。

22. 收养他人为养孙子女，视为养父母与养子女的关系的，可互为第一顺序继承人。

23. 养子女与生子女之间、养子女与养子女之间，系养兄弟姐妹，可互为第二顺序继承人。

被收养人与其亲兄弟姐妹之间的权利义务关系，因收养关系的成立而消除，不能互为第二顺序继承人。

案例评议

魏某1与魏某2继承纠纷案[①]

◆ **裁判规则**

一审法院认为，自收养关系成立之日起，养父母与养子女间的权利义务关系，适用法律关于父母子女关系的规定。魏某1与魏某2同为魏某、吴某夫妇的养子女，对魏某、吴某夫妇的遗产有同等的继承权，魏某1主张继承养父母魏某、吴某夫妇的遗产即坐落于古田县胜利街和平路2弄45号房屋的一半，理由充分，予以支持。魏某2不服一审判决提起上诉，二审法院驳回魏某2的上诉讼请求，维持原判。魏某2不服二审判决申请再审，福建省高级人民法院驳回魏某2的再审请求。

◆ **评议**

本案系继承纠纷，根据《民法典》婚姻家庭编第一千一百一十一条第一款的规定，自收养关系成立之日起，养父母与养子女间的权利义务关系，适用该法关于父母子女关系的规定；养子女与养父母的近亲属间的权利义务关系，适用该法关于子女与父母的近亲属关系的规定。本案中，魏某1与魏某、吴某形成事实收养关系，魏某1有权继承魏某、吴某的遗产。

第一千一百一十二条　【养子女的姓氏】

养子女可以随养父或者养母的姓氏，经当事人协商一致，也可以保留原姓氏。

本条来源

《收养法》第二十四条规定："养子女可以随养父或者养母的姓，经当事人协商一致，也可以保留原姓。"

---

① 一审法院为古田县人民法院，案号：(2017) 闽0922民初2390号；二审法院为福建省宁德市中级人民法院，案号：(2018) 闽09民终102号；再审法院为福建省高级人民法院，案号：(2018) 闽民申4533号。

立法演变

一审稿第八百九十一条规定："养子女可以随养父或者养母的姓，经当事人协商一致，也可以保留原姓。"

二审稿第八百九十一条将"姓"修改为"姓氏"。

征求意见稿同二审稿。

条文释义

本条是关于养子女姓氏的规定。

姓氏即姓与氏的合称。在中华传统文化中，姓氏体现着血缘传承、伦理秩序和文化传统。作为一定血缘遗传关系的记号，姓氏标记了个体自然人从属于哪个家族血缘系统，是表示个人同一性的称呼。秦汉以前，姓和氏是不同的概念，男子称氏，女子称姓。氏是用来区别贵贱，贵族有氏，不是贵族的只有名而无氏。姓是用来区别血统，有同姓、异姓、庶姓之别。氏相同而姓不同的，可以通婚，姓相同而氏不同的，不可以通婚。秦汉以后，姓氏合一，不再区别。例如，《史记》中说，秦始皇："姓赵氏"，汉高祖为"姓刘氏"。现在姓氏一般就是指姓。

养子女因收养关系的成立，消除了与生父母以及其他近亲属间的权利义务关系，与养父母及其近亲属间形成拟制血亲关系。随着这种身份的变更，养子女的姓氏一般也发生变更。本法规定，养子女可以随养父或养母的姓氏，经当事人协商一致，也可以保留原姓氏。为了使养子女能完全融入养父母的家庭，养子女一般都改从养父母的姓氏。本法规定了夫妻平等原则，子女可以随父姓，也可以随母姓，因而养子女既可以随养父姓，也可以随养母姓。

养子女随养父或养母的姓是一种原则性规定，例外的情形是，经当事人协商一致同意养子女可以保留原姓。这种例外情形所适用的条件是十分苛刻的，只有当事人协商一致养子女才可以保留原姓。如果任何一方（一般是收养人一方）不同意，则养子女应当随养父或者养母的姓。

案例评议

杨徐氏与张吉某、第三人张闻通死亡赔偿金分割纠纷案[①]

◆ **裁判规则**

法院认为，胥某自两周岁时即到原告家，由原告抚养成人，亲属、周围邻居、村委会都认为胥某为原告养女，应当认定原告与胥某已形成事实上的收养关系。至于胥某未改姓，未迁户口，对原告称呼没改，改变不了原告夫妻将胥某自小抚养成人的基本事实。判决被告张吉某于判决生效后五日内支付原告杨徐氏死亡赔偿金80000元，精神抚慰金3300元。

◆ **评议**

收养关系的确定以是否收养事实为准。根据《民法典》婚姻家庭编第一千一百一十二条的规定，被收养子女的姓氏并非认定是否存在收养事实的依据。本案中，胥某与原告是姑侄关系，1976年被原告收养后，虽然户口没迁，姓也没改，虽然一直称原告为姑，但却一直称原告丈夫为爸爸。亲属、周围邻居、村委会都认为胥某为原告养女。虽然双方之间没有办理收养登记手续，但因本案收养行为发生在1976年，而我国的收养法实施于1994年，根据《最高人民法院关于贯彻执行民事政策法律若干问题的意见》关于收养问题，第28条“亲友、群众公认，或有关组织证明确以养父母与养子女关系长期共同生活的，虽未办理合法手续，也应按收养关系对待”的规定，胥某与原告之间的收养关系成立。

第一千一百一十三条　【收养行为的无效】

有本法第一编关于民事法律行为无效规定情形或者违反本编规定的收养行为无效。

无效的收养行为自始没有法律约束力。

---

① 一审法院为德州市陵城区人民法院，案号：（2013）陵民初字第421号；二审法院为山东省德州市中级人民法院，案号：（2014）德中少民终字第17号。

本条来源

《收养法》第二十五条规定："违反《中华人民共和国民法通则》第五十五条和本法规定的收养行为无法律效力。

收养行为被人民法院确认无效的，从行为开始时起就没有法律效力。"

立法演变

一审稿第八百九十二条规定："有总则编关于民事法律行为无效规定情形或者违反本法规定的收养行为无效。

无效的收养行为自始没有法律约束力。"

二审稿第八百九十二条在"总则编"前增加"本法"，将"违反本法规定"修改为"违反本编规定"。

征求意见稿同二审稿。

条文释义

本条是关于无效收养行为的规定。

一、收养无效的概念

收养无效是指欠缺收养关系成立的有效条件，因而不能产生收养的法律效力。收养子女是一项重要的法律行为，作为一项法律行为，它必须具备民事法律行为有效的条件；作为本法所规定的一项特殊的法律行为，它还必须符合本法规定的实质要件并履行法定的形式要件，才能成立合法有效的收养关系，否则无法律效力。

二、收养有效成立的一般要件

收养有效成立的一般要件，即指本法中关于"民事法律行为"有效成立的条件，包括行为人具有相应的民事行为能力、意思表示真实以及不违反法律或者社会公共利益。收养行为作为一种法律行为当然应当具备上述条件才能有效成立，否则收养行为无效：

1. 收养人或送养人不具有相应的民事行为能力。限制民事行为能力人或无民事行为能力人不能完全或不能辨认自己的行为，依法不得为收养或送养行为，否则其行为无效。

2. 收养人、送养人或年满八周岁以上的被收养人的意思表示不真实。一方以欺诈、胁迫的手段或者乘人之危，使对方在违背真实意愿的情况下所为的收养行为无效。

3. 违反法律或者社会公共利益的收养行为。例如，收养人与送养人恶意串通，以收养的名义，实为招募童工的行为，与立法的宗旨相违背，因而没有法律效力。

三、欠缺特殊要件的无效收养

收养有效成立的特殊要件是指民法典中规定的收养行为有效成立的实质要件和形式要件。收养行为既是一种法律行为，又是一种特殊的具体的法律行为，受到本法专门的具体的规制，收养行为有效成立必须具备该法规定的实质要件和形式要件。

欠缺实质要件的收养主要表现在：被收养人不是未成年人，或生父母有特殊困难无力抚养子女（收养继子女和收养三代以内旁系同辈血亲的子女除外）；收养人不具备无子女、有抚养、教育和保护被收养人的能力、未患有在医学上认为不应当收养子女的疾病、无不利于被收养人健康成长的违法犯罪记录以及年满三十周岁的条件（收养继子女除外）；无配偶者收养异性子女的，收养人与被收养人的年龄相差不到四十周岁（收养三代以内旁系同辈血亲除外）；没有征得其他有抚养义务的人同意；有配偶者单独收养子女；等等。

欠缺形式要件，即指收养行为没有到民政部门办理收养登记手续。民法典规定收养行为只有经登记才能有效成立，收养当事人只订立收养协议或事实收养，而不办理收养登记的行为属于无效收养。

若民事行为违反法律、行政法规强制性规定或者违背公序良俗，例如借收养之名拐卖儿童或者出卖亲生子女或为了再生育子女而送养子女的行为等，都属于违法行为，法律不赋予其效力。

四、确认无效收养的程序

收养行为是否无效需要通过有权机关按照一定程序确认，以维护收养关系的稳定性。从现行立法看，确认收养无效的程序有两种：人民法院依诉讼程序确认收养无效和收养登记机关依行政程序确认收养无效。

（一）依诉讼程序确认

审判实践中，依诉讼程序确认收养无效有以下两种情形：一是当事人或利害关系人提出申请确认收养无效之诉，由人民法院依法判决收养无效。二是人民法院在审理有关案件的过程中发现无效收养行为，在有关判决中确认收养无效。后者主要是在赡养、抚养、监护、法定继承等案件中，涉及作为其基础的血缘关系的有无，法院必须作出收养效力判决以作为案件判决的基础，确认收养无效。

（二）依行政程序确认

《中国公民收养子女登记办法》并未规定当事人和利害关系人能否依行政程序申请确认收养登记无效的问题，但规定了收养关系当事人弄虚作假骗取收养登记的，收养关系无效，由收养登记机关撤销登记，收缴收养登记证。鉴于登记机关自己不易发现登记的错误，应当允许当事人或利害关系人申请确认收养登记无效，以及收养公证机构在办理收养公证时发现收养不符合收养法的规定而向收养登记机关提出收养无效。

五、无效收养行为的法律后果

收养行为被人民法院判决宣告无效的，以及收养行为经过收养登记机关依照行政程序确认为无效的，自始无效。收养无效的效力溯及既往。收养行为被确认为无效的，自始不发生收养的效力，这与收养的解除不同。收养的解除解除的是合法有效的收养，被解除的收养在被解除前是具有法律效力的，养子女与养父母及其近亲属之间形成拟制血亲关系。如果收养行为没有合法有效的成立，即收养无效，则不存在解除收养的问题。收养行为被确认为无效，则养子女与养父母及其近亲属间并不形成拟制血亲关系，并且这种无效溯及收养行为被确认为无效之前直至该收养行为成立之时，即无效的收养行为自始不发生收养的法律效力。

法条关联

◆**《民法典》（总则编）**

第五十二条　被宣告死亡的人在被宣告死亡期间，其子女被他人依法收养的，在死亡宣告被撤销后，不得以未经本人同意为由主张收养行为无效。

第一百四十三条　具备下列条件的民事法律行为有效：

（一）行为人具有相应的民事行为能力；

（二）意思表示真实；

（三）不违反法律、行政法规的强制性规定，不违背公序良俗。

第一百四十四条 无民事行为能力人实施的民事法律行为无效。

第一百四十五条 限制民事行为能力人实施的纯获利益的民事法律行为或者与其年龄、智力、精神健康状况相适应的民事法律行为有效；实施的其他民事法律行为经法定代理人同意或者追认后有效。

相对人可以催告法定代理人自收到通知之日起三十日内予以追认。法定代理人未作表示的，视为拒绝追认。民事法律行为被追认前，善意相对人有撤销的权利。撤销应当以通知的方式作出。

第一百四十六条 行为人与相对人以虚假的意思表示实施的民事法律行为无效。

以虚假的意思表示隐藏的民事法律行为的效力，依照有关法律规定处理。

第一百四十七条 基于重大误解实施的民事法律行为，行为人有权请求人民法院或者仲裁机构予以撤销。

第一百四十八条 一方以欺诈手段，使对方在违背真实意思的情况下实施的民事法律行为，受欺诈方有权请求人民法院或者仲裁机构予以撤销。

第一百四十九条 第三人实施欺诈行为，使一方在违背真实意思的情况下实施的民事法律行为，对方知道或者应当知道该欺诈行为的，受欺诈方有权请求人民法院或者仲裁机构予以撤销。

第一百五十条 一方或者第三人以胁迫手段，使对方在违背真实意思的情况下实施的民事法律行为，受胁迫方有权请求人民法院或者仲裁机构予以撤销。

第一百五十一条 一方利用对方处于危困状态、缺乏判断能力等情形，致使民事法律行为成立时显失公平的，受损害方有权请求人民法院或者仲裁机构予以撤销。

第一百五十二条 有下列情形之一的，撤销权消灭：

（一）当事人自知道或者应当知道撤销事由之日起一年内、重大误解的当事人自知道或者应当知道撤销事由之日起九十日内没有行使撤销权；

（二）当事人受胁迫，自胁迫行为终止之日起一年内没有行使撤销权；

（三）当事人知道撤销事由后明确表示或者以自己的行为表明放弃撤销权。

当事人自民事法律行为发生之日起五年内没有行使撤销权的，撤销权消灭。

第一百五十三条　违反法律、行政法规的强制性规定的民事法律行为无效。但是，该强制性规定不导致该民事法律行为无效的除外。

违背公序良俗的民事法律行为无效。

第一百五十四条　行为人与相对人恶意串通，损害他人合法权益的民事法律行为无效。

第一百五十五条　无效的或者被撤销的民事法律行为自始没有法律约束力。

◆《中国公民办理收养登记的若干规定》

第十二条　申请收养登记和解除收养登记，当事人对收养登记机关必须了解的情况应当如实提供。

收养登记机关发现当事人登记时弄虚作假、欺骗收养登记员的，应宣布该项收养登记或解除收养登记无效，收回《收养证》或《解除收养证》，并追究当事人的责任。

◆《中国公民收养子女登记办法》

第十二条　收养关系当事人弄虚作假骗取收养登记的，收养关系无效，由收养登记机关撤销登记，收缴收养登记证。

案例评议

李某与何某、刘某抚养纠纷案[①]

◆ **裁判规则**

法院认为，李某因其交友不慎致使身体怀孕，且生育小孩时未年满十八周岁，是限制民事行为能力人，故李某与何某、刘某签订的送养小孩“保证书”的民事行为无效，李某送养孩子的行为无效，何某、刘某的收养关系依法不成立。李某诉讼请求归还亲生儿子，本院予以支持。

◆ **评议**

本案系抚养关系纠纷，根据《民法典》总则编第一百四十五条第一款的规定，限制民事行为能力人实施的纯获利益的民事法律行为或者与其年龄、智力、精神健康状况相适应的民事法律行为有效；实施的其他民事法律行为经法定代理

① 审理法院为横县人民法院，案号：（2015）横少民初字第23号。

人同意或者追认后有效。又根据《民法典》婚姻家庭编第一千一百一十三条的规定，有本法总则编关于民事法律行为无效规定情形或者违反本编规定的收养行为无效。无效的收养行为自始没有法律约束力。本案中，李某生育小孩时未满十八周岁，系限制民事行为能力人，其实施的送养行为须经法定代理人的同意，未经法定代理人同意或追认，送养行为无效。因此，李某主张归还孩子抚养权的请求应予支持。

第三节　收养关系的解除

第一千一百一十四条　【解除收养关系】

收养人在被收养人成年以前，不得解除收养关系，但是收养人、送养人双方协议解除的除外。养子女八周岁以上的，应当征得本人同意。

收养人不履行抚养义务，有虐待、遗弃等侵害未成年养子女合法权益行为的，送养人有权要求解除养父母与养子女间的收养关系。送养人、收养人不能达成解除收养关系协议的，可以向人民法院提起诉讼。

本条来源

《收养法》第二十六条规定："收养人在被收养人成年以前，不得解除收养关系，但收养人、送养人双方协议解除的除外，养子女年满十周岁以上的，应当征得本人同意。

收养人不履行抚养义务，有虐待、遗弃等侵害未成年养子女合法权益行为的，送养人有权要求解除养父母与养子女间的收养关系。送养人、收养人不能达成解除收养关系协议的，可以向人民法院起诉。"

立法演变

一审稿第八百九十三条规定："收养人在被收养人成年以前，不得解除收养关系，但是收养人、送养人双方协议解除的除外。养子女八周岁以上的，应当征得本人同意。

收养人不履行抚养义务，有虐待、遗弃等侵害未成年养子女合法权益行为的，送养人有权要求解除养父母与养子女间的收养关系。送养人、收养人不能达成解除收养关系协议的，可以向人民法院起诉。”

二审稿第八百九十三条将“起诉”修改为“提起诉讼”。

征求意见稿同二审稿。

条文释义

本条是关于解除收养关系的规定。

收养关系解除是指收养的法律效力发生后，因出现一定的法定事由，无法继续维持收养亲子关系，通过解除的法定程序将其人为消灭。本条规定，为保护未成年人的权益，禁止收养人在被收养人未成年时解除收养关系。当然，收养人和送养人达成一致意见协议解除的，不在此限。被收养人八周岁以上的，应征得本人同意。

一、收养关系解除的程序

收养关系解除的程序有协议解除和诉讼解除两种。

（一）协议解除

协议解除收养关系适用于两种情况：一是在收养关系成立之后，被收养人成年之前，收养人和送养人双方可以通过协议解除收养关系；二是养父母与养子女间关系恶化，无法共同生活的，也可以通过协议解除收养关系。协议解除的条件是：（1）双方当事人必须有解除收养关系的合意。养子女未成年时，解除收养的合意是指收养人与送养人解除收养的意思表示一致；如果被收养人已满八周岁，还需要征求本人同意。养子女成年之后，解除收养的合意是指收养人和被收养人之间解除收养的意思表示一致。（2）当事人必须具有完全民事行为能力，收养人、被收养人以及送养人之中任何一方不具有相应的民事行为能力，都不能通过协议的方式解除收养关系，而只能通过诉讼由人民法院判决。（3）夫妻共同收养的，解除收养必须夫妻双方共同解除。如果属于无配偶者单方收养，或者收养人在收养时无配偶终止收养时已有配偶的，可以单方提出解除收养关系。协议解除收养的程序是：达成收养解除的合意的，到收养登记机关办理解除收养关系的登记。收养关系自登记之日起消灭。

（二）诉讼解除

收养关系当事人就解除收养关系不能达成协议的，收养人、送养人以及已经成年的被收养人可以向人民法院提起诉讼程序，由人民法院裁决收养关系是否予以解除。人民法院应当根据查明的事实，确认解除收养关系的真实原因，养亲子关系的现状和生活实际情况，作出判决。

二、收养解除的诉讼关系

该条第二款规定，收养人不履行抚养义务，有虐待、遗弃等侵害未成年养子女合法权益行为的，送养人有权要求解除养父母与养子女间的收养关系。送养人与收养人不能达成解除收养关系协议的，可以向人民法院起诉。但以谁的名义起诉，即原告是谁，在实践中颇有争议。

一种观点认为，应将送养人列为原告。理由如下：第一，收养关系虽然是收养人与被收养人间的民事法律关系，但这种关系的成立则是由收养人和送养人依照收养法的有关规定订立收养、送养书面协议后形成的（只有收养八周岁以上的未成年人，才应征得其本人的同意）。收养关系的解除，如果被收养人仍未成年，也理应由送养人与收养人来进行。第二，收养关系的成立和解除是民事法律活动，只有具有完全民事行为能力人才能进行。如果需解除收养关系的被收养人系未成年人，因其不具有完全民事行为能力，故其也就不能正常地行使民事权利，不能进行解除收养关系的民事法律活动。第三，送养人与案件有着直接的利害关系，符合民事诉讼当事人的条件。根据《民法典》婚姻家庭编第一千一百一十七条的规定，收养关系解除后，被收养人与其生父母及其他近亲属间的权利义务关系自行恢复，这样送养人就仍负有抚养解除收养关系后的被收养人的义务。

第二种观点认为，应将未成年的被收养人列为原告，送养人作为其法定代理人参加诉讼。确立未成年的被收养人在解除收养关系诉讼中的原告地位，符合其他有关法律规定。《未成年人保护法》第五十一条规定："未成年人的合法权益受到侵害，依法向人民法院提起诉讼的，人民法院应当依法及时审理，并适应未成年人生理、心理特点和健康成长的需要，保障未成年人的合法权益。在司法活动中对需要法律援助或者司法救助的未成年人，法律援助机构或者人民法院应当给予帮助，依法为其提供法律援助或者司法救助。"《最高人民法院关于适用〈中华人民共和国民事诉讼法〉的解释》第八十三条规定："在诉讼中，无民事行为能力人、限制民事行为能力人的监护人是他的法定代理人。事先没有确定监护人的，可以由有监护资格的人协商确定；协商不成的，由人民法院在他们之中指定诉讼中的法定代理人。当事人没有民法通则第十六条第一款、第二款或者第十七条第一款规定的监护人的，可以指定该法第十六条第四款或者第十七条第三款规定的有关组织担任诉讼中的法定代理人。”

本书认为，确立未成年被收养人要求解除收养关系的原告资格，与收养法的立法宗旨并无冲突。虽然收养法没有明确规定未成年的被收养人有权诉讼请求解除收养关系，但收养法明文规定了其立法旨意是为维护收养关系当事人的权利。收养应当有利于被收养的未成年人的抚养、成长是其根本立法原则。因而，赋予未成年的被收养人在其遭到收养人的虐待或遗弃时，有诉讼请求解除收养关系的权利，完全符合收养法的规范旨意。

三、“被收养人成年”可否予以扩大解释？

根据《民法典》婚姻家庭编第一千一百一十四条的规定，在被收养人成年之前，收养人不得解除收养关系（协议解除的除外）。根据《民法典》总则编第十七条、第十八条的规定，不满十八周岁的自然人为未成年人。十六周岁以上的未成年人，以自己的劳动收入为主要生活来源的，视为完全民事行为能力人。对于十六周岁以上不满十八周岁以自己的劳动收入为主要生活来源的被收养人，收养人能否解除收养关系？

一种意见认为，收养人不得解除收养关系。《民法典》总则编第十八条虽然规定十六周岁以上的未成年人，以自己的劳动收入为主要生活来源的，视为完全民事行为能力人，但并未规定他们可视为成年人，因而收养人不能解除收养关系。

另一种意见认为，对于符合此条件的被收养人，收养人可以解除收养关系。允许收养人解除收养关系，并不影响被收养人的生活，与《民法典》婚姻家庭编第一千零四十四条的立法宗旨并无相悖。第一千一百一十四条之所以限制性地规定“收养人在被收养人成年以前，不得解除收养关系”，其立法旨意在于防止出现收养人解除收养关系后，未成年的被收养人不具备独立生活能力而又没有人抚养时无所归依，以保护未成年的被收养人的利益，使其能够健康成长。对于十六周岁以上不满十八周岁，以自己的劳动收入为主要生活来源的被收养人而言，其劳动收入可以满足个人的一般生活需要，即使收养人解除收养关系，被收养人仍可依自己的劳动收入独立生存。

笔者认为，对于十六周岁以上的未成年被收养人，如果其能以自己的劳动收入作为主要生活来源，收养人可以解除收养关系，这既不影响被收养人的健康成长，也无悖于婚姻家庭编的立法精神。

法条关联

◆《民法典》（侵权责任编）

第一千一百七十九条 侵害他人造成人身损害的，应当赔偿医疗费、护理费、交通费、营养费、住院伙食补助费等为治疗和康复支出的合理费用，以及因误工减少的收入。造成残疾的，还应当赔偿辅助器具费和残疾赔偿金；造成死亡的，还应当赔偿丧葬费和死亡赔偿金。

◆《治安管理处罚法》

第四十五条 有下列行为之一的，处五日以下拘留或者警告：

（一）虐待家庭成员，被虐待人要求处理的；

（二）遗弃没有独立生活能力的被扶养人的。

案例评议

王某丙与王某甲解除收养关系纠纷案①

◆ **裁判规则**

一审法院认为，本案王某丙提起诉讼时，被收养人王某甲尚未成年，目前王某丙也并未提供存在收养人、送养人双方可能协议解除收养关系的证据，且王某甲并不同意解除收养关系，故王某丙起诉不符合法定受理条件，应予驳回。王某丙不服一审判决，提起上诉，二审法院驳回上诉，维持原裁定。

◆ **评议**

本案系解除收养关系纠纷，根据《民法典》婚姻家庭编第一千一百一十四条第一款的规定，收养人在被收养人成年以前，不得解除收养关系，但是收养人、送养人双方协议解除的除外。养子女八周岁以上的，应当征得本人同意。本案中，王某丙提起诉讼时，被收养人王某甲系未成年，鉴于王某丙没有提供收养人、送养人双方协议解除收养关系的证据，且王某甲并不同意解除收养关

① 一审法院为杭州市拱墅区人民法院，案号：（2013）杭拱民初字第1658号；二审法院为浙江省杭州市中级人民法院，案号：（2014）浙杭民终字第31号。

系，因此王某丙起诉不符合法定受理条件，应予驳回。

第一千一百一十五条 【解除收养关系的方式】

养父母与成年养子女关系恶化、无法共同生活的，可以协议解除收养关系。不能达成协议的，可以向人民法院提起诉讼。

本条来源

《收养法》第二十七条规定："养父母与成年养子女关系恶化、无法共同生活的，可以协议解除收养关系。不能达成协议的，可以向人民法院起诉。"

立法演变

一审稿第八百九十四条规定："养父母与成年养子女关系恶化、无法共同生活的，可以协议解除收养关系。不能达成协议的，可以向人民法院起诉。"

二审稿第八百九十四条将"起诉"修改为"提起诉讼"。

征求意见稿同二审稿。

条文释义

本条是关于成年养子女解除收养关系的规定。

一、成年养子女收养关系解除的条件

在我国，收养关系作为一种法律拟制的亲属关系，既可以通过法律行为依法设立，也可以经由一定的法律程序予以解除。故养子女成年后，如养父母与成年养子女关系恶化，已经到了无法共同生活的程度，再维持收养关系对双方均不利，且被收养人已经长大成人，具备自我生存生活的能力时，养父母和养子女可以解除收养关系。

成年养子女收养关系解除的条件如下：第一，养父母与成年养子女关系恶化、无法共同生活的；第二，养子女成年后，虐待、遗弃养父母的。这里有权利解除收养关系的，不仅仅包括养父母，养子女也有权利解除。

二、成年养子女收养关系解除的方式

从民法典婚姻家庭编的相关规定看，养父母与成年养子女可以通过协议解除和诉讼解除这两种方式解除收养关系。协议解除需双方合意，并依相应程序实现。若双方无法就解除收养关系达成协议，收养人以及已经成年的被收养人可以向人民法院提起诉讼，由人民法院裁决收养关系是否予以解除。如果双方关系尚未恶化到无法共同生活的程度的，应当查明纠纷原因，着重调解和好；如果双方关系已经恶化到无法继续共同生活的程度的，应当准予解除收养关系。

三、“关系恶化、无法共同生活”的界定标准①

被收养人成年以后，养父母与成年养子女关系恶化，无法共同生活，可以协议解除收养关系；不能达成协议的，可以向人民法院起诉。至于如何判断养父母与成年养子女“关系恶化，无法共同生活”，法律没有规定具体的标准。一般认为，一方虐待、恶意遗弃另一方或者对另一方实施重大侮辱（如养亲逼迫养女为娼、养子女谩骂养亲等行为，至于一时激动所为的侮辱的言行不足以构成终止收养的原因）等行为，足以导致养父母与成年养子女关系恶化，无法共同生活。

审判实践中，如果被收养人成年以后，养父母与成年养子女关系恶化，一方要求解除收养关系的，法院对此应根据双方的实际情况，本着维护收养关系当事人合法权益的原则，决定是否准予解除：（1）双方关系尚未恶化到无法共同生活的程度的，应查明纠纷原因，排除不利因素，着重调解和好。（2）双方关系已经恶化到无法继续共同生活的程度，经调解无效的，应当准予解除收养关系。在有关生活费、抚养费的给付的判决中，应当照顾无过错方。司法实践中，一般需要根据个案情况予以具体审查：

首先，要查明案件基础事实。主要包括双方收养关系的形成过程、共同生活的情况、产生矛盾的原因、矛盾持续的时间、矛盾能否消除化解等。其中，对于养父母与成年养子女之间矛盾的审查应当是重中之重。审判实践中，导致养父母与成年养子女关系恶化的原因可能有多种，如养父母与成年养子女生活习惯差异较大、儿媳与公婆无法和睦相处、成年养子女不赡养养父母等。对于双方矛盾的细致审查有助于辨别主张解除收养关系一方是一时冲动还是已经过深思熟虑，进而有助于判断双方关系能否修复，为作调和工作打下基础。

---

① 来源：人民法院报，案例编写人：北京市第一中级人民法院　杨磊，原文链接：http：//rmfyb. chinacourt. org/paper/html/2019 -09/12/content_ 159986. htm？ div = -1，最后访问日期：2019年12月1日。

其次，要区分情形确定标准。具体来说，应当区分主张解除的主体是成年养子女还是养父母，进而适用有差异的审查标准。对于成年养子女主张解除的，审查予以解除的标准应当非常严格，因为此时一般是成年养子女应当尽赡养义务的时候，如果随意解除收养关系，可能导致老年人利益受到损害，易发生成年养子女借此逃避赡养义务等有悖道德与法律规定的事情发生。此时，也应当注意成年养子女对养父母是否有虐待、遗弃等情形，准确判断维持双方的收养关系是否对养父母权益保护反而更加不利。如果是养父母主张解除与成年养子女的收养关系的，审查解除的标准则应相对宽松，如果确认是养父母真实意思表示，养父母与成年养子女确实存在矛盾且不可调和，养父母并非一时冲动作出解除决定，之后的生活亦有相应保障，继续维持收养关系会直接影响养父母的合法权益，实无益处，则可以予以解除。

最后，要注重老年人权益保护。此类案件审理过程中，法院在保护双方当事人的合法权利基础上应更加注重老年人的权益保护，这样才能使作出的裁决更加符合立法本意，亦为社会公众提供正确的行为指引。

法条关联

◆《民事诉讼法》

第九十八条　下列案件调解达成协议，人民法院可以不制作调解书：

……

（二）调解维持收养关系的案件；

……

第一百二十四条　人民法院对下列起诉，分别情形，予以处理：

……

（七）判决不准离婚和调解和好的离婚案件，判决、调解维持收养关系的案件，没有新情况、新理由，原告在六个月内又起诉的，不予受理。

第一百五十一条　有下列情形之一的，终结诉讼：

……

（四）追索赡养费、扶养费、抚育费以及解除收养关系案件的一方当事人死亡的。

◆《仲裁法》

第三条　下列纠纷不能仲裁：

（一）婚姻、收养、监护、扶养、继承纠纷；

……

案例评议

孙某与戚某解除收养关系纠纷案[1]

◆ **裁判规则**

法院认为，孙某与戚某虽未办理收养手续，但已形成了事实上的收养关系。因双方关系恶化，于2014年3月1日签订了《解除收养关系协议》，该协议系双方真实意思表示，应为有效。现孙某与戚某均同意按协议签订时间确认双方解除收养关系，并按协议履行，应予确认。

◆ **评议**

本案系解除收养关系纠纷，根据《民法典》婚姻家庭编第一千一百一十五条的规定，养父母与成年子女关系恶化、无法共同生活的，可以协议解除收养关系。本案中，孙某与戚某形成事实收养关系，因双方关系恶化，无法共同生活，双方同意签订《解除收养关系协议》，该协议系双方真实意思表示，合法有效，可以依据该协议解除收养关系。

第一千一百一十六条 【协议解除收养关系的程序】

当事人协议解除收养关系的，应当到民政部门办理解除收养关系登记。

本条来源

《收养法》第二十八条规定："当事人协议解除收养关系的，应当到民政部门办理解除收养关系的登记。"

立法演变

一审稿第八百九十五条规定："当事人协议解除收养关系的，应当到民政部

① 审理法院为唐山市路北区人民法院，案号：（2016）冀0203民初563号。

门办理解除收养关系的登记。”

二审稿第八百九十五条将“收养关系的登记”修改为“收养关系登记”。

征求意见稿同二审稿。

条文释义

本条是关于协议解除收养关系登记的规定。

一、协议解除程序的概念

在我国，收养子女应按照规定办理登记，办理收养登记的机关是县级人民政府民政部门。同理，协议解除收养关系的，收养双方也应依照规定到民政部门办理解除收养关系的登记。只有依照规定办理了解除收养关系登记，才发生解除收养关系的法律效力，未经登记不发生这种效力。协议解除的程序是指收养关系当事人协商一致解除收养关系所要履行的程序。本法规定，收养关系当事人协议解除收养关系的，应当到民政部门办理解除收养关系登记。收养和解除收养都是十分重要的民事法律行为，对当事人的身份及相应的民事权利义务关系都将产生重大影响。为保持收养关系的稳定性，维护当事人的合法权益，收养关系的成立与解除必须履行登记手续，当事人之间只有书面协议而未办理登记手续则不能导致收养关系的成立与消灭。

二、协议解除收养关系登记申请的条件

民政部门受理解除收养关系登记申请的条件如下：第一，收养登记机关具有管辖权。第二，收养人、送养人和被收养人共同到被收养人常住户口所在地的收养登记机关提出申请。第三，收养人、送养人自愿解除收养关系并达成协议。被收养人年满八周岁的，已经征得其同意。第四，持有收养登记机关颁发的收养登记证。经公证机构公证确立收养关系的，应当持有公证书。第五，收养人、送养人和被收养人各提交 2 张 2 寸单人近期半身免冠照片，社会福利机构送养的除外。第六，收养人、送养人和被收养人持有身份证件、户口簿。送养人是社会福利机构的，要提交社会福利机构法定代表人居民身份证复印件。养父母与成年养子女协议解除收养关系的，无需送养人参与。

三、解除收养关系登记申请的程序

收养登记员受理解除收养关系登记申请，应当按照下列程序进行：第一，查验当事人提交的照片、证件和证明材料。当事人提供的收养登记证上的姓名、出生日期、公民身份号码与身份证、户口簿不一致的，当事人应当书面说明不一致的原因。第二，向当事人讲明民法典关于解除收养关系的条件。第三，询问当事人的解除收养关系意愿以及对解除收养关系协议内容的意愿。第四，收养人、送养人和被收养人参照《收养登记工作规范》第十五条的相关内容填写《解除收养登记申请书》。第五，将当事人的信息输入计算机应当用程序，并进行核查。第六，复印当事人的身份证件、户口簿。

四、解除收养关系协议书的主要内容

解除收养关系协议书的主要内容包括：第一，当事人双方的基本情况（包括姓名、性别、出生日期、职业、住址等）；第二，收养关系的成立时间、经过；第三，解除收养关系的原因；第四，解除收养关系后财产、生活安排等方面事宜的处理；第五，解除收养关系的日期；第六，双方认为应当约定的其他内容；第七，当事人双方签字、盖章、日期。

登记的具体程序为：（1）收养关系当事人持居民户口簿、居民身份证、收养登记证和解除收养关系的书面协议，共同到被收养人常住户口所在地的收养登记机关办理解除收养关系登记；（2）收养登记机关在收到解除收养关系登记申请书和有关材料后，应当自次日起三十日内进行审查；对符合收养法规定的，为当事人办理解除收养关系的登记，收回登记证，发给解除收养关系证明。

法条关联

◆《中国公民办理收养登记的若干规定》

第九条 依照本规定登记成立的收养关系，收养人在被收养人成年以前不得解除，但收养人、送养人双方协议解除的除外。收养当事人协议解除收养关系的，应当到收养人户籍所在地收养登记机关办理解除收养关系的登记。

◆《中国公民收养子女登记办法》

第二条 中国公民在中国境内收养子女或者协议解除收养关系的，应当依照本办法的规定办理登记。

办理收养登记的机关是县级人民政府民政部门。

第九条 收养关系当事人协议解除收养关系的，应当持居民户口簿、居民身份证、收养登记证和解除收养关系的书面协议，共同到被收养人常住户口所在地的收养登记机关办理解除收养关系登记。

第十条 收养登记机关收到解除收养关系登记申请书及有关材料后，应当自次日起30日内进行审查；对符合收养法规定的，为当事人办理解除收养关系的登记，收回收养登记证，发给解除收养关系证明。

第十一条 为收养关系当事人出具证明材料的组织，应当如实出具有关证明材料。出具虚假证明材料的，由收养登记机关没收虚假证明材料，并建议有关组织对直接责任人员给予批评教育，或者依法给予行政处分、纪律处分。

第十二条 收养关系当事人弄虚作假骗取收养登记的，收养关系无效，由收养登记机关撤销登记，收缴收养登记证。

第十三条 本办法规定的收养登记证、解除收养关系证明的式样，由国务院民政部门制定。

◆《收养登记工作规范》

第二十四条 受理解除收养关系登记申请的条件是：

（一）收养登记机关具有管辖权。

（二）收养人、送养人和被收养人共同到被收养人常住户口所在地的收养登记机关提出申请。

（三）收养人、送养人自愿解除收养关系并达成协议。被收养人年满10周岁的，已经征得其同意。

（四）持有收养登记机关颁发的收养登记证。经公证机构公证确立收养关系的，应当持有公证书。

（五）收养人、送养人和被收养人各提交2张2寸单人近期半身免冠照片，社会福利机构送养的除外。

（六）收养人、送养人和被收养人持有身份证件、户口簿。

送养人是社会福利机构的，要提交社会福利机构法定代表人居民身份证复印件。

养父母与成年养子女协议解除收养关系的，无需送养人参与。

第二十五条 收养登记员受理解除收养关系登记申请，应当按照下列程序进行：

（一）查验当事人提交的照片、证件和证明材料。

当事人提供的收养登记证上的姓名、出生日期、公民身份号码与身份证、户口簿不一致的，当事人应当书面说明不一致的原因。

（二）向当事人讲明收养法关于解除收养关系的条件。

（三）询问当事人的解除收养关系意愿以及对解除收养关系协议内容的意愿。

（四）收养人、送养人和被收养人参照本规范第十五条的相关内容填写《解除收养登记申请书》（附件5）。

（五）将当事人的信息输入计算机应当用程序，并进行核查。

（六）复印当事人的身份证件、户口簿。

第二十六条 收养登记员要分别询问收养人、送养人、年满10周岁以上的被收养人和其他应当询问的人。

询问的重点是被询问人的姓名、年龄、健康状况、民事行为能力、收养人、送养人和被收养人之间的关系、解除收养登记的意愿。对年满10周岁以上的被收养人应当询问是否同意解除收养登记和有关协议内容。

对未成年的被收养人，要询问送养人同意解除收养登记后接纳被收养人和有关协议内容。

询问结束后，要将笔录给被询问人阅读。被询问人要写明“已阅读询问笔录，与本人所表示的意思一致”，并签名。被询问人没有书写能力的，可由收养登记员向被询问人宣读所记录的内容，并注明“由收养登记员记录，并向当事人宣读，被询问人在确认所记录内容正确无误后按指纹。”然后请被询问人在注明处按指纹。

第二十七条 收养登记员收到当事人提交的证件、申请解除收养关系登记申请书、解除收养关系协议书后，应当自次日起30日内进行审查。对符合解除收养条件的，为当事人办理解除收养关系登记，填写《解除收养登记审查处理表》（附件6），报民政厅（局）主要领导或者分管领导批准，并填发《解除收养关系证明》。

“解除收养关系证明字号”填写式样为“（XXXX）AB解字YYYYY”（AB为收养登记机关所在省级和县级或者市级和区级的行政区域简称，XXXX为年号，YYYYY为当年办理解除收养登记的序号）。

第二十八条 颁发解除收养关系证明，应当在当事人均在场时按照下列步骤进行：

（一）核实当事人姓名和解除收养关系意愿。

（二）告知当事人领取解除收养关系证明后的法律关系。

（三）见证当事人本人亲自在《解除收养登记审查处理表》“领证人签名或者按指纹”一栏中签名；当事人没有书写能力的，应当按指纹。

“领证人签名或者按指纹”一栏不得空白，不得由他人代为填写、代按指纹。

（四）收回收养登记证，收养登记证遗失应当提交查档证明。

（五）将解除收养关系证明一式两份分别颁发给解除收养关系的收养人和被收养人，并宣布：取得解除收养关系证明，收养关系解除。

第二十九条 收养登记机关对不符合解除收养关系登记条件的，不予受理，但应当向当事人出具《不予办理解除收养登记通知书》（附件7），将当事人提交的证件和证明材料全部退还当事人。对于虚假证明材料，收养登记机关予以没收。

案例评议

曾某、曾婷某收养关系纠纷案[①]

◆ 裁判规则

法院认为，根据庭审证据可以推定曾婷某应为曾某事实上的养女。曾某、曾婷某虽然签订断绝父女关系的便条，但并未到民政部门进行登记，该便条不具备法定的解除效力。曾某与曾婷某虽然关系已经恶化，但是恶化后无法修复的原因系曾某认为双方财产关系尚不明确所导致，故在明确案涉房产归属后，曾某与曾婷某应有言归于好的机会，故应再给曾某、曾婷某彼此预留修复父女关系的机会。故裁定驳回原告的诉讼请求。

◆ 评议

《中国公民收养子女登记办法》第九条规定：“收养关系当事人协议解除收养关系的，应当持居民户口簿、居民身份证、收养登记证和解除收养关系的书面协议，共同到被收养人常住户口所在地的收养登记机关办理解除收养关系登记。”据此，当事人之间达成解除收养关系协议后，必须到收养登记机关办理解除登

① 审理法院为成都市成华区人民法院，案号：（2018）川0108民初5422号。

记，双方之间的收养关系才解除。本案中，原、被告之间身份关系解除的协议，并未履行解除登记，不符合法定的生效条件，故该便条的有效性不应被认可。

第一千一百一十七条 【收养关系解除的法律后果】

收养关系解除后，养子女与养父母以及其他近亲属间的权利义务关系即行消除，与生父母以及其他近亲属间的权利义务关系自行恢复。但是，成年养子女与生父母以及其他近亲属间的权利义务关系是否恢复，可以协商确定。

本条来源

《收养法》第二十九条规定："收养关系解除后，养子女与养父母及其他近亲属间的权利义务关系即行消除，与生父母及其他近亲属间的权利义务关系自行恢复，但成年养子女与生父母及其他近亲属间的权利义务关系是否恢复，可以协商确定。"

立法演变

一审稿第八百九十六条规定："收养关系解除后，养子女与养父母及其他近亲属间的权利义务关系即行消除，与生父母及其他近亲属间的权利义务关系自行恢复。但是成年养子女与生父母及其他近亲属间的权利义务关系是否恢复，可以协商确定。"

二审稿第八百九十六条将在"但是"后增加"，"。

征求意见稿同二审稿。

条文释义

本条是关于解除收养发生身份关系后果的规定。

收养关系解除后，养子女与养父母及其他近亲属之间的权利义务关系即行消灭，彼此不再具有教育、抚养、保护、赡养扶助和继承遗产等关系。养子女和养父母之间的亲子身份地位以及权利义务关系不再存在；养子女与养父母的近亲属身份关系，也不再具有子女与父母的近亲属的身份地位和权利义务关系。

收养关系解除后，养子女已经成年的，其与生父母及其他近亲属的权利义务关系是否恢复，可以由成年的养子女与生父母协商确定，同意恢复的，即行恢复与生父母及其他近亲属之间的身份地位及其权利义务关系；养子女尚未成年的，本条没有规定，依照本条的逻辑，可以确认养子女与生父母及其他近亲属之间的权利义务关系自行恢复。

此外，收养关系解除的效力是全方位的，不局限于养父母与养子女之间。国务院颁布的《归侨侨眷权益保护法实施办法》第三条就明确规定，华侨、归侨去世后或者华侨身份改变后，其国内眷属原依法认定的侨眷身份不变。依法与华侨、归侨及其子女解除婚姻关系，或者与华侨、归侨解除扶养关系的，其原依法认定的侨眷身份丧失。

案例评议

孙某甲与孙某乙法定继承纠纷案[①]

◆ **裁判规则**

法院认为，收养关系解除后，养子女与养父母间的权利义务关系即行消除。本案中，2011年5月1日，秦某与孙某甲解除收养关系，孙某甲于该日起丧失对秦某遗产的继承权。孙某丙于1991年4月30日去世，但孙某甲直至2016年2月22日才向本院提起法定继承纠纷之诉，已经超过了《继承法》规定的二十年的诉讼时效之规定。驳回孙某甲的诉讼请求。

◆ **评议**

本案系继承纠纷，根据《民法典》婚姻家庭编第一千一百一十七条的规定，收养关系解除后，养子女与养父母及其他近亲属间的权利义务关系即行消除，与生父母及其他近亲属间的权利义务关系自行恢复。但是，成年养子女与生父母及其他近亲属间的权利义务关系是否恢复，可以协商确定。本案中，孙某甲与秦某解除收养关系后，孙某甲便丧失了对秦某遗产的继承权。关于孙某丙的遗产，因孙某甲起诉时已经超过了《继承法》规定的二十年的诉讼时效之规定，故孙某甲的诉讼请求，不予得到支持。

---

① 审理法院为启东市人民法院，案号：(2016) 苏0681民初1263号。

第一千一百一十八条 【成年子女解除收养关系后应赡养养父母及补偿抚养费的情形】

收养关系解除后，经养父母抚养的成年养子女，对缺乏劳动能力又缺乏生活来源的养父母，应当给付生活费。因养子女成年后虐待、遗弃养父母而解除收养关系的，养父母可以要求养子女补偿收养期间支出的抚养费。

生父母要求解除收养关系的，养父母可以要求生父母适当补偿收养期间支出的抚养费；但是，因养父母虐待、遗弃养子女而解除收养关系的除外。

本条来源

《收养法》第三十条规定："收养关系解除后，经养父母抚养的成年养子女，对缺乏劳动能力又缺乏生活来源的养父母，应当给付生活费。因养子女成年后虐待、遗弃养父母而解除收养关系的，养父母可以要求养子女补偿收养期间支出的生活费和教育费。

生父母要求解除收养关系的，养父母可以要求生父母适当补偿收养期间支出的生活费和教育费，但因养父母虐待、遗弃养子女而解除收养关系的除外。"

立法演变

一审稿第八百九十七条规定："收养关系解除后，经养父母抚养的成年养子女，对缺乏劳动能力又缺乏生活来源的养父母，应当给付生活费。因养子女成年后虐待、遗弃养父母而解除收养关系的，养父母可以要求养子女补偿收养期间支出的抚养费。

生父母要求解除收养关系的，养父母可以要求生父母适当补偿收养期间支出的抚养费，但是因养父母虐待、遗弃养子女而解除收养关系的除外。"

二审稿同上。

征求意见稿同上。

条文释义

收养关系解除之后，还发生对解除收养关系后成年养子女的生活费给付义务和养父母的补偿请求权的效力。

一、成年养子女的生活费给付义务

收养关系解除之后，经养父母抚养的成年养子女，对缺乏劳动能力又缺乏生活来源的养父母，应当给付生活费，其标准一般应不低于当地居民的普通生活费用标准。

（一）后赡养义务的概念及特征

成年养子女的生活费给付义务又称为后赡养义务，该义务是指养子女与养父母解除收养关系后，应对养父母承担的赡养义务。一般情况下，收养关系解除之后，原来存在于养父母与养子女之间的抚养与赡养的权利义务关系消失。但是，基于社会生活的复杂多变，在特殊情况下，养子女仍应承担对养父母的后赡养义务。因此，解除收养关系并不意味着消除一切的赡养义务，而且养父母对养子女抚育义务的大小，不能成为养子女不尽赡养义务的前提条件。

后赡养义务具有以下法律特征：第一，后赡养义务产生于养父母与养子女收养关系解除之后，这是后赡养义务的时间特征，也是后赡养义务区别于赡养义务的形式特征之一。第二，后赡养义务的主体是经养父母抚养的成年子女。凡名义上收养，实际上未与养父母共同生活，或者虽经养父母抚养但尚未成年的养子女，不是该义务的主体。第三，后赡养义务的对象是缺乏劳动能力又缺乏生活来源的养父母。这里包括两个要件：一是缺乏劳动能力，二是缺乏生活来源。二者必须同时具备，缺一则不构成后赡养义务的对象。如何认定“无其他生活来源”？生活来源应包括其各项收入，及赡养、抚养义务人的经济支持，如养父母有其他成年养女，且具有赡养能力，应当认定为“有其他生活来源”。第四，后赡养义务的内容是给付生活费。这是后赡养义务区别于赡养义务的实质特征。

（二）后赡养义务的内容

正常情况下，子女对父母的赡养义务既包括物质赡养即给付生活费，又包括精神赡养，而后赡养义务由于发生在收养关系解除之后，养父母与养子女的关系不复存在的情况下，因此以解决温饱即生存问题为目的的物质赡养——给付生活费，成为后赡养义务的显著特征。

根据后赡养义务理论，生活费的支付应当符合“必要性”“可能性”和“连续性”三个条件。所谓必要性，即以维持基本的生存为要件，其标准一般应不低于当地居民的普通生活费用标准；所谓可能性，即支付生活费数额的确定，不致造成义务人生活困难为原则；所谓连续性，即不宜搞一次性支持，一次性支付有影响义务人正常生活的可能，而且使一段时间后养父母的生活缺乏保障，背离后赡养义务制度设立的本意。

解除收养关系时，如养父母还有劳动能力，也一直未要求养子女负担赡养义务，但随着年龄的增长或其他意外情况，养父母丧失劳动能力，养父母能否要求养子女再负担赡养义务。目前观点不一，有观点认为，解除收养关系时，养父母未要求成年养子女给付必要的生活费用，收养关系解除后，双方的权利义务关系已经消除，养父母再主张要求养子女给付生活费无事实依据，人民法院应不予支持。还有一种观点认为，根据立法本意，立法机关立法之时，将本条表述为“收养关系解除后”，而不是“收养关系解除时”，该一字之差是经过深思熟虑的，在解除收养关系时，养父母具有劳动能力，不需要他人扶助，但随着年龄的增长或者其他意外情形的出现，导致养父母出现了缺乏劳动能力，有无其他生活来源，此时如果养子女不负担其必要的生活费，则不合情不合理。

二、养父母的抚养费补偿请求权

养子女成年后虐待、遗弃养父母而解除收养关系的，养父母可以要求养子女补偿收养期间支出的抚养费；生父母要求解除收养关系的，养父母可以要求生父母适当补偿收养期间支出的抚养费，但因养父母虐待、遗弃养子女而解除收养关系的除外。养父母请求支付的抚养费主要包括生活费和教育费，该费用一般需要结合解除时本地的消费水平，以及实际支出情况的综合情况确定。

案例评议

徐某、马某与李某、赵某抚养费纠纷案①

◆ 裁判规则

法院认为，徐某甲自某年某月某日至2012年3月21日一直由徐某、马某

① 审理法院为徐州市铜山区人民法院，案号：(2017) 苏0312民初4210号。

共同抚养。2012年3月21日，徐某与马某离婚后，徐某甲由马某抚养至今。本院2013年7月25日作出（2013）铜少民初字第18号民事判决已判令徐某于判决书生效后十日内将徐某甲交由李某、赵某抚养，故对徐某、马某要求李某、赵某支付抚养费的主张，应予支持。法院判决李某、赵某补偿徐某、马某抚养费等费用45763.64元。

◆ **评议**

《民法典》婚姻家庭编第一千一百一十八条第二款规定了生父母要求解除收养关系的，养父母可以要求生父母适当补偿收养期间支出的抚养费，但是因养父母虐待、遗弃养子女而解除收养关系的除外。本案中，李某、赵某系徐某甲的生父母，现李某诉讼请求法院要求收回徐某甲的抚养权，应向李某、赵某适当补偿收养期间支出的抚养费。

图书在版编目（CIP）数据

民法典婚姻家庭编释论：条文缕析、法条关联与案例评议／蔡颖雯，秦英著．—北京：中国法制出版社，2020

ISBN 978－7－5216－1068－0

Ⅰ．①民…　Ⅱ．①蔡…　②秦…　Ⅲ．①婚姻法－法律解释－中国　Ⅳ．①D923.905

中国版本图书馆 CIP 数据核字（2020）第 080185 号

责任编辑：王林林　　　　封面设计：李　宁

民法典婚姻家庭编释论：条文缕析、法条关联与案例评议

MINFADIAN HUNYIN JIATINGBIAN SHILUN：TIAOWEN LÜXI、FATIAO GUANLIAN YU ANLI PINGYI

著者/蔡颖雯　秦英

经销/新华书店

印刷/三河市国英印务有限公司

开本/710 毫米×1000 毫米　16 开　　　　印张/23.5　字数/303 千

版次/2020 年 8 月第 1 版　　　　2020 年 8 月第 1 次印刷

中国法制出版社出版

书号 ISBN 978－7－5216－1068－0　　　　定价：69.00 元

北京西单横二条 2 号

邮政编码 100031　　　　传真：010－66031119

网址：http：//www.zgfzs.com　　　　**编辑部电话：010－66067369**

市场营销部电话：010－66033393　　　　**邮购部电话：010－66033288**

（如有印装质量问题，请与本社印务部联系调换。电话：010－66032926）